2012 中国社会管理发展报告

Annual Report of Social Management in China（2012）

西安交通大学
中国管理问题研究中心

科学出版社
北京

内 容 简 介

随着中国经济的快速发展，社会管理问题已经成为中国政府必须面对的战略性问题。教育部科学技术委员会战略研究基地“中国管理问题研究中心”密切关注中国社会的发展问题，以西安交通大学人文社会科学已有的研究力量和研究成果为依托，每年推出一部中国社会管理发展报告。本书（报告）主要包括12篇研究报告，从公共管理和经济安全的视角开展研究，涉及人口与社会发展、社会保障、医疗卫生、教育、国际贸易与产业安全、能源安全、信息安全、食品安全、上市公司风险控制等系列主题。每篇报告在撰写风格上以服务社会和政府为主题展开，突出基于数据、事实分析的特色。

本书（报告）目标是成为政府和社会各界关注社会发展的重要参考书，读者对象包括各级政府部门决策人员、科研机构研究人员、高等院校师生、企事业单位领导、媒体记者以及关注中国发展形势的各界人士。

图书在版编目(CIP)数据

2012中国社会管理发展报告/西安交通大学中国管理问题研究中心主编.—北京：科学出版社，2012

ISBN 978-7-03-033358-2

Ⅰ.①2…　Ⅱ.①西…　Ⅲ.①社会管理-研究报告-中国-2011
Ⅳ.①D63

中国版本图书馆CIP数据核字（2012）第006401号

责任编辑：陈　亮　林　建　赵静荣／责任校对：张凤琴
责任印制：张克忠／封面设计：蓝正设计

科学出版社 出版
北京东黄城根北街16号
邮政编码：100717
http://www.sciencep.com

骏杰印刷厂 印刷

科学出版社发行　各地新华书店经销

*

2012年1月第　一　版　　开本：787×1092 1/16
2012年1月第一次印刷　　印张：18 3/4
字数：440 000

定价：56.00元

（如有印装质量问题，我社负责调换）

委员会名单

联系地址：陕西省西安市咸宁西路 28 号西安交通大学管理学院“中国管理问题研究中心”，邮政编码 710049。

电话：029-82665096　　传真：029-82668382

E-mail：wanglei2008@mail. xjtu. edu. cn

撰写人员名单

本期报告作者名单（按汉语拼音排列）

程　诚	西安交通大学人文学院
冯宗宪	西安交通大学经济与金融学院
高建民	西安交通大学公共政策与管理学院
郭菊娥	西安交通大学管理学院
黄道丽	信息网络安全公安部重点实验室（公安部第三研究所）
霍源源	西安交通大学经济与金融学院
姜全保	西安交通大学公共政策与管理学院
雷瑞杰	西安交通大学公共政策与管理学院
李　悦	西安交通大学经济与金融学院
李树茁	西安交通大学公共政策与管理学院
刘　敏	西安交通大学高等教育研究所
柳　春	西安交通大学金禾研究中心
陆根书	西安交通大学高等教育研究所
马　勇	西安交通大学管理学院
马民虎	西安交通大学法学院
梅　红	西安交通大学公共政策与管理学院
欧阳智	西安交通大学管理学院
彭正霞	西安交通大学高等教育研究所
钱　冬	西安交通大学管理学院
宋美江	西安交通大学法学院
宋玉娥	西安交通大学经济与金融学院
苏　秦	西安交通大学管理学院
孙　卫	西安交通大学管理学院
田高良	西安交通大学管理学院
童　梅	西安交通大学人文学院
王彩华	西安交通大学管理学院
王宏波	西安交通大学马克思主义学院

王立剑	西安交通大学人文社会科学学院
闫菊娥	西安交通大学公共政策与管理学院
杨　星	西安交通大学管理学院
杨青青	西安交通大学管理学院
于忠泊	西安交通大学管理学院
余林芳	西安交通大学经济与金融学院
张思锋	西安交通大学公共政策与管理学院
张伟绒	西安交通大学公共政策与管理学院
张文博	西安交通大学管理学院
赵立伟	西安交通大学经济与金融学院
赵丽莉	西安交通大学法学院
M. W. Feldman	斯坦福大学莫里森人口与资源研究所

序　言

改革开放30多年来，中国经济社会蓬勃发展，走出了一条在一个十几亿人口的发展中大国摆脱贫困、加快实现现代化的中国式道路，取得了举世瞩目的伟大成就。然而，随着中国经济的快速发展，转型期的中国社会面临着越来越多的问题与挑战：过度依赖于资源消耗型的经济增长带来的日益恶化的环境问题，社会发展落后于经济发展引起的社会不公的争议和反思，地区发展的不平衡性和民族自治区域的民族团结问题，弱势群体、社会保障和全民医疗等关系国计民生的重大问题，以及全球经济一体化引发的中国经济安全问题，等等。社会管理问题已经成为中国政府必须面对的战略性问题。2011年2月19日，胡锦涛总书记在省部级主要领导干部社会管理及其创新专题研讨班开班式上发表重要讲话，强调扎扎实实提高社会管理科学化水平、建设中国特色社会主义社会管理体系；2011年5月30日，胡锦涛总书记主持中央政治局会议，研究加强和创新社会管理问题。在这种形势下，以社会管理为主题加强政策研究并为政府和社会各界提供及时的建议显得尤为重要。

西安交通大学人文社会科学所属各学科，如管理科学与工程、工商管理、公共管理等已经在全国形成了比较好的竞争优势，在服务社会、服务政府方面的多个领域拥有一批富有影响的科研人员和研究成果。例如，在中国农村女孩生存方面的研究成果直接发展成为全国性的治理高出生性别比的公共政策和战略行动——国家“关爱女孩行动”，成为中国政府和领导人高度重视的战略行动，是中国转型期统筹解决人口与社会发展问题、实现国家人口战略的重要载体，在国际上树立了中国政府、公众、社会组织和学术界关心女孩和保护女孩的良好形象。西安交通大学在该领域的努力已被美国《科学》杂志、联合国人口基金网、中国人口网等媒体报道。

作为教育部首批四个战略研究基地之一，西安交通大学中国管理问题研究中心是教育部组织高水平战略研究和软科学研究，吸引和汇聚国内外优秀人才，开展国内外学术交流与合作，以及培养创新人才的重要基地。为了构建载体和渠道，进一步发挥西安交通大学专家学者在中国社会发展中的作用，由西安交通大学科学与技术研究院人文社会科学处牵头，以西安交通大学中国管理问题研究中心为研究平台，从2011年起开始组织全校人文社会科学领域的专家学者，开展《中国社会管理发展报告》的撰写工作，同时将《中国社会管理发展报告》列入“十二五”时期西安交通大学人文社会科学学科发展的重要任务之一。

《中国社会管理发展报告》作为每年度出版的系列报告，将突出西安交通大学人文社会科学领域基于数据、事实分析的研究特色，坚持问题导向，总结和分析我国社会发展的新形势，持续跟踪研究我国社会管理领域的难点和热点问题；同时立足各报告执笔教授的已有研究工作，不断深化和扩展其社会服务，在深入分析问题的同时，能够反映社会发展态势，具有一定的预见和分析，力争为我国社会管理领域的宏观决策提供重要的参考。

《中国社会管理发展报告》的目标是成为政府和社会各界关注中国社会发展的重要参考书，读者对象包括各级政府部门决策人员、科研机构研究人员、高等院校师生、企事业单位领导、媒体记者，以及关注中国发展形势的各界人士。

西安交通大学

2011 年 10 月

前　言

世界处于一个的变革时代。近30年里，苏联解体、海湾战争、“9・11”事件、伊拉克战争、阿富汗战争、朝鲜核问题、由美国次贷危机引起的全球金融危机和当前的主权信用危机等事件都表明，国际力量格局多极化发展趋势进一步显现，国际社会环境更加复杂。

与此同时，中国经济的快速发展、社会的迅速转型也给中国的社会管理带来了新的问题和挑战。虽然国内经济发展极大地提高了人民生活水平，但同时也要看到，国内贫富差距拉大、人口老龄化、持续高房价等现实问题使得社会的不稳定因素在增多。在国际、国内环境发生变化的形势下，安全战略已经成为中国国家发展战略的重要组成部分。

胡锦涛同志指出：“我们加强和创新社会管理，根本目的是维护社会秩序、促进社会和谐、保障人民安居乐业，为党和国家事业发展营造良好社会环境。”（新华网北京2011年2月19日电，记者徐京跃、李亚杰、周英峰）由于社会管理涉及的问题众多、领域宽广，无论社会管理过程中哪一个环节出现问题，最终必将对社会稳定造成不利影响。因此，从公共管理和经济安全的视角，采用系统工程思想开展社会管理问题研究，对于提高中国社会管理水平、维护国家安全和社会稳定、构建和谐社会具有十分重要的理论和现实意义。

本书（报告）以西安交通大学人文社会科学已有的研究力量为依托，立足中国国情和社会实践，从公共管理和经济安全的视角出发，由39位作者共同努力，编写了12份专题研究报告，涉及人口与社会发展、社会保障、医疗卫生、教育、国际贸易与产业安全、能源安全、信息安全、食品安全、上市公司风险控制等系列主题。

在本书（报告）的编写过程中，由西安交通大学科学与技术研究院人文社会科学处组织，专家委员会的各位专家、各个报告的执笔教授及研究团队成员共同参与，召开了多次研讨会进行有关问题的分析和讨论。专家委员会的专家对本书（报告）的定位、研究方向和各个专题报告的撰写都提出了许多指导性的意见，在此向他们表示衷心的感谢；同时也对本书（报告）的每一位作者表示由衷的敬意和感谢，还要感谢徐金鹏和权威在报告的汇总和资料的整理过程中所做的大量工作。科学出版社为本书（报告）的写作提供了多方面的支持，赵静荣编辑对本书（报告）的编写提供了极大的帮助，在此对他们表示真诚的感谢。在本书（报告）的各个专题报告的编写过程中，参考了国内外同行的许多著作和文献，引用了部分资料，特向这些作者表示感谢。

社会管理是一个全新且富有挑战的研究领域，各种新生的社会问题不断涌现。由于研究数据和时间的限制、研究视角的选取等原因，本书（报告）肯定存在着不足，敬请各位读者批评，不吝赐教。

教育部科学技术委员会战略研究基地中国管理问题研究中心

2011年10月

目　录

公共管理篇

经济安全篇

公共管理篇

中国社会风险分析与社会稳定对策建议

冯宗宪　霍源源

内容提要

社会稳定是指整个社会处于稳固安定与和谐的状态，它是政治、经济、文化等多种人类活动综合作用的动态结果。根据我国构建和谐社会的要求，本文结合目前社会风险理论及风险指标结构的研究成果，设计了包括社会安全、民生保障、经济发展、社会公平和社会心理五大类指标的社会风险评估体系，并依据该指标体系框架研究中国社会风险问题。

按照世界银行的标准，2010 年我国人均国内生产总值已超过 4000 美元，进入中等收入偏上国家的行列。根据国际经验，当一个国家处在由低收入国家向中等收入乃至高收入国家转变时，通常也是社会结构高度紧张、社会问题突出、社会矛盾最容易激化的高风险阶段。

本文首先按照社会风险评估体系分析了 2011 年我国社会风险问题的现状。自然灾害对社会造成了重大的影响，教育、医疗、养老、住房等民生问题日益突出，贫富差距持续扩大，社会利益群体矛盾日益激化，土地征用、房屋拆迁、企业改制等容易引发不稳定事件的问题凸显，民众对权力和司法不公、物价上涨等社会问题的容忍度也在下降，社会心理的风险与社会风险本身相互交织，所有这些现状加重了社会风险的危害。

然后，本文分析了我国社会稳定所面临的主要问题和挑战。当前，贫富差距问题、就业问题、腐败问题、“三农”问题，以及能源与环境问题等均是潜在的社会风险，也是当前中国社会发展所面临的考验与挑战。与此同时，文化心理层面的各种风险也会随着社会风险的加剧接踵而来，社会问题引起的民众心理反差会增加社会动荡的风险。

依据社会风险评估体系分析框架，结合我国社会未来可能面临的主要社会风险，借鉴国际经验和教训，本文提出以下具体对策和建议：在社会安全方面，应建立完善的突发事件预警机制、安全防范的信息平台，同时培养全社会的公共安全意识；在民生保障方面，应充分借鉴目前国际较为通行的社会保障做法，完善城市就业及最低生活保障制度和积极就业政策制度，抑制高额择校费、促进教育资源合理分配；在经济发展方面，应采取有力措施保障低收入阶层的收入增长，实现居民收入增长与经济发展同步，使得发展成果惠及人民，优化能源结构、建立全民节能意识；在社会公平方面，应进一步推进户籍制度改革，加大对低收入者的扶持力度，合理解决部分垄断行业收入过高问题，完善现代市场体系、减少灰色收入形成渠道，进一步加强舆论监督力度、提高行政管理透明度；在社会心理方面，应加强社会心理疏导服务，尽快建立起社会心理问题的防范平台。

一、引　　言

社会稳定是指整个社会处于稳固安定与和谐的状态，它是政治、经济、文化等多种人类活动综合作用的动态结果。从社会发展的一般规律看，人类社会从未有过绝对的、凝固的稳定，而是包括了由传统向现代演进在内的一切形式的变迁、发展过程。以发展为导向的社会稳定总是处于动态变化之中，而此过程并不排斥社会问题与社会冲突的存在。人类社会的发展正是通过解决这一个又一个客观存在的问题与冲突的方式来实现由“乱世”、“衰世”向“治世”、“盛世”转变的。也正是这种转变的动态过程，带来转变的不确定性，也就是社会风险的产生。与此同时，既存的社会风险又是导致社会冲突、影响社会稳定的潜在可能性，一旦这种可能性变成现实，就会引发社会危机，严重影响社会稳定。

目前我国总体局势稳定，但由于经济持续快速发展，社会问题和矛盾正随着这种发展逐渐显现出来，有些社会问题和矛盾还在进一步积累、恶化。为了保障社会的发展，就必须维护社会稳定，了解我国现阶段的主要社会风险，对社会风险做出评估，才能合理地控制和化解风险，保障社会健康发展。

二、2011 年中国社会风险问题现状分析

（一）2011 年中国社会风险情况概述

按照世界银行的标准，2010 年我国人均国内生产总值已超过 4000 美元，进入中等收入偏上国家的行列。根据国际经验，当一个国家处在由低收入国家向中收入乃至高收入国家转变时，通常也是社会结构高度紧张、社会问题突出、社会矛盾最容易激化的高风险阶段。此时，不仅存在众多风险源，使得风险大量涌现，还存在着多种使风险放大因素，这些因素会增加风险的危险性和危害性，并产生连锁反应生成新的风险。对此，我们应有清醒的认识。

近年来，地震、洪水、海啸、雪灾等自然风险在我国频频发生，核污染、资源枯竭、太空垃圾等科技风险也在不断增加，它们对人类经济社会造成了重大的影响；同时，社会层面风险也日益增多，教育、医疗、养老、住房等民生问题日益突出，贫富差距持续扩大，社会利益群体矛盾日益激化，土地征用、房屋拆迁、企业改制等容易引发不稳定事件的问题凸显；我国各地区经济社会发展不协调，万元 GDP 能耗明显低于世界平均水平，发展方式需要转变；此外，民众对权力和司法不公、物价上涨、收入差距等社会问题的容忍度也在下降，社会心理的风险与社会风险本身相互交织，加重了社会风险的危害。

（二）社会风险评估指标体系与分析框架

根据构建和谐社会的要求，结合目前社会风险理论及风险指标结构的研究成果[1,2]，筛选能够反映社会风险问题的指标，设计出“社会风险评估体系”。该体系由5个初级指标20个次级指标构成，涵盖了政治稳定、经济发展、社会保障等诸多涉及社会风险的主要方面，如表1所示。该指标体系也成为本报告研究中国社会风险问题的分析框架。

表1 社会风险评估指标体系

评估类别	次级指标
社会安全	自然灾害级别
	事故灾难级别
	公共卫生级别
	刑事案件立案件数
民生保障	社会保障支出占GDP比例
	失业率
	养老保险覆盖率
	医疗保险覆盖率
	恩格尔系数
	人均住房面积
	人均受教育年限
经济发展	人均国内生产总值增长率
	居民收入增长率
	CPI
	万元GDP综合能耗
社会公平	城镇居民可支配收入和农村居民纯收入比值
	10%最高收入者与10%最低收入者收入比值
	全国居民基尼系数
社会心理	对腐败现象的可容忍度
	对物价上涨的可容忍度

（三）2011年主要社会风险分析

依据“社会风险评估指标体系”五大类别及其所属次级指标分析框架，2011年中国主要社会风险体现在以下几个方面。

1. 社会安全状况风险分析

1）自然灾害情况

我国是世界上遭受自然灾害最严重的国家之一，地震、台风等各类自然灾害频频发生，如表 2 和图 1 所示。20 世纪发生的破坏性地震，我国占全球的 1/3，死亡人数占全球的 1/2。同时，我国也是受热带气旋危害最甚的国家之一。

表 2　2004～2010 年我国自然灾害数据统计

年份	死亡人数/人	受灾人数/亿人次	造成直接经济损失/亿元
2004	2 250	3.4	1 602.3
2005	2 475	4.1	2 042.1
2006	3 186	1.2	2 528.1
2007	2 325	1.3	2 362.0
2008	88 928	1.5	11 725.4
2009	1 528	4.8	2 523.7
2010	7 844	4.3	5 339.9

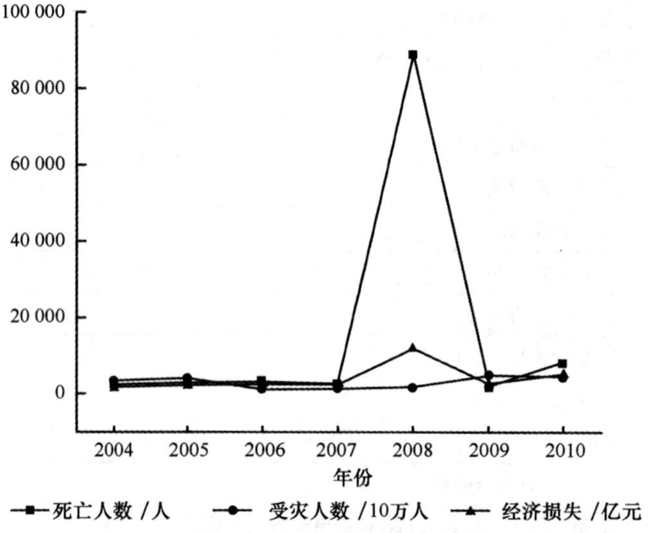

图 1　2004～2010 年我国自然灾害走势

资料来源：根据民政部网站（http：//www.mca.gov.cn/article/zwgk/tjsj/）整理得出

根据中国民政部数据，2011 年第一季度已造成 1.7 亿人次受灾，因灾死亡 75 人，失踪 11 人，紧急转移安置 81.9 万人次。同时，灾害造成农作物受灾面积达 11 380.1 千公顷，其中绝收 281.8 千公顷；倒塌房屋 11.3 万间，损坏房屋 38.1 万间；因灾害直接经济损失 480.5 亿元。二季度，长江中下游地区出现了旱涝急转这一极端天气现象。6 月份入汛以来，全国累计有 12 个省份发生洪涝灾害，农作物受灾 255 千公顷，受灾人口 481 万人，因灾死亡 52 人，失踪 32 人，倒塌房屋 7462 间，直接经济损失约 49.2 亿元。2011 年 6 月到 8 月份有台风“莎莉嘉”、“米雷”、“马鞍”、“蝎虎”和“桑美”等先后登陆，给我国东南沿地区海造成惨重损失；2011 年 9 月中旬，多种自然灾害侵袭我国多省区，据中国国家减灾委办公室统计，截至 9 月 20 日，暴雨洪涝灾害已造成前述 8 省 60 个市（自治州）287 个县（市、区）2156.6 万人次受灾，70 人死亡，32

人失踪，直接经济损失260.9亿元，由于降水持续时间长、强度大，又引发了局部地区泥石流、山体滑坡等地质灾害，加重了受灾程度。

2）事故灾难情况

事故灾难不仅总量高，而且重特大事故发生比较频繁，有反弹态势。据统计，2001～2010年，全国非煤矿山累计发生事故16 791起，死亡21 251人，平均年发生事故1679起、死亡2125人[3]。2011年已发生重大事故74起，死亡1028人，同比分别上升19.4%和23.1%；特别重大事故11起，死亡410人，同比分别上升120%和40.4%。而7月份以来，烟花爆竹、消防等行业事故上升，非法违法生产经营建设行为导致的事故仍然多发，一些地区接连发生道路交通、煤矿瓦斯、矿山透水、烟花爆竹爆炸、消防火灾、建筑物坍塌和桥梁垮塌等事故，造成严重的人员伤亡和财产损失，社会反响强烈、影响恶劣，加剧了社会的不稳定因素。

3）公共卫生情况

2010年我国卫生部通过突发公共卫生事件网络直报系统共收到全国食物中毒类突发公共卫生事件报告220起，中毒7383人，死亡184人，涉及100人以上的食物中毒事件7起。与2009年相比，食物中毒事件的报告起数和中毒人数分别减少18.82%和32.92%，死亡人数增加1.66%。此外，卫生部统计的28种传染病报告中显示全年发病率为十万分之283.69，死亡率为十万分之1.071，与之前数据持平。

4）刑事案件受理情况

2010年，各级人民法院新收刑事案件884 737件，审结885 316件，同比分别上升1.48%和1.75%。其中，全年新收组织、领导、参加黑社会性质组织犯罪案件673件，审结622件，判处罪犯3989人，同比分别上升27.22%、21.01%和23.61%，其中1802人被判处五年以上有期徒刑的刑罚，重刑率达45.12%[4]，是近几年来的较高比率。

2. 民生保障状况风险分析

1）社会保障支出方面

目前社会保障支出（财政性社会保障支出、社会保险支出等）约占GDP 6%，远远低于发达国家水平。OECD国家平均水平为20.6%。其中，在德国和法国，政府用于失业救济和养老等社会保障支出占GDP的比重高达26%；美国、英国、日本在15%～20%[5]。社会保障体系不健全将直接影响居民生活的稳定性和安全感。

2）失业率方面

2010年我国城镇新增就业人员1168万人，有547万下岗失业人员实现了再就业，就业困难人员再就业165万人。年末城镇登记失业人数为908万人，城镇登记失业率为4.1%。图2显示了2005～2010年城镇登记失业率变化情况，可以看出，在2008～2009年失业率连续上升两年之后，2010年失业率降低，失业人数得到控制。

3）养老和医疗保险覆盖情况

2010年，我国社会保障制度不断完善，各项社会保险覆盖范围继续扩大，参保人数和基金规模持续增长。2010年末全国参加城镇基本养老保险人数为25 707万人，比上年末增加2157万人；全国参加城镇基本医疗保险人数为43 263万人，比上年末增加3116万人。

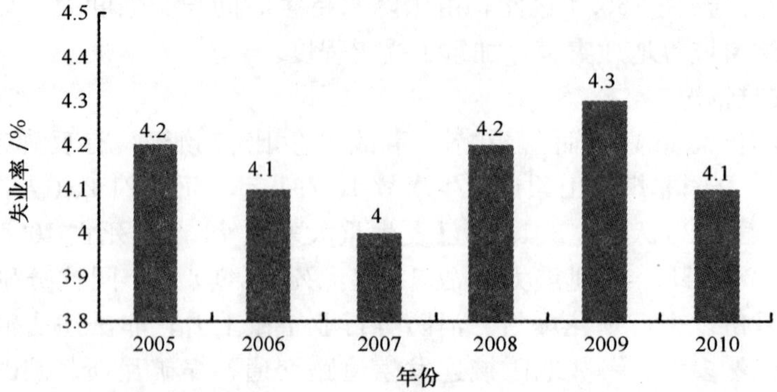

图 2　2005～2010 年城镇登记失业率

资料来源：中国国家统计局网站，http：//www.stats.gov.cn/tjsj/ndsj/2010/indexch.htm

4）恩格尔系数情况

国家统计局调查数据显示，2010 年全国城镇居民人均食品支出 4805 元，比 2005 年增长 64.9%，年均增长 10.5%。恩格尔系数（食品支出占消费支出的比重）从 2005 年的 36.7%下降至 2010 年的 35.7%，下降 1.0 个百分点。恩格尔系数的下降，标志着城镇居民生活水平的进一步提高。但是自 2010 年下半年以来，由于通货膨胀因素，恩格尔系数呈上升趋势，如表 3 所示。

表 3　中国 2001～2010 年恩格尔系数统计

年份	城镇居民家庭恩格尔系数/%	农村居民家庭恩格尔系数/%
2001	38.2	47.7
2002	37.7	46.2
2003	37.1	45.6
2004	37.7	47.2
2005	36.7	45.5
2006	35.8	43.0
2007	36.3	43.1
2008	37.9	43.7
2009	36.5	41.0
2010	35.7	—

资料来源：中国国家统计局网站，http：//www.stats.gov.cn/tjsj/ndsj/2010/indexch.htm

5）人均住房情况

中国住房和城乡建设部数据显示，截至 2009 年年底，中国城市人均住宅建筑面积约 30 米^2，农村人居住房面积 33.6 米^2。中国城镇居民人均住房面积从 1978 年的 6.7 米^2 增加到 2008 年的 28.3 米^2，增长了 4 倍多。住房质量、住房成套率、配套设施与环境大为改观。中国农村人均住房面积从 1978 年的 8.1 米^2 增加到 2008 年的 32.4 米^2，也增长了 4 倍多。中国房地产业从无到有、从小到大，成为发展带动中国经济高速增长的重要动力。但是，近年来中国住房与房地产业在快速发展的同时也产生了诸如房价过高、上涨过快等一些值得重视的现实问题。

6）人均受教育年限

到2009年，全国国民平均受教育年限接近9年，已经高于世界平均水平（不足7年）；全国大专及以上人口达到9830万人，全国高等教育阶段在校生2979万人（美国为1700万人）；全国科技人力资源4200万人（2007年数据），其中大学本科及以上学历约为1800万人（美国为1700万人）；全国各类人才资源总量1.14亿人；从业人员中有高等教育学历的人数已位居世界前列[6]。我国已从人口大国转变成为人力资源大国，并正在向人力资源强国转变[7]。

3. 经济发展状况及风险分析

1）人均国内生产总值增长情况

2011年1月20日国家统计局公布的数据显示，经初步测算2010年国内生产总值（GDP）为397 983亿元，按可比价格计算，比2009年增长10.3%，已超越日本成为世界第二大经济体。以2010年年末人民币汇率6.622 7计算，则相当于60 093.77亿美元，人均GDP为4485.53美元（以13.397 3亿人计算），而与人均GDP已经接近40 000美元的日本相比较，存在巨大差距，与目前经济增长强劲的巴西、俄罗斯等国相比①，中国的人均GDP也相对落后。

2）居民收入增长情况

国家统计局有关统计显示，我国城镇居民全年人均可支配收入19 109元，比上年增长11.3%，扣除价格因素实际增长7.8%；2010年我国农村居民人均纯收入5919元，比上年增长14.9%，扣除价格因素实际增长10.9%。[8]这也是1998年以来农村居民收入实际增速第一次超过城镇居民收入。2010年农村居民收入增速较快的主要原因是各种收入来源均衡较快增长，工资性收入和农业纯收入的大幅增长。2010年我国农村居民工资性收入人均2431元，比上年增长17.9%，对农民全年增收的贡献率达48.3%。工资性收入较快增长主要是由于农村劳动力务工工资水平上涨较快、外出务工人数和时间有所增加[9]。

3）CPI变化情况

过去半年来我国CPI屡创新高，其中2011年第一季度全国有15个省区市CPI涨幅突破全国水平（根据国家统计局数据，全国第一季度CPI同比上涨5.0%），有29个省市区第一季度CPI涨幅突破4%。虽然我国目前经济正处在高速增长和经济结构快速转换的时期，较低的CPI并不利于经济的增长，上涨压力仍然较大，目前仍未看到峰值和拐点，如图3所示。由于CPI涨幅过高，物价涨幅太大，对低收入群体的影响加大，倘若分配不公，容易出现穷人补贴富人的情况，从而会引发一系列社会问题。

4）综合能耗现状

2002年中国1亿美元GDP所消耗的能源是12.03万吨标准煤，大约是日本1亿美元GDP所消耗能源的7.20倍、德国的5.62倍、美国的3.52倍、印度的1.18倍、世界平均

① 根据世界银行2009年的统计数据，巴西人均GDP为8121美元，俄罗斯人均GDP为8684美元。

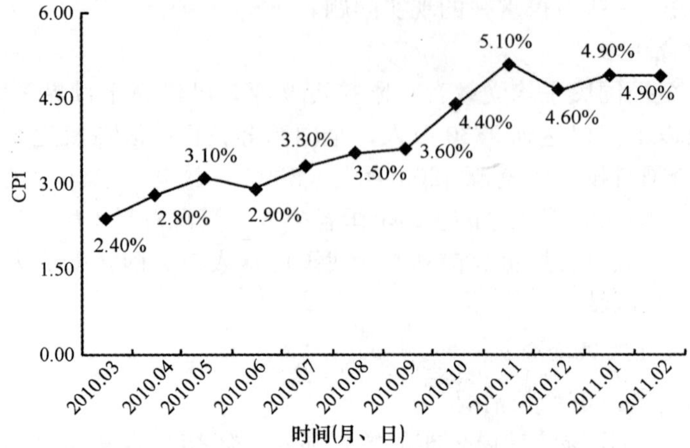

图 3　2010 年 3 月～2011 年 2 月我国 CPI 增长变化情况

资料来源：中国国家统计局网站，http：//www.stats.gov.cn/tjsj/ndsj/

水平的 3.28 倍，如表 4 所示。虽然表中所示数据不是最新数据，可能并不能够准确反映目前实际情况，但可以判断出我国能源利用效率在世界短期内仍处于落后水平。

表 4　2002 年能源消费与 GDP 总量对比

国家	GDP 总量/亿美元	能源消费总量/万吨标准煤	每吨标准煤产出 GDP/美元	1 亿美元 GDP 消耗能源/万吨标准煤
中国	9 463	113 923	830.64	12.03
德国	21 506	46 082	4 666.89	2.14
印度	4 141	42 267	979.72	10.20
日本	39 405	65 966	5 973.53	1.67
俄罗斯	2 824	82 984	340.67	29.35
美国	87 288	298 696	2 922.00	3.42
澳大利亚	3 740	15 076	2 480.00	4.03
巴西	7 870	17 042	4 618.00	2.16
世界	296 032	1 086 462	2 724.73	3.67

资料来源：世界银行《世界发展报告 2002》，http：//devdata.worldbank.org/data-query/SMResult.asp

根据《2010 年国民经济和社会发展统计公报》，我国 2010 年一次能源消费总量为 32.5 亿吨标准煤，比上年增长 5.9%。煤炭消费量增长 5.3%；原油消费量增长 12.9%；天然气消费量增长 18.2%；电力消费量增长 13.1%。

2010 年我国能源消费总量已经占世界总量的 20%，但是我国 GDP 不足世界的 10%；我国的人均能源消费与世界平均水平大体相当，但人均 GDP 仅是世界平均水平的 50%；我国的 GDP 总量和日本大体相当，但能源消费总量是日本的 4.7 倍；我国的能源消费总量已经超过美国，但经济总量仅为美国的 37%。能源消费总量增长过快，必须把合理控制能源消费总量摆在突出的位置。结合这一趋势可以判断我国能源利用效率仍旧较低，产业结构不合理，当前我国高能耗产品有的占世界的 1/4，有的甚至要占 1/3 甚至 1/2 之多。如果继续维持经济低水平增长和高耗能产业扩张，前景堪忧。高能耗工业过度发展，造成了经济增长对能源的过分依赖，将会阻碍经济的可持续发展，同时也有可能让国家卷入地缘政治纠纷，影响社会稳定发展进程。以上分析表明，我国能源安全正面临严峻挑战，如何合理利用能源、控制单位 GDP 能耗等问题均是我国当前需要探究的紧急课题。

4. 社会公平状况及风险分析

2011 年我国人均收入差距继续扩大，导致贫富差距增大，中等收入阶层规模偏小且不稳定、收入结构比较单一，同时，收入差距也存在逐渐扩大的态势。集中体现在：

（1）目前我国城乡居民收入比为 3.3 倍，已经超出国际上最高水平（2 倍左右）。

（2）我国收入最高的 10％家庭的财产总额占城镇居民全部财产的比重接近 50％，收入最低的 10％家庭的财产总额占城镇居民全部财产的比重约为 1％左右，80％中等收入的家庭仅占有财产总额的一半。

（3）行业之间职工工资差距也很明显，最高的与最低的相差 15 倍左右，不同群体间的收入差距也在迅速拉大，上市国企高管与一线职工的收入差距在 18 倍左右，国有企业高管工资是社会平均工资的 128 倍[10]。

（4）近年来，我国的基尼系数逐年攀升。据联合国发展报告和世界银行的测算，目前，日本与欧洲的基尼系数处在 0.24～0.36，美国则在 0.41，巴西则达到 0.55。而我国 2000 年便已近突破了 0.4 的国际警戒线，2007 年达到 0.48，“已经超过了全球收入不公的临界点”[11]。如图 4 所示，我国的基尼系数近几年来仍在逐年上升，按照一些学者的测算，中国现在实际的基尼系数已经达到 0.5。陆铭等认为，“中国目前收入差距的基尼系数已经超过国际警戒线 0.4，接近 0.5”[12]。从亚萍等认为，“我国基尼系数已从改革开放初的 0.28 上升到 2007 年的 0.48，近两年不断上升，实际已超过了 0.5，这是十分严重的信号”[13]。

5. 社会心理状况风险分析

1）对物价上涨的可容忍度

2003 年以前中国宏观调控的重点仍是治理通货紧缩。历年《中国统计年鉴》数据显示，2003 年 11 月，长期在低位徘徊的 CPI 上升到 3％，近十年来的第一轮物价上涨由此拉开序幕。至 2004 年年底，CPI 同比增幅基本保持在 3％以上，并于 2004 年 7 月和 8 月达到峰值 5.3％。2007 年 3 月至 2008 年 10 月间，CPI 再次持续超过 3％，其中 12 个月的 CPI 同比增幅超过 6％，并于 2008 年 2 月创下 8.7％的通胀峰值。直至 2010 年，CPI 同比上涨 3.3％，呈现温和通胀状态，而国家统计局公布数据显示，2011 年上半年我国居民消费价格总水平（CPI）同比上涨 5.4％，其中 6 月份全国 CPI 同比涨幅达到 6.4％，创下三年来新高。

但是我们也应当注意到 CPI 的实际涨幅和人们切身感受到的物价涨幅有着较大差距，其中一个重要原因是购买房屋的支出作为投资并不计入 CPI 的统计，所以房价的迅猛增长，早已超出人们对其的可容忍度。因此，即便是 CPI 所显示的温和通胀状态下，人们切身体会的实际物价上涨容忍度已经下降。

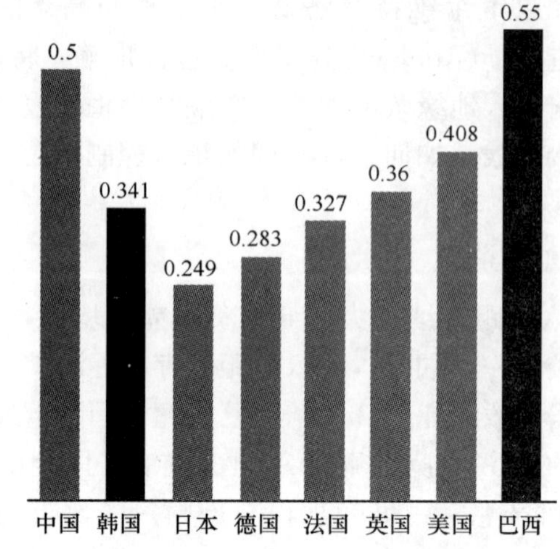

图 4　世界各国的基尼系数比较

资料来源：中国资料来源于中国社会科学院（2010 年），
韩国资料来源于韩国统计厅（2010 年），其余国家资料
来源于联合国开发计划署（UNDP）的《人类发展报告》（2009 年）
注：基尼系数越靠近 1 意味着收入越失衡

此外，2010 年上海以 3.18 万元的城镇居民人均可支配收入位列全国城市首位，而当年，美国人均收入约 4.5 万美元，前者仅为后者的近 1/10。物价上涨速度远远快于国民收入增长速度，这也是人们难以容忍物价上涨的主要原因。

2）民众对腐败现象的容忍度降低

腐败问题涉案人员级别升高、涉案金额增大，“群蛀”现象严重，呈现集团化、市场化、黑帮化等令人深恶痛绝的趋势，此外贪腐现象向基层渗透，向非领导干部人员渗透等问题凸显。用公款、公物集体行贿的腐败现象主要出现在争取上级投资项目的活动中、建筑工程项目的承包活动中，以及房地产买卖、股票上市、土地审批等经济交往中。这种被称为“公贿”现象的存在和泛滥，不仅败坏党和政府在人民群众中的形象，而且污染了整个社会的风气，毒化了人们的心灵，扰乱了市场经济的正常运行秩序，危及社会稳定。

三、中国社会稳定所面临的风险问题与挑战

（一）目前我国所面临的主要社会问题

中国 30 多年改革开放取得了巨大成就，经济增长迅速，人民生活水平显著提高，国际影响力提升，综合国力不断增强。但是，在经济社会发展的过程中，一些旧的问题解决了，不少新的问题又产生了，并且许多社会问题还愈发突出和严重。当前，贫富差距问题、就业问题、腐败问题、“三农”问题，以及能源与环境问题等均是潜在的社会风险，也是当前中国社会发展所面临的考验与挑战。

问题之一：经济全球化挑战。20 世纪 80 年代以来，随着经济全球化的进程加快，人们时常能够感受到它对我们生活的影响，经济往来、政治交流、文化沟通等众多领域都体现着经济全球化的渗透作用。然而，这种全球化现象的背后，常引发如环境污染、生态破坏、能源短缺、资源枯竭等一系列全球性问题。

2001 年中国加入 WTO，标志着我国开始全面融入世界经济体系。在融入经济全球化的同时，也标志着中国融入世界风险社会，从此，国际社会领域的风险对中国社会的发展产生更加密切的关系，对中国社会的影响更加重大。经济全球化对于中国而言，是一把双刃剑，它既带来了机遇，也带来了挑战。

案例 1 美债危机对我国经济的影响

案由：经济衰退和多年的赤字财政政策使得美国的公共债务总额不断累积。美国债务上限已于 2011 年 5 月 16 日到顶。目前美国政府的债务上限仍为 14.294 万亿美元。按照相关规定，美国国会必须在 2011 年 8 月 2 日之前就提高国债上限达成一致，否则美国政府将缺乏足够现金，美国国债将面临违约风险。2011 年 8 月 5 日，美国标准-普尔公司将美国主权信用评级从“AAA”级下调一级至“AA+”，使美国主权信用评级近百年来首遭降级，引发国际投资者恐慌。

分析：此次信用评级下调引发的美元债务危机关乎美国和美元在全球经济中的地位，它不但冲击整个国际金融市场，导致世界经济复苏的脚步艰难，对我国经济安全产生的威胁也是多方面的[14]。

首先，威胁我国外汇储备安全。目前我国拥有 3.2 万亿美元的巨额外汇储备。在这些资产中，70%左右为美元资产，主要是美国国债。此次美国主权信用评级下调，可能会引发投资者对美债的抛售行为，加速美元贬值，使我国外汇储备实际购买能力下降而遭受一定的损失。

其次，中国市场受到国际游资冲击。相对于欧美等国低速经济增长和极低的利率水平，中国等新兴市场国家经济持续较快增长，利率水平较高，汇率升值空间大，再加上美国债务危机的影响，中国市场将会受到部分国际游资的冲击。

再次，削弱我国出口，输入型通胀压力上升。美国主权信用评级的下调，会使美元走软并在中长期内推高国际市场大宗产品价格，不利于我国出口，加重进口负担，输入型通胀压力和人民币升值压力也将进一步加大。未来几年，我国进出口企业可能面临外需持续疲软、汇率升值、国际贸易摩擦不断增加的不利环境。

最后，增加我国经济转型压力。美国主权信用评级下调和美元走软，进一步揭示了大量积累外汇储备的不平衡经济增长更加具有不可持续性。从需求结构上来看，需要努力扩大国内消费需求，加快从投资和出口拉动为主向消费、投资和出口协调拉动的转型。

问题之二：贫富悬殊问题。联合国开发计划署的统计数字显示，目前我国占总人口 20%的贫困人口的收入或消费份额只有 4.7%，而占总人口 20%的富裕人口的收入或消费份额接近 50%。根据北京师范大学经济学教授钟伟统计，中国大陆 50 个富豪的资产即相当于 5000 万农民年纯收入，300 万个百万富翁的资产相当于九亿农民两年的纯收入。此外，中国人民银行统计发现，中国银行体系总计 8940 亿元存款中的 80%，集中由 20%存户持有。目前我国已经进入了分配不公平区间，这是一个危险的信号，如图 5 所示。

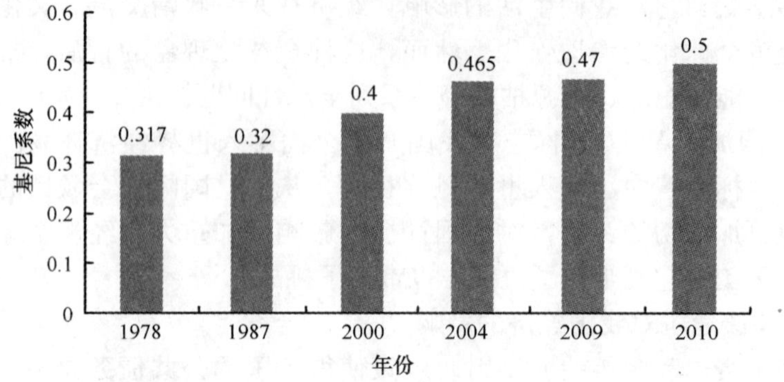

图5　1978～2010年我国基尼系数变化情况

资料来源：中国国家统计局网站，http：//www. stats. gov. cn/tjsj/ndsj/

综合调查研究，目前公众对收入分配状况的不满程度较高，一些不满情绪已经开始转为对政府以及改革的不认同。值得注意的是，基于严重不满情绪的社会矛盾、冲突已经开始显现。近年来，各种群体性事件、各种经济犯罪、刑事犯罪问题都很突出，这不能不说与贫富差距的逐渐增大有着紧密联系。此外，过大的收入差距也会降低居民预期以及影响消费增长。因此，采取切实有效的措施，遏制贫富差距的进一步扩大，推进社会保障制度的改革，尽快构建一个完备的社会保障安全网，已成为当前中国的一项紧迫而重要的任务。目前我国贫富差距拉大的风险主要表现以下几个方面：

(1) 城乡差距逐步拉大。中国城镇居民人均可支配收入和农村居民人均可支配收入比，由1995年的2.46倍扩大到2011年的3.3倍。若将城市居民的一些隐性福利、优惠（如教育、医疗、养老等）折算成收入，中国城乡居民收入差距则达到6∶1，如图6所示。

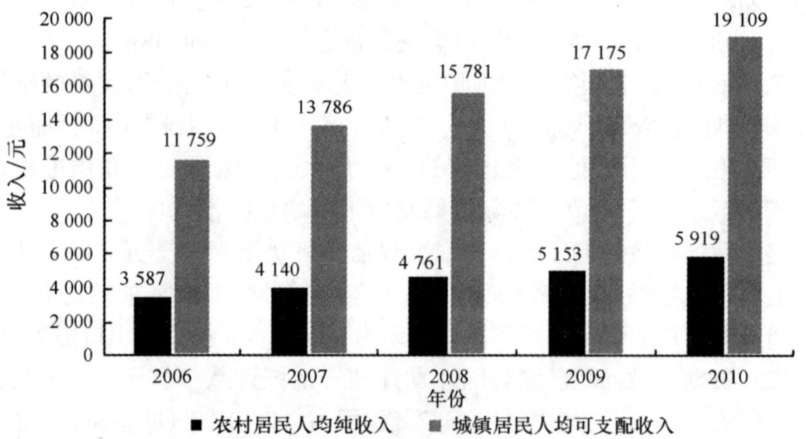

图6　2006～2010年城镇居民与农村居民收入对比

资料来源：中国国家统计局网站，http：//www. stats. gov. cn/tjsj/ndsj/

(2) 区域差距明显。2000年，西部和东部的人均GDP相差7000元，2009年，这一差距拉大到了 21 000 元。再从城镇居民的人均可支配收入看，收入最高的上海市（28 838 元）是最低的甘肃省（12 060 元）的 2.39 倍，此外，2009 年浙江、贵州两省城镇人均可支配收入分别为 24 611 元、12 862.53 元，同时，农村居民人均纯收入分别为 10 007 元、3000 余元[15]，差距十分明显。

（3）社会财富日益集聚。根据已公开的居民收入调查数据，1988～2007 年，收入最高 10%人群和收入最低 10%人群的收入差距，从 7.3 倍上升到 23 倍。根据世界银行的 2010 年报告，美国 5%的人口掌握了社会 60%的财富，而我国则是 1%的家庭掌握了社会 41.4%的财富，财富集中度远远超过了美国，成为全球两极分化最严重的国家之一。

这种不断加剧的贫富差距致使导致经济内需不足，从而阻碍经济的发展；同时，贫富差距问题已成为引发各类社会矛盾和冲突的重要因素，它会削弱社会成员对于经济增长的认同，容易引起心理不平衡，潜伏社会动荡的危险[16]。

问题之三：腐败问题。在社会转型时期，由于我国社会政治体制还不够健全，监督和管理机制改革步伐滞后，经济体制也没有及时完善，而舆论监督力量缺乏保障等原因，使得我国腐败问题仍在蔓延。

当前，腐败已经成为中国最大的社会污染，它不仅形成各种经济损失，而且还构成对中国共产党及其政府合法性的严重挑战[17]。据统计，腐败涉案金额出现直线上升趋势，2006 年涉案金额平均值为 835.66 万元，2007 年涉案金额平均值为 3506.43 万元[18]。同时，由于腐败还加剧了转型时期社会原本就已存在的社会不公平现象，引起了人们的极大不满。2008 年第 21 期《人民论坛》千人问卷调查显示：96.11%的受调查者表示“由权力造成的不公平”是当前社会不公平现象最为突出的表现。腐败问题极易引发民众对社会的不满和仇恨，它是危及社会稳定的重要诱因之一。

问题之四：社会保障制度问题。我国现行的社会保障制度发展滞后主要体现在两个方面：①社会保障覆盖面偏小，我国当前的社会保障制度主要包括了社会基本养老保险、下岗职工生活保障和失业保险以及城市居民最低生活保障等，而非行政事业单位编制的众多低收入人群以及大量失地农民被排斥在外；②社会保障投入水平偏低，2011 年我国人均 GDP 已突破 4000 美元，基本与英国、瑞典、德国、法国等发达国家 20 世纪 60 年代人均 GDP 的水平大致相当，而我国社会保障支出水平仅占 GDP 总量的 6%，低于这些国家 1960 年的支出水平[19]。图 7 显示了 2006 年中国与部分国家社会保障支出占财政总支出比重。

社会保障的缺失会使得民众对未来的不确定感加重，影响居民的消费水平，同时还会滋生社会的不满情绪，进而引发社会矛盾和冲突。因此可以说，社会保障问题正制约着我国社会的稳定健康的发展。

问题之五：“三农”问题。中国是一个农业大国，农村人口有 8 亿多，占全国人口的 62%。农业、农民和农村问题始终是中国现代化建设中的首要问题，也是中国政府工作的重中之重。新中国成立以来，特别是改革开放以来，农业和农村的发展取得了举世公认的成就，农业综合生产能力不断加强，农民收入和生活水平显著提高，农村经济为国家工业化建设和国民经济发展做出了很大的贡献。但进入 20 世纪 90 年代中期以来，农民收入增长缓慢，农村出现许多不稳定因素，农业发展后劲缺失[20]。如图 8 所示，2006～2009 年农民收入增长明显慢于城市居民收入增长。

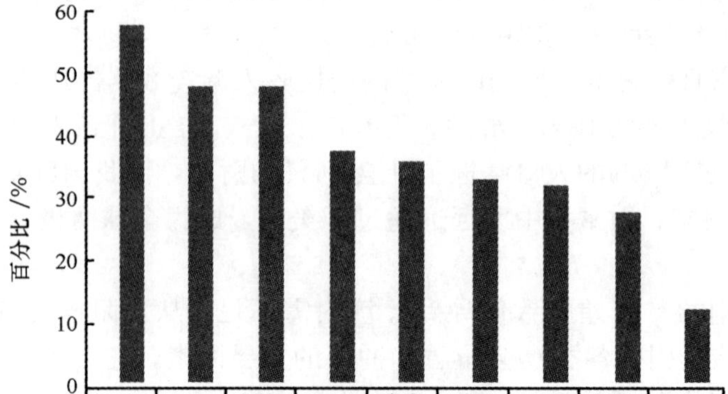

德国	波兰	加拿大	新西兰	澳大利亚	俄罗斯	美国	以色列	中国
55.47	45.92	45.58	35.71	34.19	31.13	30.16	25.86	10.8

图 7　2006 年中国与部分国家社会保障支出占财政总支出比重

资料来源：根据 IMF 网站（http：//elibrary-data. imf. org）整理得出

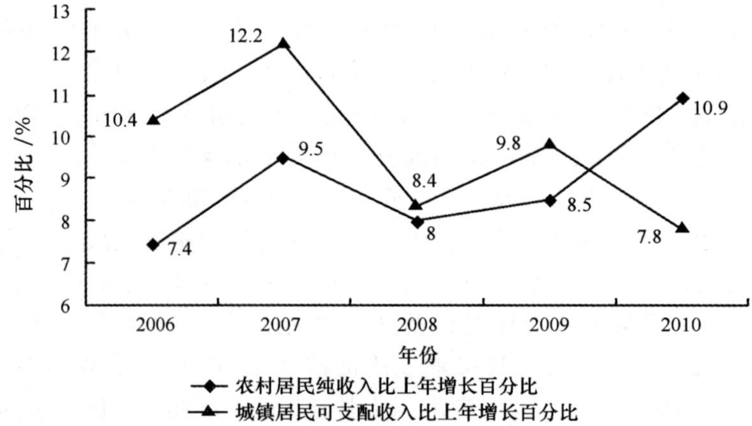

图 8　2006～2010 年城镇居民与农村居民收入增长对比

资料来源：中国国家统计局网站，http：//www. stats. gov. cn/tjsj/ndsj/

城乡差距的逐步扩大是“三农”问题的重要特征。①收入水平方面，城乡居民收入差距由 1985 年的 1.6 倍，扩大为 2011 年的 3.3 倍。此外，在地域上，我国东部沿海地区的农业发展明显快于中西部地区，而且差距还在扩大[21]。②消费水平方面，农村社会消费品零售额只占全国社会消费品零售总额的 32%[22]，农村消费总体规模较小。另外，农村每百户耐用消费品拥有量大大低于城市，如洗衣机，城市每百户拥有量为 94.7 台，而农村为 49.1 台；③社会保障制度方面，91%的城镇人口已纳入社会保障体系，而农村只有 4%的人口纳入其中。同时从社会保障费用的支出可以看到，占全国人口 70%左右的农民只占总数的 11%，而占全国人口 30%的城镇居民却占总数的 80%。

在医疗保障方面，占总人口30%的城市人口享有80%的卫生资源配置[23]，而占总人口70%的农村人口只享有20%的卫生资源配置，此外，全国大部分农村没有建立最低生活保障制度。在新型农村养老保险制度下，2010年该保险覆盖率为24%。④在受教育程度方面，城乡差距也十分明显，与城镇人口相比，农民受教育的程度整体偏低，2007年，中国农民平均受教育的年限是7.8年（城市为11年）。据第五次全国人口普查统计，我国农村人口中初中及以上文化程度的只占39.1%，远低于城市人口中65.4%的水平，每年还有相当一部分适龄儿童因贫困而失学。农村人口享受高等教育机会也少于城市，根据"我国高等教育公平问题的研究"课题组调研结果，我国重点大学里的农村学生比例自20世纪90年代开始不断下滑，北京大学农村学生所占比例从三成落至一成[24]。目前，"寒门难再出贵子"的现象已进入到人们的视野中。

作为有着众多农村人口的国家，农业、农村、农民问题的妥善解决，将会对整个社会的发展起到关键性的促进作用，否则，这些问题不仅制约经济发展，而且威胁社会稳定。

问题之六：流动人口问题。当前，中国流动人口的规模非常庞大，短期内人口流动仍然呈现加速增长的趋势。流动人口是一个特殊的社会群体，改革开放以来，在中国流动人口数量不断增长的过程中，绝大多数流动人口并没有被纳入到流入地的福利与公共产品分配体系中，流动人口与当地户籍人口之间的社会融合存在很大问题，流动人口所遭受的社会排斥问题十分严重。这样，与流动人口增加相应的是，流动人口中的社会排斥问题凸现了出来。

其中出现在20世纪80年代中期的"民工潮"，占据了流动人口的70%以上。农民提供的大量廉价劳动力，为改革开放以来的经济发展提供了丰富廉价的人力资源，大大降低了工业化的成本和企业资本积累的速度，特别是为外向型企业和劳动密集型企业的发展提供了快速成长的资本积累[25]。目前，进城农民已经超过一亿人，如图9所示。

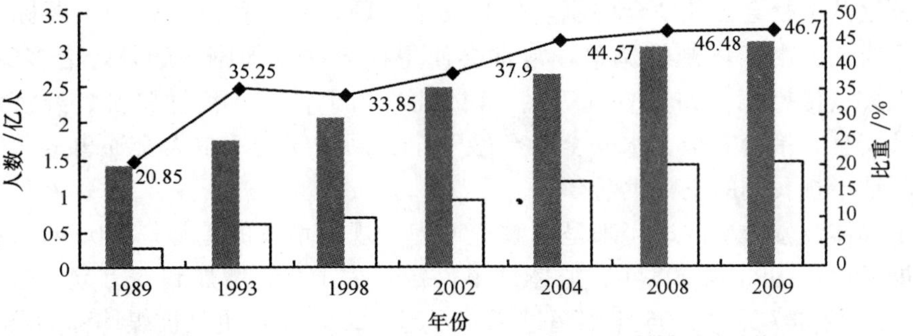

图9 20年来我国农民工数量变化及其城镇就业人员比重

资料来源：当代中国研究所网站，http：//www.iccs.cn/contents/401/10878.html

农民大量流入城市，他们在为城市建设做出巨大贡献的同时也给城市资源的配给增加了负担。在伴随着"民工潮"而来的诸多城市社会问题中，城市居民最关注的是与自身生命财产安全相关的社会治安问题。以北京市为例，近年来，北京市暂住人口发生的刑事案件已占全市刑事案件的80%左右[26]。而这些案件的发生，和最初人们对农民工的待遇和歧视心理是分不开的，它们主要表现为诸如就业岗位、工资待遇、社会福利与保障等方面的歧视以及执法歧视方面。

流动人口问题，尤其是其中农民工所面临的现实问题会对中国城市化发展进程带来极为不利的影响，并对中国社会主义和谐社会的建设构成挑战，需要政府采取措施加以控制和化解。

问题之七：就业压力问题。就业是民生之本，是人民改善生活的基本前提和途径，也是经济发展的重要条件。就业问题也是重大的社会问题和政治问题。中国有一句成语叫做“安居乐业”。但是，如果一个社会面临大量无业者和失业者，这时候不仅无业者难乐，恐怕有业者也难以安乐了。解决好就业问题，是保证一个国家经济发展和社会稳定的重要前提。

中国就业促进会会长张小建在2011年6月曾表示，我国就业形势主要面临的压力主要有三个：一是劳动力供大于求的总量性矛盾长期存在，“十二五”期间城镇每年需要安排就业人数2500万，而每年新增就业岗位只有900万个；二是就业的结构性矛盾日益突出，这与我国转变经济发展方式和产业结构调整有着紧密联系；三是农村劳动力转移就业进入一个加速期，现在虽已转移农村劳动力2.4亿人，但农村富余劳动力仍有1亿多人[27]。

此外，我国目前的就业保障制度还不完善[28]，主要体现在：①就业保障体系覆盖率较低，失业保险参保人数仅占城镇就业人数的40%，而国有企业之外的其他单位下岗失业人员及关闭破产需要安置的人员、城镇其他失业人员都不属于积极就业政策覆盖的范围；②就业保障水平较低，如失业保险金仅相当于社会平均工资的12.7%，实际上相当于失业救助的水平，无法为失业人员提供充分保障；③众多就业政策没有完善的法制保障，而大都以政府文件的形式体现。面对如此严峻的就业压力及复杂的就业问题，需要警惕就业风险激化社会矛盾的可能性发生。

问题之八：社会公共安全问题。公共安全问题是社会稳定与否的重要标志[29]。在社会转型时期，由于体制的调整，常常会使得社会冲突加剧。此外，诸多突发事件，如城市火灾、传染病（如SARS等）、群体性暴力事件、政治性骚乱、经济危机及风暴、商品安全、粮食安全、水安全、金融安全、网络安全、重大交通事故等安全问题也在不断地干扰我们的正常生活。

其中群体性暴力事件近年来呈现数量增多、规模增大的趋势。2005年《社会蓝皮书》数据显示，1993～2003年，群体性事件数量由1万起增加到6万起，参与人数由73万增加到约307万。2006年则超过了9万起。2008年，更是被媒体称为群体性事件突发之年。当年6月28日，贵州瓮安事件导致150余人受伤。11月3日，重庆主城区8000多辆出租汽车全城罢工。接着，湖北、海南、甘肃等省份的许多城市相继发生停运事件[30]。2009年2月8日元宵节，贵州德江县政府因“安全因素”，禁止群众在主城区舞龙，部分不理解的群众围堵县政府，引来2000多名群众围观，并与警察和政府工作人员发生冲突，造成3名警察和5名群众受伤。

而2010年，以互联网为主要途径的网络群体性事件也开始进入我们的视野，诸如百万级点击率的网络群体性事件屡见不鲜，如“南京天价烟房产局长事件”、“张家港官太太团出国事件”、“贫困县县委书记戴 52 万元名表事件”、“云南躲猫猫事件”，以及近期的“郭美美炫富事件”，等等。由于网络迅速的传播能力，越来越多的民众更加方便地获知社会中一些不合理的现象，同时展开集体的讨论或质疑。此时，这种虚拟的群体事件却直接反射出现实生活中的具体社会问题和矛盾，网络群体事件频发反映出的是相关政策法律的缺失和网民缺乏独立思考的习惯的现实，从而成为威胁社会安全的具有杀伤性的武器。

这些逐渐增多的社会不安全事件表明，在社会转型加速、各阶层利益群体的冲突逐渐加剧的阶段，社会公共安全问题不单是局部地区或者某几个行业的问题，而是我国社会在发展进程中各个地区以及行业所面临的共同的严峻问题。

问题之九：资源紧缺问题。中国资源的重要特点是资源丰富、总量较大，但人均资源占有量十分有限；而在经济发展和人口增长的过程中，对资源的开采和使用不当，存在资源浪费现象，由此造成了严重的资源紧缺。当前，土地、淡水、矿产等资源短缺的矛盾日益突出，给生态环境和社会发展带来了很大的压力。由于人口基数较大，中国人均资源占有量远低于世界人均水平，如图 10 所示。国务院新闻办公室 2007 年 12 月发布的《中国的能源状况与政策》白皮书指出，煤炭和水力资源人均拥有量相当于世界平均水平的 50%，石油、天然气人均资源量仅为世界平均水平的 1/15 左右。耕地资源不足世界人均水平的 30%，制约了生物质能源的开发。如何保证人口、经济、社会发展对资源的需求，保持资源的可持续利用，已经成为中国经济社会发展过程中的一个难题。

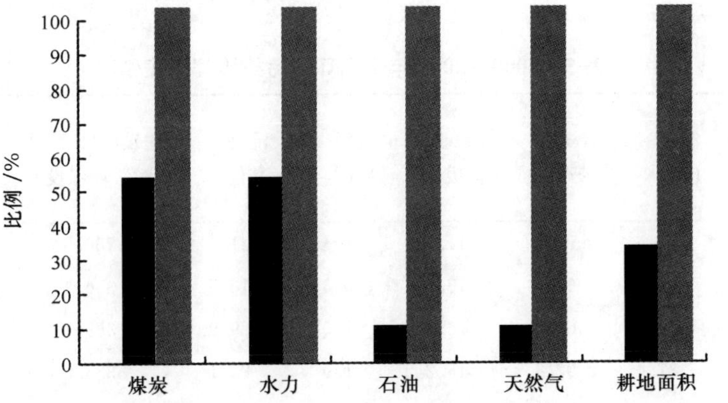

图 10　中国主要资源人均占有水平与世界平均水平的比较（2007 年 12 月）

资料来源：根据中华人民共和国国务院新闻办公室《中国的能源状况与政策》白皮书（2007）整理得出

中国作为世界第一人口大国，经济发展刚刚进入工业化的第二阶段，能源消耗位居世界第二。按照目前单位能源消耗水平判断，中国今后对能源的需求将大量增加。目前中国能源消费折合成标准油为 21.46 亿吨，人均消费能源 1.61 吨标准油。据美国能源信息署网站 2010 年 7 月末发布的数据，2009 年美国能源消费总量为 23.82 亿吨标准油，而中国能源消费总量比美国少 2 亿多吨标准油，人均消费约为美国的 1/5，居世界第 89 位。据测算，中国未来每年需要 130 亿吨标准煤，而可供开采的全部煤炭量仅够用 7 年，世界全部煤炭可开采量仅够我国使用 28 年[31]。

问题之十：环境问题。在社会经济发展过程中，由于忽视对环境的合理利用，中国已经面临严重的环境污染和生态危机。中国是一个发展中国家，当前正处在经济快速增长的过程中，面临着提高社会生产力、增强综合国力和提高人民生活水平的历史任务。然而，严峻的环境问题已经成为制约可持续发展的重大问题。而由于环境问题所引发的社会问题，在近期屡屡爆发。

据人民网报道，因为饮用水遭污染，处在城市边界的山东省青岛市下辖的即墨市环秀街道前南庄村千余村民被迫连续几年买水吃；2011 年 9 月，上海康桥地区发现 25 名儿童血铅超标，使得上海浦东新区在浙江、广东之后，也陷入了血铅危机；在因环境污染问题而引起民怨的浙江海宁市袁花镇红晓村，2011 年 9 月 15 日晚 500 余名群众聚集在浙江晶科能源公司门前，就环境污染问题讨要说法，引发了环境污染群体性事件，部分人员乘机实施“打砸”等违法犯罪行为，严重扰乱社会秩序。因此，环境问题的治理刻不容缓，随着社会工业化的进程，环境污染的速度正超乎我们的想象，同时，由其引起的社会矛盾也在加剧社会冲突的爆发，严重影响社会秩序。2009 年官方媒体称，中国政府在 6 年内投入了 910 亿元治理污染最严重的“三江三湖”，但水质仍然较差。以太湖为例，水质“连降三级”：从 20 世纪 80 年代的Ⅱ类水为主下降至Ⅴ类、劣Ⅴ类。2000～2008 年，环境污染治理投资总额从 1010.3 亿元上升到 4490.3 亿元。表 5 反映了 2000～2009 年全国污染治理投资的情况，表明了我国目前治理污染的成本较高的事实。

表 5　2000～2009 年全国环境污染治理投资情况　（单位：亿元）

年份	工业污染源治理投资	治理废水	治理废气	治理固体废物	治理噪声	治理其他	建设项目“三同时”环保投资	环境污染治理投资占 GDP 比重/%
2000	234.8	109.6	90.9	11.5	1.4	21.4	260.0	1.02
2001	174.5	72.9	65.8	18.7	0.6	16.5	336.4	1.01
2002	188.4	71.5	69.8	16.1	1.0	29.9	389.7	1.14
2003	221.8	87.4	92.1	16.2	1.0	25.1	333.5	1.20
2004	308.1	105.6	142.8	22.6	1.3	35.7	460.5	1.19
2005	458.2	133.7	213.0	27.4	3.1	81.0	640.1	1.30
2006	483.9	151.1	233.3	18.3	3.0	78.3	767.2	1.22
2007	552.4	196.1	275.3	18.3	1.8	60.7	1 367.4	1.36
2008	542.6	194.6	265.7	19.7	2.8	59.8	2 146.7	1.49
2009	442.6	149.5	232.5	21.9	1.4	37.4	1 570.7	1.33

资料来源：中国国家统计局网站，http://www.stats.gov.cn/tjsj/qtsj/hjtjzl/hjtjsj2009/t20101202_402687606.htm

就当前中国社会而言，上述十大问题所涉及的矛盾、冲突和风险已经构成当前中国社会和谐发展的巨大障碍，在很大程度上可以说，这些社会问题是当前中国社会风险之源，如何控制和化解这些问题已经成为构建社会主义和谐社会的一项十分重要的课题。

（二）社会心理问题

人们在面对社会风险问题时，文化心理层面的各种风险也会随之而来。它们主要表现在平均分配心理问题、社会信任心理危机问题以及社会焦虑和隔阂等情绪问题[32]，这些社会心理问题的产生或者加剧，均会直接引发人们在面对实际社会问题时可能采取的极端暴力的措施，从而导致社会动荡的风险增加。

平均分配心理的主要表现是一些社会弱势群体，由于不满改革的现状，要求不同社会能力的成员均可以得到相等的回报。这种一味地追求相等的酬劳分配而忽略社会贡献大小的心理实际上是追求一种不公平的分配方式。这种分配方式不但是对贡献能力强者的剥削，还会直接造成社会激励机制的丧失，容易减弱个人的创造行为，使得整个社会丧失活力，影响劳动生产率的提升，阻碍正常的经济发展脚步，不利于社会改革的进一步推行实施。

目前，我国社会信任心理危机问题十分突出。商业欺诈、学术造假、虚报冒领现象较为常见，它也是我国现阶段所面临的一个重要风险问题。如 2011 年 3 月的双汇“瘦肉精”事件便是“诚信缺失”的极端表现。河南孟州等地采用违禁动物用药“瘦肉精”饲养的有毒猪，流入了双汇集团下属的济源双汇，肉制品行业又一次受到消费者的质疑，同时也激增了中国居民消费者对食品行业食品安全的更加不信任。社会信任结构包括组织信任和个人信任两个层面。每一个社会得以良性运行都需要这两种不可或缺的信任，它们也是社会经济发展最根本的动力和保障。相比较而言，组织信任对社会影响更大，其实质是对社会秩序的信任[32]，社会信任的缺失不但使得经济拉动力不足，阻碍经济平稳健康发展，也会使得执政党公信力下降，引起社会不安。表 6 显示了 2011 年上半年由于信任缺失而引起的重要社会事件。

表 6　2011 年上半年十大社会信任缺失事件盘点

案例	时间	危机类型	点评
家乐福价格欺诈事件	2011 年 1 月	诚信危机	道歉真诚欠奉难挽信心 补救措施不力重创形象
康芝尼美舒利事件	2011 年 2 月	信誉危机	突来危机品牌遭重创 状告竞争对手表“清白”
锦湖轮胎质量门事件	2011 年 3 月	形象危机	回应公众态度不真诚 “拒不认错”公关意识不到位
双汇“瘦肉精”事件	2011 年 3 月	诚信危机	危机公关举措不明显 不公开不透明难获公众信任
国美“3·15”曝光丑闻	2011 年 3 月	诚信危机	反应迅速道歉及时 后续处理工作未见突出

续表

案例	时间	危机类型	点评
卡尔丹顿“假洋鬼子”事件	2011年3月	形象危机	以静制动曲线应对 议程设置品牌形象淡化危机
中石化“天价酒”事件	2011年4月	形象危机	缺乏长效型应对机制 危机公关作秀惹众嘲
台湾塑化剂事件	2011年5月	质量危机	政企危机反应迅速积极 产品安全保障扎实根基
蓝月亮“增白剂”事件	2011年6月	诚信危机	及时回应公众质疑 信息公开程度欠缺
郭美美微博炫富事件	2011年6月	信誉危机	内外信息沟通渠道封闭 危机处理未能开诚布公

资料来源：摘自林景新，赵玉竹.《2011年上半年十大企业危机公关事件盘点分析》

社会焦虑心理加剧是由于社会的变革正在加速过程中，人们对自己的未来状况不确定的一种正常心理。但是它容易导致社会成员的关系紧张，催化社会问题的恶化，同时，使得人们对所面临困难的承受力下降，容易引发非理性行为的产生，引起社会动荡。中国青年报社会调查中心就此对2134人进行了访问调查，发现社会焦虑已经成为现代人的一种常见现象：34.0%的受访者经常产生焦虑情绪，62.9%的人偶尔焦虑，只有0.8%的人表示从来没有焦虑过；与5年前相比，有47.8%的人“更焦虑了”，而高学历者、穷人、领导干部和城里人被认为是更易产生焦虑情绪的人群。

社会隔阂心理问题正随着中国社会阶层结构的逐步形成而不断加深，这种隔阂的最突出表现就是社会认同感低和阶层之间的对立。它容易造成穷人对富人的仇视和富人对穷人的歧视，放大阶层之间的不平等状态，导致各种社会问题的产生[32]，不利于社会整体的和谐发展。此外，在中国还有一个特殊的现象，就是农民工群体长期被拒之于城市主流社会之外，他们为城市建设和发展做出巨大贡献却不能享有城市居民的同等待遇，这极大地加深了社会的隔阂。

案例2　农民工权益无法得到妥善保障，维权存在现实困难

案由：2011年9月14日上午，从事建筑粉刷工作的安徽南陵县太丰镇王根祥、王根海兄弟和表弟毛根海3人，来到曾打工的安徽芜湖市东方龙城在建小区内的工地结算工资，却遭到项目工地多名人员的殴打，王根祥被人用2米长的钢管当场打倒在地，头部被重创打裂，不治身亡，而他的哥哥王根海的左手和左腿也被人打伤，背部被钢管打断，面临瘫痪的危险。

分析：在以上的案例中，我们可以看到，三个普通的农民工兄弟，背井离乡，远离妻儿老小，辛辛苦苦外出打工挣钱，最后却遭遇如此惨剧，给其自身及家人的身心造成了巨大创伤，也再次让人们聚焦农民工的生存现状。除上述农民工维权过程中出现的农民工讨薪遭殴打致死的案件之外，包工头长期拖欠工资或者携款潜逃的事件在媒体的报道中屡见不鲜，但始终未能得到妥善的处置，致使灾难频发，值得人们深思。

随着我国农村劳动力转移就业人员的不断增多，进城务工人员已经日益成为一个不容忽视的规模巨大的特殊社会群体。他们为城市建设创造了巨大的社会效益和经济效益的同时，却始终存在着劳动维权、社会保障方面的诸多问题，这不仅严重阻碍了我国社会经济的快速发展，也不利于“三农”问题的有效解决。

由于农民工维权基础薄弱，导致其维权比较困难，这主要体现在：①因为受到农民工收入偏低的约束，在寻找法律援助时，高额律师费的门槛便使得他们基本只停留在代写仲裁申请书、起诉状方面，无法获得维权行动方面更为有效的帮助；②由于农民工大多背井离乡，没有和用人单位签订正式劳动合同，未享受医疗保险、社会保险、工伤保险的待遇，因此常被排斥到法律援助对象之外；③由于办理农民工的工伤认定以及追讨酬劳等案件的法律程序比较复杂，会导致维权周期较长，通常用人单位往往会提出上诉，案件通过二审方能审结，有时需要一年多的时间，同时加重了农民工追讨薪酬的时间成本。

在制度上，由于我国的户籍制度使得农民工在就业、养老、医疗保障、子女教育、文化设施和享受社会公共服务等方面，不能获得与城市户口的居民平等的权益保障，这便成为他们权益难以得到良好保护的主要障碍。在劳资关系方面，农民工处于极其弱势的地位，法律上缺乏相应的权利，造成了劳资关系严重失衡的局面。在企业中，农民工民主参与程度低，职业安全形势严峻，企业内部缺少畅通沟通的渠道[33]。

此外，农民工受限于自身原因，文化程度偏低，法制观念淡漠，在维权时往往容易盲目跟风而采取一些暴力行径，导致恶性事件时有发生，而自身合法权益也受到严重损害。

案例 3　暴力强拆事件频频发生，多次引发拆迁悲剧

案由：2011 年 1 月 6 日湖南省祁东县看守所 73 岁退休职工烧死在该县公安局拆迁房中；6 月底以来，40 多万人口的黑龙江庆安县，两周之内，至少发生了三起以上暴力强迁事件，其中多人受重伤，居民称开发商在半夜用挖掘机强拆房屋，当户主想冲出房子时，被不明身份的人用棍棒殴打，3 人被压倒在倒塌的废墟中；9 月下旬，部分村民投诉反映安徽省亳州市几百名城管对某村村民居住的房屋进行野蛮强拆，致使多名村民受伤，村民屋内的所有物品被埋，几十户村民的房屋顷刻间成了一片废墟……

分析：这些发生在各地的因暴力强拆而产生的悲剧事件并不是一些孤立的个案。在拆迁过程中，拆迁方为了节省拆迁时间和拆迁费用，常常不愿意按照标准给付补偿，这是导致暴力强拆的根本诱因；而是采取暴力、威胁或者停电、停水等非法方式迫使被征收人搬迁，这是引发群众不满及群体性事件甚至致死人命案件发生的直接诱因。这种暴力强拆行为严重影响了干群关系，破坏社会和谐稳定。

另据报道，2011 年 8 月中旬，石家庄汇特房地产公司老板身为人大代表，本应代表人民群众利益，但他竟然在没有规划许可等证件的情况下，雇佣黑社会组织三番五次恐吓被拆迁户，并采取不定时断水、断电等违法措施，围困被拆迁户。这种与黑社会勾结，进行暴力强拆的恶劣行径更加危及百姓正常的生活秩序，扰乱社会治安。

此外，一些地区的拆迁还呈现出“软暴力”现象。比如，大规模机器作业，噪声扰民；派出社会闲散人员在住户家附近游荡，威胁人身安全；社区福利无法享受，剥夺正常权益等。这些精神上的压迫，看似没有血腥，但仍属暴力拆迁，也正侵犯着人们的合法权益。

这些暴力拆迁事件均是由于公共利益引起，它们的发生大都具有以下特征。

1）公共利益界定不清

可以看到，众多暴力强拆的案例大多是出于谋利的商业目的而进行拆迁的，但经常被一些行政机关、利益集团和个人描述成是为了公共利益，这使得大量土地被租用后，因行政权力的干涉而转变为经营活动使用。这也是拆迁中“化私为公”的主要原因。因此，对公共利益进行严格的界定，可以避免不少侵犯弱势群体利益而引发的恶性事件。

2）拆迁之前没有进行必要的协调沟通

之所以采用暴力进行拆迁的一个主要因素便是，与拆迁户无法或者没有进行合理的协调和沟通，而是希望通过暴力打压民众不满，实施强制拆迁。在对公共利益进行法律规定以后，还需要与老百姓进行大量的沟通协商。尤其应当注意的是，不能因为征地用作公益事业项目就可以任意侵占私人权益，而是应当进行大量的协商，对拆迁户进行安置和补偿，并且切实履行所达成的前期承诺。

3）缺乏合理健全的补偿机制

近年来，随着现代化、城市化发展的加速，我国不少城市开始了大规模的旧城改造和扩张运动，使得拆迁成为政府工作的重点之一。随着被拆迁居民的不断增多，迁居的地段离市区越来越远，给这些居民上班、上学、就医等经常性的生活需要和经济状况带来了不少困难，对于低收入者则更加难以承受，而这部分居民的补偿问题却由于行政权力与开发商利益的结合，而无法得到合理保障，造成拆迁纠纷急剧增加和激化。这样，政府部门为民解困的良好初衷就逐渐演变为以营利为目的，炒卖土地、压低甚至侵吞城镇拆迁费用、与民争利的行为，因此带来的暴力事件也逐渐增多。

4）容易引发群体性危机事件

首先，在社会转型期，不同社会群体和阶层的利益意识会不断被唤醒和强化，利益的分化也势必发生。在各种社会资源有限的前提下，多元化的利益群体会不可避免地相互竞争和冲突。随着城市化过程的推进和经济发展的需要，特别是基层土地被大量征用为建设用地后，由于土地征用补偿、征地后失地农民安置等相关政策不配套、不连贯、不落实等原因，影响了村民的切身利益，从而引发群体性突发事件。其次，部分群众法制观念淡薄，加大了引发群体性突发事件的可能性。当出现利益矛盾或纠纷时，一些群众误认为聚众闹事可以对领导造成压力，能较快解决问题，使本来能在法律程序中得到解决的矛盾演化成突发性群体事件。最后，少数基层干部的不良作风也是引发群体性突发事件的导火索之一。以权谋私、违法乱纪或者工作方法简单、作风粗暴的消极做法给群众造成了错觉，导致群众对基层单位、职能部门的不信任，把上访、聚众闹事视为谋求解决问题最直接的、最有效的途径，使得群体性事件爆发的可能性加大。

四、2012 年中国社会风险情况展望

（一）社会安全情况展望

在过去 15 年里，我国由于气象灾害突发事件造成的经济损失平均一年是 1000 亿元到 3000 亿元，约占 GDP 的 1%～3%[34]。近年来气象灾害所造成的损失占 GDP 的比例虽然有所下降，但自然灾害造成的经济损失仍然巨大。因为自然灾害有着较广泛的破坏力度，我国长期受灾害影响的人口大体在 2 亿左右，占全国人口的 1/7 以上[35]，有的基础设施，年代久远，同时缺少及时的维护和更换，安全隐患较多。由于自然灾害的不确定性，我们仍旧不能放松对 2012 年自然灾害的监控与防范。

2011 年，我国在面对国际经济缓慢复苏的状况下，继续实施扩大内需的政策措施，建设项目大量增加，能源原材料和交通运输市场需求旺盛，出现重特大事故增多，另外，由于气候条件异常，因自然灾害引发的事故灾难频繁。这也为我们对 2012 年的安全生产、安全运输问题敲醒了警钟，在国家和地方政府为扩大内需、拉动经济而投入资金大量新建、改扩建项目的过程中，全国安全生产形势依然严峻。

近年来，我国社会治安状况继续保持总体稳定，社会秩序平稳，一些突出的违法犯罪活动得到有力整治，打击黑恶势力的行动得到民众普遍支持，群众安全感普遍增强。但是，刑事犯罪案件依然处于高发时期，2012 年维护社会治安持续稳定的压力仍在不断加大。根据 2011 年全国刑事案件总量攀升的情况分析，以侵财类刑事案件、暴力性刑事案件、职务犯罪中涉及经济类的犯罪案件等三大类案件的发案情形依然会很突出。

（二）民生保障情况展望

随着时代的发展，民生逐渐上升为社会广泛关注的一个核心问题。“十二五”（2011～2015 年）规划纲要中提出，在未来的五年里我国将进一步加快推进覆盖城乡居民的社会保障体系建设，民生问题在城镇化进程快速推进阶段具有其特殊性。尽管近年来对城市民生事业投入不断增加，但由于城市人口规模以更快的速度增长，对城市资源环境承载能力提出了严峻的挑战，交通拥堵、环境污染、房价高涨、就业压力以及医疗服务昂贵等一系列棘手问题将进一步浮现。

未来 20 年，中国仍将处于城镇化快速发展时期，每年将有 1000 多万农村人口转移到城镇居住，解决城市民生需求已成燃眉之急。首先，就业问题永远是经济发展中永恒的主题，当前及今后 20 年左右的时间内，劳动力供大于求依然是我国经济发展和就业问题的基本矛盾，中国劳动力资源绝对数量庞大，15～64 岁劳动年龄人口在 2014 年达到最高峰时的总量为 9.97 亿。其次，随着我国进入到老龄化社会，全国 60 岁以上的老年人已逾 1.6 亿，占总人口的比例达到 12%多，而且老龄化还在加速，到 20 世纪 20 年代末 30 年代初，中国会进入到老龄化高峰时期，因此医疗及其养老保险的覆盖率将会进一步加快提高。此外，中国城镇恩格尔系数在 2010 年已经下降到 35.7%[36]，这意味着 2012 年人们对民生质量的要求也会不断提高，由此将对民生需求产生乘数放大效应。

（三）经济发展指标展望

2011 年是“十二五”规划开局之年，经济发展形势比较复杂。2011 年上半年，中国经济在固定资产投资的驱动下保持了较快增长，其中民间投资的快速增长较为显著。在食品价格上涨的推动下，通货膨胀压力不断加剧，但由于 2011 年下半年国内外经济环境存在着较多的不确定性，若谨慎乐观估计，2012 年则会因为欧债、美债危机深化而导致世界经济小幅回落。新加坡国立大学和厦门大学发布的《中国宏观经济预测与分析 2011 年秋季报告》预测 2011 年 GDP 将增长 9.28%，但 CPI 依然可高达 5.34%，因此我国货币政策将继续以稳定物价为主。

2012 年继续保持城乡居民收入稳定增长、不断改善收入分配任重道远。工资性收入继续快速增长会有一定难度。农业生产固有的不确定性和农产品价格的波动性，增加了农民增收的不确定性。随着近年来各项惠民政策逐步到位，原有政策对转移性收入的拉动作用会减弱，同时，物价上涨也会减缓收入的实际增长率。

由中国社会科学院发布的 2010 年《社会蓝皮书》指出，以美元计价的中国人均 GDP 跨越新台阶的时间间隔近年来在不断缩短。1978～2000 年，人均 GDP 从不到 400 美元增至逾 800 美元，中国用了超过 20 年的时间。2003 年，这个人口第一大国的人均 GDP 跃过了 1000 美元的大关；仅仅用了 3 年时间，到 2006 年超过 2000 美元；而过了两年，到 2008 年，则超过 3000 美元；2010 年末，人均 GDP 跨越 4000 美元，进入了中等收入水平国家。因此，在目前的经济形势下，2012 年该项指标仍将快速增长，但仍与发达国家水平有较大差距。

根据《“十二五”节能减排综合性工作方案》中指出的问题，随着经济持续快速发展，我国能源需求将会呈现刚性增长，同时，在国内资源保障能力、环境容量制约、全球性能源安全和应对气候变化影响的多重压力下，资源环境受到约束，节能减排问题依旧形势严峻。政府已经在“十二五”规划纲要中提出要将万元 GDP 能耗下降 16% 的明确目标，因此，2012 年，我国将在控制高耗能、高排放和产能过剩行业新上项目及能源消费结构等方面进一步落实改革，从而不断提高经济社会运行质量。

（四）社会公平状况展望

2011 年 9 月，新的《中华人民共和国个人所得税法》实施后，个人所得税起征点已经调至 3500 元，全国约有 6000 万的工薪所得纳税人成为最主要的受益群体。这一政策首先会降低我国中低收入人群的纳税负担，从一定程度上改善工薪阶层的可支配收入达到刺激消费的作用；同时，对社会收入的二次分配力度也将大大加强，为逐步抑制贫富差距拉大起到促进作用。

此外，农民收入连续两年呈现了持续增长的态势。根据中国农业部数据，2010 年农民的人均纯收入增幅是 10.9%，不仅高于 GDP 的增长速度，而且高于城市居民人均收入的增幅。根据 2011 年《农村经济绿皮书》分析，由于土地制度和户籍制度的缺陷难以克服，城乡管理体制之间尚存巨大鸿沟，以致 2010 年城乡居民收入差距扩大为 3.23∶1。目前制约农民收入增长的因素仍旧存在，靠价格增收、靠提高工资水平增收的空间是有限的，特别是促进农民稳定增收的长效机制还没有建立起来。所以，城乡居民收入差距拉大的趋势在2012年仍将持续。

（五）社会心理状况展望

2011年我国刑事案件数量增多，这与社会已经进入转型时期的重要阶段所引发的人们的心理问题增多密不可分。随着经济增长速度加快，社会分化程度加大，利益分配不公等问题凸显，这些急剧的社会变迁所引发的心理问题逐渐增多。在社会改革过程中出现的社会问题引起心理失衡，如下岗失业、贫富差距加剧、腐败现象增多等社会不合理问题的出现，使人们产生较强的失落感、被剥夺感、不公平感等，如果这些心理感受长期得不到改变，甚至进一步加深，将会使得心理失衡现象转变为严重的心理问题。面对逐渐加剧的社会竞争以及不断加快的社会节奏，适应性较弱的社会成员的心理将面临严重挑战。

五、我国社会稳定发展的对策与建议

依据“社会风险评估指标体系”所涉及的风险指标，结合我国社会未来可能面临的主要社会风险，借鉴国际经验和教训，我们提出以下具体对策和建议。

（一）社会安全方面

1）建立完善的突发事件预警机制

应对重大突发事件应该重在预防。经验告诉我们，重大突发事件在事后所付出的代价远远高于事前预防所花费的成本，因此，建立完善有效的重大突发事件预警机制是维护社会稳定的必要措施。能够及时收集、辨别和处理各种信息，可以为重大突发事件的应对赢得主动权。当重大突发事件来临时，应及时通过官方渠道向公众公开真实信息。这种准确而及时的信息传播方式有利于消除突发事件给公众造成的、心理上的不良影响，利于事故处理和安置。此外，时常进行避灾常识及建议的宣传，提高公众的自救意识，均可以减轻突发事件给人们带来的损失，同时也便于开展灾后的重建工作。因此，重大突发事件预警机制能够有效保护国家的公共安全和人民的生命财产安全。

2）建立安全防范的信息平台

政府部门可以建立公共安全网页，也可以通过媒体架起民众与真相、民众与政府之间的桥梁。在政府网页上公布公共安全事件管理机构和人员的联系方式；开展公共安全知识的普及教育；每天公布安全信息，提醒民众注意所发现的可疑情况；民众也可通过信息平台对政府对公共安全事件的治理进行有效监督；危机发生时政府及时发布权威信息，避免谣言和社会恐慌的扩散，使整个社会在信息平台的构建下，共同参与社会公共安全的建设。

3）培养全社会的公共安全意识

逐步把公共安全教育纳入学校、企业、政府机关、社区的培训日程，编制相应的教材；加强防灾演练，提高全社会的防灾意识和突发事件的应对能力。培养全社会的公共安全意识，为应对重大安全事件做好准备。

（二）民生保障方面

1）完善城市就业及最低生活保障制度

政府应当承担起劳动力培训、就业信息提供和最低生活保障的责任，尽可能地创造就业岗位，从而减少劳动力产业转移的阻力，保障失业家庭的基本生活；在城市最低生活保障制度的基础上，逐步将保障范围扩展到长期在城市生活的农民工家庭；农村应以村民委员会为基础，承担起过去集体经济赡养五保户的责任，有困难的地区，也应考虑纳入政府民政部门的救济范围。

2）完善积极就业政策制度

政府实施积极就业政策时，应该在维持现有就业水平和创造新就业岗位的同时，进一步积极增强劳动者的就业安全感以及劳动力市场的就业安全性[37]。比如，提供公益就业岗位，完善政府工资补贴制度；健全职业中介市场的建立，缩短失业或待业时间；推行就业岗位培训，完善求职者的就业技能；通过减免税费政策或者提供小额贷款的方式，扶持和建立小型、微型企业，鼓励自主创业行为等。

3）抑制高额择校费，促进教育资源合理分配

中小学高额择校费的产生，是由于优质教育资源的稀缺和分布不均引起的。政府集中物力人力，重点建设最优质的教育资源，优秀生源被重点学校吸引，使得校与校之间的差距逐步加大，同时导致择校费不断攀升。所以要从根本上解决择校费问题，政府应该避免教育投入的重点化倾向，加强对教学力量相对薄弱者的扶持，逐步缩小学校之间的差距，让优质教育资源能够均衡分布。这个过程或许比较漫长，但却是能够根治高额择校费问题的唯一途径。

4）充分借鉴目前国际较为通行的社会保障做法

在面临农业劳动者收入同城镇人口收入差距拉大的风险问题时，欧洲一些国家在完善现有社会保障制度的同时，还建立了自愿性补充保险计划，法国和奥地利政府为低收入农业人口提供了减税和补贴。此外，多数欧洲国家欲构建更具弹性的退休制度，鼓励农业劳动者在健康状况许可条件下的灵活退休方式和延长退休年龄，以缓解社会保障制度的资金供求压力[38]。发达国家在面临国家人口老龄化加速问题时，通过拓展服务领域，诸如完善交通设施、完善老年公寓服务、动员自愿者服务活动，在解决老年人基本经济问题的同时，还为老年人提供精神上的照顾和慰藉服务。另外，通过政府筹集资金为主要渠道的社会救助养老保险计划方式成为许多发展中国家社会保障制度的重要特点，它为扩大社会保障覆盖范围、解决农村人口养老问题提供了解决办法。这些已经推行的得力措施都对我国的社会保障体系建设具有重要借鉴意义。

（三）经济发展方面

1）采取有力措施保障低收入阶层的收入增长

充分重视通货膨胀对不同收入阶层尤其是农村低收入阶层收入的影响，需要继续

提高最低工资标准，提高以制造业为主的劳工工资水平，以保障城乡低收入阶层的收入水平和消费水平。

2）实现居民收入增长与经济发展同步，使得发展成果惠及人民

从一些发达国家的发展经验来看，如在20世纪60年代日本就制订了为期10年的“国民收入倍增计划”，为日本经济的持续高速发展提供了重要保障。从经济发展阶段来看，中国目前在产业结构、外部环境等方面面临与日本当年类似的发展困难，但又面临着经济进一步快速发展的巨大机遇。2011年3月，全国人大代表郭广昌便提出政府可以通过制订一个居民收入增长与经济发展同步的收入倍增计划，为经济社会的持续发展提供动力，造就中国经济以内需消费为特征的经济发展阶段，使得经济发展的成果惠及人民。

3）优化能源结构，建立全民节能意识

首先要合理控制能源消费总量，建立起能源消费总量的控制机制。例如，可以对能源消费总量较大的地区给予预警提示；同时，对企业开展低碳宣传，鼓励使用能耗较低的大型设备；制定对高能耗行业（如电力、石油化工、制造业等）节能的具体实施方案，从规划方案、技术设计、标准实施等各个环节进行监管；另外，可以进一步推进城市交通运输节能减排的实施，鼓励市民采用污染小、排量低的环保型交通工具出行；鼓励使用高效节能家电，减少一次性物品的使用，加强公民节能意识的教育和培养。

（四）社会公平方面

1）进一步推进户籍制度改革

随着城市化的推进，加快推进户籍制度改革显得尤为迫切。户籍改革的最终目的在于让不同户籍的公民都能享受到同样的城市福利。因此，在接下来的户籍改革中，关键是要给户籍“减负”，逐步剥离附加在户口上的诸多利益，降低其“含金量”，通过推进与户籍挂钩的教育、医疗、社会保障等相关领域的配套改革，实现政府公共产品和服务的均等化。

2）加大对低收入者的扶持力度

政府应当在住房、医疗、子女教育、水电等方面对低收入群体实行特别援助和适当补贴。比如，降低低收入者在住房、水电、出行等基本生活方面的费用支出；进一步鼓励和建设经济适用房，确保经济适用房合理分配，或对低收入者建房、购房和租房进行补贴，保障低收入者的住房需求；加大对低收入群体，特别是下岗失业人员的培训力度，帮助他们尽快掌握就业的基本技能和必备知识，扩大就业的机会和空间。

3）合理解决部分垄断行业收入过高问题

在这方面，可以采取以下措施：首先，可以将竞争行为扩展到一些与国家安全相关程度不大的垄断行业中，通过竞争抑制垄断方式，抑制收入过高的事态发展；其次，可以推进垄断行业的现代企业制度建立进程，通过国有企业之间的相互持股，建立自负盈亏的经营体制；此外，对于少数保留的垄断行业进行垄断税的征收；最后，还应加强对垄断行业收入分配的监管，包括垄断行业收入分配要透明化，接受社会监督[39]。

4）完善现代市场体系，减少灰色收入形成渠道

生产要素市场欠发达是我国居民收入差距扩大的重要因素之一。这种欠发达的要素市场必然会带来价格的扭曲，从而形成灰色收入的主要渠道。因此，完善市场体系是防止灰色收入产生的重要措施。首先应当建立起完善的市场规则，形成统一的行为准则是市场公平有效的前提保障；另外，减少或者规避政府的不正当干预也是保障市场公平竞争的重要手段，形成合理市场要素价格，杜绝灰色收入的形成。

5）进一步加强舆论监督力度，提高行政管理透明度

虽然政府在行政透明度问题上正在逐步做出努力，但是信息公开所需要相关法律的规范，以及新闻发言人等配套制度的完善在各地的具体执行情况并不容乐观。推动行政管理透明化，有赖于公共媒体以及个体的监督和制衡。近年来，随着网络的推广和普及，民众的知情权意识开始加强。这也使得目前各级政府面临着持续增长的信息公开压力，尤其是一些在网络上极受瞩目的公共事件，政府的及时介入和回应，以及对于事件调查结论的及时通报，已经成为政府平息众怒和维持社会稳定的必然之举。我们需要不断通过媒体呼吁以及其他各种实体监督的形式，形成长效的社会监督力量，提高行政管理透明度。

（五）社会心理方面

1）加强社会心理疏导服务

要重视社会心理疏导工作，及时掌握社会心态变动趋势和规律，加强社会不良情绪的疏导和调节，避免不良社会心态累积恶变，防范和降低社会风险；提倡人文关怀，加强对群众特别是重点人群、特殊人群的心理服务工作，见微知著，倾注真情，努力使群众保持健康理性的心态。

2）建立社会心理问题的防范平台

我国需要进一步完善心理卫生队伍的专业化建设，诸如提高心理咨询、心理疾病诊治、心理危机干预等方面的物质条件和科技水平；同时，还应在社会转型加剧的时期加强社会文化的创新工作，发挥其抚慰心理、调适行为以及表达情绪和释放压力的功能；此外，广泛地提高全体社会成员保持自身良好心理状态的意识，通过开展专题讲座或报告的形式，丰富人们对社会心理问题防范的知识，强化社会心理问题的应对技能，从而促进心理健康发展。

参考文献

[1] 陈远章．社会风险预警指标体系及其实证研究［J］．系统工程，2008，(9)：122-126.

[2] 邓志伟．关于社会风险预警机制问题的思考［J］．社会科学，2003，(7)：65-71.

[3] 国家安全生产监督管理总局．2010 年非煤矿山事故分析．http：//www. chinasafety. gov. cn/newpage/Contents/Channel _ 5921/2011/0309/125527/content _ 125527. htm．2011-3-9.

[4] 最高人民法院．人民法院工作年度报告（2010）．http：//www. court. gov. cn/qwfb/sfsj/201105/t20110525 _ 100996. htm．2011-3-9.

[5] 余芳东．我国经济的国际地位和发展差距［J］．调研世界，2011，(3)：3-5

[6] 胡鞍钢，人才兴．国家旺．人民日报（海外版）.2010-6-26.01.
[7] 张炳升，曹建文．十年，迈入人才强国行列．光明日报.2010-5-28.01.
[8] 中华人民共和国国家统计局.2010年国民经济和社会发展统计公报.http：//www.gov.cn/gzdt/2011-02/28/content _ 1812697.htm.2011-2-28.
[9] 王萍萍.2010年城乡居民收入稳定增长.http：//www.stats.gov.cn/tjfx/grgd/t20110301 _ 402706382.htm.2011-2-16.
[10] 新华社调研小分队．我国贫富差距正在逼近社会容忍“红线”.http：//jjckb.xinhuanet.com/sdbd/2010-05/10/content _ 220612.htm.2010-5-10.
[11] 黄益平．三难选择．经济时评.2010-8-23.
[12] 陆铭，范子英．中国出口导向路径不会有根本性改变．上海证券报.2009-9-22.006.
[13] 丛亚平，李长久．基尼系数达0.5超警戒 社会处危险状态.http：//www.ce.cn/xwzx/gnsz/gdxw/201005/21/t20100521 _ 21429940 _ 2.shtml.2010-5-21.
[14] 释经祖．密切关注美债危机对我国经济的影响．中国信息报网络版.http：//www.zgxxb.com.cn/xwzx/201108250008.shtml.2011-8-25.
[15] 高明亮．关于我国收入分配有关问题的思考.http：//www.gsei.com.cn/html/jlzc _ 944 _ 116273.html.2010-8-25.
[16] 姚亮．中国社会转型期的社会风险及特征分析.http：//theory.people.com.cn/GB/index.html.2009-10-22.
[17] 胡鞍钢．腐败：中国最大的社会污染——对中国90年代后半期腐败经济损失的初步估计［J］．北京观察，2001，(6)：4-7.
[18] 郭媛丹.2007年贪官平均年龄53.3岁 涉案金额1年增3倍.http：//www.ce.cn/xwzx/gnsz/gdxw/200802/19/t20080219 _ 14562755 _ 1.shtml.2008-2-18.
[19] 财政部社会保障司课题组．社会保障支出水平的国际比较［J］．财政研究，2007，10：36-42.
[20] 熊光清．当前中国社会风险形成的原因及其基本对策［J］．教学与研究，2006，(7)：17-22.
[21] 郭江平．城乡一体化：解决“三农”问题的根本出路.http：//www.sdny.gov.cn/art/2004/3/24/art _ 621 _ 30618.html.2004-3-24
[22] 国家统计局农村社会经济调查司．中国农村统计年鉴（2009）．北京：中国统计出版社，2009.
[23] 郭江平．城乡一体化：解决“三农”问题的根本出路.http：//www.sdny.gov.cn/art/2004/3/24/art _ 621 _ 30618.html.2004-3-24.
[24] 顾仲阳，丁谨之．农家子弟，读书还能改变命运吗．人民日报.2011-8-28.005
[25] 武力．试论近代以来国家与农民关系的演变［J］．武陵学刊，2011，(1)：14-23.
[26] 胡向军．农民工与城市社会安全问题关系之初探．第二届城市科学论坛论文集.2006：3.
[27] 中国就业促进会会长．我国就业形势面临三大压力.http：//www.gov.cn/jrzg/2011-06/11/content _ 1882031.htm.2011-6-11.
[28] 张丽宾．警惕就业风险激化社会矛盾．人民日报（海外版）.2006-9-12.05.
[29] 邓志伟．关于社会风险预警机制问题的思考．社会科学，2003，(7)：65-71.
[30] 刘婷．我国城市群体性突发事件的原因及应对措施［J］．重庆科技学院学报（社会科学版），2009，(10)：71-72.
[31] 金柏松．经济全球化对我国能源安全构成挑战．上海证券报.2005-9-8.A12.
[32] 姚亮．社会结构视野下的社会风险探析．学习与实践，2009，(7)：121-126.
[33] 深圳市总工会，深圳大学劳动法和社会保障法研究所．深圳新生代农民工生存状况调查报告.http：//acftu.people.com.cn/GB/67582/12154737.html.2010-7-15.
[34] 郑国光．谈“科学应对极端天气气候事件”.http：//www.gov.cn/zxft/ft58.2007-9-20.
[35] 陈泽伟，王超群．科学应对突发公共事件.http：//www.gov.cn/yjgl/2005-08/08/content _ 74088.html.2005-8-8.

[36]　国家统计局．城镇居民消费全面升级　恩格尔系数再降．http：//www.chinanews.com/cj/2011/03-07/2888618.shtml.2011-3-7.

[37]　袁晓辉，张丽宾．完善社会保障制度 提升就业促进能力．中国劳动，2006，(12)：20-21.

[38]　林义．国际农村社会保障改革发展的新趋势．学海，2004，(10)：47-51.

[39]　赵振华．缩小居民收入差距的若干政策建议．学习时报，2010-11-22.004.

中国人口政策面临的挑战和未来展望

姜全保　李树茁　M. W. Feldman

内 容 提 要

20 世纪 70 年代以来的生育率转变是中国的革命性变化之一，生育率的这种下降很大程度上归因于中国的人口政策。从最初的严格控制人口增长到目前稳定低生育水平、统筹解决人口问题，中国的人口政策经历了一系列变革，同时也对人口、经济和社会发展带来了深远影响和挑战。近 30 年严格的人口政策和近 20 年的低生育率，已经对中国的人口、经济和社会发展产生了很大的影响，如目前的低生育率，偏高的出生性别比和快速的老龄化问题。

中国的生育政策存在很大的争议，尤其是在生育率降到这么低的水平的情况下，很多研究呼吁要调整中国的生育政策。本文首先回顾了人口政策的演变，从生育率的下降和出生人数的减少、出生性别比的升高和过剩男性、即将来临的劳动力短缺、老龄化问题等方面，探讨了生育政策带来的社会影响；同时分析了生育政策执行及其后果中的伦理问题。

中国是目前世界上唯一实行严格控制生育政策的国家，这种非常态的、社会政治成本高昂的政策从实施开始就存在争议。目前，中国人口发展战略面临新的考验和抉择，现行生育政策是否应该调整、何时调整以及如何调整，正日渐成为学界讨论的热点。

低生育率是一个有深远的社会、经济和政治影响的全球现象，这种生育率下降的趋势不再局限于经济发达国家，而且也扩展到发展中国家。中国，在经历了 20 多年的更替生育水平以下之后，正经历老龄化加速阶段，而且不久的未来人口就会出现负增长。在这种状况下，调整生育政策是必然的选择。在具体的调整方案上，主要有三种选择：一是进行微调和自然过渡，也就是至少一方是独生子女的夫妇允许生两个孩子，现行的农村地区的一孩半政策不变；二是现在就放松或者取消农村一孩半政策的生育间隔，逐步过渡到两孩政策；三是逐步过渡到不管是农村还是城市普遍实行两孩的政策。长期来看，两孩政策是一个合适的折中。它可以避免加速的老龄化，也可以缓解很多社会问题比如失踪女性问题。目前中国的人口面临一系列挑战。虽然中国目前还不准备放弃生育政策，但是在经济改革的环境下，控制个人决定会产生越来越多的问题，因此转向不这么强制的政策是有可能的。

一、引　　言

自 20 世纪 70 年代以来，中国总和生育率大幅度下降，80 年代总和生育率在更替水平上波动，90 年代总和生育率降至更替水平以下。20 世纪 70 年代以来的生育率转变是中国的革命性变化之一，一系列数据和估计都表明 2000 年中国的总和生育率已经降到 1.4～1.6 的水平[1]。生育率的这种下降很大程度上归因于中国的人口政策，人口政策是生育率快速下降的主要决定因素之一。从最初的严格控制人口增长到目前稳定低生育水平、统筹解决人口问题，中国的人口政策经历了一系列变革，同时也对人口、经济和社会发展带来了深远影响和挑战。

在 1949 年之后，中国虽然出台了一些关于人口政策的相关规定，但由于当时领导人的认识和社会政治生活状况，使得生育基本处于放任状态，甚至在 20 世纪 50 年代初期，由于反对堕胎而客观上实行的鼓励生育的政策，也使得人口增长很快。但进入 20 世纪 70 年代，人口的快速增长对经济发展的影响引起了政府的高度重视，中国政府开始真正倡导人口政策，并且出台了一系列措施，尤其是 1980 年中共中央发表了《关于控制我国人口增长问题致全体共产党员、共青团员的公开信》以来，对人口增长的控制力度非常大，使得生育率下降很快。近 30 年严格的人口政策和近 20 年的低生育率，已经对中国的人口、经济和社会发展产生了很大的影响，比如目前的低生育率，偏高的出生性别比和快速的老龄化问题。

中国的生育政策存在很大的争议，尤其是在生育率降到这么低的水平的情况下，很多研究呼吁要调整中国的生育政策。本文基于文献，首先回顾了人口政策的演变；其次探讨了生育政策带来的社会影响；再次分析了生育政策执行及其后果中的伦理问题；最后讨论了中国生育政策调整的争议，国际低生育率国家的相关经验、对策以及我们的建议。

二、人口政策的演变

1949 年中华人民共和国成立之后，中国政府在政策和舆论上对多生孩子进行支持和鼓励。1954 年 11 月 1 日公布的中国第一次人口普查结果表明人口增长过快，1955 年中共中央发布的《关于控制人口问题的指示》，1956 年“八大”会议上做的《关于发展国民经济第二个五年计划的建议的报告》，都提出要在生育方面加以适当的节制。一些学者如邵力子、马寅初等也以不同方式陈述了自己关于节制生育的思想。但其后的反右派斗争中控制人口增长的主张成了反党反社会主义的右派言论，人口政策方面的工作陷入停滞。

1962 年 12 月，中共中央和国务院发出《关于认真提倡计划生育的指示》，要求在城市和人口稠密的农村提倡节制生育。许多人口稠密的省、市派出计划生育小分队，深入农村、工厂、街道开展工作。1965 年 2 月，国务院计划生育委员会在山东省文登县召开了现场经验交流会，会上出现了“一个不少，两个正好，三个多了”的人口政策口号。20 世纪 50 年代和 60 年代的人口政策受到“大跃进”和“文化大革命”的影响，没有取得显著的成效。20 世纪 70 年代以来，中国的人口政策大体可以分成三个阶段：1970～1979 年为第一阶段，实行宽松的人口控制政策阶段；1980～1999 年为第二阶段，实行严格控制人口增长的政策；2000 年以来为第三阶段，这时期提倡稳定低生育水平。

（一）第一阶段

1970 年，中国中央政治局认识到控制生育其实质是一个经济问题，所以此后生育控制成为经济规划的一个主要考虑因素。1973 年 7 月，国务院批准恢复成立了计划生育领导小组及其办公室，各地也先后恢复或者成立了计划生育工作机构，以便在全国城乡范围内普遍推行有计划地生育。1973 年 12 月，国务院计划生育领导小组办公室在北京召开了全国计划生育工作汇报会，会议明确提出了“晚、稀、少”的计划生育政策，“晚”是年龄方面的控制；“稀”是生育间隔方面的控制；“少”是生育数量方面的控制，一对夫妇最多生育两个孩子。1978 年，中共中央批准了《关于国务院计划生育领导小组第一次会议的报告》，要求县以上要建立和健全计划生育办公室；公社配备计划生育专职干部。同时要求城市住房、农村口粮、自留地的分配等社会经济政策和其他一些规定，都要有利于计划生育工作的开展。

20 世纪 70 年代的人口政策比较宽松，1978 年在县以上要建立和健全计划生育办公室的规定为 20 世纪 80 年代严格执行计划生育政策打下了行政基础。

（二）第二阶段

20 世纪 70 年代末，邓小平考虑当时的人口预测结果，担忧人口可能会影响经济改革政策的执行，他认为要使得经济发展和生活水平提高必然要控制人口的过快增长。1980 年，中共中央发表了《关于控制我国人口增长问题致全体共产党员、共青团员的公开信》，提倡一对夫妇只生育一个孩子。《公开信》要求全体共产党员、共青团员特别是各级领导干部，带头响应国家的号召，积极地、耐心地向广大群众进行宣传教育，把计划生育工作推向高潮。

在城市，由于入托、入学、就医、招工、招生、住房、福利等方面完全由政府配给，所以城市居民易于接受国家的指令，在城市地区很快就有超过 90%以上的家庭被说服只要一个孩子[2]。那些同意只要一个孩子的夫妻会领到独生子女证，伴随独生子女证可以得到政府奖励，包括现金奖励、较容易得到公共婴幼儿照顾和教育、医疗补贴、较好的住房条件和粮食配给。而在农村，传统上推崇的是有很多儿子的大家庭，农民没有多少储蓄，也没有退休金，他们需要孩子养老，这使得独生子女政策执行之初遇到了重重阻力[2,3]。一孩政策这项严厉的措施在中国的农村地区遭到了抵制，使得政策有所放松。1984 年之后，根据人口预测结果政策时有放松和紧缩，但再也没有像 1980 年代初那样紧张。对“一孩化”政策进行调整之后，逐步形成了现行生育政策，即在城镇地区实行一孩政策，农村大部分地区实行“一孩半”政策，对少数民族及其他一些特殊情况实行更宽松的生育政策[4]。

（三）第三阶段

2000 年，中共中央、国务院颁布了《关于加强人口与计划生育工作稳定低生育水平的决定》，指出“在实现了人口再生产类型的转变之后，人口与计划生育工作的主要任务将转向稳定低生育水平，提高人口素质”。2002 年，中国开始实施《中华人民共和国人口与计划生育法》，更进一步把操作了 20 多年的制度和政策用法律条文固定下来，它把中国的计划生育以政党命令的形式转化为依法行事。这些改革在原则和具体操作上都不完整，但是代表着重大的变革，也规划了未来人口政策的发展[5]。在减缓人口增长和鼓励独生子女的总原则下，具体人口政策的变动留给各省，各省负责制定自己的条例。2006 年 1 月，在全国人口和计划生育工作会议上提出，“‘十一五’时期是稳定低生育水平、统筹解决人口问题、促进人的全面发展的关键时期”，再次强调了稳定低生育水平的重要性。

中国的人口政策的一个显著特点就是政策形成和操作地方化。在中央的总体原则指导下，地方政府，主要是省级政府负责政策的规划和实施。地方政府在采取国家政策的时候具有一定的灵活性，以适应社会、经济和文化条件等的区域差异。目前，中国的政策生育率为 1.465，低于 1.5 的水平[4]。

中国非常严格的独生子女政策的基础是马尔萨斯理论，即没有足够的土地，自然资源以支持日益增长的人口。邓小平担心，人口增长将影响经济改革政策的执行，并认为对中国的经济发展和人民生活水平的提高也将产生影响，认为人口增长必须得到控制。其实在 1980 年中共中央发表的《关于控制我国人口增长问题致全体共产党员、共青团员的公开信》中，已经认识到当时的总和生育率为 2.2，略高于更替水平，总体来说并不太高。但是，即使在 2006 年《中国人口发展战略中间》，人口政策的首要目标仍是稳定低生育率。2010 年人口普查的初步结果表明，中国人口只有 13.39 亿（中国内地）。美国人口普查局预计最多达到 14 亿，然后将急剧下降[6]。中国的人口总量已经远远低于当初的预测水平。中国是唯一一个实行严格的计划生育政策的国家，人们一直在争论这个政策和政策开始实施所带来的社会和政治成本。在 1980 年代初期，许多学者就认为，一孩政策会导致了很多社会问题，而且应当寻找一种易于接受的替代政策，这将减少由于一孩政策造成的潜在问题。他们主张逐步放开两孩政策，这也可以实现中国政府的人口目标[7,8,9]。不幸的是这些建议并没有被考虑。

三、人口政策的社会影响

中国的人口政策显然起到了降低生育水平的重大作用，但它也带来了很多方面的副作用。早在 20 世纪 80 年代中期，有远见的人口学家已经预测，如果一孩政策能够完全成功地实现，这些副作用会变得更加严重[7]。

（一）生育率的下降和出生人数的减少

中国在降低生育率方面的成功被归因于政府发起和主导的计划生育活动所诱导的生育转变（induced fertility transition）。随着诱导的生育转变，社会经济结构方面也发生了深远的变化，所以中国的生育率下降方面的成就不能简单归因于行政部门的人口政策，至少部分是由于发展而导致的。1990～2000年，对全国分地区的研究发现，不管是对中国的特大城市如北京、上海，还是东部沿海省份，中西部地区省份，计划生育政策对生育率的变动都是一个不可忽视的因素，尤其在西部地区，计划生育政策因素对总和生育率的下降影响显著[10]。

尽管目前的总和生育率仍然存在争议，但是有一点是达成共识的，就是20世纪90年代以后，中国的总和生育率已经下降到更替水平以下，尽管官方在1990年后不再发布数据，但是中国计划生育委员会声称1.8的总和生育率已经很多年没有改变了。1990～2000年，中国人口增长了11.7%，年均增长1.07%；而2000～2010年，人口增长了5.8%，年均增长0.57%，人口总量从12.7亿增加到13.4亿。总和生育率极有可能已经下降到1.5或者以下[11]。图1为中国1950～2008年总和生育率的趋势。

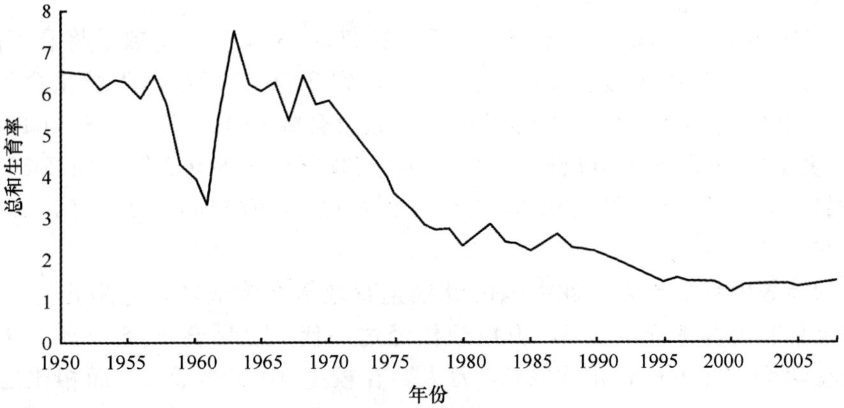

图1　中国1950～2008年总和生育率

资料来源：1950～1989年数据来自于文献[12]；1990～2008年数据来自于文献[13]

一项生育意愿和生育行为的调查报告表明中国低生育行为模式的普遍性。在这项调查中，没有一个人愿意要两个以上的孩子，平均的理想数量是1.34个。中国当前的低生育率不再是政府控制生育的结果，而是人们在社会经济发展的条件下生育观念和行为转变的结果[14]。随着多年政策的执行、社会经济发展和人们观念的改变，人们的生育观念和行为已经发生了变化，生育意愿已经接近于政策生育水平。经济领域的改革使得日常生活商品化和货币化，上涨的教育费用，上涨的养育成本，这些因素使得即使放开现在的生育政策，中国的生育率也将保持在更替水平以下[15]。到2020年，总和生育率将会下降到1.4以下，很有可能会下降到1.3或1.3以下的极低水平[11]。尽管一些人口学家非常乐观，认为经过一定阶段的发展，生育率仍会回到较高的水平[16,17]，但是总和生育率降低到1.5以下以后将很难被逆转[18]。中国的低生育率已经持续了20多年，应该警惕在欧洲和亚洲一些国家发生的低生育率陷阱[19,20]。而随着2010年普查资料的公布，人口学家认为中国的总和生育率已经低于1.5，中国已经陷入了超低生育率陷阱[21]。

我们预测了2001～2100年每年的出生数量，如图2所示。

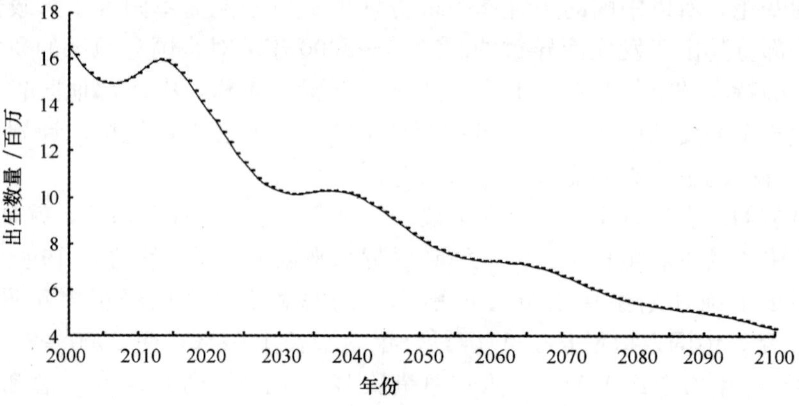

图 2　每年出生数量

如果 2010 年后的总和生育率仍在 1.5，到 2025 年每年出生数量将会下降到 1149 万，差不多是 2000 年出生数量 1651 万的 2/3，到 2050 年每年出生数量会下降到 821 万，只有 2000 年的 1/2。到 2100 年每年出生数量会降到 430 万，只有 2010 年人口普查的 1/4。所以，中国的人口规模在 2023 年达到峰值 13.849 2 亿，到 2050 年下降到 12.342 7 亿，到 2075 年下降到 9.303 6 亿，到 2100 年下降到 6.7025 亿，只有 2010 年人口普查的 1/2。

中国的计划生育委员会声称中国的计划生育政策非常成功，它阻止了 4 亿婴儿的出生。如果总和生育率只有 1.5，人口规模经过一代人之后会下降 25%。在 2009 年，全国共有小学 28.02 万所，招生 1637 万人，在校生 10 071 万人。而相比之下，2000 年全国共有小学 55.36 万所，招生 1946 万人，在校生 13 013 万人①。

（二）出生性别比和过剩男性

从 1982 年人口普查开始，中国的出生性别比已经引发很多争议，在严格的计划生育政策下，伴随着生育率的下降，中国的出生性别比稳定上升，如图 3 所示。

出生性别比升高不是只有实行严格的计划生育政策的中国独有的现象，这种现象也发生在实行宽松的生育政策或根本没有生育政策的国家和地区，像中国台湾、韩国、印度。所以有些学者认为，这跟中国实行的生育政策没有关系。然而，2000 年实行一孩政策的省份和地区的出生性别比为 111.6，允许生育二胎的地区为 109.0，实行一孩和一孩半政策的地区为 124.7，只比允许生育二胎的地区高出 15.7%，这表明了出生性别比和生育政策之间的直接不相关性[4]。事实上中国政府的一孩半政策是在告诉农民，女孩的价值没有男孩高。一孩半政策刺激了男孩偏好和出生前性别鉴定，这些导致了严重畸形的出生性别比[23]。另外，女孩死亡率偏高，包括极端情况下的溺婴、杀婴。这种情况的根源是传统的男孩偏好，只不过受到一孩政策的影响加剧了而已。

最近，一个乐观的前景是，中国的出生性别比已经开始有所下降。基于普查数据

① 数据来自历年中国国民经济和社会发展公报教育部分。

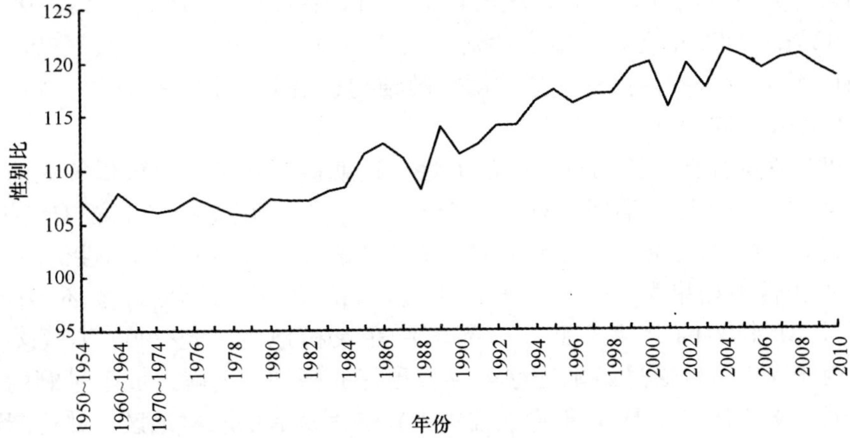

图 3　中国 1950～2010 年出生性别比

资料来源：2000 年以前数据来自于文献[22]，2000 年以后数据来自于陕西省人口与计划生育统计资料 2008

和普查抽样调查数据，一些学者发现中国的出生性别比已经开始出现下降的趋势，正像韩国一样。然而，中国的出生性别比是否会下降或继续上升[24,25]，又或者仍停留在 120 左右的水平，现在仍是不能确定的。通过 2000 年普查的短表数据来看，2000 年的出生性别比是 116.9，而通过长表数据来看是 119.9，这个数据经常被引用，但是不够可靠[26]。2010 年普查初步的结果表明出生性别为 118.6，比 2000 年普查数据 116.9 有所升高。

不断升高的出生性别比导致了性别失衡和"失踪女性"人口，使得 2010 年后的男性择偶困难，在未来的几十年中国的婚姻市场将要面临很严重的婚姻挤压[27]。中国的实际婚姻模式中，男性通常比女性大 2～3 岁。随着出生数量的不断减少，中国的婚姻挤压不仅仅是性别失衡的作用，还会有年龄结构的作用。通过对潜在初婚性别比模型的调整[28]，我们估计了未来每年在婚姻市场上找不到配偶的过剩男性人口的比例。如图 4 所示。

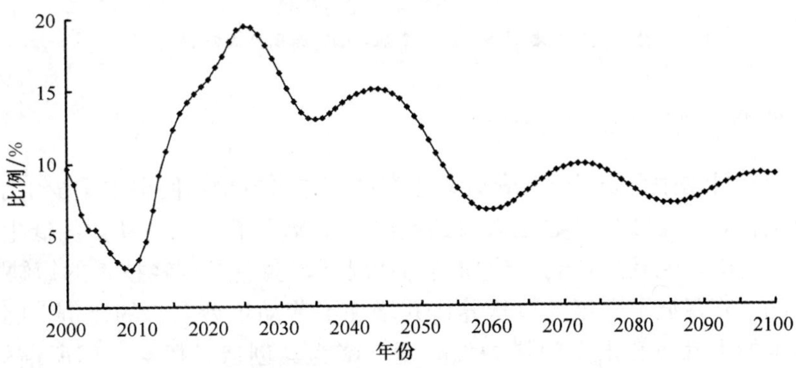

图 4　过剩男性人口比例

过剩男性人口的比例先下降，然后快速上升，在 2025 年达到 25%，接着到 2044 年下降到 15%。2050 年之后，出生性别比从 2030 年开始恢复正常水平已经有 20 年，男性过剩比例在 8%～9%浮动，这说明年龄结构、出生数量的减少在很大程度上影响了中国的婚姻市场挤压状况。

女性可以嫁给社会地位比自己高的男性，这就造成处于社会最低等级的男性成婚困难[29]。20 世纪 80 年代早期，只有 0.5%拥有本科学历到 40 岁还没有结婚的男性，但是文盲就有 15%的比例。1990 年，贫困农民中有 19%的 40 岁的男性仍旧没有成婚。2000 年，在男性中如果学历低于小学或更低，44.8%的男性到 30 岁还不能成婚[30]。在 1990 年，81.15%的男性未婚人口都居住在农村地区，到 2000 年，这个比例为 85.5%。由于女性可以通过婚姻迁移来寻找更好的婚姻，这就造成了过剩的男性，这部分男性通常被称作“光棍”，他们往往集中在贫困落后的农村地区，并逐渐形成一个群体。他们的存在对社会的安全和稳定都存在影响。目前有很多关于“光棍村”的报道，“光棍村”即“光棍”占了很大比例的村子。从图 5 中我们可以看出过剩男性的数量。“光棍”由于社会地位低下，生活艰难，很容易通过集体的行为来改善他们的生活的地位，很有可能会采取暴力和犯罪行为[31]。

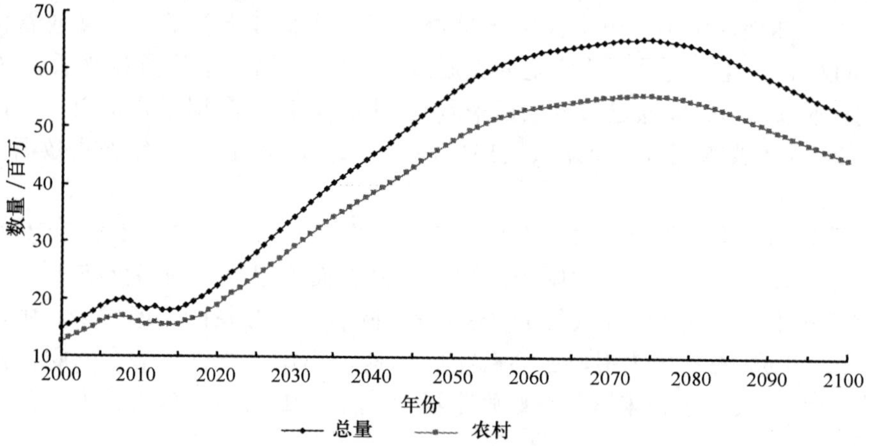

图 5 过剩男性的数量

注：农村过剩男性人口占全国总的过剩男性人口的 85%

（三）即将来临的劳动力短缺

中国人口和计划生育委员会声称计划生育政策非常成功，使得中国少生了 4 亿人[32]。中国的计划生育政策在减少了数亿人口的同时，也减少了数亿劳动力。低生育率会导致未来劳动力的短缺，尤其是在老龄化加剧的状况下，会造成年轻技工的短缺[18]。在短期内，生育率的下降降低了少年人口抚养比并增加了劳动年龄人口的比例，因此增加了人均收入。中国的生育率和出生数量的大幅度下降为其创造了机会，即所谓的人口红利。1980～2000 年经济的增长，其中 15%～25%是由人口红利所带来的[33]。然而，中国即将结束人口红利期。我们可以从图 6 中看出，劳动力人口（20～64 岁）在 2017 年达到峰值

9.14 亿，然后急剧下降。如果保持目前的劳动参与率和 8%的经济增长速度，则劳动力总的需求和劳动力供给之间将会有一个很大的缺口。在 2003 年，农民工的短缺开始影响到东南沿海地区，在 2004 年，农民工的短缺在广东的珠江三角洲和福建的福州和厦门变得更加明显。2005 年，农民工的短缺开始向长江流域和北部沿海扩散。即便像湖南和江西这样的农民工输出大省，也开始感觉到劳动力的短缺和招工的困难。外出务工人员的短缺显示农村地区过剩的劳动力已经开始减少[34]。

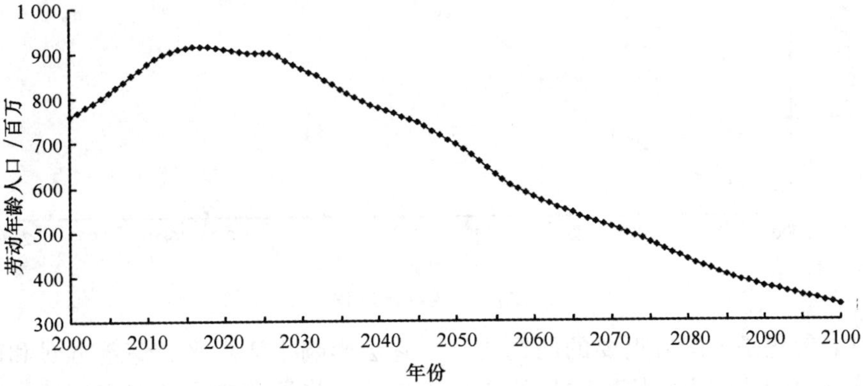

图 6　劳动力人口的供给（20～64 岁）

从欧洲国家的经验来看，持续的低生育率导致劳动力人口的规模缩减。如果没有持续的移民，欧洲由于劳动力缩减所带来的不利后果会越来越严重[35]。在未来的 40 年中，欧洲国家的劳动力人口会减少 40%，经济增长将会急剧下降，社会福利系统也会由于抚养比的上升而崩溃[36]。在日本，劳动力人口的减少会引发工业经济和社会福利系统的诸多问题。日本政府担心生育率的下降会降低日本经济的活力，使得整个国家将很难支持社会安全体系[37]。

中国的相对优势仍体现在劳动力密集型的低端产品生产上，及时和充足的劳动力供给对于支撑中国经济的发展是很必要的。最近，尤其是 2008 年的世界经济危机以来，中国的实体经济一直处于停滞状态，在过去 20 年中，依靠廉价劳动力投入的发展模式使得中国成为世界上最大的制造业中心的历史将很快被终止。人口结构和劳动力需求与供给的发展趋势，要求经济从投入驱动的经济增长方式向生产率驱动的方式转变[38]。然而，由于缺乏人力资本的积累，这种转变还没有实现。相反，随着经济危机和经济衰退，劳动力成本增加，许多工厂纷纷倒闭。大规模的失业很有可能会引起社会动乱以及政治不稳定[39,40]。

（四）人口老龄化

虽然中国的人口迅速老龄化部分原因是由于人口预期寿命的增加，但在计划生育政策下出生数量的减少导致劳动年龄人口的减少是一个更重要的因素。这种人口结构的转变不仅是社会经济发展的结果，更是严格的计划生育政策实施的结果，这使得中国人口的转变不仅是世界上规模最大的，也是世界上速度最快的。根据联合国的预测[41]，到 2050 年中国老年人口的比例将超过 25%。不过，有一点我们必须注意，25%的结果是在假设总和生育率为 1.8 的情况下的结果。从 2000 年以来，随着总和生育率约在 1.5 左右的情况下，中国的老龄化进程会比预期的更快更严峻。如图 7 所示。

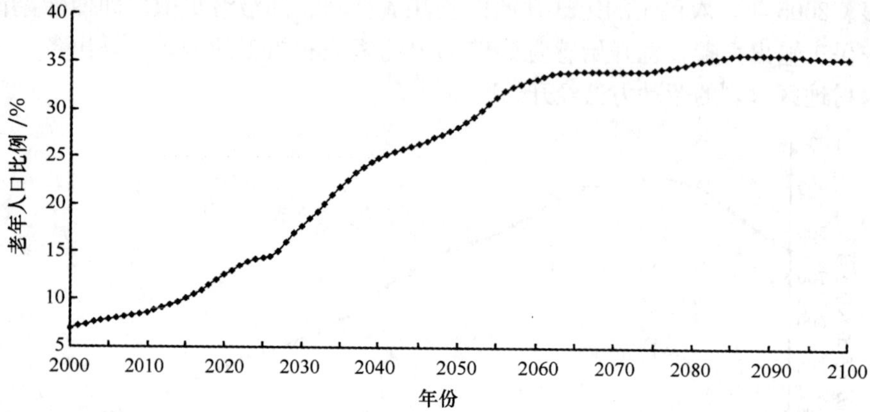

图 7　老龄化进程

人口老龄化是中国最重要的问题之一，它会影响生活水平、储蓄方式和政府实施全面的社会保障的能力。快速增加的老年人口比例将导致未来的养老问题。随着独生子女家庭的增多，会造成 4—2—1 的家庭结构，即一个家庭的祖父母和外祖父母，一对夫妇和一名儿童组成。独生子女家庭和 4—2—1 家庭对未来国家的人口结构和政府的财政规划是一个极大的挑战[42]。

另外一件需要关注的事情是独生子女家庭的丧子风险。随着中国计划生育政策的全面执行和低生育水平的到来，独生子女的总数量呈现持续快速增长。截至 2000 年年底，0～17 岁为独生子女的人数已经高达 9547 万，2005 年，0～30 岁独生子女的数量为15 841万[33]。从 2000 年人口普查和生命表理论，我们估计中国男性（通常是户主），当他们进入老年阶段时失去他们的孩子的可能性，如图 8 所示。在 60 岁，父亲失去孩子的概率为 6%，在 90 岁，父亲失去孩子的概率超过 10%。这会使得很多父母进入老年时没有存活的孩子。

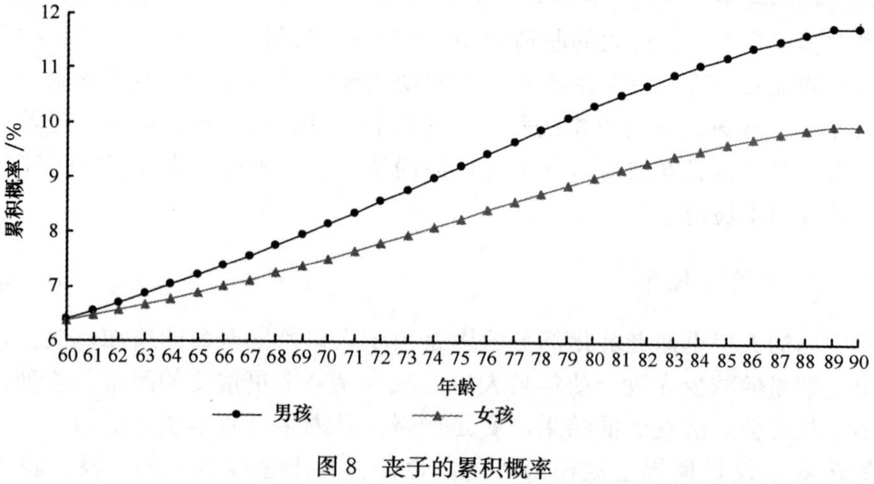

图 8　丧子的累积概率

如果没有一个存活的孩子会造成很大的心理压力，但更糟糕的是经济负担。中国的劳动力人口减少和老龄化进程比预期的要快得多。在老年抚养比急剧增加的情况下，中国将如何支撑养老保障制度？

在中国农村，大多数老年人年轻时在非正式单位工作，到了老年仍需要工作直到不能工作为止，他们很少有机会享受到社会保障。近年来，中国已开始在农村地区建立社会养老保障制度。然而，在可预见的将来，这样的体系不可能覆盖所有的农村人口，发放的养老金和农村居民的收入将不足以支撑他们的晚年，尤其是在中国近来发生严重的通货膨胀的情况下。即使在城市，社会养老社会保障体系也不能覆盖所有的老年人，除此之外，老年人护理机构也不够完善。

2010～2050 年，老年抚养比将增加近 6 倍（图 9）。老龄化问题通过日益加重的养老金负担对政府财政造成压力，但问题最终落到劳动力人口上。养老保障体系，主要是通过现在的劳动人口缴纳工资的现收现付制，因此它对劳动人口数量的多少非常敏感。以使收支平衡，政府有几个选择，如推迟退休年龄或降低退休人员的利益。但是，这些措施已激起了抗议，并在其他国家引起了社会动荡[43]。其中一个可行的办法是提高对劳动人口的税率，但由于老年抚养比率增加 6 倍，这样的措施将不足以弥补资金缺口。在 20 世纪 90 年代，潜在的养老金负债已经达到 19 176 亿人民币，占国内生产总值的 46％～69％。现在一般估计有 30 000 亿人民币的潜在养老金负债。随着老龄化进程加快，老年保障的偿付能力让人怀疑，它可能会拖累整体经济的发展，引发社会的不和谐和不稳定。

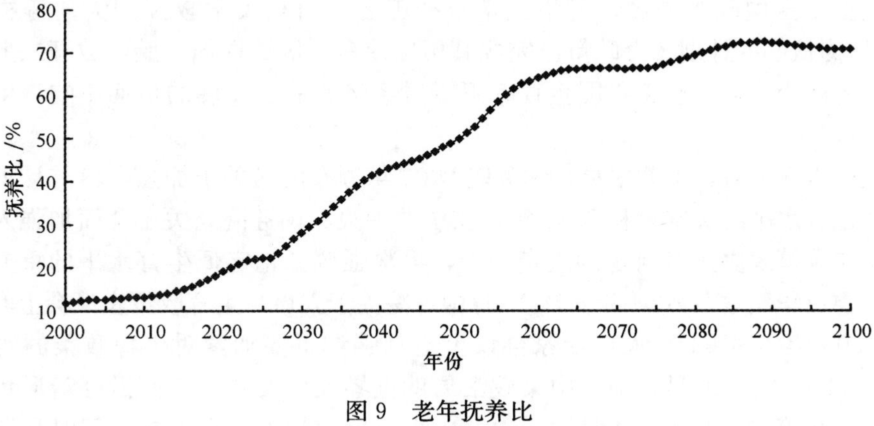

图 9　老年抚养比

四、未来生育政策展望

（一）中国的生育政策的争论

中国是目前世界上唯一实行严格控制生育政策的国家，这种非常态的、社会政治成本高昂的政策从实施开始就存在争议，中国学者梁中堂在 1979 年就提出二胎加间隔作为独生子女政策替代政策；美国学者认为独生子女政策存在很多问题，所以就需要找到独生子女政策的替代政策，容易被人们接受，并可以减少独生子女政策可能带来的各种问题。他们呼吁使用二胎加间隔的生育政策来替代当时非常严格的政策，这些替代政策同样可以达到当时中国政府的人口控制目标[7]。Zeng 和 Vaupel 分别在 1989 年和 1991 年发表了中国城乡动态模型和政策分析的文章[8,9]，结论是二孩加晚育是避免人口总量增长过大和严重老龄化的最好的独生子女替代政策。

目前，中国人口发展战略面临新的考验和抉择，现行生育政策是否应该调整、何时调整以及如何调整，正日渐成为学界讨论的热点。一部分人认为，应该坚持现行的政策，如经济学家、人大代表、中国社会科学院马克思主义研究院院长程恩富教授认为，现行的计划生育政策应调整为更加严格的一胎化政策，他提出要坚持不懈地推行“城乡一胎、特殊二胎、严禁三胎、奖励无胎”的“一胎化”政策；中国社会科学院人口与劳动经济研究所研究员李小平反对任何形式的放开二胎，提出要尽更大努力鼓励更多的家庭只生一个孩子，以加速实现人口零增长的进程。

同时，更多的学者建议放开生育。2004 年，中国的十几位人口学家签名向国家人口计生委和中央报送了《关于调整我国生育政策的建议》，基于当前的现实，提出了“分类实施，逐步放开，两步到位，平稳过渡”的渐进式的调整方案[44]。2007 年 3 月“两会”期间，全国政协委员、中国社会科学院研究员叶廷芳等 29 名委员联名提交了一份议案，呼吁尽快停止独生子女条例；作为人大代表的中国人民大学校长纪宝成在 2008 年和 2009 年作为人大代表连续两年提交建议，呼吁我国现行生育政策尽快调整为“提倡生一个，允许生两个，杜绝生三个，奖励不生育”；2010 年 3 月全国政协十一届三次会议上，全国政策委员、清华大学教授王名、山东大学教授刘大均等提议，以“一胎化”为核心的计划生育政策已完成其历史使命，应该提倡一胎，放开二胎。大部分人口学者认为，为了避免我国生育率下降对经济和社会发展的负面影响，生育政策应该有所调整。

从政府方面来看，中共中央、国务院 2000 年颁布的《关于加强人口与计划生育工作稳定低生育水平的决定》和 2006 年，在中共中央、国务院《关于全面加强人口和计划生育工作统筹解决人口问题的决定》中，再次强调了稳定低生育水平的重要性。但是，国务委员华建敏在 2004 年 8 月 30 日国务院关于人口与生育政策座谈会上和张维庆主任在 2006 年 1 月 24 日人口专家会议上也都强调了要加紧对生育政策的研究和试点[44]。2011 年 4 月 26 号，中共中央政治局就世界人口发展和全面做好新形势下我国人口工作进行第二十八次集体学习，中共中央总书记胡锦涛在主持学习时强调要坚持和完善现行生育政策，也许完善才是最重要的。

随着 2010 年普查数据的公布，低生育率下政策将何去何从引起了新一轮的关注。《第一财经日报》，《南方周末》等报刊关于中国的生育水平和生育政策进行了系列报道[21,45,46,47,48]。虽然有学者认为计划生育政策还是要实行，但更多的学者表达的却是对低生育水平极其人口社会后果的担忧，包括南京大学教授陈友华、南开大学教授原新等在内的一批学者认为，长期维持过低的生育率水平是人类的灾难。原新称之为“慢性自杀”，而陈友华则称之为中华民族的“自绝”[45]。现在到了调整计划生育具体政策的紧要关头，调整的越晚，后果越严重，工作也会越被动[46]。

（二）国际经验借鉴

中国目前的生育率虽然存在争议，官方数字依然是1.8，也有估计为1.4～1.6[1,49]，但不管怎样都是低生育率。这会对社会经济发展带来怎样的影响，国际上很多低生育率国家的经验可以借鉴，它们低生育率以及由其引起的诸多人口社会经济问题可看做是对我国的警示。

俄罗斯的生育率在20世纪80年代末还在更替水平以上，但是目前在1.3左右。这种下降除了自发因素，也受到政治体制变革的影响，已经产生了引起俄罗斯和整个世界关注的人口危机。俄罗斯前总统普京在2000年的国情咨文指出：俄罗斯人口逐年减少，如果这种趋势继续下去的话，俄罗斯民族的生存将受到威胁。为了鼓励生育，21世纪之初，普京政府推出了“人口新政”，相继出台了一系列鼓励生育的政策，普京总统责成政府专门成立了“社会人口问题委员会”，具体研究制定人口政策，从经济方面、意识方面鼓励生育。但是，这些政策没有取得明显的效果。

欧洲的生育率下降主要是自发因素。2005年，在可以得到数据的41个欧洲国家中，有11个国家的总和生育率在1.3以下，20个国家的总和生育率在1.4以下，28个国家的总和生育率在1.5以下，35个国家的总和生育率在1.8以下[50]。低生育率下人口快速的老龄化和人口规模的下降，对经济、劳动力市场、社会福利制度和欧洲社会的基础设施也是极大的威胁[51]。再过40年，欧洲国家的适龄劳动人口将减少40%，伴之而来的是欧洲大陆的经济增长速度大幅度下降，社会福利体系也将因不堪重负而趋于崩溃[36]。欧洲委员会2005年的绿皮书中提到：低生育率是当局的一个挑战，转向人口增长是欧洲最优先考虑的三个问题之一[51]。欧洲很多国家制定了旨在提高生育率的人口政策，积极地鼓励生育，部分国家的生育率略有回升，但无论如何，目前欧洲国家的生育率还是低于更替水平，并且在可预见的将来也不会上升到更替水平。

日本在20世纪50年代实行控制人口的生育政策。日本初始的生育率下降受到政策因素的影响，但随着经济的发展，生育率的下降主要是人们生育意愿的体现。长期的低生育水平使日本在2005年人口已经开始出现负增长，如果持续2005年1.26的总和生育率，那么其后的每代人将以40%的速度减少[52]。迅速减少的人口，不仅给产业经济、社会保障等方面带来了一系列问题，而且也对国家和社会的发展提出了新的挑战。政府担心生育率的下降会使日本经济失去活力，社会难以支撑社会保障系统[53]。日本在1989年生育率下降到1.57时就在社会上引起了强烈反响。日本政府积极鼓励生育，把生育水平的重要性提升到关乎国家存亡的高度。但日本政府多年努力并没有使总和生育率大幅度上升。

韩国在20世纪60年代也实行过控制人口增长的人口政策，他们的计划生育曾经被赞誉为世界上最成功的计划生育范例之一，在1983年就达到了更替水平。2005年韩国的总和生育率为1.08。意识到低生育率问题的严重性，2005年5月韩国政府实施了《低生育率与人口老龄化基本法》，并成立由总统亲自担任主席的“低生育率与人口老龄委员会”，该委员会由20位相关部长和专家组成，负责评估与低生育率及人口老龄化相关的重要政治议题[54]。2009年6月9日下午，来自韩国政府、宗教界、经济界和社会团体的1000多人，包括韩国总统李明博、政府主要部门负责人、宗教领袖和经济界巨头，聚集在汉城，讨论的话题是如何鼓励生育。虽然韩国实施了很多政策，但很多专家认为这些鼓励生育的政策不能达到标本兼治的效果。

（三）可能的政策选择

低生育率是一个有深远的社会、经济和政治影响的全球现象，这种生育率下降的趋势不再局限于经济发达国家，而且也扩展到发展中国家。中国，在经历了20多年的更替生育水平以下之后，正经历老龄化加速阶段，而且不久的未来人口就会出现负增长。政府主导的独生子女政策已经实行了30多年，而且在不考虑人们生育行为的深刻变化的情况下继续执行着[14]。

政府之所以不放开生育政策，是担心如果政策放弃生育管制，那么生育率会存在反弹的可能。如果放开政策，中国的生育率会达到更替水平吗？中国的独生子女政策和在农村的实施已经有一代人了，这么长的时间足以使得个人对子女的偏好与国家保持一致。同时，经济领域的解放使得日常生活商品化和货币化，上涨的教育费用，上涨的养育成本，这些因素使得即使放开现在的生育政策，中国的生育率也保持在更替水平以下[15]。主张放松当前生育政策的学者警告说：一旦低生育率成为社会准则被普遍接受，那么即使采取鼓励生育的政策，要扭转生育率的下降也是不可能的，这可以从新加坡和日本的经验看到[55]。一项关于生育意愿和生育行为的调查表明了低生育的行为模式的普遍性，被调查者中没有人想要两个以上孩子，平均的理想子女数是1.34个，这样的一个理想数字是从按照现行生育政策可以生育两个孩子的女孩的调查报告中得到的。低生育行为模式和相关的生育行为表明，中国当前的低生育率不再是政府生育控制的结果，而是人们在社会经济发展的条件下生育观念和行为转变的结果[14]。随着政策多年的执行，社会经济的发展和人们观念的改变，人们的生育观念和行为已经发生了变化，生育意愿已经接近于政策生育水平[4]。

在这种状况下，调整生育政策是必然的选择。在具体的调整方案上，主要有三种选择：一是进行微调和自然过渡，也就是至少一方是独生子女的夫妇允许生两个孩子，现行的农村地区的1.5孩政策不变；二是现在就放松或者取消农村一孩半政策的生育间隔，逐步过渡到二孩政策；三是逐步过渡到不管是农村还是城市普遍实行二孩的政策[23]。目前，中国的人口政策应根据不断变化的环境和条件适当适时地调整，这样既可以保持中国人口政策的连续性、稳定性，也可以实现政策的灵活性和适应性。

五、结　　论

独生子女政策可能是世界上最具有雄心的家庭计划政策，这项政策把控制人口增长和经济现代化结合起来。中国政府在控制人口增长方面是坚决的，并且在政策的执行过程中发挥主导作用。在人口政策中，教育是优先考虑的手段，同时激励和惩罚等措施也被采用。中国特别严格的“一孩政策”遭到国际上包括许多友好朋友的广泛批评，严重损害了中国的国际形象[23]。

人口政策的出发点是控制人口增长，推进经济发展。中国的人口政策确实促进了经济的增长，在缓解环境和经济压力方面起到了积极的作用，而且对子女的成长和女性的健康及社会地位的提高，都客观上起到了推动作用。但是这种收益也要付出巨大的社会政治代价，目前出生性别比的升高、婚龄人口的性别失衡、快速的老龄化等问题，已经远远超出了当初政策开始执行时的预期，成为比较严重的社会问题。

当前，随着社会经济的发展，人们的生育意愿也在普遍下降。放开生育政策的生育意愿上升所导致的生育率上升会被生育年龄的提高所减弱[1]。美国人口资料局（Population Reference Bureau）的《2009 年世界人口数据表》中给出的中国的总和生育率是 1.6，而有学者估计当前的生育率为 1.4～1.6，到 2020 年有可能降低到 1.4 的水平[1]。中国 2010 年的普查数据为我们提供了考察生育水平的新的证据。1990～2000 年，中国人口增长了 11.7%，年均增长 1.07%；而 2000～2010 年，人口增长了 5.8%，年均增长 0.57%。所以，生育率不可能再保持在 1.8 的水平，极有可能已经下降到 1.5 或者以下[11]。从国际经验看，当很多其他国家的生育率下降到 1.5 以下，要转变这种生育率下降趋势是很困难的。所以，中国人口发展战略面临新的考验和抉择，现行生育政策是否应该调整、何时调整以及如何调整，正日渐成为学界讨论的热点。长期来看，二孩政策是一个合适的折中。它可以避免加速的老龄化，也可以缓解很多社会问题比如失踪女性问题。目前，中国的人口面临一系列挑战。虽然中国目前还不准备放弃生育政策，但是在经济改革的环境下，控制个人决定会产生越来越多的问题，因此转向不这么强制的政策是有可能的。

参考文献

[1] Morgan S P，Guo Z，Hayford S R. China's below-replacement fertility：Recent trends and future prospects [J]. Population and Development Review，2009，35（3）：605-629.

[2] Kane P，Choi C Y. China's one child family policy [J]. British Medical Journal，1999，319（7215）：992-994.

[3] White T. China's Longest Campaign：Birth Planning in the People's Republic，1949-2005 [M]. New York，NY：Cornell University Press. 2006.

[4] Gu B，Wang F，Guo Z，et al. China's local and national fertility policies at the end of the twentieth century [J]. Population and Development Review，2007，33（1）：129-147.

[5] Winckler E A. Chinese reproductive policy at the turn of the millennium：Dynamic stability [J]. Population and Development Review，2002，28（3）：379-418.

[6] United States Census Bureau. China's Population to Peak at 1.4 Billion around 2026 [N]. US Census Bureau News CB09-191，15 December. 2009.

[7] Greenhalgh S Bongaarts J. Fertility policy in China：Future options [J]. Science，1987，235（4793）：1167-1172.

[8] Zeng Y，Vaupel J W. The impact of urbanization and delayed childbearing on population growth and aging in China [J]. Population and Development Review，1989，15（3）：425-445.

[9] Vaupel J W，Zeng Y. Population tradeoffs in China [J]. Policy Sciences，1991，24：389-406.

[10] 喻晓，姜全保. 低生育水平下我国生育率转变影响机制的地区差异——来自 90 年代省级面板数据的经验研究 [J]. 南方人口，2010，(2)：58-64.

[11] Hvistendahl M. Declining Chinese birth rate could doom one-child policy. Science，2011 [OL]. Http：//

new. science mag. org/science insider/2011/04/declining-Chinese-birth-vate. html. Accessed on September 1, 2011.

[12] 孙文生，靳光华．社会经济发展的生育率效应研究［J］．人口研究，1994，(6)：10-21.

[13] 郭志刚．中国的低生育水平及相关人口研究问题［J］．学海，2010，(1)：5-25.

[14] Cai Y, Wang F, Zheng Z, et al. Fertility intention and fertility behavior: Why stop at one-Factors behind China's below replacement fertility [R]. Paper presented for Population Association of America Annual Meeing, Dollas-Fort Worth. 2010. 15-17

[15] Merli M G, Morgan S P. Below replacement fertility preferences in Shanghai, China [R]. Paper presented at PAA. 2010.

[16] Myrskyla M, Kohler H P, Billari F C. Advances in development reverse fertility declines [J]. Nature, 2009, 460: 741-743.

[17] Tuljapurkar S. Demography: Babies make a comeback [J]. Nature, 2009, 460: 693-694.

[18] McDonald P. Low fertility and the State: The efficacy of policy [J]. Population and Development Review, 2006, 32 (3): 485-510.

[19] Lutz W, Skirbekk V, Testa M R. The low-fertility trap hypothesis: Forces that may lead to further postponement and fewer births in Europe [J]. Vienna Yearbook of Population Research, 2006: 167-192.

[20] Lutz W. Has Korea's fertility reached the bottom? The hypothesis of a 'low fertility trap' in parts of Europe and East Asia [J]. Asian Population Studies, 2008, 4 (1): 1-4.

[21] 苏岭，姚永泳．中国陷入超低生育率陷阱［N］．南方周末．2011-5-19. E25.

[22] 李树茁，姜全保，费尔德曼．性别歧视与人口发展［M］．北京：社会科学文献出版社，2006.

[23] Zeng Y. Options for fertility policy transition in China [J]. Population and Development Review, 2007, 33 (2): 215-246.

[24] Das Gupta M, Chung W, Li S. Evidence for an incipient decline in numbers of missing girls in China and India [J]. Population and Development Review, 2009, 35 (2): 401-416.

[25] Guilmoto C Z. The sex ratio transition in Asia [J]. Population and Development Review, 2009, 35 (3): 519-549.

[26] Goodkind D. Child underreporting, fertility, and sex ratio imbalance in China [J]. Demography, 2011, 48: 291-316.

[27] Tuljapurkar S, Li N, Feldman M W. High sex ratios in China's future [J]. Science, 1995, 267: 874-876.

[28] Jiang Q, Attané I, Li S, et al. Son preference and the marriage squeeze in China—An integrated analysis of the first marriage and remarriage market [M] //Attané I, Guilmoto C Z. Watering the Neighbor's Garden: The Growing Demographic Female Deficit in Asia. Paris: CICRED, 2007.

[29] Hesketh T, Zhu W X. Abnormal sex ratios in human populations: causes and consequences [J]. Proceedings of the National Academy of Sciences of the United States of America, 2006, 103 (36): 13271-5.

[30] Wang F, Mason A. The demographic factors in China's economic transition [M] //Zeng Yi, Li Ling, Gu Baochang, et al. China's Population and Economic Development in 21st Century. Beijing: Social Science Academic Press, 2006: 159-191.

[31] Hudson V, den Boer A M. Bare Branches: The security Implications of Asia's Surplus Male Population [M]. Cambridge, Mass.: The MIT Press, 2004.

[32] Cai Y. China's below-replacement fertility: Government policy or socioeconomic development [J]. Population and Development Review, 2010, 36 (3): 419-440.

[33] Wang F. The future of a demographic overachiever: Long-term implications of the demographic transition in China [J]. Population and Development Review, 2011, 37 (supplement): 173-190.

[34] Wang D，Cai F，Gao W. Globalisation and the Shortage of Rural Workers：A Macroeconomic Perspective，Globalization and Labour Mobility in China [M]．New York：MAI Press，2006.

[35] Bloom D E. Canning D，Fink G，et al. The cost of low fertility Europe [OL]．NBER Working Paper No. 14820. http://www. nber. org/papers/w 14820. 2011-3-7.

[36] Longman P. The Empty Cradle：How Falling Birthrates Threaten World Prosperity and What to Do About It [M]．New York：Basic Books，2004.

[37] Ogawa N，Retherford R D. 1997. Shifting costs of caring for the elderly back to families in Japan：will it work [J]．Population and Development Review，1997，23 (1)：59-94.

[38] Fang C，Wang M. Growth and structural changes in employment in transition China [J]．Journal of Comparative Economics，2010，38：71-81.

[39] Solinger D. Labor discontent in China in comparative perspective [J]．Eurasian Geography and Economics，2007，48 (4)：413-438.

[40] Fang C，Chan K W. The global economic crisis and unemployment in China [J]．Eurasian Geography and Economics，2009，50 (5)：513-531.

[41] United Nations. World Population Prospects：The 2008 Revision [J]．New York：United Nations，2009.

[42] Jiang Q，Sanchez-Barricarte J J. The 4-2-1 family structure in China：a survival analysis based on life tables [J]．European Journal of Ageing，2011，8 (2)：119-127.

[43] 吴卫中．法国全国大罢工抗议提高退休年龄，百万公务员参加 [OL]. http://news. 163. com/photoview/00AO0001/10791. html#p=6G28U1H400AO0001 Aceessed on septembw 1，2011.

[44] 顾宝昌．七年之旅——中国生育政策研究（2001—2008）[M] //曾毅、顾宝昌，郭志刚．低生育水平下的中国人口与经济发展．北京：北京大学出版社，2010：151-160.

[45] 鞠靖，胡涵．人口爆炸的“引线”已经拆除——专家解读第六次人口普查 [N]．南方周末，2011-5-5. B10.

[46] 苏岭，姚永泳．“一胎”政策该调了 [N]．南方周末，2011-6-2. E26.

[47] 王羚．中国生育政策风向有变 [N]．第一财经日报，2011-4-8. A06.

[48] 王羚，汪时锋．2011. 低！低！低！计划生育政策将审慎完善 [N]．第一财经日报．2011-4-29. A02.

[49] Zhang G，Zhao Z. Reexamining China's fertility puzzle：Data collection and quality over the last two decades [J]．Population and Development Review，2006，32 (2)：293-321.

[50] Frejka T，Sobotka T. Overview chapter 1：Fertility in Europe：Diverse，delayed and below replacement [J] //Frejka T，Sobotka T，Hoem. J M et al. Childbearing trends and policies in Europe. Demographic Research，2008，Special Collection 7，19：15-46.

[51] Sobotka T. Fertility trends in Europe：Is below-replacement fertility an inevitable outcome of the Second Demographic Transition? [R] Paper presented at VUB Colloquium on “Demographic challenges for the 21st century”，Brussels，February 15-16. 2007.

[52] Ogawa N，Retherford R D，Matsukura R. The emergence of very low fertility in Japan：changing mechanisms and policy responses [R]．paper presented at “Fertility Transition in Asia：opportunities and challenges”，12 Bangkok. 2006.

[53] Ogawa N，Retherford R D. Shifting costs of caring for the elderly back to families in Japan：will it work [J]．Population and Development Review，1997，23 (1)：59-94.

[54] Cho N H. Challenges of the population policy in the Republic of Korea [R]．paper presented at Forum on Population and Development in East Asia，May 16-17，2005，Beijing. 2005.

[55] Peng X. 2007. Fertility transition and its socioeconomic impacts in China [OL]．http://hdl. handle. net/10086/14135. Accessed on Septomber 1. 2009.

新型农村社会养老保险建设现状及发展对策

张思锋　王立剑

内 容 提 要

新型农村社会养老保险（简称新农保），是指国家为保障农村居民因年老丧失劳动能力时的基本生活，由政府组织、引导和实施而建立起来的个人缴费、集体补助、政府补贴相结合的一种社会保险制度。新型农村社会养老保险对社会安全具有促进作用，表现在：新农保制度是健全农村社会保障体系的基本举措，新农保制度是统筹解决“三农”问题的制度创新，新农保制度是促进社会公平正义的重要之举，新农保制度是实现农村地区社会稳定的客观需要。

本文基于实际调查数据、国家和地方公开统计资料，首先总结和分析了新型农村社会养老保险的运行现状特点，主要表现在以下几个方面：新农保试点进展顺利，参保状况良好；新农保受到普遍欢迎，老人更为拥护；新农保试点宣传到位，舆论氛围较好；低档次缴费比例较大，保障水平偏低；经办机构已初具规模，服务能力偏弱。

然后，本文分析了新型农村社会养老保险面临的问题，主要有：基层经办管理与服务能力不足；农村居民中的低收入户和中低收入户缴费能力有限；农村居民对新农保制度与政策的认知程度偏低；新农保信息化建设进程不平衡；部分地区地方财政资金配套能力有限；各省级政府尚未建立独立的新农保经办机构。本文同时提出新农保制度建设面临的三个挑战：农村地区的人口老龄化，新农保基金的贬值风险以及各地新农保制度存在差异。

在现状和问题分析的基础上，本文提出了我国新型农村社会养老保险的政策建议，主要有以下几个方面：设立省级新农保经办机构；加快新农保基层经办机构建设，提升管理与服务能力；完善新农保政策体系，提高农村居民的缴费能力；加大宣传力度，提高农民对新农保制度与政策的认知认可程度；搭建新农保网络管理平台，加快推进信息化建设进程；增加中央对中西部地区的财政转移支付额度，促进新农保制度均衡发展；对新农保基金进行投资运营，实现基金的保值增值；科学设计，构建完善的新农保制度模式。

一、引　　言

新型农村社会养老保险（简称新农保），是指国家为保障农村居民因年老丧失劳动能力时的基本生活，由政府组织、引导和实施而建立起来的个人缴费、集体补助、政府补贴相结合的一种社会保险制度[1,2]。按照《国务院关于开展新型农村社会养老保险试点的指导意见》，农村居民养老金由基础养老金和个人账户养老金组成，其中基础养老金标准为每人每月 55 元，中西部地区由中央财政全额补助，东部地区中央财政补助 50%，其余由地方财政补助；个人账户养老金由参保者个人缴费、集体补助和地方政府的缴费补贴组成，规定个人缴费为每人每年 100 元、200 元、300 元、400 元、500 元 5 个档次，集体补助由各地根据实际自行确定，地方政府的缴费补贴每人每年不低于 30 元；对年满 60 周岁的参保者发放个人账户养老金，月计发标准为个人账户全部储存额除以 139[3]①。

截至 2011 年 6 月底，国家级新农保试点地区共有 1.42 亿人参保，3713 万人领取养老金，加上各地自行开展的试点，全国参加新农保人数共 1.99 亿人，5408 万人领取养老金。北京、天津、重庆、浙江、江苏、西藏、宁夏、青海、海南 9 个省（区、市）已经实现新农保制度全覆盖[4]。到 2011 年年底，全国参加新农保人数预计达到 2.75 亿人，1.07 亿人领取养老金。

2010 年 6 月至 8 月和 2011 年 7 月至 8 月，我们对陕西省陈仓区、商南县，河南省通许县、西峡县，江苏省高淳县、常熟市等国家级新农保试点县（区、市）进行了抽样调查，共对 6287 户农村居民、640 名新农保经办机构工作人员进行了访谈式问卷调查，对 224 名县、乡（镇）、村级新农保管理干部进行了深度访谈。本文基于实态调查数据、国家和地方公开统计资料，描述新农保的现状，发现新农保存在的问题与挑战，预测新农保的发展趋势，提出解决新农保存在问题的政策建议。

二、新型农村社会养老保险的现状分析

（一）新农保制度的探索历程

1. 新农保制度的孕育期（1999～2003 年）

1991 年 6 月，民政部制定了《县级农村社会养老保险基本方案》，我国农村社会养老保险工作正式在全国范围内实施（简称老农保）。1998 年，全国大部分地区农村社会养老保险工作出现了参保人数下降、基金运行难度加大等问题；1999 年 7 月，国务院认为“中国农村尚不具备普遍实行社会养老保险的条件”，老农保制度陷入停滞阶段[5]。

在老农保制度的停滞期，我国开始探索新的农村社会养老保险建设方案，孕育了新农保的建设思路。2000 年 10 月，《中共中央关于制定国民经济和社会发展第十个五年计划的建议》中提出，要“坚持广覆盖、保基本、多层次、可持续的方针，加快推进覆盖城乡居民的社会保障体系建设。实现新型农村社会养老保险制度全覆盖。”2001 年，江苏省常熟市制定了《常熟市农村养老保险暂行规定》，参照城镇养老保险的模式

① 本报告中所出现的数据，如无特殊说明，均来源于课题组的社会调查数据。

设计了新农保的制度框架，对常熟市农村社会养老保险进行了改革探索；2002年11月8日，江泽民在党的十六大报告中指出“有条件的地方，探索建立农村养老保险制度。”农村社会养老保险工作再次被重新提上日程，并初步形成了“广覆盖、保基本、多层次、可持续”的建设原则。

2. 新农保制度的萌芽期（2004～2008年）

在党中央、国务院积极探索建立农村社会养老保险制度的方针指导下，各地如火如荼地开展了新农保制度的探索。2004年，原劳动和社会保障部对北京市、上海市、浙江省、青岛市等地探索的新农保制度进行了经验总结[6]；2006年1月，北京市大兴区、山东省烟台招远市、菏泽市牡丹区、福建省南平市延平区、安徽省霍邱县、山西省柳林县、四川省巴中市通江县、云南省南华县等8个县（市区），启动了新农保制度建设试点工作。

在总结十多年农村社会养老保险工作实践的基础上，2007年8月，《劳动和社会保障部、民政部、审计署关于做好农村社会养老保险和被征地农民社会保障工作有关问题的通知》首次提出“新型农村社会养老保险制度”一词，指出“建立以个人账户为主、保障水平适度、缴费方式灵活、账户可随人转移的新型农村社会养老保险制度和参保补贴机制”；2008年10月，在《中共中央关于推进农村改革发展若干重大问题的决定》中，要求按照个人缴费、集体补助、政府补贴相结合的模式建立新型农村社会养老保险制度；2009年3月，国务院总理温家宝在《政府工作报告》中明确了“新型农村社会养老保险试点要覆盖全国10%左右的县（市）”的工作目标。

3. 新农保制度的试点期（2009至今）

在前期各地实践和理论探索的基础上，2009年9月，国务院颁布了《关于开展新型农村社会养老保险试点的指导意见》。该指导意见提出“试点→扩大试点→普遍实施”的新型农村社会养老保险制度建设思路，其基本内容可以概括为：“探索建立个人缴费、集体补助、政府补贴相结合的新型农村社会养老保险制度，实行社会统筹与个人账户相结合”的“两个结合”；“与家庭养老、土地保障、社会救助等其他社会保障政策措施相配套，保障农村老年居民基本生活”的“三个配套”；“2009年新型农村社会养老保险制度试点覆盖面为全国10%的县（市、区、旗），以后逐步扩大试点，在全国普遍实施，2020年之前基本实现对农村适龄居民的全覆盖”的“三个阶段”；“保基本、广覆盖、有弹性、可持续”的“四个原则”。自此，我国新农保制度建设正式进入试点期。

（二）新型农村社会养老保险的运行现状

1. 新农保试点进展顺利，参保状况良好

新农保试点指导意见出台后，全国各地的新农保工作迅速开展起来。2009年，全国320个县（市、区、旗）正式启动试点；2010年，全国838个县（市、区、旗）和4个直辖市部分区县开展了新农保试点，1.03亿农村居民参加了新农保，2863万人领取了新农保养老金；2011年，新农保覆盖全国60%的县（市、区、旗），其中，北京、天津、重庆、浙江、江苏、西藏、宁夏、青海、海南等省（区、市）已经实现新农保制度全覆盖；预计到2012年底，全国基本实现新农保制度全覆盖。

在我们调查的三省六县中，无论是发达的东部地区还是落后的西部地区，新农保试点进展都很顺利。东部地区的南京市高淳县根据国务院“指导意见”，完善了当地的新农保制度，加强了新农保经办机构和管理队伍建设，大大促进了新农保宣传工作、基金征缴工作和基础养老金发放工作的顺利进行，截至2011年6月底新农保覆盖人群为22.15万人，覆盖率为99.29%。中部地区的开封市通许县广泛宣传新农保制度，基层干部、群众的积极性较高，截至2011年7月底，通许县参保人数达到32万人，参保率为95%。西部地区的商南县通过科学规划、整体部署、精心组织、广泛动员，确保了新农保试点工作的顺利开展，截至2011年6月底，商南县参保人数达到10.10万人，参保率达82%以上。

表1是根据2010年和2011年两次社会调查资料获得的三省六县新农保参保率。

表1　三省六县新农保参保情况

省	县（市、区）	2010年参保率/%	2011年参保率/%
江苏省	常熟市	99.01	99.60
	高淳县	83.68	99.29
河南省	通许县	88.12	95.00
	西峡县	78.91	91.80
陕西省	陈仓区	77.53	95.00
	商南县	82.91	82.00

表1显示，2011年相对于2010年，新农保参保率迅速提高。访谈中发现各地在新农保推进过程中或多或少地存在一些问题，如少数在家务农的年轻人和外出务工人员参保意识不强，家庭经济特别困难的、因病致贫和返贫的农村居民参保困难，一些农村居民对新农保捆绑缴费政策颇有怨言等等，关注和解决这些问题有助于全面推进新农保各项工作。

2. 新农保得到普遍欢迎，老人更为拥护

新农保制度受到了试点地区广大农村居民的普遍欢迎。在我们调查的样本中，92.91%的被调查者表示愿意或非常愿意参加新农保。试点地区农村居民对新农保有着很高的认可度，90.47%的被调查者认为新农保政策能够解决或缓解农村居民的养老压力，其中江苏省常熟市农村居民对新农保认可度最高，达到96.40%，河南省西峡县农村居民对新农保的认可度最低，亦达到81.03%。在试点地区，新农保已经成为农村居民首选的养老方式，选择比例为42.82%。

60周岁及以上年龄段的老人参加新农保制度的积极性更高。图1是被调查者中60周岁及以上年龄段老人表示愿意参加新农保制度的比例。

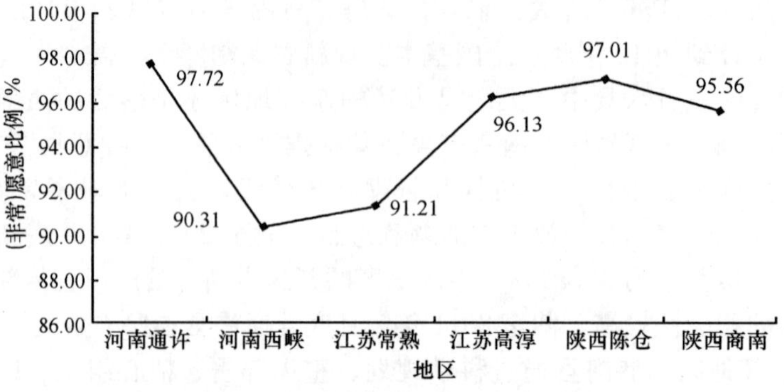

图 1　60 周岁及以上被调查者参加新农保的意愿统计

图 1 表明，试点地区愿意与非常愿意参加新农保的老人占老年人口总数的 94.86%，河南省通许县老年农民的参保意愿最为强烈，达到了 97.72%。此外，60 周岁及以上年龄段的老人对新农保制度的满意度也很高，见表 2。

表 2　60 周岁及以上被调查者对新农保制度的满意度统计　　(单位:%)

地区	非常不满意	不满意	一般	满意	非常满意	满意及非常满意比例
江苏常熟	1.26	6.03	18.34	59.55	14.82	74.37
江苏高淳	0.00	0.46	2.51	66.21	30.82	97.03
河南通许	0.00	0.21	2.47	68.11	29.22	97.33
河南西峡	0.31	1.57	8.49	77.99	11.64	89.62
陕西陈仓	0.30	1.48	4.45	76.56	17.21	93.77
陕西商南	0.83	0.55	2.22	70.91	25.48	96.40
平均值	0.43	1.67	6.24	69.29	22.37	91.66

表 2 显示，除了江苏省常熟市的农村老人对新农保的满意度为 74.37%之外，其他五个县（区）老年人对新农保的满意度均在 89%以上，河南省通许县和江苏省高淳县老人对新农保政策的满意度在 97%以上。

3. 新农保试点宣传到位，舆论氛围较好

在新农保政策推进过程中，政府部门都比较重视宣传工作。一方面，积极做好面上的宣传，向全县（市、区）农民发放新农保政策宣传单；随后，针对新农保工作不同阶段的特点，先后编印并下发了各种形式的政策解答手册等资料，在电视、广播等新闻媒体上宣讲新农保政策，让参保农民自己讲参保后的好处，为新农保工作的顺利开展营造了浓厚的舆论氛围；另一方面，致力于做好点对点的宣传，充分发挥村干部和村劳动保障专职工作人员的作用，深入农户家中，面对面地向群众宣传新农保政策，解答大家的疑问，使新农保在宣传上做到村不漏户，户不漏人，为新农保工作顺利推进奠定了坚实的基础。如河南省通许县自新农保实施半年多以来，共举办专题讲座 20 余次，召开各种动员会 13 次，悬挂横幅 1200 多条，张贴宣传标语 12000 余条，发放新农保政策知识宣传手册 14 万余本，发放参保缴费与领取待遇对照表14万余份。

由于舆论宣传到位，各地农民表示对新农保政策宣传满意和非常满意的占到69%以上，其中江苏省高淳县农民对新农保政策宣传的满意度相对较高。由于当地政府宣传到位，增强了农民对新农保政策宣传的了解程度，了解和非常了解新农保政策宣传的农民占到64%以上，其中陕西省陈仓区农民对新农保政策宣传的了解度最高，达到86.42%（图2）。

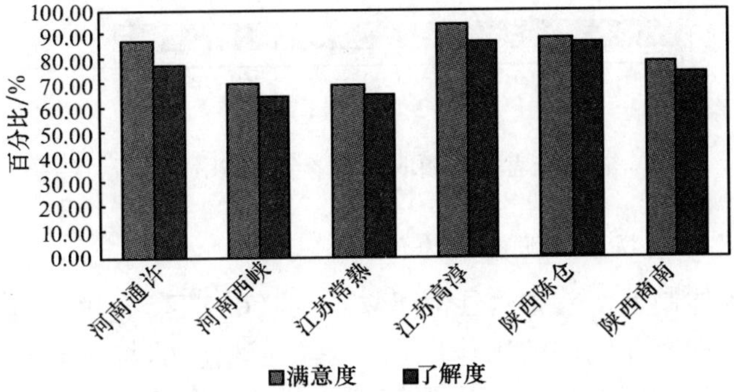

图2　被调查者对新农保政策的满意度和了解度

但是，在新农保宣传过程中，有些地区存在政策简化和误导现象。如为了收费方便，直接要求村民统一按照200元的缴费档次缴费，没有介绍其他缴费档次；有些镇、村干部直接宣传新农保缴费的目的是为家中老人能够顺利领取到养老金，使部分居民不知道还有缴费者本人的个人账户养老金；有的村干部为了提高本村的新农保参保率，鼓励进城务工人员在参加城镇职工基本养老保险的同时也参加新农保。

4. 低档次缴费比例较大，保障水平偏低

农村居民所选择的新农保缴费档次普遍偏低。按照《关于开展新型农村社会养老保险试点的指导意见》，新农保制度设每年100元、200元、300元、400元、500元5个档次，地方可以根据实际情况增设缴费档次，参保人自主选择缴费档次。从2011年新农保制度的实施情况来看，除江苏省常熟市新农保平均缴费为563.27元之外，通许县96.50%的被调查者选择100元的缴费档次，西峡县81.40%的被调查者选择100元的缴费档次，商南县97.90%的被调查者选择100元的缴费档次，陈仓区98.80%的被调查者选择200元的缴费档次，江苏省高淳县98.90%的被调查选择了384元的缴费档次。

新农保养老金发放额度较少，难以有效保障老年人基本生活。调查资料显示，农村居民所期望的新农保养老金发放水平是4664.52元/年，约是现行新农保养老金实际发放水平的7.07倍，三省六县超过74%的被调查者认为老人现在每月领取的养老金不够用，在江苏省高淳县，这一比例高达95.14%（图3）。

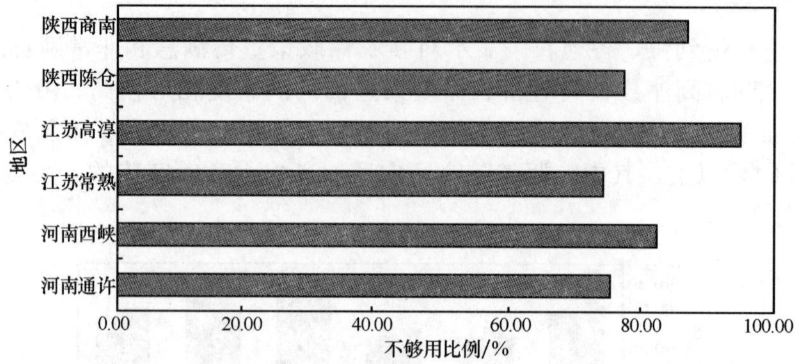

图3　被调查者每月领取的养老金不够用比例统计结果

5. 经办机构已初具规模，服务能力偏弱

在新农保管理体制上，三省六县都建立了县（市、区）、镇、村三级工作平台，明确了各级管理部门和经办机构的工作职责，建立了相应的奖惩措施，把新农保工作列为重要的工作考核指标（表3）。新农保管理体制的逐渐理顺，为新农保工作的顺利推进提供了良好的组织保障。

表3　三省六县（市、区）新农保管理体制

地区	管理体制	说　明
江苏常熟	市、镇、村三级工作平台	地税部门管征收，财政部门管专户，劳动保障部门管发放，审计部门管监督。市人力资源和社会保障局、镇劳动和社会保障所，村劳动和社会保障工作站
江苏高淳	县、镇、村三级工作平台	县劳动和社会保障局负责全县新农保的统筹规划、政策制定、组织实施、综合协调和监督检查。镇（街道）劳动和社会保障所负责本辖区的新农保实施工作
河南通许	县、镇、村三级工作平台	成立了由县长任组长，由县委办、政府办、发改委、人力资源和社会保障局、财政局、民政局、各乡镇等23个相关单位为成员的新农保试点工作领导小组，定期研究工作中出现的问题。新农保管理服务中心，负责全县新农保日常事务，承办全县新农保业务。乡镇社会保障事务所实行垂直管理，承办本乡镇新农保业务
河南西峡	县、镇、村三级工作平台	县建立具有独立法人资格的新农保事业管理中心，作为新农保的经办、管理和监督机构，定为副科级财政事业单位，隶属县人事劳动和社会保障局。乡镇劳动社会保障所是新农保的经办机构，按新农保经办规程开展经办工作。各村设农保协办员，协办员由村会计担任
陕西陈仓	区、镇、村三级工作平台	人事和劳动社会保障局负责新农保制度的组织实施和监督管理。农村社会养老保险管理中心负责各项具体工作的分配和落实。乡（镇）劳动保障事务所承担具体业务办理工作。村劳动保障服务站协助劳动保障事务所，组织村民统一办理新农保的具体业务

续表

地区	管理体制	说　明
陕西商南	县、镇、村三级工作平台	县人事和劳动社会保障局是新农保工作的主管部门。农村社会养老保险办公室是新农保工作的经办机构。乡镇是农户个人养老基金征缴的责任主体

通过对调查的六个县（市、区）的县、乡（镇）、村三级经办机构建设状况、人员配备、经办职责等对比分析，我们发现，镇、村级机构经办工作量大、人员不足、经费缺乏等原因直接导致了新农保经办机构服务能力偏弱的问题。当前，70%的新农保宣传和经办业务都集中于乡（镇）、村级经办机构。乡（镇）、村级经办机构既要做好政策宣传与解释、待遇领取资格认证、摸底调查、农村居民基本信息采集、情况公示等工作，还要负责参保登记、缴费档次选定、待遇领取、关系转移接续等业务环节所需材料的收集、审核与数据库建设，人均工作量极为繁重，管理人员严重不足与服务质量差的问题较为突出。乡（镇）、村级经办机构在开办初期，基础建设费、开办费的经费来源很不稳定，更缺乏长效机制。至今仍有很多管理机构租借场地办理业务，面积狭小、设施简陋，办理参保登记、费用报销时人满为患。

（三）新型农村社会养老保险对社会安全的促进作用

建立新农保制度，是继实现农民“种地不交税、上学不付费、看病不太贵”之后，着力解决农民“老有所养”问题，实现“养老不犯愁”的又一重大举措。推行新农保制度对社会安全的促进作用体现在以下方面。

1. 新农保制度是健全农村社会保障体系的基本举措

长期以来，我国的社会保障制度具有明显的二元化特征，特别是在养老保障方面，农村居民主要依赖于家庭养老。2011 年 7 月 1 日，胡锦涛主席在庆祝中国共产党成立 90 周年大会上的讲话中提出，“更加注重以人为本，更加注重全面协调可持续发展，更加注重统筹兼顾，更加注重改革开放，更加注重保障和改善民生”，“努力使全体人民学有所教、劳有所得、病有所医、老有所养、住有所居。”健全和完善农村社会保障体系对注重统筹兼顾、注重保障和改善民生具有重要的战略意义。

新农保制度是保障农村老年居民基本生活，化解社会不和谐因素，实现城乡统筹发展，使广大农民享受社会发展成果的重要制度安排，是农村社会保障体系的重要组成部分。新农保制度采用个人缴费、集体补助、政府补贴的资金筹集方式，社会统筹与个人账户相结合的账户结构模式，“基础养老金＋个人账户养老金”的养老金待遇计算方法，实现了农村社会养老保险制度在筹资方式、账户模式、待遇形式等方面的创新，为应对农村地区的人口老龄化挑战提供了制度保障。

2. 新农保制度是统筹解决“三农”问题的制度创新

解决“三农”问题有赖于制度创新。新农保制度解决了广大农村居民最关心、最关注的养老问题，是我国在农村取消农业税后又一项具有划时代意义的伟大历史性创举。新农保制度的实施，一方面可以解决农民的后顾之忧，使其摆脱土地和家庭保障的束缚，通过进城务工，自主创业等多种形式增加收入，提高农民的生活水平；另一方面，可以最大限度的实现劳动力转移，促进农村土地经营权流转，推进农业向规模化、产业化转移，提高农业经营效益。这对于加快新农村建设，促进社会公平，实现城乡社会养老保险制度全覆盖，都具有非常重要的现实意义和深远的历史意义。

3. 新农保制度是促进社会公平正义的重要之举

在战争年代，我国广大农村居民以奉献和牺牲精神为中国革命做出了重大贡献；在社会主义现代化建设过程中，农村居民同样以奉献和牺牲精神为工业化进程铺平了道路；改革开放以来，农村居民为我国城市建设做出了新的贡献。但是，长期以来存在的城乡基本公共服务不均等，使得农村居民分享的经济发展成果远远少于城市居民。建立新农保制度，由国家财政来全额支付农民的最低标准基础养老金，使农村居民有了社会养老保障，逐步消除农村居民的后顾之忧，有利于促进我国社会公平正义的实现。

4. 新农保制度是实现农村地区社会稳定的客观需要

新农保制度建立后，农村老年人每月可以获得稳定的收入，增强了他们在经济方面的独立性，给老人以尊严，减轻了家庭养老保障的压力，可以有效避免子女之间、老人和子女之间因赡养老人问题而可能引发的家庭矛盾，对于构建和谐家庭具有重要意义；新农保制度的实施对于提高农村居民对政府的满意度，营造良好的干群关系，具有重要的推动作用，促进了社会稳定。

三、新型农村社会养老保险面临的问题与挑战

（一）新农保制度建设存在的问题

1. 基层经办管理与服务能力不足

我国农村地区人口众多，居住分散，对新农保制度的基层经办能力提出了较高的要求。新农保的政策宣传、保费收缴、养老金发放等主要工作量集中在乡（镇）、村两级，其中，村级更是直接面对广大农村居民；尤其是保费收缴、养老金发放的政策性强，服务面广，服务对象文化程度低，现金往来的手续繁琐、安全风险度高等，对基层经办人员的政治素质、业务能力有一定的要求。因此，乡（镇）级社会保障服务所、村级社会保障服务站建设的水平，是新农保制度成败的关键。

我们调查的六个县（市、区）普遍存在的问题是：乡（镇）、村新农保经办管理与服务机构工作人员数量不足、文化程度偏低、专业知识缺乏，办公场所拥挤、设备短缺、经费不足。地处东、中部的江苏、河南四个县（市、区），每个行政村基本配备了1-2名新农保协管员；而地处西部的陕西两个县（区），新农保协管员只配备到镇一级，只有个别经济情况较好的行政村配备了专职协管员。六个县（市、区）53.13%的新农保经办人员文化程度为大专及以下，其中高中专及以下的比例为21.00%；只有8.41%新农保经办人员是人力资源与社会保障类专业毕业的。我们调查的乡（镇）新农保经办机构的经办场所面积与其数万名服务对象人数相比显得十分狭小，其中总面积、前台服务面积、信息化系统（机房）面积、业务管理面积、行政管理面积的平均值分别为202.81米^2、72.24米^2、17.39米^2、129.19米^2、90.79米^2；计算机的配备

从1～18台不等，平均为4.12台，其中数量在1～2台的乡（镇）新农保经办机构占到48%；每个乡（镇）为新农保经办机构配备的公务汽车、摩托车平均为0.25辆。

2. 农村居民中的低收入户和中低收入户缴费能力有限

新农保基金由个人缴费、集体补助、政府补贴构成，除残疾人、五保供养人员等弱势群体外，新农保个人账户基金主要依靠个人缴费；且养老金待遇领取条件规定“符合参保条件的子女应当参保缴费”，只有子女具有缴费能力且愿意缴费，父母才能享受基础养老金。农村居民个人缴费能力成为制约新农保制度建设进程的重要因素。

《指导意见》规定农村居民参加新农保的个人年缴费档次分别为100元、200元、300元、400元、500元，占2009年我国农村居民低收入户年人均纯收入的比例分别为6.45%、12.91%、19.36%、25.82%、32.27%；占高收入户年人均纯收入的比例分别为0.81%、1.62%、2.44%、3.25%、4.06%（表4）。其中，新农保200元缴费标准占农村居民低收入户年人均纯收入的12.91%，相当于城镇企业职工基本养老保险个人缴费占工资收入8%的1.61倍；新农保400元缴费标准占农村居民中等收入户年人均纯收入的8.88%，相当于城镇企业职工基本养老保险个人缴费占工资收入8%的1.11倍；新农保500元缴费标准占农村居民高收入户年人均纯收入的4.06%，相当于城镇企业职工基本养老保险个人缴费占工资收入8%的0.51倍。表明，参照城镇企业职工基本养老保险个人缴费占工资收入8%的标准，农村居民中的低收入户承担200元及以上缴费额、中低收入户承担300元及以上缴费额，显得负担较重；同时，现行缴费档次对于农村居民中的中高收入户和高收入户来说，又显得偏低。

表4　新农保缴费占农村居民年人均纯收入的比例

年缴费档次	年收入五等分下农村居民年人均纯收入				
	低收入户（1 549.30元）/%	中低收入户（3 110.10元）/%	中等收入户（4 502.08元）%	中高收入户（6 467.56元）/%	高收入户（12 319.05元）/%
100	6.45	3.22	2.22	1.55	0.81
200	12.91	6.43	4.44	3.09	1.62
300	19.36	9.65	6.66	4.64	2.44
400	25.82	12.86	8.88	6.18	3.25
500	32.27	16.08	11.11	7.73	4.06

资料来源：《中国统计年鉴2010》

3. 农村居民对新农保制度与政策的认知程度偏低

新农保制度是国家为保障农村老年人基本生活，在农村居民16～59周岁期间，由个人、集体和政府共同承担缴费责任，年满60周岁后，领取由政府提供的基础养老金和由个人缴费、集体补助累积的个人账户养老金的一种制度安排。在调查中我们发现，农村居民对新农保制度的原理认知甚少，甚至存在诸多误解。很多调查对象以为自己现在的缴费是用于支付现在60周岁以上老人的养老金；家庭没有老人的农村居民，以为自己是为其他家庭的老人缴纳养老金，因此不愿意成为参保者。一些调查对象以为将来领取的养老金只有基础养老金，不知道还有个人账户养老金，因此不愿意选择较高的缴费档次。

我们把农村居民对新农保政策的了解程度由低到高设定为五级，“1”表示了解程度最低，“5”表示了解程度最高。调查结果显示，调查对象对政府基础养老金补贴政策了解程度的平均值为 3.67；对缴费档次、政府缴费补贴、弱势人群优惠等政策了解程度的平均值分别为 3.26、3.02、2.92；对集体补贴、个人账户计发月数、个人账户计息办法等政策了解程度的平均值分别为 2.52、2.53、2.46。与农村中老年人相比，农村年轻人对新农保政策的关注程度更低。

4. 新农保信息化建设进程不平衡

新农保制度运行涉及海量的数据和账户信息，因此，新农保的信息化建设是新农保制度建设的重要内容。调查发现，地处东、中部的常熟市、高淳县、西峡县、通许县均建立了本辖区的新农保信息系统平台，实现新农保档案管理的信息化。而地处西部的陈仓区，虽然新农保试点的时间比较早，但是直到 2010 年 7 月才开始试运行新农保网络平台；商南县尚未建立网络化的新农保信息管理系统，档案管理还停留在纸质阶段，不便于信息的修改、更新和共享，增加了管理成本。

目前，全国统一的新农保信息系统管理软件和网络平台尚未形成，一些省份自行开发新农保信息管理系统。由于不同地区新农保经办管理模式、业务操作流程不同，各地开发的新农保信息管理系统在数据库结构、数据接口、指标体系、主要功能模块等方面的标准不一，阻碍了新农保信息在更大范围内的交流和共享。因此，急需加快建设全国统一的新农保信息系统平台。

5. 部分地区地方财政资金配套能力有限

与老农保相比，新农保的重要特征是强化了中央政府和地方政府的财政责任。就基础养老金来看，国家财政完全具有承担能力。根据第六次人口普查数据，我国 60 岁及以上老年人口 1.78 亿，其中农村老年人口约 1.07 亿[7]，按照每人每月 55 元的基础养老金标准，中央财政和东部各省地方财政每年用于新农保基础养老金的财政支出约为 706 亿元，占 2010 年国家财政总收入的 0.85%。但从中、西部地区来看，各级地方财政承担新农保个人缴费补贴、经办经费、基础设施建设的能力有限。在访谈中，河南省通许县、西峡县和陕西省陈仓区、商南县的县、乡（镇）有关领导和管理人员，纷纷列举了其所在地区地方财政对新农保资金投入的困难，对地方财政的后续资金投入表示了很大的担忧。以陕西省陈仓区为例，即使只按照每年每人最少的 30 元缴费补贴标准，地方财政 2009 年对新农保投入的资金达 992.70 万元，占当年全区地方财政收入的 5.84%，加上新农保经办机构的人员工资、运行经费、建设投资等，区财政后续资金投入压力很大。

6. 各省级政府尚未建立独立的新农保经办机构

中央、省级财政的新农保补贴由财政部门逐级拨付至农村老龄居民，省级人社厅的农村社会保险处负责向财政部门报送预算。由于没有专门的省级新农保经办机构，省级政府的经办职能缺位，市、县、乡（镇）新农保经办缺少具体的业务指导；省域内新农保信息化建设缺乏统一规划和实施组织；省级新农保信息传递效率偏低，信息资料报送速度和准确性不高；对基层新农保经办工作的监督薄弱。

（二）新农保制度建设面临的挑战

1. 农村地区的人口老龄化

20世纪80年代末以来，我国人口老龄化进程明显加快，农村老年人口绝对数量和老龄化程度又高于城市，且将持续到2040年左右[8]。目前，我国60岁及以上贫困人口有1010万人，其中农村贫困人口860万人，农村老年人贫困发生率约为8.5%，是城镇老年人贫困发生率的3倍以上[9]。

与农村巨大的养老需求不相适应的是，农村家庭养老功能严重弱化和农村商业养老保险发展缓慢。一方面，市场经济的发展和传统小农经济的萎缩，动摇了家庭养老的基础；家庭规模小型化和居住方式变革，减少了家庭对老人的照料；城镇化和农村劳动力转移，降低了家庭凝聚力，削弱了家庭成员的互助功能。另一方面，商业养老保险较高的进入门槛以及农村居民整体较低的收入水平，使得我国大多数农村居民不具备参加商业养老保险的能力。

在农村整体收入水平偏低、家庭养老功能衰弱、商业养老保险发展缓慢的条件下，广大农村居民把养老希望寄托于社会养老保险。调查数据显示，试点地区农村居民对新农保有着很高的认可度，90.47%的被调查者认为新农保政策能够解决或缓解农村居民的养老压力，其中认可度最高的为常熟市（96.40%），最低的为西峡县（81.03%）。在试点地区，新农保已经成为农村居民首选的养老方式，选择比例为42.82%。农村老年人口数量巨大和农村老年人口对新农保制度养老的需求强烈，使得新农保制度面临着能够满足农村老年人口养老需求的挑战。

2. 新农保基金的贬值风险

新农保个人账户储存额参考中国人民银行公布的金融机构人民币一年期存款利率计息。2011年的银行一年存款利率为3.50%，2011年CPI指数预期为5%，这意味着新农保基金个人账户部分实际处于贬值状态，一年贬值率为0.70。调查发现，新农保基金不能及时转存为一年期定期存款，长期处于活期存款状态，活期利率仅为0.50%，新农保参保人个人账户又损失了3.0%的利息，实际贬值率达到0.1。

当前，制约养老保险基金保值增值的主要原因是，基金管理层次低[10]、基金投资无章可循[11,12]、基金投资政策限制[13]、基金监管力度弱[14,15]。刘正桂、王海兰、林立等认为，养老保险基金监管的法律制度不健全、手段单调、透明度低，也是导致养老保险基金保值增值困难的原因[16,17,18]。

在新农保基金积累只能用于定期存款和购买国债的制度约束下，通货膨胀率的预期上行趋势引起的新农保基金贬值风险已经显性化，而且新农保基金积累规模越大，贬值损失的绝对量越大。据测算，2011～2020年，我国新农保基金的贬值率分别为2.90%、4.46%、6.11%、7.87%、9.74%、11.71%、13.80%、16.00%、18.26%、20.61%。

3. 各地新农保制度的差异

我国新农保制度实行县级管理，各地新农保制度存在一定的差异：

(1) 缴费标准多样，财政补贴不一。被调查地区的缴费标准可分为三类：一是和经济发展水平直接挂钩的动态缴费标准，即按照本地区统计部门公布的上年度农村居民人均纯收入的一定比例缴费。如江苏省高淳县。二是以国家试点指导意见为基础，设立不同缴费档次，农村居民可以根据自己的经济实力选择不同缴费档次进行参保。如河南省通许县和西峡县，陕西省陈仓区和商南县。但河南省西峡县和陕西省陈仓区的缴费档次设置又明显不同于河南省通许县和陕西省商南县。三是按农村居民类型和年龄段分设不同缴费标准。如江苏省常熟市，把参保者分为纯农人员和非纯农人员，针对纯农人员不同年龄段分设不同缴费标准。在缴费补贴方面，江苏省高淳县是根据本县上年度农村居民人均纯收入的一定比例补贴，其补贴金额与农民缴费金额相等，补贴力度较大；其余五县（市、区）则是按照一定金额补贴，而具体补贴金额也有很大差异。

(2) 制度模式设计不同，养老金发放水平悬殊。被调查地区的制度模式主要有两类：一是个人账户和统筹基金相结合，如江苏省高淳县和常熟市；二是只设立个人账户，如河南省通许县和西峡县，以及陕西省陈仓区和商南县。在待遇标准方面，虽然都是包括基础养老金和个人账户养老金两部分，但是基础养老金的发放标准也存在差别。江苏省高淳县基础养老金标准为启领时当年月缴费基数的8%，累计缴费年限每满1年，计发比例另增加0.3%；常熟市则是以缴费是否满15年为限，设置不同的基础养老金档次；河南省通许县和西峡县的基础养老金均为60元；而陕西省商南县和陈仓区的基础养老金则依据年龄不同，划分了60元、70元、80元、90元等档次。

新农保制度设计的差异为将来提高统筹层次，建立统一的新农保制度带来了挑战。

四、新型农村社会养老保险的发展趋势

（一）新农保制度的推进进程

近年来，国家决策层颁布了一系列政策、法规，指导、推进新农保试点工作，新农保制度建设的时间安排也不断提前。《指导意见》提出，2009年在全国10%的县（市、区、旗）开展新农保试点，于2020年实现农村适龄人口全覆盖。2010年政府工作报告提出，2010年全国23%的县（市、区、旗）开展新农保试点；2010年12月全国人力资源和社会保障工作会议提出，2011年全国40%的县（市、区、旗）开展新农保试点；2011年4月20日国务院常务会议决定，2011年新农保覆盖地区提高至60%。2011年6月20日全国城镇居民社会养老保险试点工作部署暨新型农村社会养老保险试点经验交流会议上，温家宝总理指出，国务院决定加快新农保试点进度，在本届政府任期内基本实现制度全覆盖。

依据国家决策层的部署，我们建议，新农保制度的建设进程应当适度加快，稳中求快，先稳后快，实施“一三一二”方案，在本届政府任期内基本实现新农保制度对全国所有农村地区的全覆盖，“十二五”期末基本实现新农保制度对全体适龄农村居民的全覆盖。

第一，用一年时间，即2009年在全国10%的县（市、区、旗）启动新农保试点。

第二，用三年时间，即2010～2012年，在本届政府任期内基本实现新农保制度对

全国所有农村地区的全覆盖。其中，2010 年新农保试点县（市、区、旗）达到 23%；2011 年达到 60%；2012 年，基本实现制度全覆盖。

第三，用一年时间，即 2013 年，实现新农保制度对适龄中老年农村居民的全覆盖。重点解决收入较低、缺乏缴费能力的 45-59 周岁农村居民的参保问题。

第四，用两年时间，即 2014～2015 年，到“十二五”期末，基本实现新农保制度对全体适龄农村居民的全覆盖。重点解决 16～44 周岁农村居民的参保问题，全面解决新农保与城镇企业职工基本养老保险、城镇居民基本养老保险以及其他各项社会保险的制度衔接和关系转续问题。

（二）新农保制度的财务支持需求

依据新农保制度建设的“一三一二”方案，本文从农村居民个人缴费负担和政府财政补贴总额两个方面对加快新农保建设进程的财务支持需求进行测算。

设：B_t 为第 t 年的缴费负担系数；G_j 为 j 类缴费档次的水平；I_t 为第 t 年的农村居民年人均纯收入。则

$$B_t = \frac{G_j}{I_t} \tag{1}$$

设：S_t 为第 t 年政府财政补贴总额；$S_{t,1}$ 为第 t 年基础养老金补贴总额；$S_{t,2}$ 为第 t 年缴费补贴总额；a 为农民参加新农保的初始年龄；b 为农民开始领取养老金的年龄；ω 为极限年龄；L'_t 为第 t 年养老金领取人数；$L'_{x,t}$ 为第 t 年 x 岁老年人口数；$l'_{x,t}$ 为第 t 年初 x 岁老年人口数；$l'_{x+1,t+1}$ 为第 $t+1$ 年初 $x+1$ 岁老年人口数；L_t 为第 t 年参保人数；$L_{x,t}$ 为第 t 年 x 岁参保人口数；$l_{x,t}$ 为第 t 年初 x 岁参保人口数；$l_{x+1,t+1}$ 为第 $t+1$ 年初 $x+1$ 岁参保人口数；$O_{t,1}$ 为第 t 年新农保参保率；$O_{t,2}$ 为第 t 年新农保待遇享受率；$Q_{t,1}$ 为第 t 年基础养老金标准；k_1 为基础养老金标准调整率；$Q_{t,2}$ 为第 t 年政府缴费补贴标准；k_2 为政府缴费补贴调整率。

则

$$\begin{aligned} S_t &= S_{t,1} + S_{t,2} \\ &= Q_{1,1} \cdot k_1^{t-1} \cdot O_{t,1} \cdot \sum_{x=b}^{\omega-1} \frac{l'_{x,1} + l'_{x+1,2}}{2} + Q_{t,2} \cdot k_2^{t-1} \cdot O_{t,2} \cdot \sum_{x=a}^{b-1} \frac{l_{x,1} + l_{x+1,2}}{2} \end{aligned} \tag{2}$$

通过参数设定[19]，测算得到表 5 和表 6。

表 5　2011～2015 年各缴费档次下农村居民个人缴费负担系数测算结果　（单位：%）

建设进程	年份	缴费档次							
		100 元	200 元	300 元	400 元	500 元	1000 元	1500 元	2000 元
“三”	2011	1.58	3.16	4.73	6.31	7.89	15.78	23.67	31.56
	2012	1.42	2.83	4.25	5.67	7.08	14.17	21.25	28.34
“一”	2013	1.27	2.54	3.82	5.09	6.36	12.72	19.08	25.45
“二”	2014	1.14	2.28	3.43	4.57	5.71	11.42	17.14	22.85
	2015	1.03	2.05	3.08	4.10	5.13	10.26	15.39	20.52

表6 2011～2015年政府财政补贴总额测算结果 （单位：元）

建设进程	年份	基础养老金补贴总额	缴费补贴总额	政府财政补贴总额
“三”	2011	74 731 556 931.57	15 844 918 296.47	90 576 475 228.04
	2012	85 360 944 012.98	17 201 629 304.12	102 562 573 317.10
“一”	2013	97 757 524 230.31	18 601 196 827.98	116 358 721 058.30
“二”	2014	111 758 721 531.32	20 082 178 615.46	131 840 900 146.78
	2015	127 783 474 562.79	21 595 559 581.42	149 379 034 144.21
总增长率/%		70.99	36.29	64.92
年均增长率/%		14.35	8.05	13.32

表5显示，2011～2015年，在目前的100～500元的缴费档次下，2011年农村居民个人缴费负担系数最高为7.89%，到2015年500元的缴费档次的农村居民个人缴费负担系数为5.13%。但是，在2011～2015年，如果提高农村居民的缴费档次到1000元，那么农村居民的个人缴费负担系数最低为10.26%，最高为15.78%；在1500元缴费档次上，农村居民的个人缴费负担系数最低为15.39%，最高为23.67%；在2000元的缴费档次上，农村居民的个人缴费负担系数最低为20.52%，最高为31.56%。相对于城镇职工8%的缴费负担而言，在2011～2015年，不宜提高农村居民的缴费档次。

表6显示，在新农保制度全覆盖阶段，2011和2012年基础养老金补贴总额分别为747.32亿元和853.61亿元，缴费补贴总额分别为158.45亿元和172.02亿元，政府财政补贴总额为905.58亿元和1025.63亿元；在新农保制度对与60周岁及以上的老年农村居民实现全覆盖的2013年，新农保基础养老金补贴总额为977.58亿元，缴费补贴总额为186.01亿元，政府财政补贴总额为116.36亿元；在新农保制度实现对16～45周岁农村居民全覆盖后，2015年新农保基础养老金补贴总额为1277.83亿元，缴费补贴总额为215.96亿元，政府财政补贴总额为149.38亿元。2011～2015年，新农保基础养老金补贴总额总增长率为70.99%，年均增长14.35%；缴费补贴总额总增长率为36.29，年均增长8.05；政府财政补贴总额总增长率为64.92%，年均增长13.32%。

（三）社会养老保险制度的城乡一体化建设

社会养老保险城乡一体化是统筹城乡发展的必然选择，是社会保险制度完善的内在要求，是提高农村居民幸福指数的新的期盼。由于我国新农保制度建设不均衡，有的地区尚未开展试点，有的地区新农保制度刚刚起步，有的地区新农保制度已经较为成熟，在2012年推进新农保全覆盖的进程中，各地采取的措施也将有所不同，特别是在新农保制度较为成熟的地区已经开始了城乡社会养老保险制度的一体化建设。

社会养老保险城乡一体化的发展过程可以分为三个阶段：第一阶段是社会养老保险制度建设阶段：建立覆盖所有人群的社会养老保险制度，一般是新农保、城镇居民社会养老保险、城镇职工基本养老保险。第二阶段是社会养老保险准城乡一体化阶段：新农保与城镇居民社会养老保险并轨为城乡居民社会养老保险。第三阶段是社会养老保险城乡一体化阶段：城乡居民社会养老保险与城镇职工基本养老保险并轨。

2011 年，陕西省宝鸡市陈仓区和江苏省苏州市常熟市正在推进城乡社会养老保险制度的一体化建设。陈仓区的新农保制度与城镇居民社会养老保险制度在制度框架上完全一致，只是缴费标准、待遇水平有所差异。2011 年 7 月，陈仓区正式开始实施《宝鸡市城乡居民社会养老保险实施办法》，统一了城乡居民的社会养老保险缴费标准和待遇水平，经办机构沿用新农保的经办机构，陈仓区已进入社会养老保险准城乡一体化阶段。江苏省常熟市从 2006 年开始推进城乡一体化的社会养老保险制度，预计到 2012 年年底，将全体农村适龄参保居民纳入到城镇职工基本养老保险制度中，进入社会养老保险城乡一体化阶段。

可以预见的是，2012 年，我国新农保制度较为成熟且已建立了城镇居民社会养老保险制度的地区将尝试进入社会养老保险准城乡一体化阶段；东部经济发达的部分地区将进入社会养老保险城乡一体化阶段。

五、新型农村社会养老保险的政策建议

（一）设立省级新农保经办机构

省级经办机构的职责主要是：全省新农保制度建设规划及组织，包括建设进程、资金投入、机构建设、人员编制、信息化建设等；指导省内各级经办机构的管理、服务工作；编制相关宣传资料，组织培训各级经办人员；制定、完善业务经办管理办法、内控和稽核制度，监督、监察基层经办工作；参与制定新农保基金管理办法、财务管理细则；编制、汇总、上报本级基金财务、会计和统计报表等。

（二）加快新农保基层经办机构建设，提升管理与服务能力

作为新农保制度建设的基石，基层经办机构经办管理与服务能力的不足已经成为制约新农保制度建设进程的瓶颈。因此，适度加快新农保制度建设的关键是，确实提升新农保基层经办机构的经办管理与服务能力。第一，明确县（市、区）、乡（镇）、村各级经办机构的职能分工；完善乡（镇）、村两级经办服务机构，尤其加强村级服务机构的建设；优化新农保的业务流程，实现参保信息的准确、完整和安全，提高经办效率。第二，加强基层经办机构人才队伍的建设，确保乡（镇）社会保障服务所拥有与服务对象数量相适应的专职人员编制，村社会保障服务站应当配备专职社会保障经办员；定期或不定期对基层经办机构的工作人员进行专业培训。第三，各级财政设立专门账户，确保县（市、区）、乡（镇）、村各级新农保经办机构包括人员工资、场地建设、设施配备等在内的经费投入。

（三）完善新农保政策体系，提高农村居民的缴费能力

参考城镇企业职工基本养老保险个人缴费占工资收入 8%的参数，建议根据当前农村居民低收入户、中低收入户、中等收入户、中高收入户、高收入户的年收入水平，分别设置 200 元、400 元、600 元、800 元、1000 元五个基本缴费档次；缴费额上限为基本缴费档次最高额的 300%；基本缴费档次应该随着经济发展和人民生活水平的提高

适时调整。为了鼓励有能力的农村居民选择较高的缴费档次，建议地方各级财政按照参保者所选基本缴费档次的 20%给予缴费补贴，并计入参保者的个人账户；缴费额超过 1000 元的，按 1000 元的 20%给予缴费补贴。为了避免由此加大的政策不公平，建议地方各级财政对残疾人和低保户代缴保费；在落实每个参保者基本缴费档次 20%的缴费补贴之外，对低收入户和中低收入户再给予不低于 50 元/年的缴费补贴。

（四）加大宣传力度，提高农民对新农保制度与政策的认知认可程度

农村居民对新农保制度原理认知不足，对新农保政策内容了解程度偏低，在很大程度上制约着新农保制度的建设进度。因此，要进一步加强新农保制度与政策的宣传力度和实效性。第一，加强对新农保经办人员的政治思想教育和业务培训，不断提高新农保经办人员的政治素质和业务水平，使其更好、更深的理解政策内容，自觉地在业务经办过程中宣讲新农保的制度原理，解释新农保各项政策的含义。第二，充分利用文艺演出、电视、广播、报纸、网站等多种宣传媒介，向社会各个阶层宣传新农保制度和政策，营造良好的舆论氛围。

（五）搭建新农保网络管理平台，加快推进信息化建设进程

新农保信息管理系统的建设，是实现新农保业务规范化和现代化的基本条件。建议开发并尽快普及全国统一的新农保信息系统管理软件，在数据库结构、数据接口、指标体系、主要功能模块等方面实行全国统一的标准。合理划分省（自治区）、市、县（市、区）在新农保信息管理系统建设中的任务和责任，落实新农保信息化建设中地方各级财政的投入比例。确保县（市、区）、乡（镇）、村各级的新农保经办机构具有足够的软硬件设施。加强对乡（镇）、村级新农保经办人员的技术培训，使其熟练掌握计算机基本操作，熟悉新农保信息化管理软件的使用。

（六）增加中央对中西部地区的财政转移支付额度，促进新农保制度均衡发展

我国区域经济发展不平衡，东、中、西部地方各级政府财政能力差异很大。新农保制度建设中地方政府的财政补贴需求，已经超过中、西部很多地方政府的财政支付能力。建议中央政府加大对中、西部地区新农保制度建设的财政转移支付额度，中央财政在支付中、西部地区新农保基础养老金的同时，再为中、西部地区承担 50%的新农保缴费补贴。国家级贫困县、少数民族地区、陆地边境县、革命老区县新农保的基础养老金和缴费补贴，建议也由中央财政给予支付。

（七）对新农保基金进行投资运营，实现基金的保值增值

在现有社保基金投资运营政策约束下，对新农保基金的投资运营可采取三种方式：第一，通过大额协议存款方式确定与通货膨胀率基本持平的新农保基金存款利率。虽然新农保基金单个账户的存款额度有限，但是从宏观角度来看，新农保基金管理者面对的是庞大的新农保基金总额积累。因此，需要国家有关部门协商，以新农保基金整体作为一个投资单位商定协议存款利率，以等于或高于通货膨胀率的利息水平从而实

现新农保基金的保值甚至增值。第二，由国家发行特种定向新农保国债，利率可根据通胀率的高低具体确定。根据2010年约3%的通货膨胀率将新农保国债利率定为4%左右，从而将新农保基金的利息损失降到最小，并力争实现新农保基金的增值。此项举措既能保证巨额的新农保基金的保值增值，又能提高政府融资水平，为中国经济的发展做出贡献。第三，委托全国社会保障基金理事会对新农保基金进行投资运营。新农保基金的运营有两种模式，一是纳入全国社保基金管理范畴，通过委托代理的形式交由全国社保基金理事会代为运营；二是新农保基金独立运营。由于新农保还处于县级试点阶段，200多亿的基金积累规模较小，新农保基金管理制度体系尚不健全，尚不具备独立运营的能力和基础。全国社会保障基金理事会已经建立了一套相对行之有效的管理体制，基金自成立以来年均投资收益率为9.75%，也积累了丰富的投资经验和基金管理经验。建议将新农保基金通过委托代理的方式交由全国社保基金理事会代为管理和运营，从而达到新农保基金的增值目的，实现降低各级政府财政压力，不断提高农村养老保险水平的目标。

（八）科学设计，构建完善的新农保制度模式

实地调研结果显示：三省六县的新农保制度建设模式都有自己的特点，没有哪两个县是完全相同的，依此推断，目前全国27个省（自治区）共838个国家级新农保试点县（4个直辖市除外）就存在多种制度建设模式。

目前，可以允许不同试点地区农村居民根据自身经济状况自主选择筹资水平，并在新农保待遇水平上体现差异，但不宜过多鼓励地方政府在制度模式上进行变革。因为随着社会主义市场经济的日益发展和完善，其内在要求要实现劳动力跨地区、跨部门、跨行业的自由流动，从而就要求新农保基本制度必须保持统一，以适应日益频繁的劳动力自由流动状况。同时，建设相对统一的新农保制度模式也是新农保制度自身发展的内在要求。

因此，国家需要科学设计，以“分阶段”为原则，研究新农保制度创立阶段的多种建设模式、发育阶段的数种建设模式和成熟阶段的一种建设模式，为健全和完善新农保制度提供新的切入点；同时，国家也要以新农保基本制度模式为基础，通过研究分析新农保试点过程中的多种建设模式，构建完善的新农保制度理想模式，并科学设计经由新农保制度建设模式到最终实现新农保制度理想模式的推进路径，为实现全国统一的新农保制度奠定基础，也为提高新农保管理层次做好铺垫。

参考文献

[1] 赵殿国．积极推进新型农村社会养老保险制度建设［J］．经济研究参考，2008，(32)：13-18.

[2] 周莹．新型农村社会养老保险制度的推进策略［J］．南京社会科学，2009，(9)：106-110.

[3] 国务院．国务院关于开展新型农村社会养老保险试点的指导意见［C］．2009-9-1.

[4] 人力资源和社会保障部．人力资源社会保障部2011年第二季度新闻发布会［C］．2011-7-15.

[5] 国务院．国务院批转整顿保险业工作小组“保险业整顿与改革方案”的通知［OL］．中国劳动咨询网：http：//www.51labour.com/lawcenter/lawshow-20428-2.html. 1999-7-2.

［6］ 步正发．在全国农村社会养老保险工作座谈会上的讲话［OL］．中国劳动咨询网．http：//www.51labour.com/labour-law/show-216.html. 2004-12-22.
［7］ 国家统计局．第六次全国人口普查主要数据发布［OL］. 2011-4-28.
［8］ 赵殿国．积极推进新型农村社会养老保险制度建设［J］．经济研究参考，2008，(32)：13-19.
［9］ 刘从龙．人口老龄化背景下的农村养老保险探索［M］．老龄问题研究论文集（十一）——积极老龄化研究之三，2006. 福州：福建省老年学学会．
［10］ 邵怡蓉．论中国社会保障基金的保值增值［D］，上海交通大学硕士学位论文，2007.
［11］ 汤晓阳．新农保基金的管理和运作问题探讨［J］，四川大学学报：哲学社会科学版，2010，(5)：134.
［12］ 单大圣．新农保的工作重心应是优化现行制度［N］．中国经济时报. 2010-8-13. 005.
［13］ 董关岭．采用新型商业社保模式破解新农保问题［J］．现代经济，2010，(2)：70-71.
［14］ 张艳花．新农保的近喜与远忧［J］．中国金融，2009，(22)：80.
［15］ 林义．破解新农保制度运行五大难［J］．中国社会保障，2009，(9)：14-16.
［16］ 刘正桂、安义中．中国农村社会养老保险基金管理模式研究［D］．四川大学硕士学位论文，2008.
［17］ 王海兰．中国农村社会养老保险基金管理模式研究［D］．山东大学硕士学位论文，2006.
［18］ 林立．我国社会保险基金监管研究综述［J］．湖北经济学院学报（人文社会科学版），2006，(3)：52-54.
［19］ 吴桂龙．加快新型农保社会养老保险制度建设进程的研究——基于“三省六县”的调查［D］．西安交通大学硕士学位论文，2011.

基本医疗保障制度问题分析与改进政策建议*

高建民　闫菊娥　雷瑞杰

内容提要

随着我国改革开放的不断深入，经济、社会各项事业都取得了长足的发展，卫生领域也取得了巨大成就。然而，“看病难，看病贵”却严重威胁着广大人民群众的健康安全，影响经济社会发展，成为构建和谐社会进程中亟待解决的重大民生问题之一。

医疗保障体系作为社会保障体系的重要组成部分，其构建和完善对于解决“看病难，看病贵”问题起着举足轻重的作用。目前，我国城镇一体化的基本医疗保障制度尚未建立，医疗保障的层次较低，发展不均衡，个人就医负担较重，抗疾病风险能力不足。现行基本医疗保险制度主要问题主要表现在以下几个方面：制度设计不公平；灵活就业人员参保率低；筹资水平总体偏低，筹资成本过大；基金统筹层次低；疾病经济风险保护不足；改革支付制度缺乏动力。

针对我国现实存在的问题，本文提出建立城镇一体化的基本医疗保障制度，可以从根本上提高人民群众对卫生服务的支付能力和可及性，保证医疗服务的公平和效率，成为控制供方行为、改善医疗服务质量和控制费用增长的重要制衡力量。在此基础上，本文提出以下具体建议：对三种基本医疗保险制度进行无缝隙衔接，构建城镇一体化基本医疗保障制度；由政府主导的混合型筹资模式逐步过渡到以税收为主的筹资模式；提高筹资水平；提高统筹层次，形成单一支付者；设计科学合理的福利包；建立统一的医疗保障管理体制，完善医疗保障制度管理模式；建立统一的医疗保障信息网络平台；改革支付制度，控制医疗费用。

一、前　　言

随着我国改革开放的不断深入，经济、社会各项事业都取得了长足的发展，卫生领域也取得了巨大成就[1]。然而，“看病难，看病贵”却严重威胁着广大人民群众的健康安全，影响经济社会发展，成为构建和谐社会进程中亟待解决的重大民生问题之一[2]。

健康不安全，主要是指广大人民群众基本健康权利受到损害或健康危险因素得不

* 教育部哲学社会科学研究重大课题攻关项目：“病有所医”与中国健康保障系统研究（08JZD0022）。

到有效控制的情况[3]。“看病难，看病贵”严重影响着居民基本健康权利的实现。“看病难”是由于卫生资源配置不合理，基层医疗机构医疗资源没有有效利用，同时优质医疗资源的可及性难。具体表现在：到大医院就诊难，经常人满为患，手续烦琐，等待时间长；找专家看病难，预约排队时间长；弱势群体、农民看病难，由于医疗设施差、缺乏基本的医疗保障，就医困难。“看病贵”主要表现在：一是患者支付能力较低，无力购买必需的医疗服务；二是因为提供或利用不必要的医疗服务，导致医疗费用超出患者的支付能力，或者加重了患者的医疗费用负担；三是部分弱势群体，包括低收入人群、低医疗保障甚至无医疗保障人群以及患大病、重病无力承担医疗费用的人群，“因病致贫，因病返贫”问题突出。“看病贵”又加重了“看病难”。

党的十七大报告提出，必须在经济发展的基础上，更加注重社会建设，着力保障和改善民生，努力使全体人民学有所教、劳有所得、病有所医、老有所养、住有所居，推动建设和谐社会。解决“看病难，看病贵”问题，实现“病有所医”刻不容缓。

诚然，解决“看病难，看病贵”问题的途径很多，如合理配置医疗资源，优化优质医疗资源，规范医疗服务流程等。但医疗保障体系作为社会保障体系的重要组成部分，它的构建和完善对于解决“看病难，看病贵”问题起着举足轻重的作用。

完善的医疗保障体系是维护人民健康权利最重要的制度设计。通过互助共济、分担疾病经济风险，在很大程度上分担个人及家庭的医疗费用，减轻个人、家庭的经济负担。国际经验表明，设计科学、运行高效的医疗保障体系能够为实现“病有所医”，保障人民群众健康安全发挥至关重要、不可替代的作用。

二、基本医疗保障制度现状

伴随着社会经济的发展，我国的医疗保障制度经历了一个从无到有，从相对落后到逐渐完善的过程。目前我国的医疗保障体系是由城镇职工基本医疗保险、城镇居民基本医疗保险、新型农村合作医疗三种基本医疗保险及社会医疗救助组成的混合型医疗保障体系。

（一）城镇职工基本医疗保险制度

我国的城镇职工基本医疗保险制度是城镇所有用人单位，包括企业（国有企业、集体企业、外商投资企业、私营企业等）、机关、事业单位、社会团体、民办非企业单位及其职工均可参加，医疗保险费由用人单位和个人共同缴纳，规定用人单位缴费率控制在职工工资总额的6%左右，职工缴费率一般为本人工资收入的2%[4]，实行社会统筹和个人账户相结合的管理模式。

我国城镇职工基本医疗保险制度是在逐步试点的基础上建立起来的。继1994年的“两江试点”之后，国务院扩大试点范围，并于1998年颁布了《关于建立城镇职工基本医疗保险制度的决定》，开始全面推进城镇职工基本医疗保险制度。职工医保的建立，标志着我国医疗保险制度基本完成了从公费、劳保医疗保险制度到社会保险制度的转变。

（二）新型农村合作医疗制度

新型农村合作医疗是由政府组织、引导、支持，农民自愿参加，个体、集体和政府多方筹资，以大病统筹为主的农民医疗互助共济制度[5]。其主要目的是减少农村居民因病致贫、因病返贫情况的发生，提高农村居民的健康水平，促进城乡协调、健康发展。

2002年，《中共中央、国务院关于进一步加强农村卫生工作的决定》中指出要逐步建立新型农村合作医疗制度。2003年，卫生部、财政部和农业部在《关于建立新型农村合作医疗制度的意见》中具体规定了新农合的目标、原则、组织管理、筹资标准和资金管理等。2003年年底，新农合正式试点运行。截至2010年年底，全国参加新农合人口8.36亿人，参合率达96%，累计33亿人次享受到新农合报销补偿待遇。新农合制度的建立，极大缓解了农村居民的疾病经济负担，促进了农民对医疗服务的有效利用，对农民健康的保障作用逐步显现。

（三）城镇居民基本医疗保险制度

为实现基本建立覆盖城乡全体居民的医疗保险体系的目标，国务院于2007年制定了《国务院关于开展城镇居民基本医疗保险的指导意见》，决定从2007年起开展城镇居民基本医疗保险试点。城镇居民医疗保险制度试点两年后，工作取得明显成效，受到广大城镇居民的欢迎，为完善城镇居民基本医疗保险制度积累了经验。根据《中共中央国务院关于深化医药卫生体制改革的意见》和《国务院关于印发医药卫生体制改革近期重点实施方案（2009—2011年）的通知》，经国务院同意，人力资源和社会保障部于2009年发布了《关于全面开展城镇居民基本医疗保险工作的通知》，决定于2009年在全国范围内全面开展城镇居民基本医疗保险工作。目前城镇居民医疗保险稳步推进，截至2010年年底，参保人数达到1.94亿人，占城镇人口的30%以上。

（四）基本医疗保险覆盖人数

我国基本医疗保险的覆盖面逐步扩大，基本上实现了制度上的“全面覆盖”。详见表1。截至2010年年底，社会医疗保险覆盖率达到92%，全国12.67亿人参加了基本医疗保险，其中，城镇职工基本医疗保险参保人数2.37亿人，城镇居民基本医疗保险参保人数1.94亿人，新型农村合作医疗参保人数已达到8.36亿，参合率持续稳定在90%以上。

表1　三种基本医疗保险参保人数变化情况

年份	参保人数/万人		
	城镇职工医保	新农合	城镇居民医保
1998	1 878	—	—
2003	10 902	—	—
2004	12 404	8 000	—

续表

年份	参保人数/万人		
	城镇职工医保	新农合	城镇居民医保
2005	13 783	17 900	—
2006	15 732	41 000	—
2007	18 020	72 600	4 291
2008	19 996	81 500	11 826
2009	21 937	83 300	18 210
2010	23 734	83 600	19 472

资料来源：1998年、2004～2011年历年《中国统计年鉴》，《中国卫生统计年鉴》

资料表明，目前仍有约7000万城乡居民无基本医疗保险覆盖，相当数量的城乡居民“有病不能医”。三种基本医疗保险本身均存在应覆盖而未覆盖的现象。城镇职工基本医疗保险制度仅覆盖不到70%的企业在职职工；农村地区新型农村合作医疗的覆盖率也尚未达到百分之百；城镇居民医疗保险制度推进顺利，但仍有一部分城镇居民没有被制度覆盖。

另外，不同人群的参保率存在明显差异。城市地区不同收入人群与不同职业人群的医疗保险参保率差异明显。收入越低参保率越低，最高收入组的参保率比最低收入组高33个百分点；无业人口与学生的参保率低于在业人口，相差30个百分点以上(资料来源：第四次国家卫生服务调查)。

三、基本医疗保险制度与“看病贵，看病难”

（一）基本医疗保险制度保证了参保人的医疗权，极大地改善了卫生服务可及性，有效制止了卫生服务公平性恶化的趋势

三种基本医疗保险制度的实施对于改善城乡居民卫生服务的经济可及性、制度可及性以及可及性的公平性均发挥了重要的作用，对于保障人民群众的医疗权起到促进作用。有研究表明，城镇居民医保增加了门诊服务利用公平性，但城镇职工医保和新农合扩大了低收入人群和高收入人群门诊服务利用的差距；三种医疗保险均提高了居民住院服务利用公平性，住院补偿比例越高，住院服务利用公平性提高的程度越大。城镇职工医保提高参保居民住院服务利用的程度高于居民医保，二者均高于新农合。

图1是根据四次国家卫生服务调查资料绘制的集中曲线，分析了从1993年到2008年全国农村居民住院服务利用差异，反映出新型农村合作医疗在改善农村居民住院利用差异方面发挥的重大作用。新农合实施之前的1993～2003年，集中曲线的弧线弯曲程度愈来愈大，农村居民住院利用差异愈来愈大。新农合实施5年后的2008年，农村居民住院利用差异极大减少，甚至好于1998年的水平。

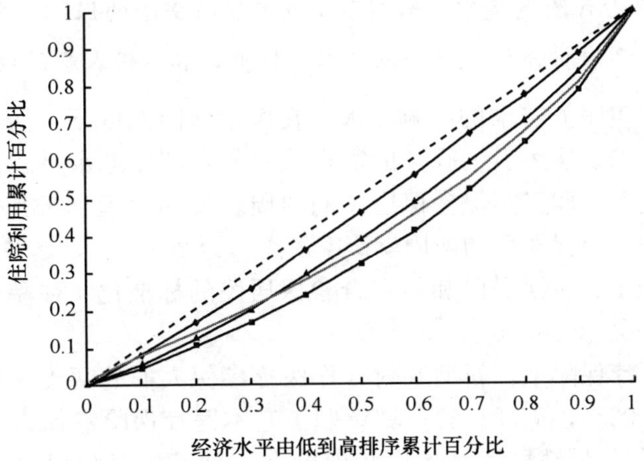

图1 1993～2008年全国农村居民住院服务利用差异的集中曲线

资料来源：1993～2008年四次国家卫生服务调查

（二）基本医疗保险制度有利于参保人群利用卫生服务，但不同保障制度的保障水平差别很大

1. 患者流向趋向合理，有利于卫生资源合理配置

门诊患者就诊流向发生明显变化：到基层医疗机构（城市社区卫生服务中心、农村乡村两级卫生组织）就诊的比例由2003年的69.5%增加至2008年的73.7%；其中，城市由36.6%增加至48.3%，农村由79.3%增加至81.7%。

从表2可以看出，新型农村合作医疗参保人群选择基层医疗机构就诊的比例最高(81.87%)，其中在私人诊所/卫生室治疗的占到全部医疗机构的70.54%。参加城镇职工基本医疗保险的人群患病后，选择县/区医院的比例最高。参加城镇居民基本医疗保险的人群患病后有51.42%在基层医疗机构就诊，其中，选择私人诊所/卫生室治疗的比例最高（47.61%）；选择县/区医院治疗的比例次之（42.86%）。

表2 不同医疗保险制度人群两周就诊机构构成 （单位：%）

两周就诊机构	城镇职工医保	城镇居民医保	新农合
基层医疗机构	30.12	51.42	81.87
县/区医院	54.21	42.86	16.71
市/地医院	12.04	4.76	1.41
省级医院	3.61	0.95	0.00
合计	100.00	100.00	100.00

资料来源：《“病有所医”与中国健康保障系统研究》资助，2009年陕西省眉县入户调查（下同）

2. 三种基本医疗保险制度中，城镇职工基本医疗保险的保障水平最高，城镇居民基本医疗保险和新型农村合作医疗的保障水平较低，其参保人群的经济负担较重

医疗保险对卫生服务需求的影响很大，在医疗保险制度下，居民就医所必须支付的费用在降低，将增加居民卫生服务的需求量；并且，保障水平越高，卫生服务需求量增加的幅度越高[6]。职工医保参保居民的两周就诊率远远小于其他两种医疗保险参保居民，其中新农合参保居民的两周就诊率最高，为 201.5‰，是城镇职工参保居民的两倍还多。城镇职工、城镇居民和新农合参保居民的标准化年住院率差异不大，分别为 129.1‰、141.6‰和 133.6‰。

在三种基本医疗保险中，新型农村合作医疗参保人群的两周未就诊比和应住院未住院比均最高（8.02％，37.21％）；城镇职工基本医疗保险参保人群的相应比例最低（4.46％，34.39％）；城镇居民基本医疗保险在三种基本医疗保险制度中处于中间位置。这表明新型农村合作医疗参加者的医疗卫生服务需要在很大程度上没有得到满足，需要未能转化为有效的需求，进而也不能转化为利用。

城镇职工医保参保人群两周未就诊和应住院未住院者由于经济困难造成的比例在三种基本医疗保险制度均是最低的。新农合参保人群由于经济困难未就诊的比例为 30.77％，是城镇职工医保参加人群的 4.3 倍，城镇居民医保参保人群的比例居于中间位置（23.53％）。城镇居民基本医疗保险参保人群和新型农村合作医疗参保人群由于经济困难未住院的比例均较高，分别为 59.62％和 58.57％。这表明三种基本医疗保险制度中，城镇居民医保和新农合参保人群的疾病经济负担较重。

医疗保险制度对患者门诊和住院费用均产生高度显著性影响。与自费者相比，城镇职工医保和城镇居民医保参保人群的次均就诊费用较高，可能由于这两类人群患者在医疗保险制度的保障下更愿意去医院就诊，因此花费更高；但新农合参保人群的门诊就诊费用与自费者没有显著性差异，说明新农合在门诊服务方面对就诊患者的保障水平和补偿力度不够。城镇职工医保参保人群的次均住院费用最高，说明城镇职工医保对患者住院服务的保障水平较高；但城镇居民基本医疗保险和新型农村合作医疗参保人群的住院费用相对较低，原因可能是与城镇职工医保覆盖人群相比，城镇居民医保和新农合参保人群的经济状况差，也有可能是城镇居民医保和新农合的保障水平不够，患者有病不医。详见表 3。

表 3　不同医疗保险人群门诊和住院费用

基本医疗保险	次均门诊费用/元	平均住院费用/元
职工医保	211.05	3 800
居民医保	148.48	3 000
新农合	117.25	2 050
无医保	120	1 500

资料来源：2009 年陕西省眉县入户调查

3. 三种基本医疗保险制度的受益公平性不高，尤其新型农村合作医疗的住院受益公平性较差

从受益率公平性来看，城镇居民医保和新农合参保居民的受益率集中指数(0.151，0.147)均为正值，且远远大于城镇职工医保参保居民(0.078)，说明在三种基本医疗保险制度中均存在着富人得到的补偿多于穷人的现象，这种现象在城镇居民医保和新农合中更加明显。城镇职工医保、城镇居民医保和新农合参保居民的受益率水平不公平指数分别为 0.060、0.122 和 0.161，说明不公平性均有利于富人（即相同卫生服务需要时，富人的受益多于穷人），同时也说明新农合的受益公平性最差，其次为城镇居民医保，二者均差于职工医保。

从受益程度公平性来看，城镇职工医保、城镇居民医保和新农合补偿金额的水平不公平指数分别为 0.027、−0.187 和 0.178，除了城镇居民基本医疗保险因建立时间较短无法得出准确的分析结果外，城镇职工基本医疗保险和新型农村合作医疗的受益人群中，卫生服务需要相同时富人获得的补偿均高于穷人。

新农合补偿金额的集中指数远远高于城镇职工医保和城镇居民医保，说明新农合的住院补偿不公平，穷人获得的补偿太少。消费性支出的集中指数反映了居民的社会经济公平性，三种医疗保险制度的参保居民中，城镇职工医保参保人群的社会经济公平性最好，新农合的社会经济公平性最差。三种医疗保险制度受益程度分布的 Kakwani 指数均为负值，说明尽管补偿金额均存在着有利于富人的不平等性，但由于穷人获得补偿的份额超过了其在总消费中所占份额，因此三种医疗保险制度的补偿均缩小了贫富间的相对福利差距，在一定程度上促进了社会经济公平性。详见表 4。

表 4　三种基本医疗保险补偿对社会经济公平性的影响

项目	职工医保		居民医保		新农合	
	集中指数	标准误	集中指数	标准误	集中指数	标准误
参保人群补偿金额	0.086	0.073	0.026	0.124	0.278	0.068
消费性支出	0.303	0.004	0.330	0.007	0.417	0.008
Kakwani 指数	−0.216		−0.304		−0.139	
样本量	1 232		715		2 832	

资料来源：2009 年陕西省眉县入户调查

（三）不同医疗保险制度参保人群对医疗费用过高明显不满，新农合参保者门诊服务反应性评价最高，城镇职工医保参保者住院服务反应性评价最高

参保人群对医疗费用过高明显不满。城镇职工医保、城镇居民医保和新农合参保人群对住院服务最不满意的方面均为医疗费用，分别占 14.62%、14.53%、17.10%。此外，也有很多患者对技术水平低、设备条件差以及服务态度差等表示不满意。

在门诊服务中，评分值差别较大，新型农村合作医疗参加者的评分值最高，城镇职工基本医疗参合者的评分值最低；在住院服务中，评分值差别较小，城镇职工基本

医疗保险和无医保人群的评分值较高，城镇居民基本医疗保险参加者的评分值较低。详见图 2。

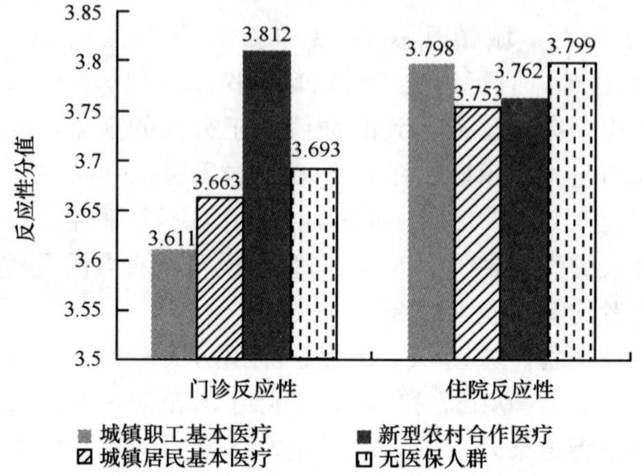

图 2　不同医疗保险制度人群的反应性水平评分值

资料来源：2009 年陕西省眉县入户调查

（四）福利包设计影响卫生服务可及性

福利包即基本医疗保险制度的保障待遇水平，它的范围和内容是影响卫生服务可及性的重要因素。

如表 5 所示，城镇职工基本医疗保险对参保人群的门诊和住院服务均有保障；城镇居民基本医疗保险主要保障住院服务，对门诊大病也有涉及；而新型农村合作医疗主要以保障住院服务为主，只有部分地区涉及门诊服务。以上制度的设计无形中影响着参保人的消费心理，明显地反映在卫生服务的可及性上。

表 5　三种基本医疗保险制度比较

特征	城镇职工医保	新农合	城镇居民医保
实施时间	1998 年开始实施	2003 年开始试点	2007 开始试点
保障对象	城镇职工	农村居民	城镇居民
覆盖范围	2.37 亿人	8.36 亿人	1.94 亿人
参保特性	强制性	自愿性	自愿性
筹资方式	定比例缴费	定额缴费	定额缴费
筹资主体	用人单位和个人共同缴费（用人单位承担大部分缴费责任）	个人和政府共同筹资（其中，政府补助没有人群差异，可能存在地区差异）	家庭缴费为主，政府给予适当补助（其中，政府的补助有人群的差异）
统筹层次	地市级	县级	地市级
补偿水平	约 80%	约 60%	介于两者之间
福利包	门诊、住院	住院为主，部分地区保障门诊	住院和门诊大病
个人账户	有	大部分设立	无

就门诊服务而言，城镇职工基本医疗保险参保人群可以利用个人账户支付门诊常见病的诊断、治疗及药品的费用，而对于为城镇居民基本医疗保险所覆盖的城镇非从业居民而言，其享受待遇仅限于门诊大病的治疗。虽然大部分县在实施新农合的过程中都建立了个人账户，但其有限的资金难以在改善门诊服务可及性方面发挥重要作用。新农合运行之初，合作医疗补偿费用的35.5%用于门诊服务，64.5%用于住院服务，保证大病的住院风险是主要目标。由于农民的健康意识较差，两周未就诊率较高，在只保障大病的情况下，会导致农民小病不就医的情况更加严重，这就出现了新农合参合居民较高的两周未就诊比（8.02%），是城镇职工基本医疗保险参保人群（4.46%）的近两倍。

同样地，在门诊费用方面，如前文所述，与自费者相比，城镇职工医保和城镇居民医保参保人群的次均就诊费用较高，但新农合参保人群的门诊就诊费用与自费者没有显著性差异，这都反映出新型农村合作医疗在门诊服务方面对就诊患者的保障水平和补偿力度不够。

三种基本医疗保险制度保障水平各不相同，不同的福利包带来的主要问题有：一是参保居民卫生服务可及性和公平性差，城镇职工基本医疗保险参保居民的卫生服务利用好于城镇居民基本医疗保险和新型农村合作医疗；二是影响参保居民医疗消费行为，在新农合制度中，由于在基层医疗机构门诊费用不予报销，住院补偿起付线低，使部分参保农民的门诊服务转移为住院服务，表现为新农合参保者住院服务利用增加。

四、现行基本医疗保险制度主要问题

（一）制度设计不公平

按人群居住地域、户籍、职业和社会地位设计的基本医疗保险制度不公平。

新中国成立初期，由于受社会制度和受苏联模式的影响，我国确立了重工业优先发展的战略，国家的投资倾向于城市，进而形成了从户籍、就业到教育、卫生、生活福利制度等一整套城乡分割的制度[7,8]。在这种城乡二元结构下，相对于大中城市，广大农村的基础设施落后，医疗资源分配明显不均。即使在改革开放时期，经济发展和改革的重点仍在城市，并且受医疗卫生商业化、市场化的影响，医疗保险资源更向城市集中。随着城市经济的发展，城市医疗保险制度日渐完善与发展，并与受重视程度低、发展缓慢的农村医疗保险的差距越来越大，并最终形成了城乡分离的医疗保险体系[9]。

我国的医疗保险制度呈现出城乡二元化分割的特点，对不同身份的人实行不同的医保政策。目前我国城市实行的是城镇职工基本医疗保险和城镇居民基本医疗保险，农村实行的是新型农村合作医疗。三种基本医疗保险制度在筹资方式、筹资水平、补偿水平、福利包设计等方面均存在较大差异。详见表5。

三种基本医疗保险制度不仅在相同区域内筹资水平、保障范围和补偿水平差异明显，而且相同医疗保险制度在不同地域间也存在较大差异。就筹资水平而言，全国城镇居民基本医疗保险试点城市中非儿童居民的筹资额从50元到900元不等，其中政府补贴比例为8.1%～80%[10]。就保障范围而言，城镇居民基本医疗保险主要保障住院服务；大部分地区城镇职工基本医疗保险覆盖住院服务和门诊大病，并设有个人账户支付门诊费用；新型农村合作医疗虽在大力发展门诊费用统筹，但大部分地区实际报销比例仍很低[10]。详见表5。

（二）灵活就业人员参保率低

目前，我国以三大医疗保险制度为主体的基本医疗保险体系在制度层面上实现了全民覆盖，但部分特殊人群的参保问题还需要引起我们足够的重视。

灵活就业包括正规就业形式之外的其他就业形式，主要是指在劳动关系、劳动时间、劳动报酬、工作场地和保险福利等方面不固定、不同于传统就业方式的各种就业形式的总称[11]。它是随着产业结构调整和城市化进程的加快应运而生的。我国灵活就业几乎涵盖国民经济和社会生活的各个领域，其人员结构主要包括下岗失业人员，部分文化素质较高、毕业后找不到工作或不愿被既定工作束缚而从事自由职业的大、中专毕业生，还包括农民工与失去土地的农民[11]。我国灵活就业人数逐年上升，截至2007年已达到12 968万人，在劳动力市场上扮演着日益重要的角色。

作为一个不容忽视的规模巨大的社会群体，灵活就业人员的医疗保险问题日益突出[12]。尽管许多地方积极探索并制定出适合本地实际的帮助灵活就业人员参加基本医疗保险的实施方案，但在实施过程中出现了很多问题，参保率还较低，导致多数灵活就业人员仍缺乏医保“安全网”的庇护。据研究测算，2006年灵活就业人员参加基本医疗保险的比例约为10%。

较低参保率的主要原因在于[11]：第一，灵活就业人员经济能力不足而无力缴费。灵活就业人员就业不稳定，大部分工资收入低，是社会经济弱势群体。在参加医保时没有正式的雇主为其缴纳应有的保险费，而必须由个人承担全部参保费用，这对大多数低收入的灵活就业人员来说是一笔沉重的经济负担，在以自愿为原则的前提下降低了参保率。第二，现有医疗保险制度的缺陷。关于灵活就业人员参加基本医疗保险的政策是非强制性的；缴费水平单一，与灵活就业人员缴费能力参差不齐不相协调；各地制定的关于灵活就业人员参加基本医疗保险的“办法”、“方案”等措施多实行属地化管理，在模式上、人员界定和范围涵盖上都不尽相同，造成灵活就业人员一旦跨地区流动就业便有可能被排挤在制度之外[13]。第三，社会基本医疗保险经办机构的问题。对政策的宣传力度不够，内容缺乏针对性。大部分统筹地区的灵活就业人员对如何参保、参保后享受何种待遇不了解。也有部分灵活就业人员对政策存在疑虑，认识上还存在误区。

灵活就业形式作为一种重要的就业形式将在相当长时间内继续存在，因此，解决灵活就业人员的医疗保险问题不仅能完善社会保障体系，也能促进就业和再就业，有利于和谐劳动关系的建立与和谐社会的构建。

（三）筹资水平总体偏低，筹资成本过大

根据世界卫生组织最新统计资料，按照购买力评价计算，2007年我国人均卫生总费用为233美元，在世界卫生组织193个成员方中排名第119位，卫生总费用占国内生

产总值的比重位居第140位，均低于部分中、低收入国家，如巴西、古巴等[14]。

从筹资构成上看，政府投入仍显不足。尽管在新一轮医疗卫生体制改革中，我国政府不断加大卫生投入力度、各项医疗保险制度快速推进，个人支出比重仍然最大。2009年个人卫生支出占卫生总费用的37.5%，明显高于政府卫生支出的27.5%和社会卫生支出的35.1%。

在新农合和城镇居民基本医疗保险筹资中，政府是筹资主体。按照新农合推行的经验，中央财政补贴也有不能按时到位的情况出现。另外，按照新农合的筹资方案，中央财政和地方财政1∶1的比例，分摊给地方财政的钱有100多亿元，对于经济水平一般的地方财政而言，负担较重。对城镇居民基本医疗保险而言，虽然国家对财政补贴的额度给出了“硬指标”，但由于各地经济发展水平不一，目前基本上仍然处于“低水平”的起步阶段。

在财政补贴有限的情况下，自然出现了家庭缴费水平也低的情况。问题在于，如果拉高家庭缴费水平，则有可能意味着参保积极性的下降。而这也决定了，卫生筹资将在一个“量入为出”的“低水平”线上运行。另外，提高筹资水平是提高保障水平的前提，可能带来的参保率下降，会给政绩带来风险。因此，地方政府在政绩和群众利益不一致的情况下，很自然地选择了前者：追求高参保率，而不情愿去提高个人筹资额。

另外，筹资成本高。新农合的实施中，基层干部和医务人员要挨家挨户收取参加合作医疗的费用，投入了大量的人力和物力，如果这些高额的管理费用得不到解决，会影响到筹资的可持续性。

（四）基金统筹层次低

风险池碎片化、分散性风险分担模式，形成了7450个风险池，低效率和高管理成本。

目前城镇职工基本医疗保险和城镇居民基本医疗保险已基本实现了市级统筹，而新型农村合作医疗的统筹基金仍然停留在县级水平（表5）。从全世界范围看，越来越多的学者已达成共识，能够实现更大规模经济风险分担的医疗保险制度的效率更高。统筹层次较高，这样有利于提高基本医疗的公平性，提高基金的抗风险共济能力，提升医保管理和服务水平。

低水平的统筹层次暴露出很多问题，如政策分散、待遇差异、管理多头，基金共济能力和抗风险能力差等。很多县市用财政困难原因做借口，没有按照规定将机关单位应缴纳的医保费纳入到财政预算之中，而采取传统的以拨代缴、总量包干的方法来筹资，直接导致了基金财务欠下巨额债务；风险分担与共济作用很差，大数法则效应难以发挥；不同统筹地区之间医疗保险待遇差别很大，公平原则很难体现[15]；异地就医难题的根源也在于统筹层次低。

统筹层次，是医疗保险制度最核心部分，一般都是在制度建立之初甚至之前就要作出路径选择。现行低水平的县级统筹，在设计之初是有其客观原因的，不能简单地否定它，但随着医疗保险制度本身及经济社会宏观环境的变化，低水平的统筹层次已经不能适应时代发展和医疗保险制度本身的需要。条件时机成熟时，就要加快提高统筹层次的步伐。

提高统筹层次，是探索和完善医保制度的重点，也是加快医改的重点与难点，同时，还是解决如何保证待遇较为均衡、避免财政欠费、异地就医等一系列问题的重要突破点；另外还能促进医保政策和经办流程的进一步规范，方便医保关系转移接续工作，进一步强化医保经办机构与医疗服务提供者的“议价”能力，加大监督与管理的力度，加强政策调整能力，从而保障参保居民的利益，意义非凡。

（五）疾病经济风险保护不足

自付比例较高，形成了“穷人帮富人”的现象；对灾难性卫生支出补偿能力有限。

基本医疗保险能够提供经济风险保护的程度在很大程度上取决于其提供的保障待遇水平，新农合参保居民的卫生服务经济可及性明显低于城镇职工和城镇居民。第四次国家卫生服务调查显示，城镇职工医保、城镇居民医保、新农合接受门诊服务时，全部自付的比例分别达到26.3%、65.4%、66.6%；住院费用职工医保报销比例最高，新农合报销比例最低，二者相差35.6%。新农合覆盖人群住院费用自付比例最高，为73.4%，自付费用占家庭人均收入的一半以上。虽然参保人群从制度上享有了基本医疗保险，但由于过高的自付费用比例，患者仍然需要承担一大笔的自付费用，从而减弱了医疗保险制度的疾病经济风险保护的效果。详见图3。

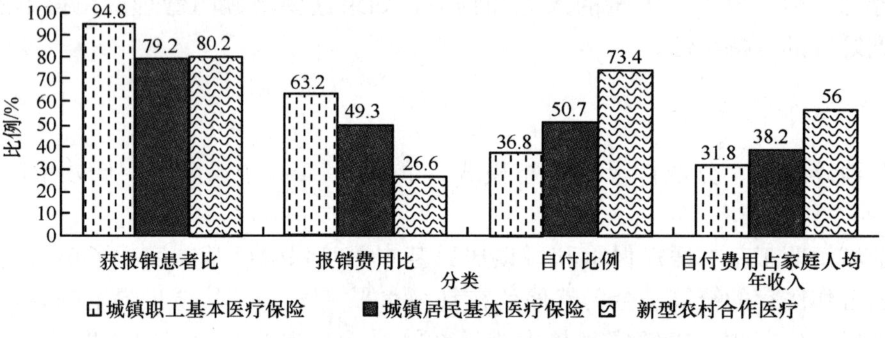

图3　2008年三种基本医疗保险住院费用报销情况

资料来源：2008年国家卫生服务调查

我国曾被国际组织列为个人现金支出（OOP）占卫生总费用比重较高的国家之一。一般而言，当OOP在筹资中起主导作用时，贫困与脆弱人群有可能因为经济原因而被卫生保健难以覆盖，有时即使获得卫生服务，也将面临灾难性的经济问题和致贫风险。国际研究表明，当OOP占卫生总费用的比重超过30%～40%时，就会导致较高的灾难性卫生支出和家庭贫困率。不过可喜的是，随着公共筹资在卫生总费用中的比重增强，OOP比重已经呈现迅速下降趋势，到2009年（37.46%）已符合世界卫生组织提出的监测指标。

就新型农村合作医疗而言，其目标是“减轻农民因疾病带来的经济负担，提高农民健康水平”。然而，由于制度“低水平、广覆盖”的特征，各地的补偿水平普遍不高，目前还无法从本质上解决因病致贫的问题。众多的研究发现，新农合在一定程度上增加了农民对卫生服务的利用，但对疾病经济风险的抵御作用效果却不明显。个别地区出现了医疗保险资金从穷人到富人的再分配，形成了穷人参保、富人受益的局面。这种情况形成的原因是，参保的穷人因无法支付高额的自付费用而放弃治疗，富人则正好相反。一项调查显示，大部分遭受灾难性医疗费用的家庭在接受新农合提供的补偿之后仍然发生了灾难性的医疗费用，只是医疗费用经济负担的程度有所减轻。由于城镇居民基本医疗保险实施时间较短，关于其效果评价的实证研究较为缺乏，据一项关于福建部分试点城市和湖北武汉市城镇居民基本医疗保险实施情况的调查显示，多达75%的家庭认为由于过高的自付费用，城镇居民医保不能有效的降低医疗费用造成的经济负担。

（六）改革支付制度缺乏动力

提供者激励和需方费用分担是控制医疗费用过快上涨的有效手段，由于医疗服务市场的特殊性，激励供方主动控制医疗费用更为重要。

在我国医疗服务市场中，医院和医生为服务的供给方，患者为服务的需求方，政府举办的医疗保险机构作为服务的购买方和第三方支付机构，承担着代理人的角色，其通过与医疗机构谈判和协商以确定参保人享受服务的数量和质量。目前，政府办医疗保险机构却没有充分代表参保人的利益，发挥有效购买的作用，具体表现为没有通过建立与供方的谈判机制有效控制医疗服务的数量、价格和监控医疗服务的质量。目前我国以按项目付费作为主要支付方式，具有符合市场交换常规、易被各方接受和简便易行的优点，但其对医疗费用的控制作用较差，容易给医院可乘之机，利用供需双方信息不对称的特征，在经济利益的驱使下，诱导患者需求，导致医疗服务的不合理利用，造成卫生费用的过快增长。

支付制度的核心与本质是经济激励与风险分担机制，这必然会对医疗机构和医务人员利益进行再调整，导致医疗行为模式的转变，从而引发不同利益群体之间的利益与行为认知冲突。表现之一就是怀疑与对抗医疗费用支付控制指标；表现之二是“上有政策，下有对策”，对策随政策的出现而出现，把矛盾转嫁到病人身上，造成医患矛盾加剧。国内外的医保支付制度改革实践与理论研究说明，没有任何一种支付方式完美无瑕，相关利益群体总是有一定的“对策”[16]。

众多学者认为，在控制医疗费用增长的效果方面，建立针对提供者的激励机制远比建立需方费用分担机制更为有效。需方费用分担会抑制医疗服务的有效利用，影响卫生服务的可及性。

五、政策建议

（一）对三种基本医疗保险制度进行无缝隙衔接，构建城镇一体化基本医疗保障制度

现有的基本医疗保险制度在运行过程中分属不同部门管理，形成了三套独立运行

的制度、两个经办机构系统、三套业务经办规程、三个信息管理系统。因此，在完善现有制度的基础上，从新农合与城镇居民医保做起，将城乡分割的三类基本医疗保险制度逐步整合成相互融合的两种制度，最后实现基本医疗保险制度的无缝隙衔接，形成针对所有人群的统一、公平的城镇一体化基本医疗保障制度势在必行[17~19]。

城镇一体化的基本医疗保障制度主要特征有：打破参保对象身份、城乡户籍限制；全体居民强制入保；筹资实现纵向公平；卫生服务利用实现横向公平；一体化的管理模式与运行机制；单一支付者，以有效控制医疗费用。

现行基本医疗保险制度与城镇一体化基本医疗保障制度比较见表 6。

表 6 现行基本医疗保险模式和城镇一体化基本医疗保障模式

项目	现行基本医疗模式	城镇一体化基本医疗保障制度
参保对象	按城镇职工、城镇居民、农村居民划分的户籍人口	无身份、城乡户籍限制
管理模式	卫生、社保两个部门平行管理	统一管理部门
运行机制	管办不分	管办分离
筹资制度	均等水平	按个人收入水平累进筹资
统筹基金	独立分散	统一管理
个人账户设置	不同	统一
门诊统筹补偿制度	不同	统一
住院统筹补偿制度	不同	统一
定点医院设置	私立医院利用不足	重视发挥私立医院作用
医疗费用控制	效果不明显	效果明显
住院受益公平性	较差	较好

（二）由政府主导的混合型筹资模式逐步过渡到以税收为主的筹资模式

国际经验表明，医疗保险的筹资主要为依靠税收筹资（以英国为代表）、依靠社会健康保险筹资（以德国为代表）和依靠商业健康保险筹资（以美国为代表）三种方式[20]。几乎所有发达国家都采用其中一种作为主导方式来实现全民医疗保险。

我国现阶段实施政府主导的混合型筹资模式有其必然性[21,22]。一是因为现阶段我国社会矛盾凸显，民生保障和社会发展问题受到中央政府和全社会的高度重视，实现人人享有基本医疗保险已经成为社会共识。中国共产党第十七次全国代表大会提出了到 2020 年全面建设小康社会的新要求，在卫生方面就是建立基本医疗卫生制度，实现“人人享有基本医疗卫生服务”，这是对全民健康保障体制的郑重政治承诺，今后如何以 GDP 的增长来推高民众的幸福指数，让民众收入、幸福感与 GDP 的增速获得同步提升，检验着各级政府的执政智慧。新医改为我国基本医疗保险制度的改革和发展提供了契机。二是我国经济快速发展多年，积累了大量的社会财富，使改善民生、增加投入有了可靠的资金保证，为实现全民医疗保险提供了物质基础，表现为 1979～2009 年，我国经济年均增长 9.9%，2010 年，我国 GDP 总量达到 58 786 亿美元，位居世界第二。政府财政收入年均增长在20%左右。三是我国居民个人筹资能力低下，主要原因为：①农村人口占总人口比重高。2009年人口普查资料显示，我国农村人口占63.91%。②居民人均收入处于低水平。2008年中国人均GDP为3000美元，2010年接近4000美元，还较低，属于中低收入国家。③城乡差距和人均收入差距较大。第四次国家卫生服务调查结果显示，2008年，城市家庭人均年收入为11 193元，农村为4932元，城市家庭人均年支出为8177元，农村为3728元，城市家庭经济状况好于农村。家庭收入与支出均随着城市规模减小和农村社会经济状况表现出梯度差异。如东、中、西部农村地区，人均年收入、人均年支出均呈梯度减小，东部农村收入6225元、支出4523元，中部农村收入5034元、支出3784元，西部农村收入3927元、支出3114元。④居民收入增长速度低于政府财政收入增长速度，1979～2009年，城镇居民人均可支配收入和农民人均纯收入年均分别增长7.3%和7.2%，低于同期国家经济增长速度和财政收入增加速度。

政府的目标是代表全体社会成员的意志和利益，实现社会整体福利的最大化。基本医疗保险属于准公共物品，完全依赖市场必然会导致供给不充分，将造成极大的社会福利损失。国际经验表明，在基本医疗保障制度改革发展过程中，税收筹资模式更适合经济发展相对落后的国家。政府不但是制度的设计者和改革的推行者，更应承担主要的财政责任。

我国建立的城镇一体化基本医疗保障制度，应采取以税收为主的筹资模式，政府财政投入是基金筹资的主体。政府可以通过税收增加政府财力，增加税收的主要做法一是改善征税的效率，减少避税和低效的税收，降低保险费征收的成本；二是通过增加机票、外汇交易和烟草的税收方式，增加税收；三是调整政府预算优先顺序，提高城镇一体化基本医疗保险制度的投入；四是在政府资金投入有限的情况下，政府应在税收、信贷、投融资、土地等方面制定相应政策，鼓励和引导民营资本及其他社会资本，特别是非政府组织（NGO）的投资，包括一部分慈善组织的资金，投向医疗卫生行业。

（三）提高筹资水平

医疗保障制度作为国家基本的社会经济制度，必须保证所有参保人群在基本医疗保险的层次上能够实现基本的公平，要保持大致公平，关键是筹资水平，公民不仅要“获得”，还要“享有”基本医疗保险。

基本医疗保险筹资水平的高低取决于医疗消费需求和医疗服务的供给。医疗消费需求，是指对基本医疗服务的需求。医疗服务的供给包括两个方面的含义：一是指医疗技术的供给。并不是所有的病症都存在有效的治疗技术，所以，医疗消费需求要受到医疗技术供给的约束。二是医疗保险筹资水平来源方面的供给，包括政府的支持力度、用人单位和参保者的经济承受能力。在确定筹资水平时必须考虑我国生产力发展水平，财政、用人单位和个人的承受能力，综合平衡各项社会保险的负担水平，以保证总体社会保险负担水平与我国生产力发展水平相适应[23]。

基本医疗保险筹资水平的高低决定了城镇一体化基本医疗保险制度福利包的大小，

是实现“病有所医”的关键，也是健康保障系统的核心。目前三种基本医疗保险制度筹资水平和福利包差异明显。

考虑以上两个方面，建立城镇一体化基本医疗保险制度筹资水平模型，见图4。

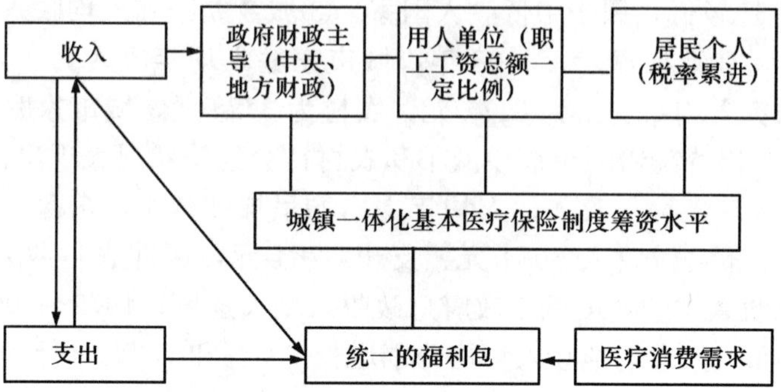

图4　城镇一体化基本医疗保险制度筹资水平模型

有学者对全民医保的筹资水平进行测算，其研究的假设条件是当人均门诊补偿50%、住院补偿70%、门诊保险因子为1.40、住院保险因子1.29，考虑了管理基金和风险储备金后，施行一体化基本医疗保险制度人均筹资额为556.65元，筹资总额为7347.75亿元。但是其研究是利用国家统计年鉴的数据，结果只是理论方面的探讨。

陕西省神木县全民免费医疗为我国实现全民医保提供了实证经验[24,25]。神木县花了1.5亿元，把约40万人口的老百姓看病问题解决了。人均政府投入362.14元，人均保费水平约400元。县财政拨付的资金占80%以上，用人单位和个人缴纳占20%。城镇职工筹资标准：一般职工筹资标准＝年工资×2%（个人缴纳）＋年工资×8%（单位缴纳）；单位平均工资低于同级统筹单位平均工资60%的职工＝年工资×2%×60%（个人缴纳）＋年工资×8%×60%（单位缴纳）；单位平均工资高于同级统筹单位平均工资300%的职工＝年工资×2%×300%（个人缴纳）＋年工资×8%×300%（单位缴纳）；国企下岗职工筹资标准＝年工资×2%×60%（个人缴纳）＋年工资×8%×60%（单位缴纳），个人与单位部分均由企业再就业代缴。

城乡居民的筹资标准为每人每年100元，个人缴纳20元，财政匹配80元。根据2009年年人均纯收入城镇居民19 210元、农村居民7 223元测算，城镇居民、农村居民个人自付筹资占人均纯收入比例依次为0.10%、0.14%。

陕西省神木县全民免费医疗筹资模式是政府主导的混合筹资模式，不同收入水平的居民交纳保费水平不同，城镇职工高于城乡居民，体现了筹资的纵向公平；在卫生服务利用上，所有参保人群不分户籍、职业和经济社会地位，享受同等对待，实现了卫生服务利用的横向公平。

（四）提高统筹层次，形成单一支付者

统筹层次是指医疗保险统筹的级别与层次，以及人群的覆盖规模，各个国家通常以行政层级作为重要参照。社会医疗保险统筹层次较高，可以在较高的行政层级上为参保人群分担风险、基金共济，其核心是如何分担需方费用[26]。

我国现行统筹层次较为低下，已经成为实现全民医保的巨大障碍，进而产生了众多问题：划小单元、各自为营的统筹方式导致了大量的异地就医需求；不同地区之间医疗保险政策差异很大，异地就医报销补偿困难；医保制度的转移和接续困难，这些问题给流动群体参保、就医与补偿等带来一系列问题，进城务工的农民工尤为突出；难以较好控制基金结余，计算机系统多头开发，成本较大等[27]。

提高统筹层次是大势所趋，是实现未来统筹城乡社会保障的基础，这对于提高医疗保险公平性，加快劳动力的流动和转移，提高基金的风险分散能力与基金提高管理水平，具有重要意义。

中央“十二五”规划意见和《社会保险法》要求改变我国目前职工医保、居民医保、新农合县级统筹的现状，加快提高统筹层次，实现市级、省级统筹，做大统筹基金规模。人力资源和社会保障部计划用两年多的时间，开展提高基本医疗保险统筹层次的专项行动。

根据我国现实条件，借鉴国际经验，我国基本医疗筹资应在逐步扩大市级统筹的基础上，实现省级统筹，而一体化的基本医疗保险制度筹资最终应实现统筹基金风险管理与评估基础上的国家统筹。

国家统筹是建立全国统一的基金管理模式，国家医疗保险总部负责制定与出台医保的各种标准，其分支机构负责选定和签约医疗服务机构，以及如何进行医疗保险筹资等。一般情况下，参保人只需要到当地的分支机构完成参保登记和缴费工作，缴纳的费用直接进入全国医疗保险基金池，一旦被保险人遭遇疾病经济风险，到相应医疗机构就医时，个人只需缴纳自费部分，其余的医疗费用由医疗保险基金办公室与医疗服务提供者两方进行结算，不需要个人进行参与。这种模式有很大优势，有力地保障了居民的基本医疗权和平等权，改善了不同地区、不同制度之间待遇不一、差别过于悬殊的问题，同时，整合了医疗经办机构，精简了工作人员和再造了工作流程，有利于提高工作效率，最大限度地符合成本-效益原则。在实施的过程中借鉴国际先进的管理经验，引入风险管理与评估机制，对筹资水平、基金分配和管理进行评估和管理。在实施初期，可以将入户调查或者人口普查中所获取人口学相关指标，作为基本风险管理与评估指标，如性别、年龄、文化程度、职业类型等。等以后时机成熟时，可考虑引入更多基于临床医学和健康数据的风险管理和评估指标。在基金的调剂比例上，可以先将较低比例的保险费用纳入风险管理与评估，如10%、15%等，以后随着发展的完善与成熟，逐步提高比例，最终达到100%。

科学确定费率、统筹层级和管理权限。由于国家各个地区经济发展的不平衡和人口分布差异等原因，国家应该在政策的一般指导性层面加以引导，科学界定各省确定费率，然后具体的税率和补偿水平的测算由各省（市）负责，从而各个地区依据自己的经济发展程度和人口、社会等因素，来确定差别费率和不同待遇支出标准。在管理权限上，要合理界定不同层级的管理权限，一般而言，较高的管理层级的保险风险管理和评估机构要承担整个地区的缴费比率的制定和医疗保险筹资再分配的功能，但是更多地是从宏观政策层面，偏重指导性原则，具体的细化、完善与执行工作则由地市级机构来执行与承担。同时，各个地区之间要积极联动，考虑实行区域性统筹的可行性，打破原有的行政区划限制，提高社会化管理水平。我国东南沿海等地区存在明显的经济区域化倾向，如珠三角、长三角和环渤海地区等[28]，这些区域内经济高度相互依赖，经济水平差异不大，再加上频繁的人员流动，具有实行跨省区域性统筹的基础条件和现实需求，因此，考虑打破地区行政区划限制，实行区域化的社会医疗保险统筹。从长远来看，这是我国实现全国统筹的重要战略之一，政府应给予一定的政策鼓励。

（五）设计科学合理的福利包

为了使全体社会成员“病有所医”，城镇一体化基本医疗保险制度福利包设计应该考虑以下几个方面问题：

(1) 全体居民平等享有相同的福利包，即保障水平没有职业、身份、地域的差异，体现补偿水平公平性，保证居民卫生服务利用的横向公平性。

(2) 保障范围由“个人/家庭账户＋大病统筹”向“门诊统筹＋大病统筹”转变，以后将保障范围以基本卫生服务为基础，逐步扩大到与身心健康相关的医疗服务[29]。我国现行基本医疗保险制度统筹模式以“个人/家庭账户＋大病统筹”为主，对参保者门诊费用实行的是个人/家庭账户，主要保证参保者的住院医疗费用，其存在的主要问题是受益率较低。现有研究结果表明，随着经济条件和居民受教育水平的提高，参保者门诊卫生服务需要增加，利用受到一定的影响，特别是慢性病病人。因此，一体化基本医疗保险既要保大病，同时也要保小病，这样对于提高居民卫生服务利用和健康水平有重要作用，同时也有利于降低和控制医疗费用。一体化基本医疗保险制度应将预防、特殊人群保健、疾病筛查、健康教育和干预服务项目逐渐纳入到保障范围中去，因为这类服务具有较好的社会成本效果，对控制社会总医疗费用增长也有较好的效果。

(3) 设置费用补偿设起付线、共付比和封顶线。根据国内外医疗保险制度的经验，这是非常必要的。降低或取消起付线，在降低或取消起付标准时，一是要选择疾病经济风险相对较小的项目，因为一旦此类补偿服务减少或者取消后，居民经济损失导致的边际效益损失相对较小，对其经济影响不大；二是选择价格弹性大，且有替代品的服务；三是个人共付比例应该占医疗花费的20%～30%，这样有利于有效控制医疗费用。美国兰德公司1974～1982年在政府的资助下设计并实施的著名的“兰德健康保险试验（RHIE)”从试验的角度证明了医疗保险市场道德风险的存在，证明了激励机制（如设置自付率等）的确在相当大的程度上起到了防范道德风险的作用。一体化基本医疗保险制度保障的是基本医疗，就应该取消封顶线，这对于降低大病患者疾病风险尤为重要。

(4) 合理控制医保基金的结余水平。筹资基金的目的与初衷，是让当年筹集的大部分基金用来支付参保者当年的医疗服务费用。目前，部分地区保障制度的基金结余率过高，已经引起了国家有关部门的注意，在最近出台的“新医改方案”中，就明确提出了改革意见——积极探索合理的结余水平，并适当调整结余率。可以说，这是新医改关注的焦点之一，也是新医改的亮点之一。有些地方积累了多年经验，在结余率方面走在了前列，已经将医保基金结余率法律化、制度化。比如镇江市，已经把医保基金的当年结余率规定为4%，其余的钱都支付给医疗机构，用于为参保者购买各项医疗服务。

但是目前大部分地区都普遍存在一个严重问题：不管何种参保制度，医保基金的结余率与沉淀率过高，结余资金过高，直接导致参保者没有享受到更多更好的医疗服务项目。

从不同参保制度来看，新农合基金每年都有较高的结余率，现在经过多年的发展，已经拥有较好的基金管理经验，2008年结余率已经相当接近“新医改近期实施方案”提出的15%指标（15.6%）；城镇居民医保，由于2007年下半年才开始试点，医保基金管理机构在起付线、封顶线、补偿水平和范围的科学界定方面还缺乏经验，因此在基金结余控制措施上有待改善。虽然这几年来，居民医保基金的结余水平都呈下降趋势，但结余率依然较高，如何科学合理地控制城镇居民医保基金结余，还有很长的路要走；城镇职工医保基金结余率也存在过高的问题。

医疗保险基金一旦大量沉淀，是对基金的极大浪费。因此，无论是从当前时期下以“扩内需、保增长、调结构、重民生”为主方向的短期需求看，还是从保证医疗保险健康发展的长期目标看，采用多种方式，努力降低医保基金结余率，已经刻不容缓。

(5) 由国家级别机构或协会牵头，多方合作共同完成福利包制定。我国地区较好的差异性决定了各个地区基本医疗保险支付、补偿范围主要取决于当地的医疗保险管理机构。为了科学设计福利包，可考虑在该地区或者进一步由国家层面，组织各方利益相关群体，比如供需方、厂商、卫生局、卫生政策专家及医疗保险专家采用头脑风暴法等各种方法，来共同参与决策，科学确定医保给付范围和标准。

（六）建立统一的医疗保障管理体制，完善医疗保障制度管理模式

实施一体化基本医疗保障制度需要统一的管理体制。按照大部委制的思路[30]，整合现有分散在人力资源和社会保障、卫生、民政部门的管理资源，将多种管理体制及隶属不同部门的管理机构，归并调整为政府统一的专业的医保管理体制与机构。

我国不同医疗保障制度实施不同的管理模式。城镇职工和城镇居民医保制度是“买办分离”模式。“买办分离”是指医疗服务的提供者、举办者与购买主体分离。这种办法利用医保机构来集中参保人的保费，增强团购议价能力，定期对定点医疗机构进行考核，若无法满足其要求便取消其定点的资格，从而增强与医方的谈判能力，引导医疗服务提供者采用具有较好的成本-效果比的诊疗服务和药品，进而提高医疗服务质量，降低医疗服务费用。另外，第三方机构一般在组建管理专业队伍方面具有专业经验，利用专业的医疗知识和经验，在价格界定以及医疗服务谈判中占优势，从而改善需方的信息不对称，减少因为信息不对称原因导致的诱导需求；第三方可以参与医疗管理等方式，来提高医疗服务质量、降低医疗成本，促使医疗资源合理分配。不过，由于“买办分离”模式存在的问题是医疗服务非常复杂，是一连串治疗活动，有些根本没法“打包”进行购买。在我国医保经办服务的专业化程度偏低，医保经办并非专门职业，缺乏职业等级的评定，其经办人员缺乏制度化的专业培训，大学教育中有关专业缺失；同时，由于医保经办机构具有一定的垄断性质，“独此一家别无分店”的霸

主模式，导致其改善医保服务的动力严重不足。由于缺乏竞争，医保经办机构是否具有足够的动力来推动服务的专业化，也成为一个大的问题。

新农合制度实施的是“买办一体”模式，即医疗服务的提供者、举办者与购买者三位一体，政府卫生部门既是制度的举办者和购买者，同时也是医疗服务提供者的管理机构。这种管理模式的优点是政府卫生部门能够实施对新农合的统一领导，问题解决速度快，更有利于控制医疗服务提供者。但是其缺点是政府卫生部门为了控制医疗费用制定一些政策，限制居民卫生服务利用。“买办分离”和“买办一体”模式各有千秋，我国城镇一体化基本医疗保障管理模式应该是医疗保障机构与医疗服务提供方实行有效联合，把基金管理和医疗服务相结合。

（七）建立统一的医疗保障信息网络平台

全民医保信息系统是指利用计算机软硬件技术、网络通信技术等现代化手段，对保障制度工作中发生的有关信息进行采集、存储、处理、提取、传输、汇总加工，从而为全民医保工作提供全面的、自动化的管理及各种服务的信息系统[31]。

目前我国医疗数据分散，卫生部门、社保部门和各家保险公司的经验数据难以共享，还没有一个科学的疾病发生率和医疗费用的数据平台。因此，基本医疗保险机构可努力争取得到卫生部、人力资源和社会保障部等部委的支持，集合卫生系统、社保系统和保险公司的医疗保险数据，共同构建疾病发生数据库和医疗费用数据库。

建立统一的医疗保障信息管理网络（图5）应该包括居民个人健康档案信息系统、医疗信息系统、医疗保险信息系统。居民个人健康档案信息系统，收集并建立居民社会人口学和卫生服务需要利用等数据，如年龄、性别、职业、收入和患病情况等，作为基础的风险管理和评估指标。医疗信息系统包括临床医学经验信息和医疗服务数量、价格等信息。医疗保险信息系统收集：①基本信息，包括社会保险经办机构、定点医疗机构、定点零售药店和参保单位、在职员、离休人员、退休人员等基本情况；②业务信息，包括参保单位登记和申报、缴费核定、费用征集、个人账户管理、费用审核、费用支付，以及与审核相关的必要医疗服务信息；③基金管理信息，包括基金收入、支出、结余等信息。

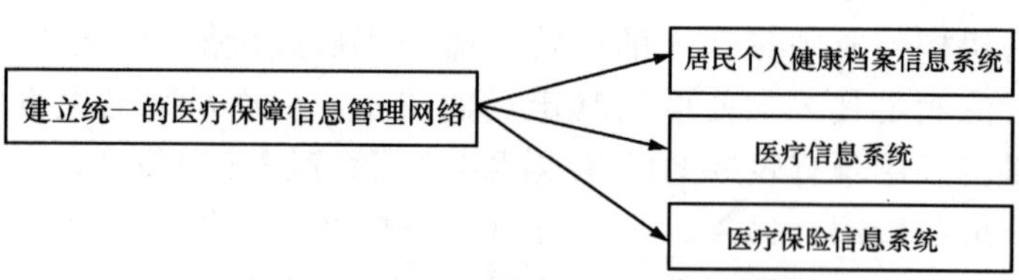

图5　统一的医疗保障信息管理网络

建立和完善医疗保障信息网络是保障基金安全，提高资金使用效率的重要措施，对科学合理测算筹资水平、开展风险评估、在线审核结算、实时监控、基金风险防范、信息汇总及定期评估等方面具有重要意义；通过该系统实现结算管理中心、各结报点、各定点医院之间的网络资源共享、网上审核、网上实时结报功能，补偿给付，缩短理赔时效；通过网络能及时了解掌握新进住院患者的在院信息情况，掌握第一手资料，通过事前控制、事中监督，从源头上、从根本上降低经营风险，确保补偿兑付的真实和准确[32]。实现参保居民医疗费用跨市或跨省转续。

（八）改革支付制度，控制医疗费用

医疗费用控制是国际性的难题，医疗保险支付制度改革涉及医疗保险机构、医疗机构、参保者，医疗保险管理部门以支付资金作为对医院的控制手段，医院以控制医疗技术和设备为垄断条件，患者作为基本医疗保险的参保人员具有庞大的人群、广泛的社会话语权和在定点范围内对就医的自主选择权。三方为了维护自身的利益，形成了博弈关系，展开了各自的博弈行为[33]。因此医疗保险支付制度表现为渐进性，短效性、缺陷性和医院控费内生机制的缺位性。

如何控制医疗（保险）费用的过快增长是世界各国都面临的一个难题，体现在医疗服务本身就具有其特殊性。在控制医疗费用的过程中，各国对医疗费用的控制措施逐步从侧重需方控制向侧重供方控制发展、从数量控制向结构控制发展、从限制性控制向引导性控制发展、从控制与被控制的关系向协同控制的关系发展。与此同时，由于各国所处的经济发展水平、社会体制环境、居民人口结构、医疗保险制度等方面存在差别，引发医疗费用增长的因素不同，实施控制的手段和重点亦不尽相同。也就是说，世界上并不存在一套“放之四海而皆准”的医疗费用控制手段和方法，所有措施都要结合一国国情（政治、经济、社会、文化、传统等）进行相应设计和安排。

有些学者从经济学理论角度分析政府直接提供和购买服务两者之间的差异，指出其实质上是政府干预的节点不同[34]。直接提供意味着政府干预节点在于要素市场，即政府自己采购要素，来直接提供服务。而购买服务意味着政府干预的环节是服务市场。在一个连续的交易环节中，交易成本低的交给市场，交易成本高的给内部。而对于医疗服务而言，交易成本很高，即医疗服务多达9000多项，9000多项中每个病种还不一样。所以很难对每个医疗服务作出甄别。但如果从生产要素出发，如每年付给医生多少工资、给医院多少钱，是比较容易的，也就是从生产要素给出界定是相对容易的。医疗市场的特点决定了医疗费用控制的重点在于加强对医疗消费供给方——医生及医院的控制。

国内医疗保险制度实施中指定定点医疗保险医院没有从根本上改变医疗保险机构和医疗服务提供方的对立关系，这些定点医院在获得资格后往往将医疗费用的控制置之不顾，医疗保险机构根本无法真正约束医院的行为，结果医疗机构不合理诊疗、不合理用药的情形依然存在，从某种意义上说，医保付费方式的改革是决定新医改是否成功的关键[35]。为了控制医疗机构和医生的行为，第一运用支付方式控制医疗行为和费用，主要支付方式有预算支付（包括总量控制）、按病种支付、按人头支付、按服务项目支付及其混合支付等[36]，第二通过市场竞争来改善医疗服务机构的行为，主要做法是扩大定点医疗机构数量，这同时也增强患者就医自由选择的权利，第三研究和实施DRGs（diagnosis related groups，即诊断相关病例组合）。DRGs被认为是控制费用的有效方法，使用DRGs，通过确定各种病例类型，对住院患者不同病例组合方案建立医疗费用偿付标准体系，制定预付标准、控制医疗保险机构总支出、使用预算约束医

疗服务机构，DRGs 在控制医疗费用和提高医疗服务质量方面都有非常重要的作用。

我国基本医疗保险费用支付方式是以项目收费为主，辅以单病种收费，DRGs 大多处于研究和探索阶段[37]。

2009 年，《中共中央国务院关于深化医药卫生体制改革的意见》提出，强化医疗保险对医疗服务的监控作用，完善支付制度，积极探索实行按人头付费、按病种付费、总额预付等方式，建立激励与惩戒并重的有效约束机制。一体化基本医疗保障制度要通过强化管理，影响医疗服务市场中供需双方的行为，尤其是对医疗行为进行监督、规范，在保证医疗质量的同时，合理控制医疗费用。在支付制度改革中，现阶段继续实施以项目收费为主的支付制度，最终采取 DRGs 支付医疗费用。

六、小　结

目前，我国城镇一体化的基本医疗保障制度尚未建立，医疗保障的层次较低，发展不均衡，个人就医负担较重，抗疾病风险能力不足。建立城镇一体化的基本医疗保障制度可以从根本上提高人民群众对卫生服务的支付能力和可及性，保证医疗服务的公平和效率，成为控制供方行为、改善医疗服务质量和控制费用增长的重要制衡力量。

世界各国的经验也表明，建立和完善覆盖全社会的医疗保障体系，不仅是有效地分担疾病经济风险和解决“看病难，看病贵”问题的需要，也是社会稳定、社会和谐发展的需要。目前我国正处于全面建设小康社会的关键时期，健全的医疗保障体系将作为社会制度中不可缺少的一部分，与其他保障制度一起承担起社会安全阀、稳定器作用，促进社会主义和谐社会目标的实现。

参考文献

[1] 邹平．“看病贵，看病难”问题的思考［J］．企业家天地，2010，(4)：152-153.

[2] 买买提，牙森．从卫生经济学的角度对“看病难，看病贵”的理性思考与分析［J］．新疆医科大学学报，2007，30 (7)：769-773.

[3] 胡鞍钢，胡琳琳．中国的健康安全问题［EB/OL］．http：//www. cngdsz. net/paper/sociology/003/6062. html，2011-9-22.

[4] 中华人民共和国中央人民政府．国务院关于建立城镇职工基本医疗保险制度的决定［EB/OL］．(2005-08-04)．http：//210. 44. 80. 14/jiaowu/jwxs/Xsxk/default. asp? Datetime=2011-10-27，2011-10-27.

[5] 卫生部，财政部，农业部．关于建立新型农村合作医疗制度的意见［EB/OL］．(2003-01-16)．http：//www. moh. gov. cn/publicfiles/business/htmlfiles/mohncwsgls/s6476/200804/19403. htm，2011-10-27.

[6] 高建民，陈星，裴瑶琳，等．三种基本医疗保障制度下居民卫生服务需要和利用比较分析［J］．中国卫生政策研究，2011，4 (4)：48-54.

[7] 刘婉．我国城乡二元社会保障体系现状研究［J］．山西师大学报，2006，33：43-45.

[8] 郭黎明．从二元分割到一体化：中国医疗保障制度改革的路径依赖分析［D］．苏州大学硕士学位论文，2009.

[9] 朱佳．中国医疗保障制度变迁：路径依赖及超越［D］．首都经济贸易大学硕士学位论文，2010.

[10] 陈文．公平性关注与弱势群体医疗保障［J］．中国卫生政策研究，2011，4 (3)：4-5.

[11] 姜丽美．灵活就业人员医疗保障政策难点分析［J］．卫生软科学，2007，(21)，1：27-28.

[12] 杨洁．灵活就业人员及其社会保障对策研究［D］．武汉大学硕士学位论文，2005.

[13] 周静峰．浅议灵活就业人员的基本医疗保险问题［J］．宁波经济（三江论坛），2008，(3)：31-33.
[14] 世界卫生组织．卫生系统筹资——实现全民覆盖的道路［R］．世界卫生组织，2010.
[15] 邹萃．孙保华：紧抓提统这个“牛鼻子”［J］．中国社会保障，2010，(8)：70-72.
[16] 于广军．上海医保支付制度改革总体思路研究［J］．卫生经济研究，2002，(2)：65-66.
[17] 陈建胜，王小章．由“城乡统筹”迈向“城乡一体化”——基于德清县基本医疗保障制度的研究［J］．浙江社会科学，2011，(1)：141-147.
[18] 武永生．统筹城乡医疗保障制度试点城市的比较——以昆山、成都和重庆市为例［J］．南京人口管理干部学院学报，2011，(1)：60-63.
[19] 黄冠．城乡居民医疗保险制度统筹问题研究［J］．理论界，2011，(4)：200-201.
[20] 李耀宗．三类欧洲国家医保筹资及其改革研究［D］．复旦大学硕士学位论文，2008.
[21] 徐志坚．不同医疗服务模式的经济学特征及我国医疗改革模式探讨［J］．中国肿瘤，2007，(11)：872-875.
[22] 谢丽平．我国社会医疗保险中的政府责任探究［D］．天津师范大学硕士学位论文，2010.
[23] 肖冉．城镇基本医疗保险筹资与保障水平研究［D］．西南财经大学硕士学位论文，2010.
[24] 毛瑛，杨昌国，党静萍，等．陕西省神木县“全民免费医疗”医改运行机制评价［J］．中国卫生政策研究，2010，(9)：25-30.
[25] 李小龙．陕西省神木县全民免费医疗考察与评价［J］．医学与社会，2011，(1)：35-37.
[26] 卢驰文．中国社会保险统筹层次研究［D］．中共中央党校博士学位论文，2007.
[27] 张晓，高璇，丁婷婷．提高统筹层次的现实路径分制度分阶段分区域推进［J］．中国医疗保险，2010，(4)：11-13.
[28] 王志．新医改背景下统筹城乡医疗保障制度研究——基于大连地区的数据［J］．商业时代，2011，(15)：82-84.
[29] 徐立柱．新型合作医疗制度下参合农民受益公平性研究［D］．山东大学硕士学位论文，2007.
[30] 王海荣，周绿林，曹蓉，等．基于大部制的我国医疗保障管理体制改革构想［J］．中国卫生事业管理，2009，(6)：365-367.
[31] 郭文秀．医疗保险信息系统［D］．华中师范大学硕士学位论文，2004.
[32] 丁鹏．HIS与医保系统的接口实现［J］．医疗设备信息，2006，(7)：27-28.
[33] 刘鹏涛，芦巧玲，魏佳．基于医、保、患博弈关系的医疗保险费用控制策略研究［J］．西部财会，2010，(1)：56-59.
[34] 黄勇．社会医疗保险费用控制方式探讨［D］．山东师范大学硕士学位论文，2008.
[35] 谢春艳，胡善联，孙国桢，等．我国医疗保险费用支付方式改革的探索与经验［J］．中国卫生经济，2010，(5)：27-29.
[36] 李晓晖，刘启明．社会医疗保险中混合式医疗费用支付方式的探索［J］．河南大学学报（社会科学版），2011，(3)：81-86.
[37] 贾洪波，王玥．改革基本医疗保障费用支付方式的路径选择——基于新医改背景下的研究［J］．价格理论与实践，2009，(5)：34-35.

中国教育公平现状分析与对策建议

王宏波　童　梅　程　诚

内 容 提 要

教育是实现人类平等的伟大工具，推行公平的教育无论对个人还是社会都有重要的意义。分析教育公平必须从中国国情出发，而中国最基本的国情是仍处于社会主义初级阶段。所以应以此为依据，对中国教育公平的现状作出客观评价，确立实现教育公平的目标、战略和对策。

新中国成立以来，我国的教育事业取得了举世瞩目的成就，例如，我国教育事业在财力和人力投入方面有很大提升，我国教育事业规模在扩大，教育成果显著。但是，我们也不能忽视我国教育发展中存在的教育公平问题，主要有：教育经费投入不足、教育资源配置不公平、高等教育入学机会存在着城乡的不平等和阶层的不平等。

针对我国教育公平存在的问题，本文提出以下对策建议：建立健全法律法规，使教育发展法制化，以法律法规确保教育公平；制定向落后地区、弱势群体倾斜的教育政策；建立教育公平评估机制。

一、引　　言

美国“公立学校之父”的贺拉斯·曼宣称：“教育是实现人类平等的伟大工具，它的作用比任何其他人类的发明都伟大得多。[1]”正因为如此，推行公平的教育无论对个人还是社会都有重要的意义。对于个体而言，教育公平是个人获得公平社会地位的起点，是个人向上流动，改变自身相对弱势地位的“助推器”；对于社会而言，教育公平是社会公平的基石，是缩小贫富差距的重要手段，因此教育公平是社会发展的“稳定器”和“平衡器”。

关于教育公平的内涵，学界众说纷纭。教育公平在不同时代、不同社会其内涵是不一样的。在分析和评价教育公平时，应将其置于一定的社会政治、经济背景下去具体的、历史的解读，不存在脱离具体时代、具体社会状况的抽象的教育公平。分析中国教育公平必须从中国国情出发，而中国最基本的国情是仍处于社会主义初级阶段。我们对教育公平的界定和教育公平的评价指标，应以此为依据，对中国教育公平的现状作出客观评价，确立实现教育公平的目标、战略和对策[2]。本报告将教育公平界定为：适龄儿童和青少年享有同等的受教育权利和机会，享有同等的公共教育资源服务[3]。依照教育的实现过程，教育公平依次可分为起点公平、过程公平和结果公平。起点公平是教育公平的前提，过程公平是教育公平的条件和保证，结果公平是教育公平的目标。

二、我国的教育发展现状

新中国成立以来，我国的教育事业取得了举世瞩目的成就。

1. 我国教育事业在财力和人力投入方面有很大提升。

近些年我国财政性教育经费总量大幅度稳步增长，如图 1 所示：1992 年，我国财政性教育经费总量是 728.9 亿元，到 2008 年时已增加到 10 449.6 亿元，是 1992 年的 14.3 倍。

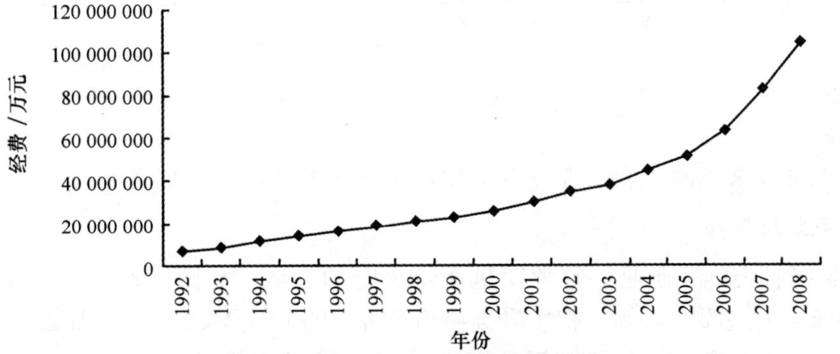

图 1 国家财政性教育经费变化趋势

资料来源：《中国教育统计年鉴 2009》，以下数据如无特殊说明，都来源于此

新中国成立以来，我国教育在人力投入方面也有巨大提升，以各级各类学校专任教师数这一指标为例，如图 2 所示，自 1949 年到 1978 年，我国各级各类学校专任教师数量增长迅猛，1979～1985 年，增长势头放缓，普通初中和普通高中专任教师数量略有下降；1986～2000 年，各级各类学校专任教师数又呈明显增长趋势，2000 年以后，各级各类学校专任教师数增长缓慢，趋于平稳。

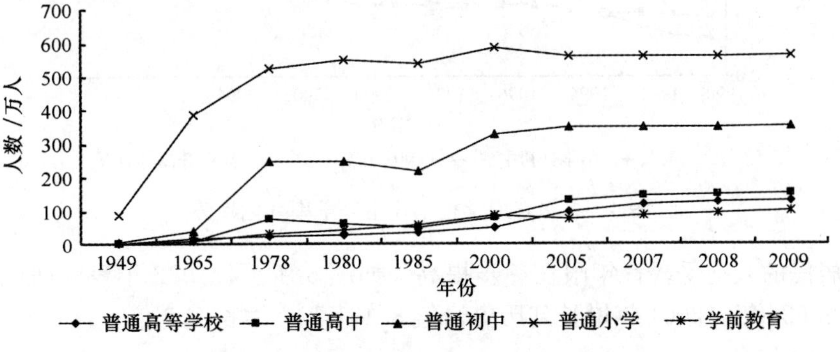

图 2 各级各类学校专任教师数变化趋势

2. 我国教育事业规模在扩大

以教育人口比重这一指标为例，1985年，我国教育人口比重为22%，2005年我国教育人口比重达到历史峰值29.6%，增长7.6个百分点；截至2009年，这一比重为25.5%，24年间增加3.5个百分点，增加人数为10 800万人（图3）。具体而言，1990～1996年，我国教育人口比重增长迅猛，1997～2003年，我国教育人口比重徘徊在26%～27%，2004～2005我国教育人口比重又一次快速增长，2005年达到历史峰值29.6%，2006～2008年略有下降[①]。

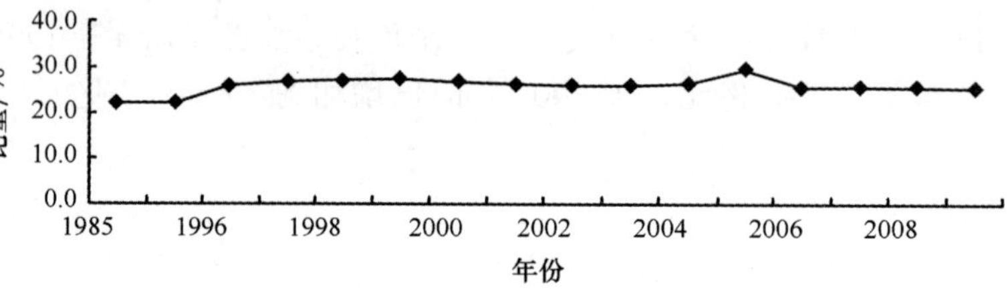

图3　教育人口比重变化趋势

3. 从教育成果来看，我国各级各类学校毕业生升学率和我国居民的平均受教育年限都呈显著上升趋势

我国各级各类学校毕业生升学率呈逐年上升的趋势。如图4所示，小学升初中升学率到2006年已达到100%；初中升高中升学率1990年是40.6%，到2009年已达到85.3%，增长2.1倍；高中升高等教育升学率经历了两落三起，呈波浪形上升趋势，具体而言：1990年高中升高等教育的升学率是27.3%，到1996年时，这一比率增加到51.0%；1997～1998年略有下降；1999年之后又迅猛增长，2002年达到峰值83.5%；2003～2005年高中升高等教育的升学率略有下降；2008年以后又缓慢回升到77.6%。高中升高等教育升学率从1990年至2008年18年间，增长了2.8倍。

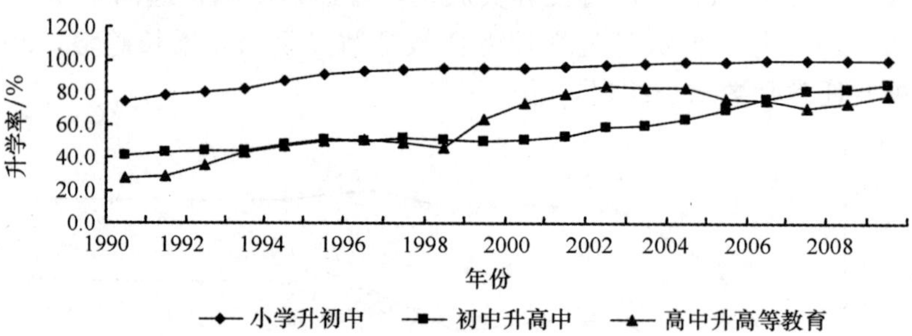

图4　各级普通学校毕业生升学率变化趋势

我国居民的人均受教育年限在逐步提高。如图5所示，1982年我国居民人均受教育年限是4.636年，2001年增长到历史峰值8.491年，增长1.8倍。

① 教育人口比重的下降与我国人口结构变化有关系：生育率下降，人口增长变缓，导致人口老龄化。我国在1999年开始进入老龄化国家行列。

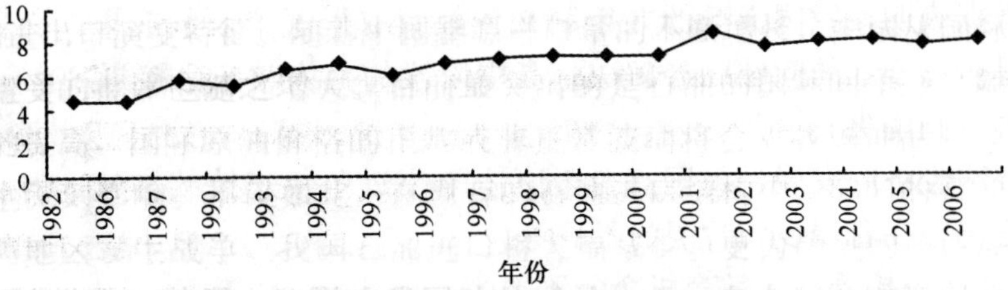

图 5 我国居民平均受教育年限变化趋势

以上分析表明，我国教育事业发展的各项指标既有量上的显著扩张，也有质上的巨大提升，我国教育事业取得了显著的成就。

三、我国教育公平问题分析

从总体上说，我国教育事业取得了举世瞩目的成就，但我们也不能忽视我国教育发展中存在的一些问题，其中最显著的是教育公平问题。教育公平可以分为起点公平、过程公平和结果公平。我们将起点公平界定为受教育权利和受教育机会公平，即是否人人有学上；我们将过程公平界定为公共教育资源配置公平，即上何种学；我们将结果公平界定为教育质量公平，即学习效果如何。起点公平是教育公平的前提，过程公平是教育公平的条件和保证，结果公平是教育公平的目标。没有起点的公平和过程的公平，是不会有结果的公平的，因此，本报告主要分析起点公平和过程公平。

1. 起点公平问题即是否有学上的问题

本报告评价起点公平的指标是三级正规教育（小学、初中、高中阶段和大学）的入学率。具体而言，小学使用净入学率指标，初中和高中阶段教育使用毛入学率指标①。如图 6 所示，自 1965 年以来，小学教育的净入学率从 84.7%持续稳步上升，截至 2009 年，小学教育的净入学率已达 99.4%；初中阶段的毛入学率在 1991 年时为 69.7%，而到 2009 年时已增至 99.0%；1992 年高中教育的毛入学率为 26%，以后逐年持续稳步增长，到 2009 年已经增长至 79.2%；高等教育的毛入学率在 1991 年为 3.5%，到 2009 年已增长至 24.2%。

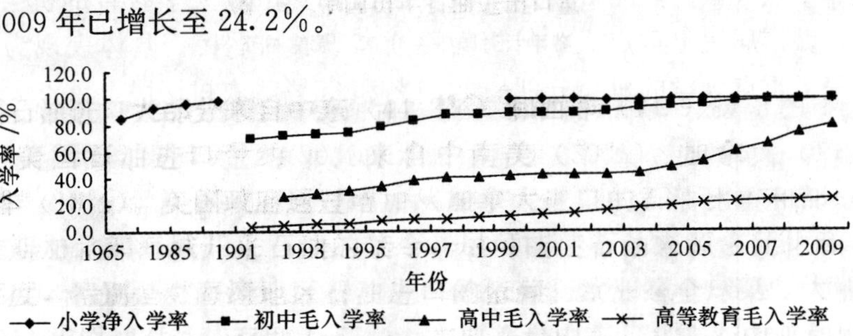

图 6 各级教育入学率变化趋势

① 小学净入学率计算公式为小学净入学率＝小学在校年龄人口数/小学学龄人口数×100%；初高中和高等教育毛入学率计算公式为毛入学率＝初高中和高等教育在校学生总数/初高中和高等教育学龄人口数×100%。

以上数据表明，我国推行的九年制义务教育取得了丰硕的成果，义务教育阶段起点公平即是否有学上的问题已经解决；高中阶段的毛入学率已接近 80%，是否有学上的问题基本得到解决。

随着我国经济的发展，我国高等教育入学率近些年来持续增长，但居民接受高等教育的机会仍存在着城乡和阶层的不平等。

1）城乡居民接受高等教育机会的不平等

本报告以居民 14 岁时的户籍状况为依据来划分被调查者的城乡身份。图 7 是被调查者中接受了高等教育的人群在调查总体中所占比重。数据反映：调查总体中有 15.2%的居民接受了高等教育，但城乡差异极大：农村居民接受高等教育的比重为 8.2%，而城市居民有更多的机会接受高等教育，其比重为 28.1%，城市居民接受高等教育的机会是农村居民的 3.4 倍。

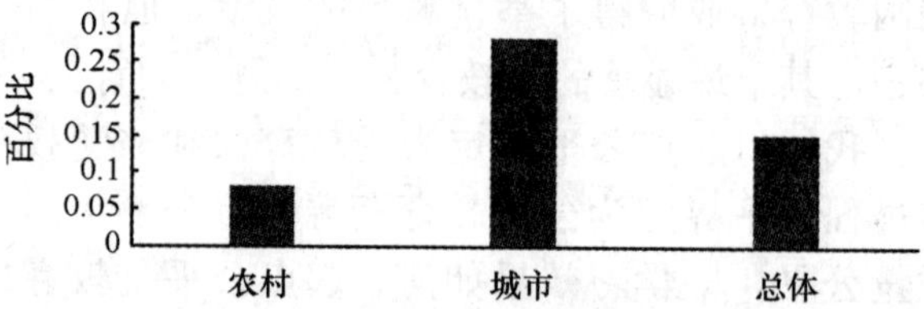

图 7　高等教育入学机会的地区差异

资料来源：2008 年中国综合社会调查

近些年，我国高等教育开始大规模扩招，城乡居民接受高等教育的机会大幅度增长，上大学已不再是千军万马过独木桥，但是能否上重点大学又成为人们关注的新的焦点。教育学者杨东平主持的“我国高等教育公平问题研究”表明，我国重点大学农村学生比例自 20 世纪 90 年代起不断滑落，北京大学农村学生所占比例从三成落至一成，清华大学 2010 级农村生源仅占 17%。这一现象说明，在重点大学的入学率上存在着城乡的不平等。考虑到数据的可得性，本报告以大学是否为国家教育部直属来划分重点大学和非重点大学。如图 8 所示，城乡居民接受重点大学教育的机会随着时代的变迁而变迁，城市居民上重点大学的机会逐渐高于农村居民。具体表现为：1978 年以前，城乡居民上重点大学的机会分别是 14.1%和 25%，农村居民上重点大学的机会高

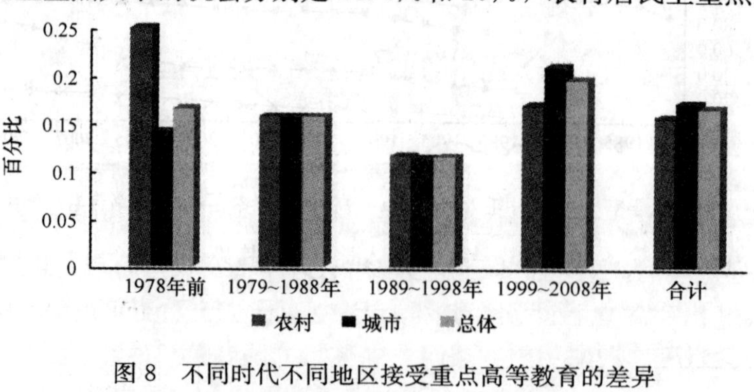

图 8　不同时代不同地区接受重点高等教育的差异

资料来源：2008 年中国综合社会调查

出城市居民 10 个百分点；1979～1998 年，城乡居民上重点大学的机会基本相同；但 1999 年之后，城市居民上重点大学的机会明显高于农村居民，差距的比例约为 4%。

2）不同阶层背景的居民接受高等教育机会的不平等

法国社会学家布迪厄将父母的教育程度对子女教育程度的影响称为教育不平等的再生产，它是阶级再生产的重要标志。考虑到我国的实际情况，父母的受教育程度和父母的经济收入、家庭经济背景相联系，因此父母的受教育程度也反映社会分层信息。因此，本报告以父母的受教育程度划分居民的阶层背景。如图 9 所示：父母受教育程度越高，子代接受高等教育的机会越高，母亲对于子代接受高等教育机会的影响要超过父亲。

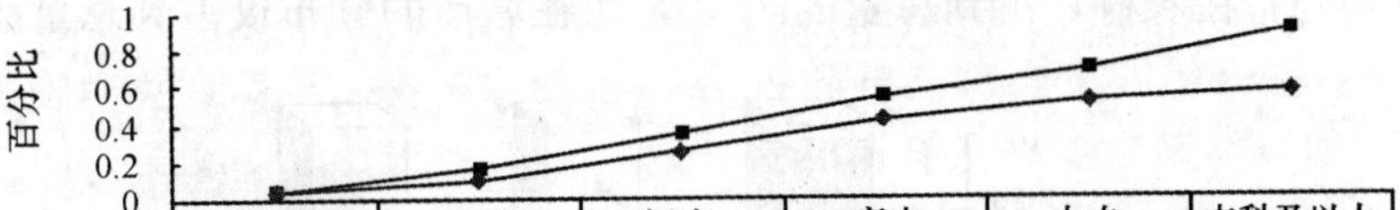

	未受过教育	小学	初中	高中	大专	本科及以上
—◆—父亲	0.035	0.103	0.255	0.416	0.524	0.571
—■—母亲	0.052	0.162	0.352	0.551	0.69	0.893

图 9　父母受教育程度对子代接受高等教育的影响

资料来源：2008 年中国综合社会调查

如图 10 所示，随着时代的变迁，父母教育程度对子代接受高等教育机会的影响在加剧。

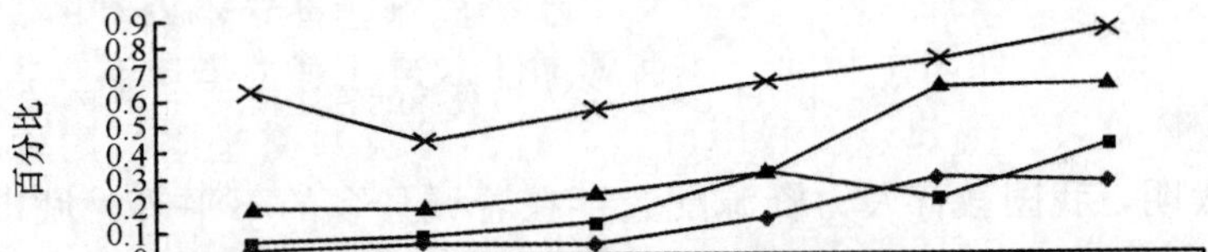

	未受过教育	小学	初中	高中	大专	本科及以上
—◆—1978年前	0.019	0.038	0.046	0.129	0.286	0.269
—■—1979~1988年	0.048	0.079	0.119	0.311	0.208	0.412
—▲—1989~1998年	0.183	0.183	0.234	0.31	0.64	0.643
—×—1999~2008年	0.632	0.437	0.547	0.653	0.744	0.848

图 10　不同时代父亲受教育程度对子代接受高等教育的影响

资料来源：2008 年中国综合社会调查

上述分析表明，在教育起点公平阶段，我国存在的主要问题是：高等教育入学机会上存在城乡不平等和阶层不平等；随着时代的变迁，这两种不平等程度有加重的趋势。

2. 教育过程公平问题即上何种学的问题

公共教育资源分为人力资源、物力资源和财力资源。人力资源主要是指教师；物力资源主要是指校舍，设备等；财力资源即教育经费，是人力资源与物力资源的货币表现。本报告以教师的学历结构为人力资源指标；以生均危房面积、生均教学仪器设备值和生均计算机数量为物力资源指标；以生均预算内教育经费为财力资源的指标。教师的学历结构体现了教师的专业水平，这一指标直接关系教育的质量。由于我国部分农村地区仍存在危房，严重威胁着师生安全，因此选用生均危房面积这一指标来反映基本的校舍安全状况。生均教学仪器设备值反映教学设备对满足学生学习需要的情况。计算机的数量反映学校是否使用现代化的教学手段。预算内教育事业费是学校教育经费的主要部分，它的大小决定了教学投入的多少，是学校开展正常教育教学活动的基本保障。

在我国，公共教育资源配置的不公平主要体现在城乡之间和区域之间。

1）人力资源配置

图11是城县乡人力资源配置情况。从图中我们可以看出，研究生学历的教师主要分布在城市，占到总量的64%，而在乡村的分布仅占到总量的6%；而高中及以下学历的教师主要分布在农村，占到总量的75%，而在城市的分布仅占到总量的6%。

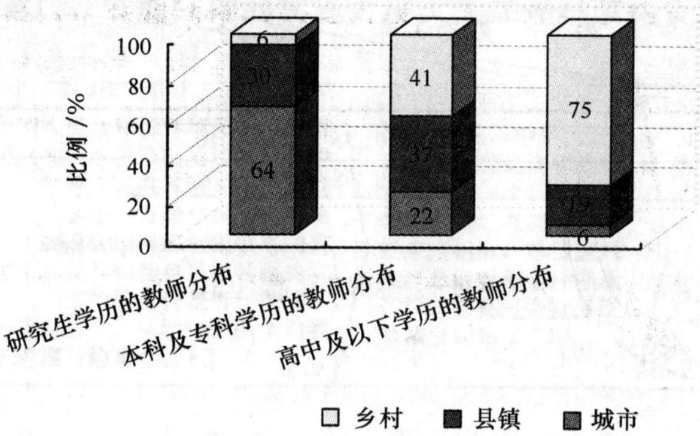

图11　城县乡人力资源配置比较

数据表明，我国教育人力资源配置存在着城县乡的不平等，城市的人力资源配置最优，县镇的人力资源配置次之，而农村的人力资源配置最差。

图12是东中西部人力资源配置情况。从图中我们可以看出，研究生学历的教师主要分布在东部，几乎占到总量的一半，而在中西部分布较少，分别为29%和26%；本科及专科教师分布比例最高的是东部，中部次之，西部分布比例最少；而高中及以下学历的教师在东中西部分布比例差异较小，中部分布比例较其他区域略高。

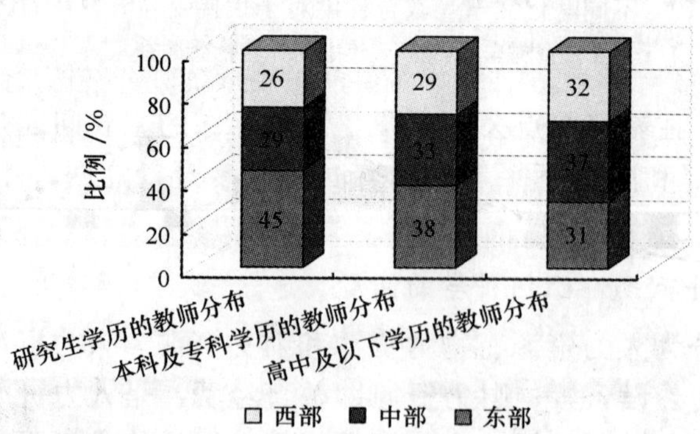

图12　东中西部人力资源配置比较

数据表明，我国教育人力资源配置存在着区域的不平等，最优质的人力资源主要配置在东部，而中西部的人力资源配置相对较差。

2）物力资源配置

图 13 是城县乡物力资源配置情况比较。从图中我们可以看出，城市的物力资源配置各项指标所占比例都较高，县镇次之，农村最低：城市生均仪器设备值占到总量的一半以上，分别是农村和县镇生均仪器设备值的 3.7 倍和 1.9 倍；城市生均教学用计算机数所占比例是农村的 2.3 倍，县镇的 1.6 倍。而生均危房面积所占比例则正好相反，农村生均危房面积占到总量的 51%，是城市生均危房面积的 3 倍，是县镇生均危房面积的 1.6 倍。

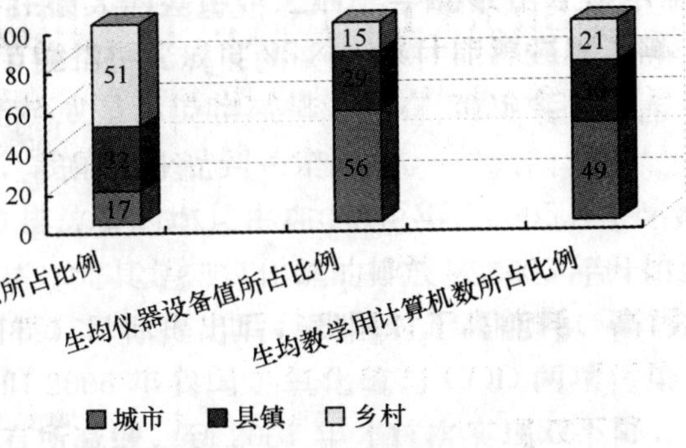

图 13 城县乡物力资源配置比较

数据表明，我国教育物力资源配置在城县乡之间存在着巨大差异，物力资源配置存在着城县乡的不平等。城市教育物力资源配置最优，县镇次之，农村最为薄弱。

图 14 是东中西部物力资源配置情况比较。从图中我们可以看出，东部的生均仪器设备值占到总量的 52%，分别是中部和西部的 1.5 倍和 2.2 倍。东中西部在生均教学用计算机数所占比例这项指标上较为接近。在生均危房面积所占比例这项指标上，西部占到总量的 62%，是东部生均危房面积所占比例的 12.4 倍，是中部生均危房面积所占比例的 1.9 倍。

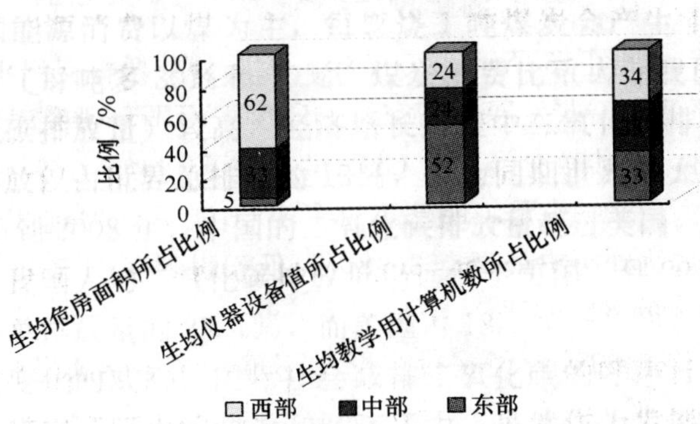

图 14 东中西部物力资源配置比较

数据表明，我国教育物力资源配置在东部和中西部之间有较大差异，物力资源配置存在着区域的不平等。东部教育物力资源配置最优，中西部教育物力资源配置较弱。

3）财力资源配置

财力资源是指教育经费。教育经费是教育发展的重要保障，也是实现教育公平的前提条件。我国教育经费的现状如何呢？与世界其他国家相比，我国的教育投入是否充足呢？

公共教育支出①占GDP比例的大小反映一个国家的政府为教育发展做出的贡献，虽然我国的财政性教育经费不断增长，但其占GDP比例却长期处于较低水平。1993年中共中央和国务院颁布的《中国教育改革和发展纲要》提出，到2000年年末，财政性教育经费占GDP的比例达到4%。不过到目前为止，这一目标没有实现。2008年财政性教育经费占GDP的比重达到历史最高，但也只占GDP的3.48%，离该纲要提出的国家财政性教育经费占GDP的比例为4%的目标，仍有较大差距。

从变化趋势来看，国家财政性教育经费占国内生产总值的比例没有呈现逐年增长的趋势，而是呈现“两落两起”的波动趋势，如图15所示。1992～1995年，呈现出3年连续下降期，减少了0.39个百分点；1995～2002年，呈现出7年连续增长期，增加了0.58个百分点。此后，2002～2004年，呈现出2年连续下降期，减少了0.11个百分点；2004～2008年，呈现出4年连续增长期，增加了0.69个百分点。

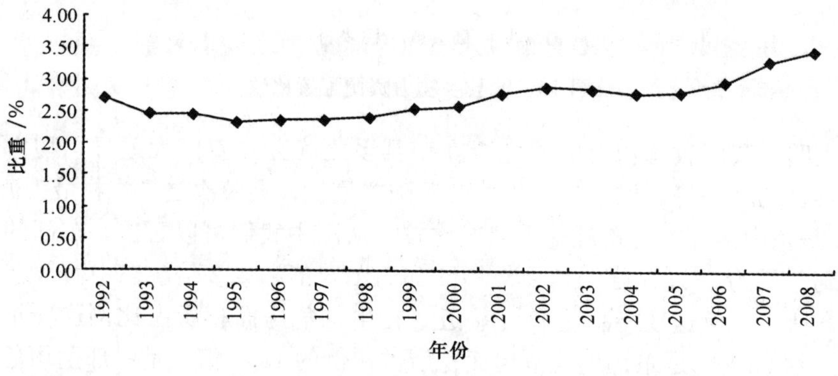

图15 国家财政性教育经费占GDP比重的变化趋势

从国际比较来看，如图16所示，2007年，我国公共教育支出水平不仅与发达国家存在较大差距，甚至低于一些发展中国家，如印度，泰国。研究表明，当人均GDP达到800～1000美元时，公共教育经费占GDP的比重下限为4.07%～4.25%。我国人均GDP1998年已经超过了800美元，现已超过了1000美元，但到2008年，我国公共教育经费占GDP的比重达到历史最高点3.48%，低于世界各国5.1%的平均水平，甚至低于发展中国家4.1%的平均水平。

以上分析表明，我国的教育经费投入严重不足，既不能满足教育事业的进一步发展，更难以实现教育公平。

① 公共教育支出指国家财政性教育经费。由于数据统计的原因，我国学者在实际研究中大多采用“国家财政性教育经费占GDP的比例”这一指标来度量公共教育支出占GDP的比重，并进行国际比较。

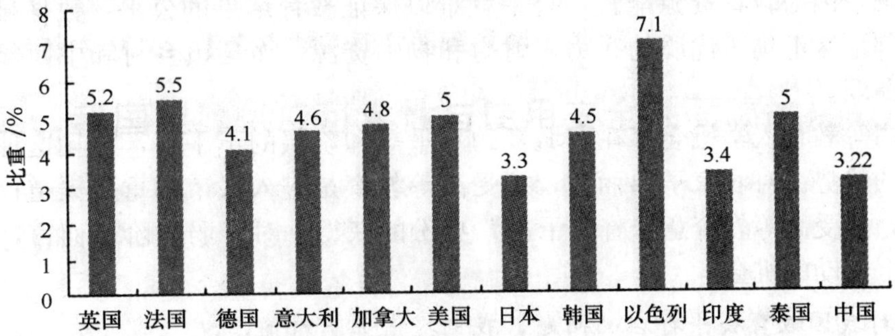

图 16　2007 年若干国家公共教育支出占 GDP 比重比较

资料来源：OECD 官方网站，http：//stats. oecd. org/Index. aspx? datasetcode

我国的教育经费一方面是总量投入严重不足，另一方面存在着区域配置不平等。

图 17 是东中西部生均预算内教育事业费所占比例[①]。东部生均预算内教育事业费所占比例最高，占到总量的将近一半，西部和中部较少，分别为 30%和 25%。东部生均预算内教育事业费分别是中部的 1.8 倍，西部的 1.5 倍。

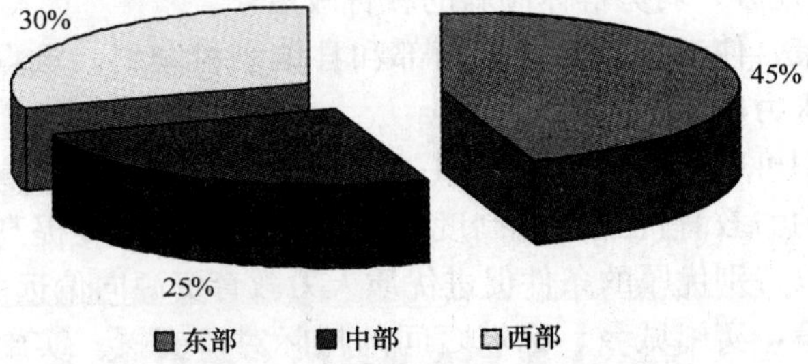

图 17　东中西部生均预算内教育事业费比例

数据表明，我国教育财力资源配置存在着东部和中西部的较大差异，财力资源配置存在着区域的不平等：东部教育财力资源配置较多，而中西部教育财力资源配置较少。

四、我国教育公平对策建议

1. 上述分析表明，我国教育公平存在的主要问题

（1）教育经费投入不足已成为制约我国教育发展的“瓶颈”，也是导致教育不公平的深层原因。尽管近年来我国教育投入大幅增长，但是与教育发展的需求还有较大差距。国家财政性教育经费占国内生产总值的比例一直偏低，尚未达到 4%的目标。这制约了教育条件的改善和优质教育资源的扩展。

（2）我国义务教育阶段和高中教育阶段有学上的问题基本得到解决，但是随着社会的发展，教育不应该仅仅停留在“人人有学上”的阶段，我们现在更应关注上何等

① 囿于数据限制，本报告只分析东中西部的生均预算内教育事业费。

学校的问题，因为教育资源配置不公平就难以保证教育结果的公平。数据显示，我国城市和东部地区汇集了优质的人力，财力和物力资源，而县镇乡村和中西部教育资源配置较为薄弱。

（3）高等教育入学机会存在着城乡的不平等和阶层的不平等，并且这种不平等有逐渐加大的趋势。对农家子弟而言，接受高等教育是进入城市的重要渠道；对于平民百姓而言，接受高等教育意味着“干部”身份的获得；对于弱势阶层而言，接受高等教育是向上流动的机会。

2. 针对我国教育公平存在的问题，我们提出如下对策建议

1）建立健全法律法规，使教育发展法制化，以法律法规确保教育公平

针对我国教育经费投入不足这一问题，首先要以法律法规的形式保障教育优先发展，适度超前发展的地位；其次，以法律法规的形式确定国家财政性教育经费占国内生产总值的比例达到4%。

针对教育资源分配不均衡问题，加快缩小东、中、西部和城、县、乡教育资源分配的差距。

2）制定向落后地区，弱势群体倾斜的教育政策

首先，制定政策，使教育资源向中西部和县镇乡村倾斜，重点加大对中西部贫困地区教育资源的投入力度。

具体而言，我们可以借鉴发达国家和一些发展中国家纷纷采取的对偏远地区和落后地区拨专款补助的“教育优先区”制度；制定政策，大幅度提高中西部和县镇乡村教师的经济待遇，以特别优厚的条件促进优质人力教育资源向偏远落后地区流动。

其次，制定政策，实施城乡、区域之间的校际对口支援。实施城乡之间、区域之间的校际对口支援政策，是提升落后地区办学条件的又一可行的办法。实施校际对口支援，需要国家的宣传、鼓励，但更重要的还应加强政府的宏观指导，通过一定的制度和条例使之规范化、制度化，避免流于形式的短期行为，使之真正在师资培养、教师交流、硬件设施（图书、仪器）等方面支持和帮助落后地区，以缩小城乡、区域之间教育资源的差距。

最后，制定政策，使高等教育资源向弱势群体子女倾斜。

我国高等教育的发展应该坚持公益性和普惠性的发展方向。为此，国家要积极推行、完善高校学生助学贷款政策，高等教育阶段的国家助学金、奖学金政策；同时，要实施一系列的救济政策，如设立针对弱势群体补助的专项教育资金，对弱势群体子女给予更多财政资金支持和补偿，从而实现公平地从社会各个阶层中选拔培养新的精英的目标。

3）建立教育公平评估机制

教育公平评估机制主要是运用法律和行政手段监督管理各级政府及其下属各级各类教育发展的公平程度，促进教育公平快速发展。

首先将教育公平作为衡量各级政府工作绩效的重要标准，加强政府教育工作监督管理制度建设。要依据有关教育法律法规，评估各地教育发展状况和教育公平的事项状况，并定期公开教育信息。公开信息是推进教育公平的基础，进而可以促进社会公

平。还可以考虑建立教育公平委员会，对教育公平现状和存在问题进行督导和监测，并随时向社会公布督导监测的结果，为决策部门提供参考。

参考文献

［1］ 布鲁贝克 J S. 高等教育哲学［M］. 杭州：浙江教育出版社，1987：66.

［2］ 王善迈. 教育公平的分析框架和评价指标［J］. 北京师范大学学报，2008，(3)：93-94.

［3］ 王善迈. 教育公平的分析框架和评价指标［J］. 北京师范大学学报，2008，(3)：94.

大学生就业能力建设与社会稳定

陆根书　刘　敏　彭正霞

内容提要

近年来，大学生就业问题已成为我国高等教育和经济社会发展进程中被公众、媒体和政府高度关注的一个重要问题。大学生就业问题，既受我国社会主义市场经济及高等教育发展的重要影响，也受大学生自身就业能力的重要影响。提升大学生就业能力有助于解决日益严峻的大学生就业难题，有利于我国高等教育的健康和谐发展，有利于促进社会的稳定和谐。

为深入研究大学生就业能力建设与社会稳定的关系，本研究自主设计与开发了"大学生就业能力调查问卷"，从职业道德素质、职业规划能力、自主发展能力、成就导向、求职准备、领导能力、社会适应能力、学习能力、求职技能、沟通能力、创新精神等11个维度测量大学生就业能力，并指出个体、家庭和学校教育对大学生就业能力的影响作用。

大学生就业能力的培养与提升是一个复杂的系统工程，不能单靠某一个方面的努力，需要政府部门、高校、大学生自身等各方面的协同配合和支持。就个体而言，应树立正确的就业观念，完善职业生涯规划，做好就业准备，提升求职技能。高校在这个过程中应该注重创新人才培养模式，更新教育教学内容，积极拓展校内外实习实践活动，完善就业指导工作机制，加强大学生创业教育。政府应该加强对鼓励就业与创业政策的宣传，同时应该进一步加大财政支持力度，明确财政支持领域，突出工作重点，以充分保证各项就业与创业政策的落实，保障大学生顺利实现就业或创业。

一、引　言

近年来，大学生就业问题已成为我国高等教育和经济社会发展进程中被公众、媒体和政府高度关注的一个重要问题。许多研究者探讨了大学生就业问题，讨论的主要内容包括大学生就业难的原因分析、解决大学生就业难问题的对策建议等。对于大学生就业难的成因分析，有的研究者侧重于从大学生供求均衡的角度进行分析[1]；有的研究者侧重于从就业的制度环境及劳动力市场的发育程度的视角进行探讨[2]；还有的研究者侧重于从大学生与用人单位的行为特征的角度进行分析[3]。在政策层面，面对严峻的大学生就业形势，政府部门则提出了以"创业带动就业"等策略，希望把大学生自主创业作为拓展大学生就业、缓解大学生就业压力的重要途径之一。

大学生就业问题，既受我国社会主义市场经济及高等教育发展水平的重要影响，也受大学生自身就业能力的重要影响。从经济社会发展和高等教育发展的角度看，第一，随着知识经济和经济全球化的发展，我国产业结构发生了较大变化（图1），逐渐由劳动密集型向资本和技术密集型产业转变，这必然对大学生的知识、能力和素质提出新的、更高的要求。因而需要大学生不断提高自身的综合素质，使自己的知识、能力与素质与产业结构调整、生产方式转变的要求相匹配，以适应产业升级换代的需要。

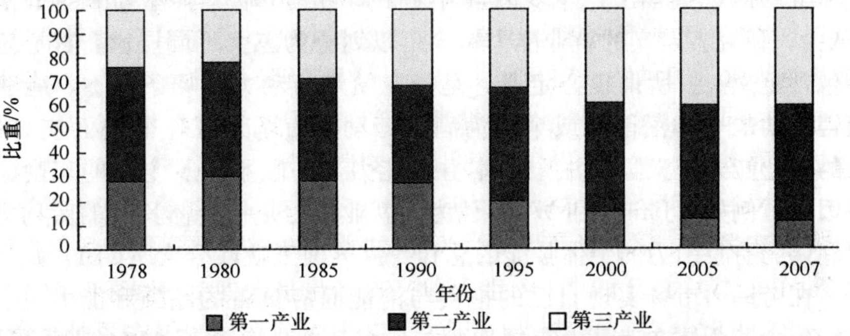

图1　1978～2007年我国三大产业增加值比重变化趋势

资料来源：国家统计局：《改革开放30年报告之三：经济结构在不断优化升级中实现了重大调整》，2008

第二，我国高等教育已经由“精英教育”阶段转入“大众化教育”阶段。高等教育大众化发展，使得大学生数量快速增加，大学毕业生面临的就业压力不断积聚。2003～2011年，我国大学毕业生的数量逐年增加，平均增幅达到17.61%（图2）。在大学毕业生数量持续增长的同时，也存在许多用人单位对人才的需求得不到满足的情况，出现了所谓的用人单位与大学毕业生之间的“就业鸿沟”[4]。出现“就业鸿沟”的最主要原因是大学生就业能力不足。因此，在我国高等教育大众化的发展进程中，提升大学生的就业能力势在必行。

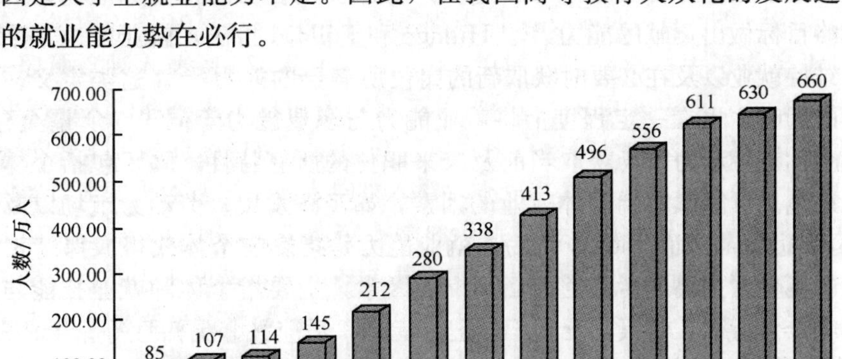

图2　1999～2011年我国普通高校大学毕业生数量变化趋势

资料来源：《中国大学生就业》，2000～2011年

第三，我国大学毕业生就业体制已由“统包统分”转变为“双向选择”、“自主择业”。“双向选择”、“自主择业”的就业体制，一方面为大学毕业生提供了一个公开、公平的竞争平台，另一方面也使大学毕业生在就业过程中需要克服劳动力市场、就业环境等不确定因素的挑战。在这种就业体制下，大学毕业生若想成功就业，必须不断完善自身的知识、能力与素质，提升就业能力，增强就业竞争力。

从上述分析可以看到，提高大学生的就业能力是增强其就业竞争力的重要途径之一。然而，关于就业能力的概念，学术界并没有一个统一认识。研究者从不同视角出发，对就业能力概念提出了许多内涵不同的界定。荷兰学者 Thijssen 和 Van der Heijden 认为，研究者定义的就业能力概念可以划分为三个不同层次：核心定义，扩展定义，全包含定义[5]。所谓核心定义，是指在给定劳动力市场条件下，能够在劳动力市场上获得成功的个体潜能，或个体为满足劳动力市场及工作需要而应具备的技能。这一层次的就业能力定义只关注个体本身的能力，一般不涉及个体的态度、意愿及环境条件等因素。例如，James 和 Wark 认为，就业能力是指个体具有的劳动力市场和雇主所需要和认为有吸引力的个体技能的总和[6]。英国工业联合会（CBI）则认为，就业能力是个体在劳动力市场实现自己的抱负与潜能而应具备的品质和能力[7]。所谓扩展定义，是指包含了个体在劳动力市场取得成功的态度、意愿及能力。也就是说，扩展的就业能力包含了态度、意愿等在内的所有个体特性。例如，英国提高学生就业能力合作组织（ESECT）、Harvey 等学者都认为，就业能力是个体一系列技能、理解力和特质的组合，这种组合可以使学生更有可能在他们选择的职业中获得就业与职业成功，使个人和社会均受益[8,9]。国内有一些研究者也持相似的观点。例如，郑晓明认为，就业能力是指大学毕业生在校期间通过知识学习和综合素质开发而获得的能够实现就业理想、满足社会需要、在社会生活中实现自身价值的本领[10]。还有一些研究者注意到就业能力的动态性，认为就业能力不仅是个体获得与保持一份工作的能力，还应该包括做好工作，即让个体在工作中不断进步，从而实现自己的抱负和潜能并为实现工作单位的战略目标做出贡献的能力[11]。Hillage 和 Pollard 指出，就业能力是个体获得最初就业、维持就业以及在必要时获取新的岗位所需要的能力[12]。这类定义在扩展就业能力内涵的同时，也在一定程度上将就业能力与职业能力等同了。所谓全包含定义，是指决定个体在劳动力市场获取当前及未来职位的所有特性，除了包括个体的全部特性以外，还包括可能影响到个体就业的因素，如经济发展、劳动力市场以及就业政策等。例如，McQuaid 和 Lindsay 认为，就业能力是指影响个体获得或保持工作岗位的所有因素的集合，主要包括三个方面：个体因素，主要指个体的就业技能与态度，年龄、性别等个体特征，健康状况，工作搜寻能力，适应性和灵活性等；个体所处情景，主要指个体所处的家庭情景，家庭、同辈或社区是否鼓励和支持工作的文化，接触资源的状况等；外部因素，主要指劳动力市场、宏观经济稳定性、职位空缺、招聘等需求因素，以及就业支持政策等因素[13]。就业能力的全包含定义认识到了就业能力与经济发展、劳动力市场以及就业政策等因素的密切关系，但将这些个体就业能力的影响因素作为就业能力的构成要素，在无形中扩大了就业能力的内涵和外延，有可能使就业能力的测度缺乏实际操作性。

由于对就业能力的内涵缺乏统一的认识，因此，对如何测度大学生的就业能力，研究者也没有取得共识。例如，有的认为大学生的就业能力包括个性特征、核心技能、过程技能三个方面的内容[14]；有的认为包括智能能力、社会和人际交往能力、经营和创业能力、多元技能四个方面的内容[15]；有的认为包括职业技能、预期与优化、个体适应能力、团队意识、平衡能力五个方面的内容[16]；有的认为包括竞聘能力、认知能力、职业能力、适应能力、创新与创业能力、自主能力六个方面的内容[17]；还有的认为包括沟通能力、分析能力、问题解决能力、决策评估能力、社会互动能力、全球意识、审美意识七个方面的内容[18]。如此等等，不一而足。

基于上述情况，本研究将在阐述大学生就业能力的内涵与结构的基础上，实证地分析当前我国大学生就业能力的现实水平及基本特征，并在此基础上，系统探讨培养与提升大学生就业能力的具体策略，以期为建立提升大学生就业能力的长效机制提供一些参考。

二、大学生就业能力的结构与特征分析

（一）大学生就业能力的结构

本文在分析、归纳 Heijde 等人提出的大学生就业技能多维调查量表[19]、加拿大会议委员会（The Conference Board of Canada）提出的就业技能量表[20]、美国劳工部 21 世纪就业技能调查委员会（SCANS）提出的大学生进入工作岗位的必须习得技能量表[21]、Athayde 提出的青年创业潜能量表[22]的基础上，将大学生的就业能力界定为大学生在就业过程中，为获取应聘工作岗位或必要时创造工作岗位而应具备的技能及个人特质的总和，主要包括大学生的职业道德素质、职业规划能力、自主发展能力、成就导向、求职准备、领导能力、社会适应能力、学习能力、求职技能、沟通能力、创新精神等不同维度。需要指出的是，大学生的就业能力反映的主要是大学生的个人潜质，与其最终求职或创业成功与否并不是完全等同的。此外，大学生就业能力也不是某种职业资格或某项特殊技能，它不与特定的职业或岗位相联系。

根据对大学生就业能力的上述认识，我们自主设计与开发了“大学生就业能力调查问卷”，并选择陕西省西安市 9 所高校 2009 级的大学四年级毕业班学生进行了调查研究。选择调查样本时，首先根据西安高校的不同类型、水平按一定比例分层选择有关学校；其次根据学生专业分布情况选择有关班级；最后以班级为单位对学生进行调查。该次调查共发放调查问卷 2450 份，回收 2165 份，其中有效问卷为 2010 份，有效率为 92.84%。在有效样本中，男生 1241 人，女生 769 人；重点高校学生 729 人，一般高校学生 727 人，独立学院学生 553 人；工科学生 941 人，理科学生 212 人，人文学科学生 376 人，文科学生 857 人，经管学科学生 481 人；已签订就业协议的学生 1412 人，未签订就业协议的学生 598 人。表 1 列出了调查样本的基本特征。

表1 高校样本的基本特征

样本类别		样本数/人	所占比例/%
性别	男	1 241	61.7
	女	769	38.3
高校类型	重点高校		
	西安交通大学	388	19.3
	西安电子科技大学	170	8.5
	西北大学	171	8.5
	一般高校		
	西安理工大学	269	13.4
	西北政法大学	218	10.8
	西安科技大学	180	9.0
	西安建筑科技大学	60	3.0
	独立学院		
	西安交通大学城市学院	345	17.2
	西安建筑科技大学华清学院	209	10.4
专业类型	工科类	941	46.8
	理科类	212	10.5
	人文类	376	18.7
	经管类	481	23.9
就业状态	已签订就业协议	1 412	70.2
	未签订就业协议	598	29.8

应用上述调查数据，我们对“大学生就业能力调查问卷”进行了因素分析和信度分析，表2和表3列出了分析的结果。从表2因素分析的结果可见，大学生的就业能力可以从职业道德素质、职业规划能力、自主发展能力、成就导向、求职准备、领导能力、社会适应能力、学习能力、求职技能、沟通能力、创新精神等11个维度加以测量，用这11个因素可以解释大学生就业能力方差的65.1%。这一结果与根据相关理论设计的大学生就业能力的结构基本上是吻合的。表3的结果则表明，这11个因素的信度系数介于0.801至0.895之间，说明各维度测量项目的内部一致性水平较高。表2～表3所示的效度和信度分析结果表明，本研究设计的大学生就业能力调查问卷可以作为测度大学生就业能力的一个有效工具。

表2 大学生就业能力调查问卷因素分析结果（采用主成分因素分析并进行最大正交旋转）

维度/题号	题目	因素负荷
因素1	职业道德修养	
q42 _ 33	我待人友好，具有亲和力	0.750
q42 _ 34	我很容易接纳别人	0.746

续表

维度/题号	题目	因素负荷
q42_32	我为人真诚	0.721
q42_35	我能设身处地为别人考虑、关心别人	0.708
q42_36	周围的人总是很信赖我	0.595
q42_30	我能践行承诺	0.528
因素 2	职业规划能力	
q42_39	我有明确的实现职业目标的计划	0.744
q42_40	我知道通过什么途径来实现自己的职业目标	0.734
q42_38	我知道哪种职业能最大限度地发挥自己的长处	0.722
q42_37	我有明确的职业目标	0.670
q42_41	我能够根据职业目标有目的地选修有关课程、参加实习或职业培训	0.631
q42_42	我能积极完成有助于实现自己职业目标的工作	0.567
因素 3	自主发展能力	
q42_22	当我做某事时我会努力做到最好	0.686
q42_23	我有强烈的成功欲望	0.667
q42_21	即使与众不同，我也会坚持自己的正确观点	0.663
q42_24	我在面对困难时不会轻易放弃	0.654
q42_25	为了达到目标我能坚持不懈	0.600
q42_20	我对别人提出的观点总会认真思考它是否有证据支持	0.549
q42_26	我乐于尝试新的事物	0.501
因素 4	成就导向	
q42_56	较之承担容易的任务，我更乐于承担困难的任务	0.701
q42_57	较之承担由大家分担的任务，我更乐于承担有个人承担的任务	0.696
q42_58	较之承担按指令行事的任务，我更乐于承担需要创造性的任务	0.688
q42_55	较之承担没有风险的任务，我更乐于承担具有一定风险的任务	0.661
q42_59	较之承担能够避免失败的任务，我更乐于承担能够满足成功需要的任务	0.564
因素 5	求职准备	
q42_45	我了解工作场所的方法	0.706
q42_44	我了解工作场所需要的知识	0.703
q42_46	我了解应聘的流程与要求	0.693
q42_43	我能够识别和选择发展的机会	0.659
q42_47	我了解应聘单位的背景及业务内容	0.591
因素 6	领导能力	
q42_63	在学校做项目时我乐于承担领导角色	0.721
q42_62	我在班上乐于承担责任	0.717
q42_61	我很容易用自己的观点说服同学	0.668

续表

维度/题号	题目	因素负荷
q42_64	在做学校项目时我总能看到正确的发展方向	0.591
q42_60	我乐于在课堂上发表自己的观点	0.581
因素7	社会适应能力	
q42_14	我能快速适应环境的变化	0.701
q42_15	我能积极应对环境的挑战与压力	0.700
q42_16	我在团队工作中与他人合作愉快	0.654
q42_13	我能采用适当的方法解决学习与生活中发现的问题	0.559
q42_17	我总是能认真负责地完成团队工作	0.525
因素8	学习能力	
q42_6	我能够合理安排自己的时间	0.769
q42_5	我善于学习	0.747
q42_7	我做事总是有条不紊，井然有序	0.700
q42_4	我有明确的学习目标并能充分把握学习机会	0.691
因素9	求职技能	
q42_51	我很容易从自己的关系网络中找到需要接触的人	0.737
q42_52	我很容易把自己所接触的人介绍给别人	0.692
q42_53	我很容易从自己的关系网络中获取自己所需要的资源	0.661
q42_50	我很容易从自己的关系网络中获取所需要的信息	0.648
因素10	沟通能力	
q42_8	我了解并掌握获取信息的有效途径与方法	0.743
q42_9	我能准确地判断信息的价值	0.728
q42_10	我有能力与不同的人主动交流、沟通	0.657
q42_11	我能准确地表达自己的想法	0.531
因素11	创新能力	
q42_67	课堂越有创意越好	0.790
q42_68	我喜欢能够激发想象力的课程	0.711
q42_66	我喜欢老师在课堂上尝试不同的教学方法	0.705

项目	维度										
	1	2	3	4	5	6	7	8	9	10	11
特征值	4.11	4.03	3.98	3.27	3.22	3.19	3.00	2.89	2.76	2.48	2.23
解释的方差/%	7.61	7.47	7.37	6.06	5.96	5.91	5.55	5.34	5.12	4.59	4.12
累积解释方差/%	7.61	15.08	22.45	28.51	34.47	40.38	45.93	51.27	56.38	69.98	65.10

注：题号是大学生就业能力调查问卷中的题号；因素负荷中小于0.400的省略。

表 3 大学生就业能力调查问卷信度分析结果

维度	项目数	信度/α系数
职业道德修养	6	0.882
职业规划能力	6	0.895
自主发展能力	7	0.868
成就导向	5	0.849
求职准备	5	0.860
领导能力	5	0.850
社会适应能力	5	0.844
学习能力	4	0.846
求职技能	4	0.864
沟通能力	4	0.801
创新能力	3	0.829

（二）大学生就业能力的基本特征

图 3 列出了大学生就业能力发展的基本状态。在大学生就业能力调查问卷中，各维度的得分采用以下方法计算：大学生对“大学生就业能力调查问卷”各维度所包含题目的赞同程度共分为“很不符合”、“不符合”、“不太符合”、“有点符合”、“符合”、“非常符合”6 个等级，大学生对这个 6 个赞同程度的选择结果分别赋值 1～6 分；每个维度的得分则由该维度所包含的题目得分累加后再除以该维度所包含的题目数而得。

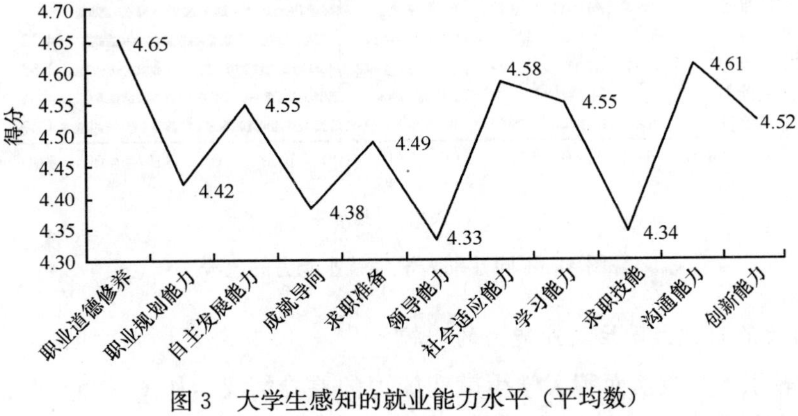

图 3 大学生感知的就业能力水平（平均数）

从图 3 可以看出，大学生在职业道德修养、自主发展能力、社会适应能力、学习能力、沟通能力、创新能力等 6 个维度上的平均得分介于 4.5 至 4.7 之间，即对相关判断的赞同程度介于“有点符合”和“符合”之间，并更倾向于“符合”；在职业规划能力、成就导向、求职准备、领导能力、求职技能这 5 个维度上的平均得分介于 4.3 至 4.5 之间，即对相关判断的赞同程度也介于“有点符合”和“符合”之间，但更倾向于“有点符合”。这说明，在大学生就业能力的各维度上，学生的职业道德修养与沟通能力较好，自主发展能力、社会适应能力、学习能力与创业能力次之，而职业规划能力、成就导向、求职准备、领导能力、求职技能则处于一般水平。这一结果表明，就整体而言大学生感知的就业能力的平均水平还是比较好的。

三、大学生就业能力的影响因素分析

（一）个体因素对大学生就业能力的影响

个体因素对大学生的就业能力具有重要影响。在本节中，我们将重点分析个体性别、政治面貌、学习成绩、是否获得职业技能证书、是否具有实习经历和兼职工作经验及其求职行为等因素对大学生就业能力的影响。

1. 不同性别大学生就业能力的比较

图4比较了不同性别大学生感知的就业能力的差异情况。从图4可见，男学生在职业规划能力、自主发展能力、成就导向、求职准备、领导能力、社会适应能力、求职技能、沟通能力等8个维度上的均值均高于女生，而在职业道德修养、学习能力、创新能力等3个维度上的均值则均低于女生。t检验结果表明，男女大学生在职业规划能力、成就导向、求职准备、求职技能等4个维度上均存在显著差异。

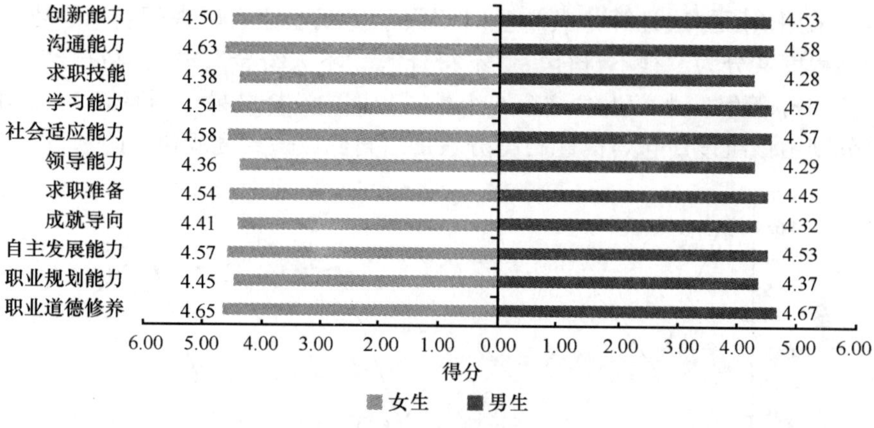

图4　不同性别大学生就业能力的比较

2. 不同政治面貌大学生就业能力的比较

图5比较了不同政治面貌大学生就业能力的差异情况。从图5可见，就学生感知的就业能力水平而言，在职业道德修养、职业规划能力、自主发展能力、成就导向、求职准备、领导能力、学习能力、求职技能、创新能力等9个维度上，中共党员最高，其次是团员，其他政治面貌的学生最低；在求职准备维度上，中共党员最高，其他政治面貌的学生次之，团员最低；在社会适应能力维度上，中共党员和其他政治面貌的学生都高于团员；在沟通能力维度上，其他政治面貌的学生最高，其次是中共党员，团员最低。单因素方差分析的结果表明，不同政治面貌的大学生在成就导向、领导能力、学习能力、求职技能、创新能力等5个维度上存在显著差异。

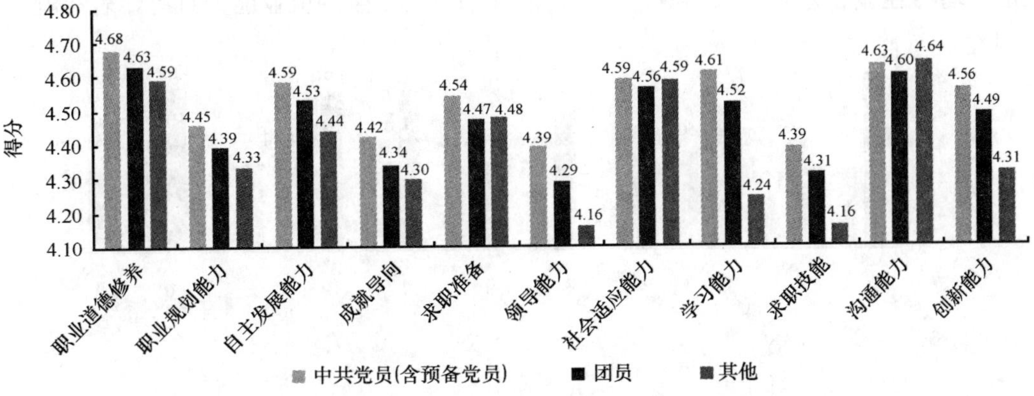

图 5　不同政治面貌大学生就业能力的比较

3. 不同学习成绩大学生就业能力的比较

图 6 比较了不同学习成绩大学生就业能力的差异情况。从图 6 可见，就学生感知的就业能力水平而言，学习成绩在 60 分以下的学生在就业能力各个维度上的得分都是最低的；在职业道德修养、职业规划能力、自主发展能力、成就导向、创新能力等 5 个维度上，学生感知的水平开始随着成绩提高而上升，但 90 分以上组别的学生感知的水平又出现了下降的趋势；在求职准备、领导能力、社会适应能力、学习能力、求职技能、沟通能力等 6 个维度上，则呈现出了随着成绩提高而上升的趋势。单因素方差分析结果表明，不同学习成绩大学生的学业能力除在成就导向、求职技能两个维度上不存在显著差异外，在其他 9 个维度上存在显著差异。

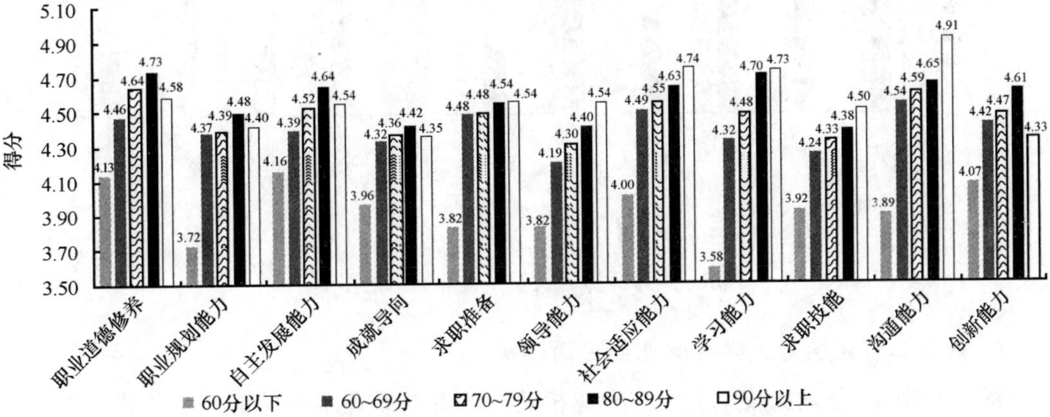

图 6　不同学习成绩大学生就业能力的比较

4. 职业技能证书对大学生就业能力的影响

图 7 中列出了有无职业技能证书的大学生在感知的就业能力上的差异状况。从图 7 可见，在就业能力的 11 个维度上，有职业技能证书的学生感知的水平都要高于没有职业技能证书的学生。t 检验结果表明，有无职业技能证书的大学生在就业能力的 11 个

维度上均存在显著差异。这说明，职业技能证书对大学生的就业能力具有显著影响。

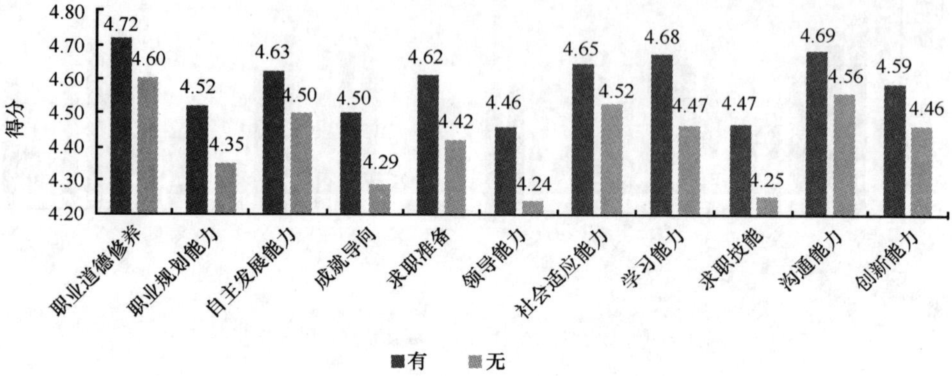

图7　职业技能证书对大学生就业能力的影响

5. 实习经历对大学生就业能力的影响

图8列出了有或无实习经历的大学生在就业能力上的差异情况。从图8可见，在就业能力的11个维度上，有实习经历的学生感知的水平都要高于没有实习经历的学生。t检验的结果表明，有无实习经历的大学生在就业能力的11个维度上都存在显著差异。这说明，实习经历对大学生的就业能力具有显著影响。

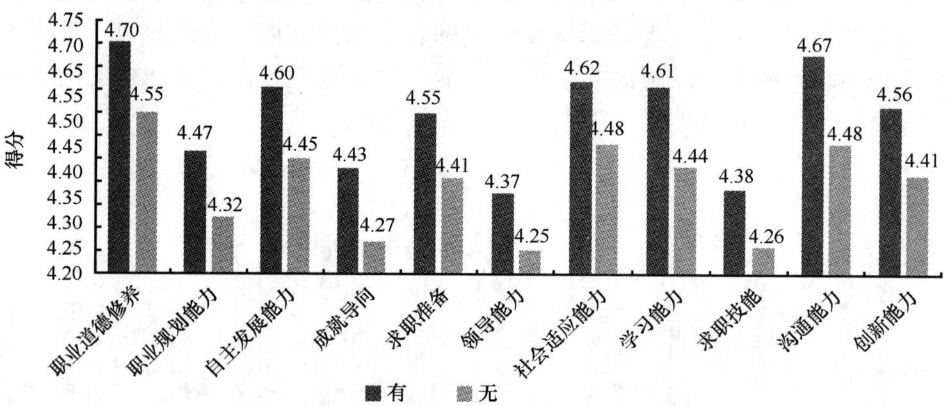

图8　实习经历对大学生就业能力的影响

6. 兼职工作经验对大学生就业能力的影响

图9和图10分别比较了有无与专业相关，或者与专业不相关的兼职工作经验对大学生就业能力的影响情况。从图9和图10可见，具有兼职工作经验（不管这种兼职工作经验是与专业相关的，还是与专业不相关的）的大学生感知的就业能力水平，都要高于没有兼职工作经验的大学生。t检验的结果表明，有无与专业相关的兼职工作经验的学生除在职业道德修养维度上不存在显著差异外，在就业能力的其他10个维度上都存在显著差异；而有无与专业不相关的兼职工作经验的学生，在就业能力的11个维度上都存在显著差异。

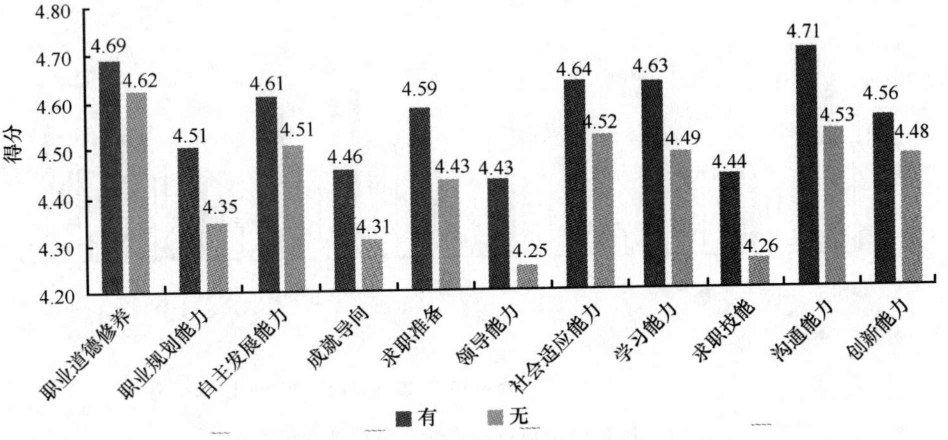

图 9 与专业相关的兼职工作经验对大学生就业能力的影响

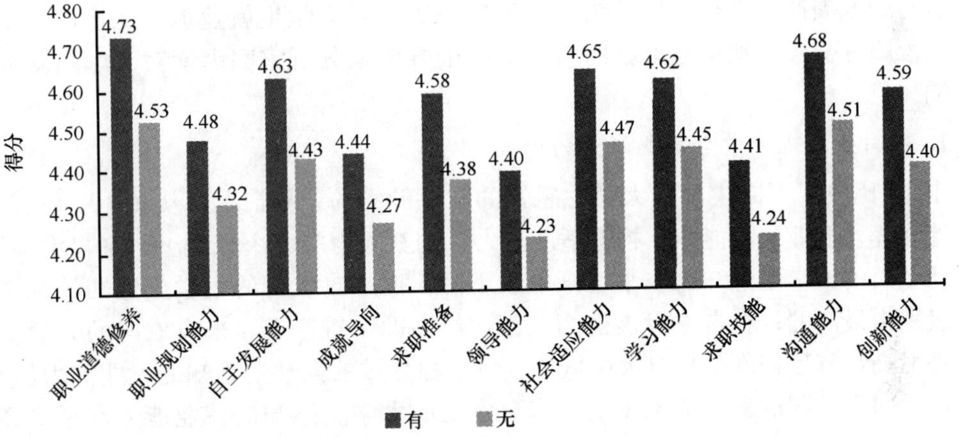

图 10 与专业不相关的兼职工作经验对学生就业能力的影响

7. 接触单位数量对大学生就业能力的影响

图 11 列出了接触单位数量不同的大学生感知的就业能力的差异情况。从图 11 可见，除个别维度外，在多数情况下，大学生接触的单位数量越多，他们感知的就业能力水平越高。单因素方差分析的结果表明，除在就业能力中职业规划能力、求职技能、社会适应能力和创新能力 4 个维度上，接触单位数量对大学生感知的就业能力水平没有显著影响外，在就业能力的其他维度上，接触单位数量对大学生感知的就业能力水平都具有显著影响。

（二）家庭因素对大学生就业能力的影响

家庭因素是影响大学生就业能力的一个重要方面。这是因为，中国社会是以传统的“伦理本位”为特征的“乡土社会”，家庭社会经济地位及社会关系网络对大学生的求职途径、获得的工作单位与岗位的性质、类型、薪酬水平等都具有重要的影

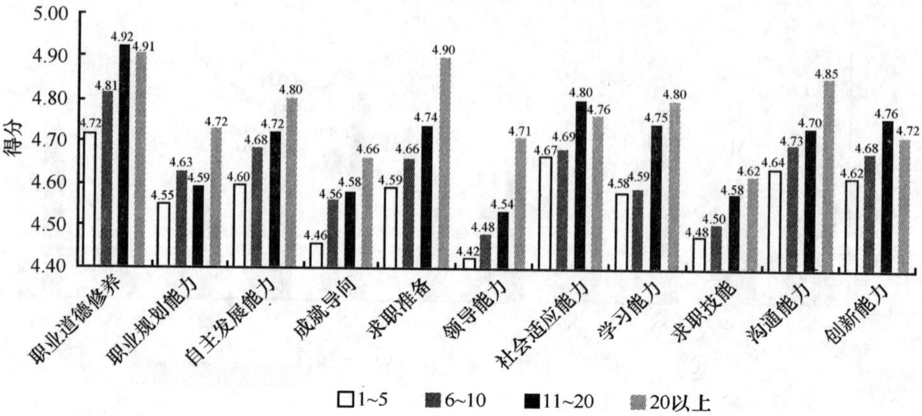

图 11　接触单位数量对大学生就业能力的影响

响[23,24,25]。此外，家庭也可能通过为大学生提供情感和物质的双重支持，而对大学生就业能力的发展产生重要作用。为了考察家庭因素对大学生就业能力的影响，本研究主要从家庭社会经济地位与家庭网络资源两个方面来分析家庭因素对大学生就业能力的影响。

1. 不同生源地大学生就业能力的比较

图 12 比较了不同生源地大学生感知的就业能力的差异情况。从图 12 可见，在职业道德修养、职业规划能力、社会适应能力、创新能力等 4 个维度上，来自大中城市、县城和乡镇的大学生感知的水平逐渐趋于下降，但来自农村的大学生感知的水平则是四个级别中最高的；在自主发展能力、学习能力两个维度上，来自农村的大学生感知的水平最高，其后依次是来自大中城市、乡镇和县城的大学生感知的就业能力的水平；在成就导向和求职准备两个维度上，来自农村的大学生感知的就业能力水平最高，其后依次是来自乡镇、大中城市和县城的大学生感知的就业能力的水平；在领导能力这个维度上，来自大中城市的大学生感知的就业能力水平最高，其后依次是来自乡镇、农村和县城的大学生感知的就业能力的水平；在沟通能力这个维度上，来自大中城市的大学生感知的就业能力水平最高，其后依次是来自乡镇、县城和农村的大学生感知的就业能力的水平；在求职技能这个维度上，来自大中城市的大学生感知的就业能力水平最高，其后依次是来自农村、乡镇和县城的大学生感知的就业能力的水平。除领导能力、沟通能力等少数几个维度之外，在其他维度上，来自农村的大学生感知的水平都处于最高的水平。单因素方差分析的结果表明，来自不同生源地的大学生在职业道德修养、职业规划能力、自主发展能力、社会适应能力、求职技能、学习能力等 6 个维度上存在显著差异。

2. 父母受教育程度对大学生就业能力的影响

图 13 分析了父亲的受教育程度对大学生感知的就业能力的影响。从图 13 可见，在职业道德修养和创新能力两个维度上，父亲受过中等教育的大学生感知的水平最高，其次为父亲教育程度为小学及以下的大学生，父亲受过高等教育的大学生感知的水平

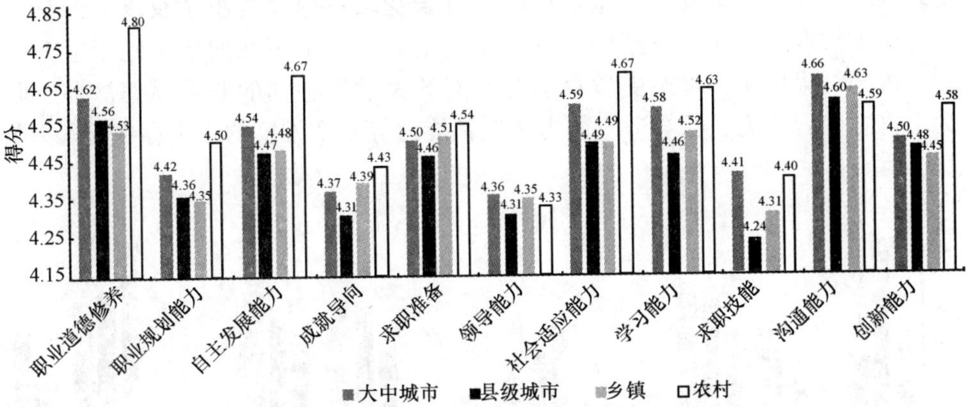

图 12　不同生源地大学生就业能力的比较

最低；在职业规划能力、自主发展能力、社会适应能力和学习能力等 4 个维度上，随着父亲受教育程度的上升，学生感知的水平趋于下降；在成就导向这个维度上，父亲受教育程度为高等教育和中等教育的学生感知的水平要略高于父亲受教育程度为小学及以下的学生；在求职准备和沟通能力两个维度上，父亲受教育程度为高等教育的学生感知的水平略高于父亲受教育程度为中等教育的学生，但低于父亲受教育程度为小学及以下的学生；在领导能力和求职技能两个维度上，父亲受教育程度为小学及以下的学生感知的水平略高于父亲受教育程度为中等教育的学生，但低于父亲受教育程度为高等教育的学生。单因素方差分析的结果表明，父亲受教育程度不同的大学生感知的职业道德修养、求职准备、沟通能力和创新能力的水平存在显著差异。

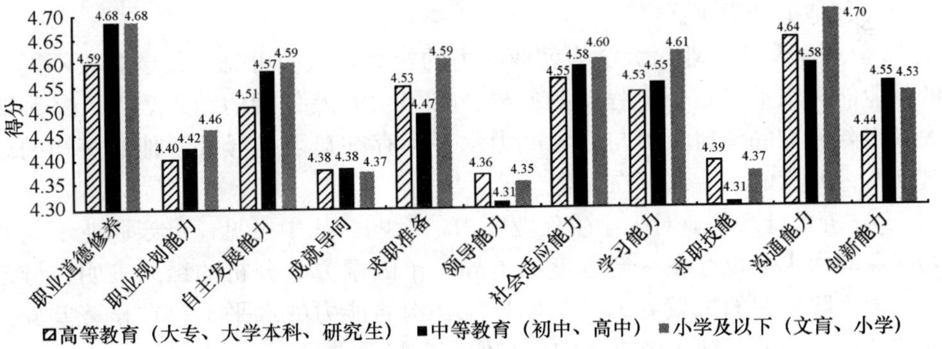

图 13　父亲受教育程度对大学生感知的就业能力的影响

图 14 分析了母亲的受教育程度对大学生感知的就业能力的影响。从图 14 可见，在职业道德修养、职业规划能力、自主发展能力、社会适应能力、学习能力、创新能力等 6 个维度上，随着母亲受教育程度的上升，学生感知的水平趋于下降；在成就导向、领导能力、求职技能等 3 个维度上，母亲受教育程度为小学及以下的学生感知的水平要高于母亲受教育程度为中等教育的学生，但低于母亲受教育程度为高等教育的学生；在求职准备这个维度上，母亲受教育程度为高等教育的学生感知的水平要高于

母亲受教育程度为中等教育的学生，但低于母亲受教育程度为小学及以下的学生；在沟通能力这个维度上，随着母亲受教育程度的上升，学生感知的水平趋于上升。单因素方差分析的结果表明，母亲受教育程度不同的大学生感知的职业道德修养、职业规划能力、自主发展能力、社会适应能力、创新能力等 5 个维度的水平存在显著差异。

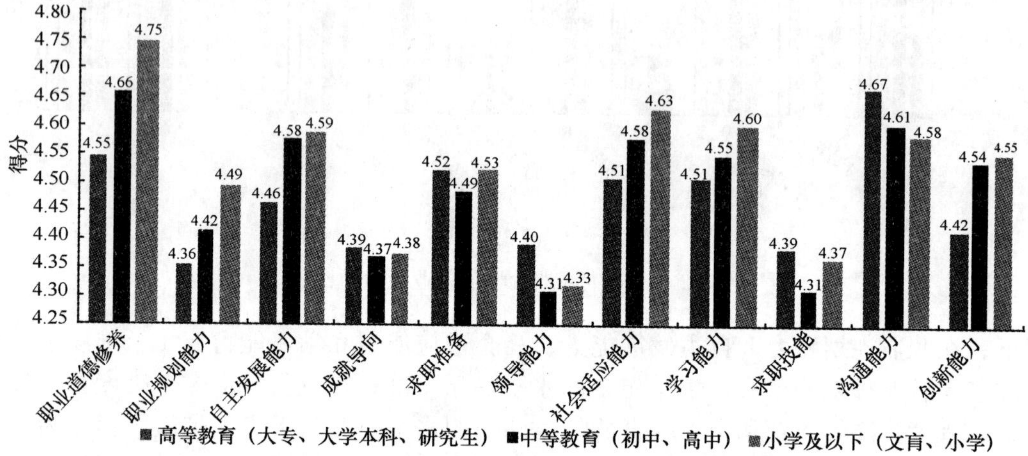

图 14　母亲受教育程度对大学生感知的就业能力的影响

3. 父母亲的职业对大学生就业能力的影响

为了分析父母亲的职业对大学生就业能力的影响，我们将父母的职业分为专业技术人员、政府与社会有关部门管理干部、一般工作人员（包括办事人员、商业服务人员、个体工商户、工人）、管理人员（经理人员、私营企业老板）、农民、待业/失业/退休人员和其他七个类别。

图 15 分析了父亲职业对大学生就业能力的影响。从中可见，父亲职业不同的学生感知的就业能力水平存在一定程度的差异。单因素方差分析的结果表明，父亲职业不同的大学生除感知的沟通能力与领导能力水平不存在显著差异外，他们感知的就业能力的其他 9 个维度的水平都存在显著差异。

图 16 分析了母亲职业对大学生就业能力的影响。从中可见，母亲职业不同的学生感知的就业能力水平也存在一定程度的差异。单因素方差分析的结果表明，母亲职业不同的大学生除感知的成就导向、求职技能、沟通能力的水平不存在显著差异外，他们感知的就业能力的其他 8 个维度的水平均存在显著差异。

4. 父母工作单位对大学生就业能力的影响

为了分析父母工作单位对大学生就业能力的影响，我们将父母的工作单位分为政府及事业单位、企业单位和其他三种类型。

图 17 分析了父亲的工作单位对大学生就业能力的影响。从图 17 可见，在就业能力的 11 个维度上，父亲工作单位为其他单位的大学生感知的就业能力水平都要高于父亲工作单位为政府及事业单位，以及企业的学生；在职业规划能力、成就导向、求职准备、领导能力、社会适应能力、学习能力、求职技能、沟通能力等 8 个维度上，父

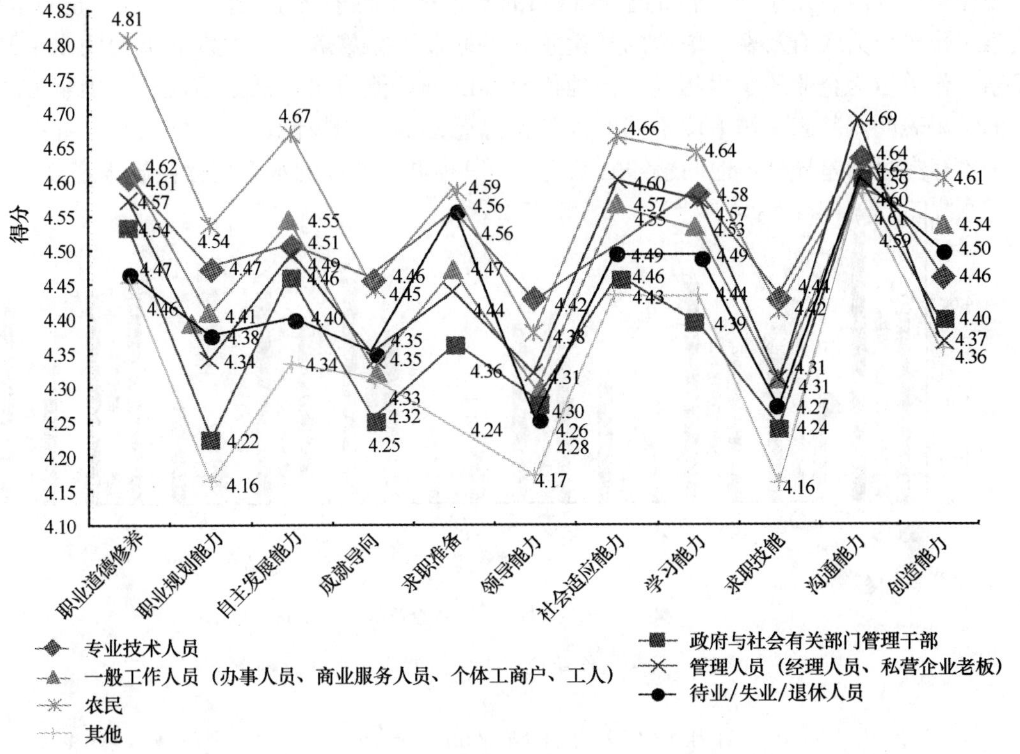

图 15　父亲职业对大学生就业能力的影响

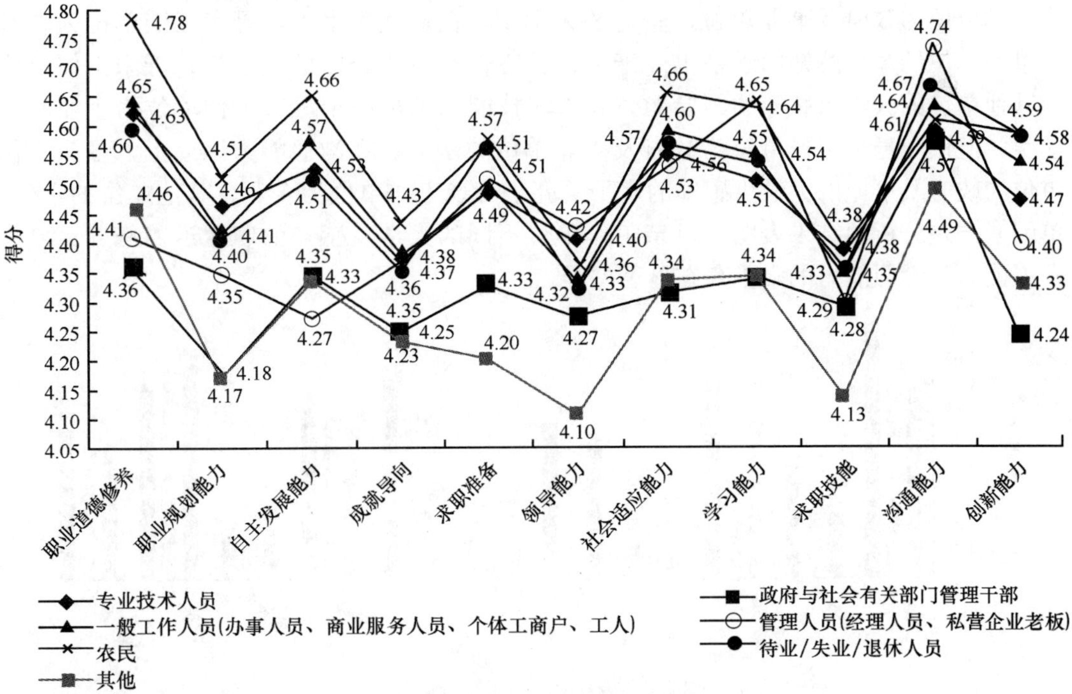

图 16　母亲职业对大学生就业能力的影响

亲工作单位为政府及事业单位的学生感知的水平也要高于父亲工作单位为企业的学生；父亲工作单位为政府及事业单位的学生感知的职业道德修养、自主发展能力的水平则与父亲工作单位为企业的学生相同，但他们感知的创新能力水平低于后者。单因素方差分析的结果表明，父亲工作单位不同的大学生除感知的求职技能、沟通能力和领导能力的水平不存在显著差异外，他们感知的就业能力其他8个维度的水平均存在显著差异。

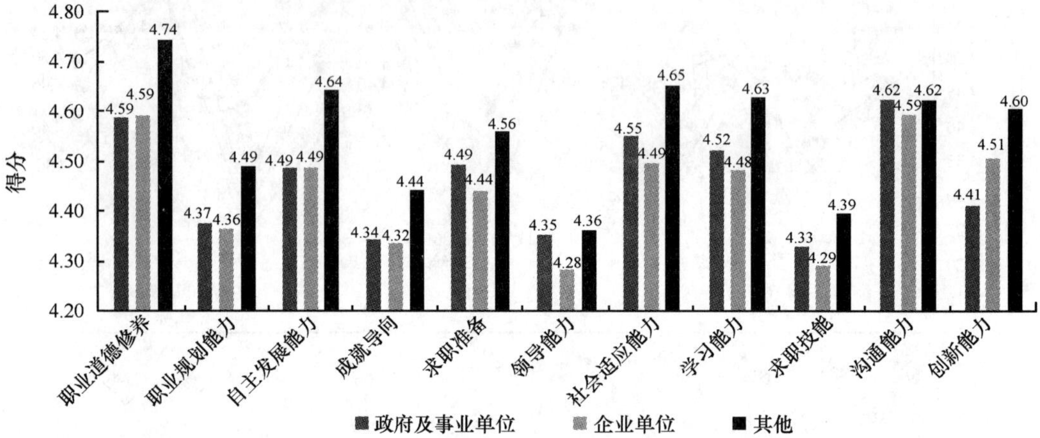

图17　父亲工作单位对大学生就业能力的影响

图18分析了母亲工作单位对大学生就业能力的影响。从图18可见，在职业道德修养、职业规划能力、自主发展能力、成就导向、求职准备、社会适应能力、学习能力和创新能力等8个维度上，母亲工作单位为其他单位的大学生感知的水平要高于母亲工作单位为政府及事业单位、企业的大学生，在这些维度上，母亲工作单位为政府及事业单位的学生感知的水平也高于母亲的工作单位为企业的大学生；母亲工作单位为其他单位的大学生感知的领导能力和求职技能水平也高于母亲工作单位为企业的大学生，但低于母亲工作单位为政府及事业单位的学生；在沟通能力维度上，母亲工作单位为政府及事业的大学生感知的水平要高于母亲工作单位为企业、其他单位的学生。单因素方差分析的结果表明，母亲工作单位不同的大学生感知的职业道德修养、自主发展能力和学习能力的水平存在显著差异。

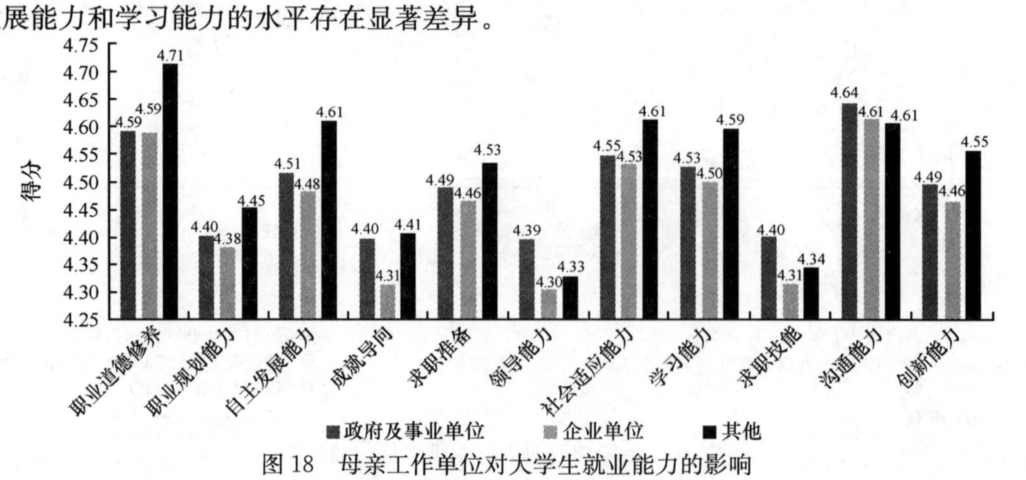

图18　母亲工作单位对大学生就业能力的影响

5. 家庭收入水平对大学就业能力的影响

本研究中我们将学生家庭收入水平划分为低收入（1 万元以下）、中等收入（1 万～5 万元）、高收入（5 万元以上）三类。图 19 比较了家庭收入水平不同的大学生就业能力的差异情况。从中可见，在职业道德修养、职业规划能力、自主发展能力、求职准备、社会适应能力、求职技能、创新能力等维度上，随着家庭收入水平的提高，学生感知的水平趋于下降；在成就导向维度上，家庭收入水平不同的学生感知的水平呈 U 形变化；在领导能力和学习能力两个维度上，家庭收入水平不同的学生感知的水平呈倒 U 形变化；在沟通能力维度上，学生感知的水平随着家庭收入水平的提高而趋于上升。单因素方差分析的结果表明，家庭收入水平不同的大学生感知的就业能力 11 个维度的水平不存在显著差异。

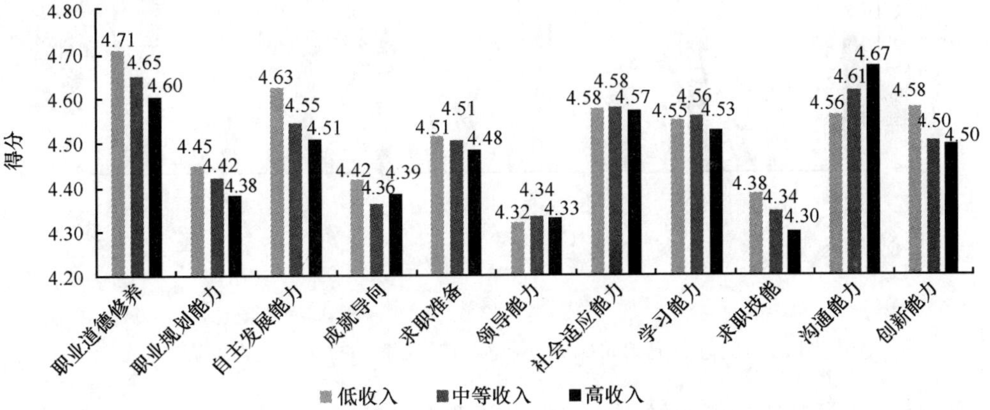

图 19　不同家庭收入水平的大学生就业能力的比较

6. 家庭社会关系对大学生就业能力的影响

图 20 列出了大学生认为的家庭社会关系对找工作的影响程度。从中可见，有 21.09％的同学认为“非常大”，有 40.15％的同学认为“比较大”，有 28.81％的同学认为“一般”，只有 9.95％的学生认为“非常小”和“比较小”。相关分析的结果表明，大学生对家庭社会关系对找工作的影响程度的认识与其感知的就业能力的 11 个维度的水平之间存在显著的负相关关系，即认为家庭社会关系的影响越大，其就业能力越低。

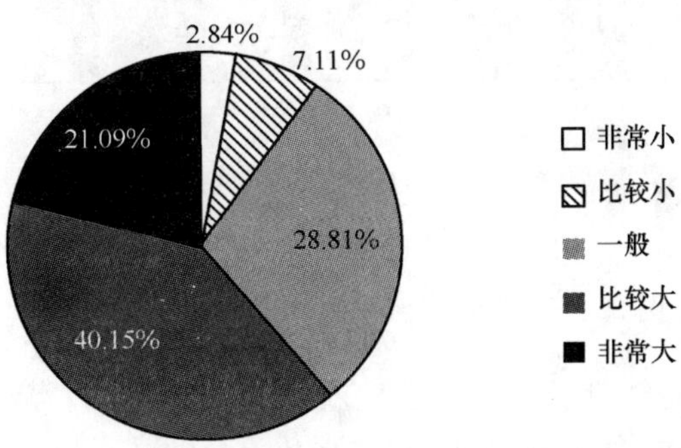

图 20　大学生认为家庭社会关系对找工作的影响

7. 父母、兄弟姐妹、亲戚、朋友的创业经历对大学生就业能力的影响

图 21 分析了父母、兄弟姐妹的创业经历对大学生就业能力的影响。从中可见，在职业道德修养、职业规划能力、自主发展能力、社会适应能力、创新能力等 5 个维度上，父母、兄弟姐妹有创业经历的大学生感知的水平都要低于父母、兄弟姐妹没有创业经历的大学生；在成就导向、求职准备、领导能力、学习能力、求职技能、沟通能力等 6 个维度上，父母、兄弟姐妹有创业经历的大学生感知的水平则都高于父母、兄弟姐妹没有创业经历的大学生。t 检验的结果表明，父母、兄弟姐妹创业经历不同的大学生感知的职业道德修养、求职准备、求职技能、沟通能力的水平存在显著差异。

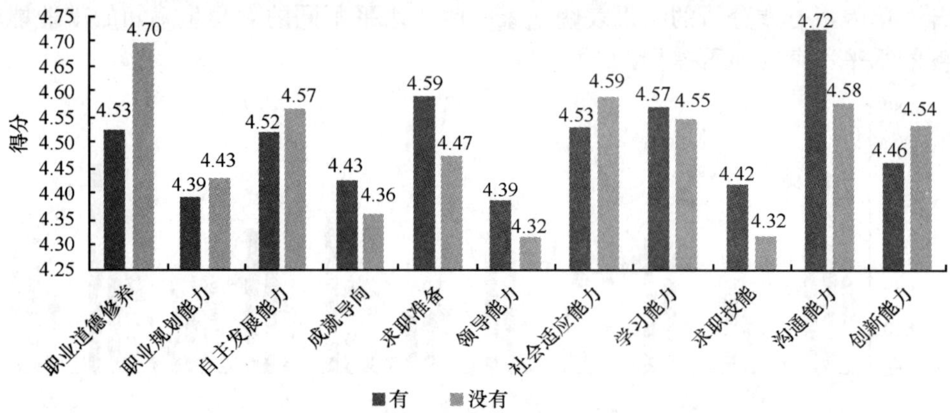

图 21　父母、兄弟姐妹的创业经历对大学生的就业能力的影响

图 22 分析了亲戚的创业经历对大学生就业能力的影响。从中可见，亲戚有创业经历的大学生感知的就业能力 11 个维度的水平均高于亲戚没有创业经历的大学生。t 检验的结果表明，亲戚创业经历不同的大学生感知的自主发展能力、求职准备、领导能力、社会适应能力、学习能力、求职技能、沟通能力、创新能力的水平存在显著差异。

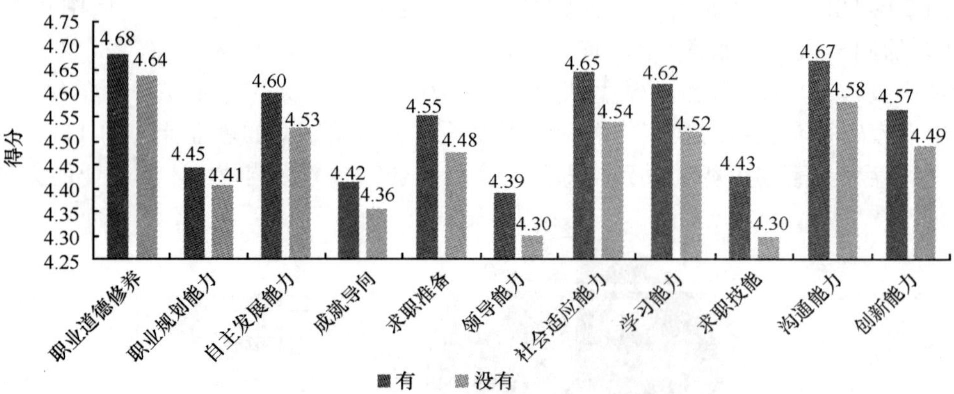

图 22　亲戚创业经历对大学生就业能力的影响

图 23 分析了朋友的创业经历对大学生就业能力的影响。从中可见，朋友有创业经历的大学生感知的就业能力 11 个维度的水平均高于朋友没有创业经历的大学生。t 检验的结果表明，朋友创业经历不同的大学生感知的自主发展能力、成就导向、社会适

应能力、学习能力、求职技能、沟通能力的水平存在显著差异。

从图 21 和图 22、图 23 的比较中可以看到，父母的创业经历与亲戚、朋友的创业经历对大学生就业能力的影响是并不完全相同的。

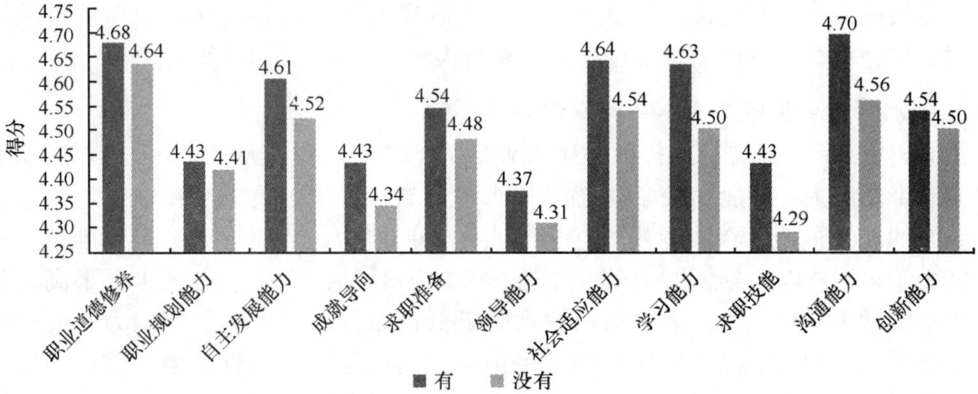

图 23 朋友创业经历对大学生的就业能力的影响

8. 家庭、同学和朋友支持大学生创业的态度对其就业能力的影响

图 24、图 25 分别列出了家庭和同学、朋友支持学生创业的情况。从中可见，家庭“同意”、“非常同意”大学生创业的比例达 60.90％，同学、朋友“同意”、“非常同意”大学生创业的比例达 63.18％。相关分析的结果表明，家庭、同学和朋友支持大学生创业的态度与其就业能力之间存在显著的正相关关系。

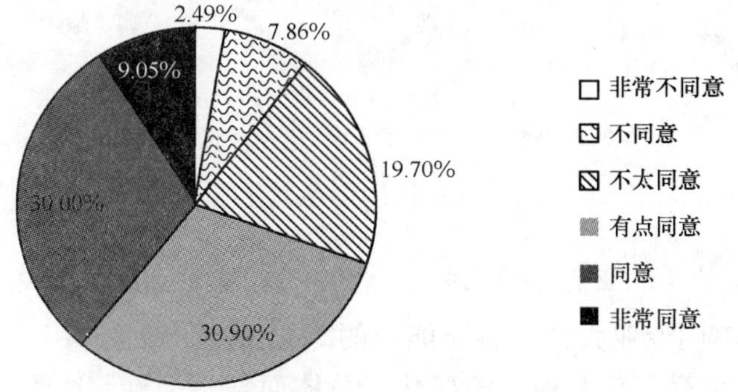

图 24 家庭支持大学生创业的情况

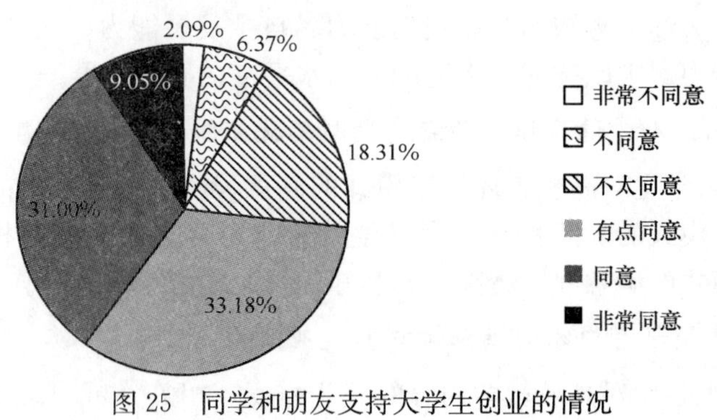

图 25 同学和朋友支持大学生创业的情况

（三）学校教育因素对大学生就业能力的影响

学校教育是影响大学生就业能力的重要因素。本研究主要从高校类型、学生就读专业、高校的人才培养模式、教学内容、就业指导工作、创业教育以及高校提供的校外实习、实践机会等方面探讨学校教育因素对大学生就业能力的影响。

1. 不同类型高校大学生就业能力的比较

图 26 比较了不同类型高校大学生就业能力的差异情况。从图 26 可见，在职业道德修养这个维度上，一般高校学生感知的水平最高，其次是重点高校学生，独立学院学生感知的水平最低；在职业规划能力、自主发展能力、成就导向、求职准备、社会适应能力、求职技能、创新能力等 7 个维度上，一般高校学生感知的水平最高，其次是独立学院学生，重点高校学生感知的水平最低；在领导能力、学习能力、沟通能力等 3 个维度上，独立学院学生感知的水平最高，其次是一般高校学生，重点高校学生感知的水平最低。单因素方差分析的结果表明，不同类型高校大学生感知的就业能力的 11 个维度的水平均存在显著差异。

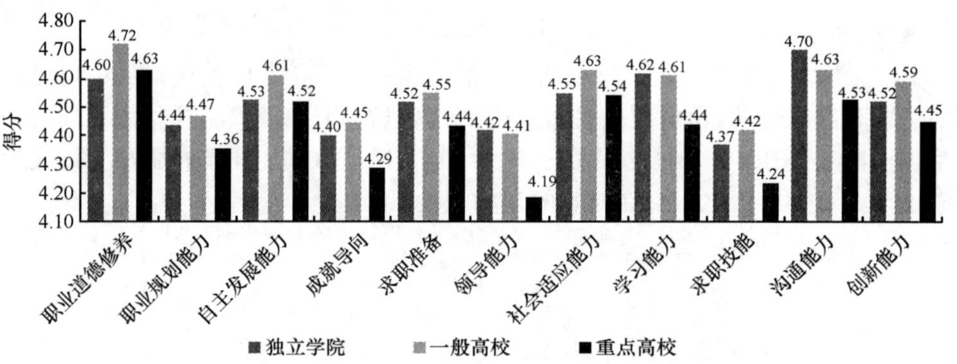

图 26　不同类型高校大学生就业能力的比较

2. 不同专业大学生就业能力的比较

图 27 比较了不同专业大学生就业能力的差异情况。从图 27 可见，不同专业大学生感知的就业能力也存在较大程度的变化，总体而言，工科、经管、理科的学生感知的就业能力相对较高，人文学生感知的就业能力处于较低水平。单因素方差分析的结果表明，不同专业大学生感知的职业规划能力、自主发展能力、成就导向、求职准备、领导能力、学习能力、求职技能和沟通能力的水平存在显著差异。

3. 大学生对高校人才培养模式的满意度与其就业能力的关系

图 28 列出了大学生对高校人才培养模式的满意程度。相关分析的结果表明，大学生对高校人才培养模式的满意程度与大学生就业能力存在显著的正相关关系，即他们对高校人才培养模式的满意程度越高，其感知的就业能力水平越高。

4. 大学生对高校教育内容的满意度与其就业能力的关系

图 29 列出了大学生对高校教学内容的满意程度。相关分析的结果表明，大学生对

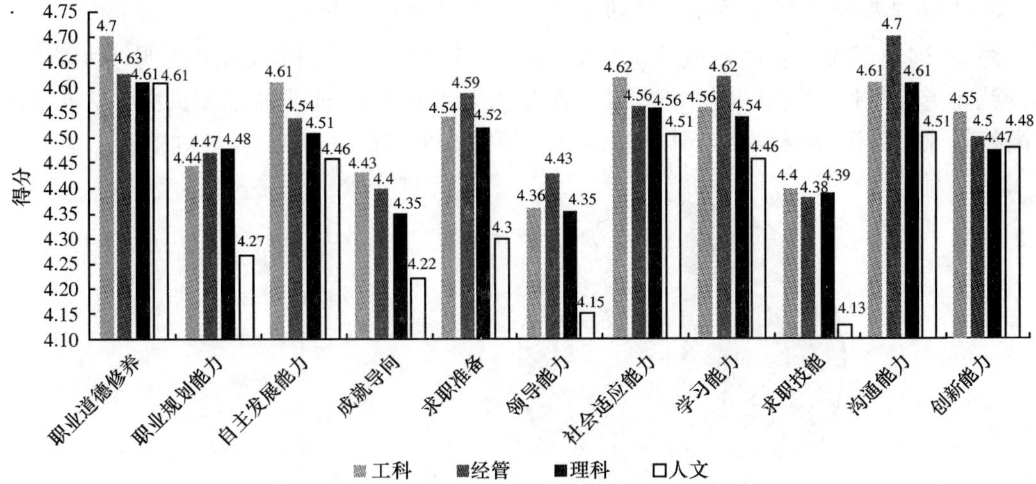

图 27　不同专业大学生就业能力的比较

高校教育内容的满意程度与其感知的就业能力水平存在显著的正相关关系，即他们对高校教学内容越满意，其感知的就业能力水平越高。

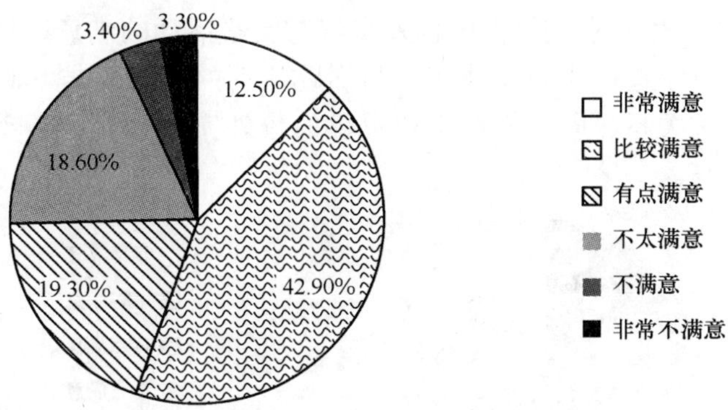

图 28　大学生对高校人才培养模式的满意度

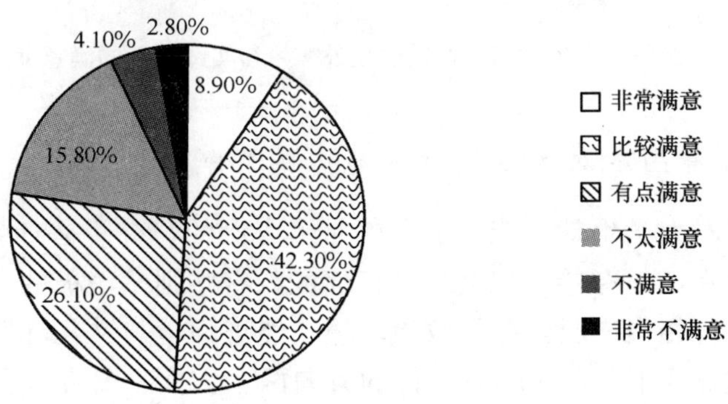

图 29　大学生对高校教育内容的满意度

5. 大学生对高校就业指导工作的满意度与其就业能力的关系

图 30 列出了大学生高校就业指导工作的满意度。相关分析的结果表明，大学生对高校就业指导工作的满意度与其感知的就业能力水平存在显著的正相关关系，即他们对高校就业指导工作越满意，其感知的就业能力水平越高。

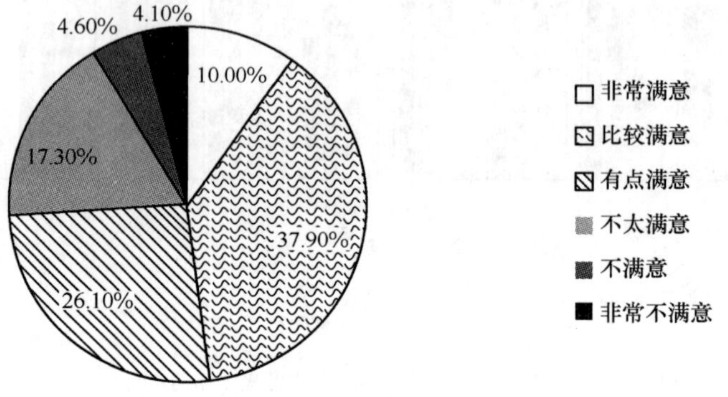

图 30 大学生对高校就业指导工作的满意度

6. 大学生对学校提供的校外实习与实践活动的满意度与其就业能力的关系

图 31 列出了大学生对学校提供的校外实习与实践活动的满意度情况。相关分析的结果表明，大学生对学校提供的校外实习与实践活动的满意度与其感知的就业能力水平存在显著的正相关关系，即他们对学校提供的校外实习和实践活动越满意，其感知的就业能力水平越高。

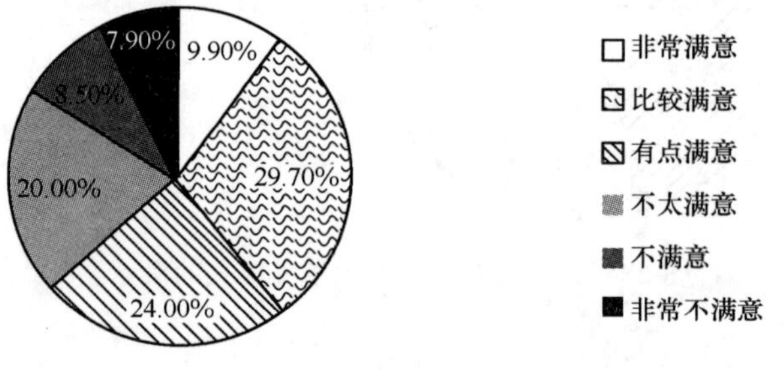

图 31 大学生对高校提供的校外实习与实践活动的满意度

（四）社会环境因素对大学生就业能力的影响

社会环境因素对大学生就业能力的影响是多方面的，有些是直接的、现实的；有些则是间接的、潜在的；有些是积极的、正面的，有些则是消极的、负面的。社会环境因素所包含的内容相当广泛，涉及政治环境、经济环境与文化环境等许多方面。本研究主要从政府就业政策、创业政策支持的方向两个方面来研究社会环境因素对大学生就业能力的影响。

图 32 和图 33 分别列出了政府就业政策和创业政策支持的方向在大学生找工作过程中的重要性程度。相关分析的结果表明，政府就业政策和创业政策支持的方向在大

学生找工作过程中的重要性与大学生感知的就业能力水平存在显著的正相关关系，即政府就业政策和创业政策支持的方向在大学生找工作过程中越重要，其感知的就业能力水平越高。

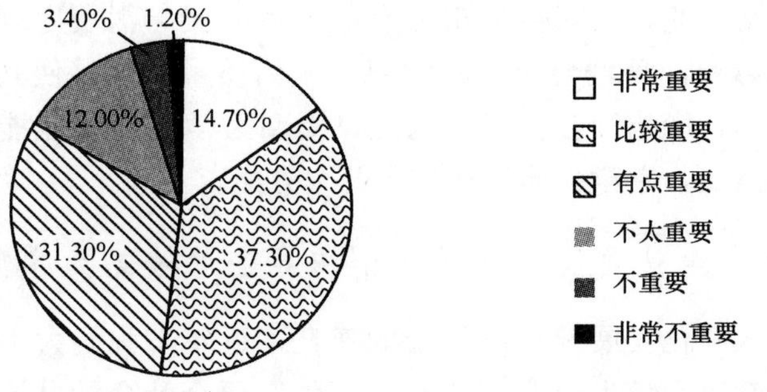

图 32　政府就业政策支持的方向在大学生找工作过程中的重要性

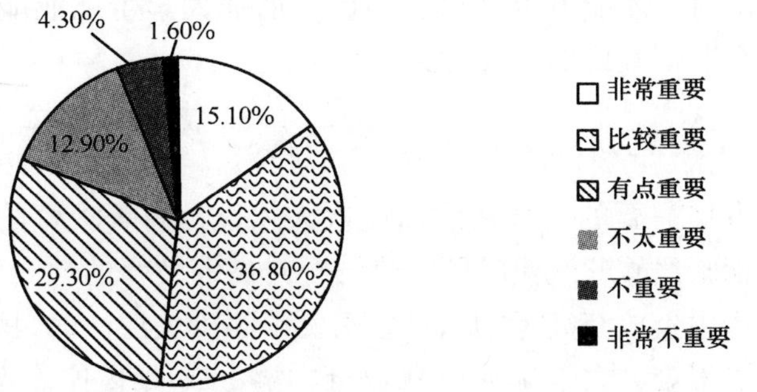

图 33　政府创业政策支持的方向在大学生找工作过程中的重要性

四、大学生就业能力建设关系社会稳定

大学毕业生是国家宝贵的人才资源，他们身上寄托着家庭的幸福和希望。其就业问题，关系国家经济建设、社会稳定和人民群众的根本利益，关系高等教育的持续健康协调发展，关系我们党的执政能力建设。在我国，大学生就业问题是非常重要的民生问题，它之所以受到社会广泛关注，在很大程度上是因为它关系国计民生和社会稳定。

社会稳定，从广义上说，是指一个国家和社会的政治生活、经济生活、文化生活、科技教育以及对外交往的依法有序的发展，国家政治局面安定团结，社会秩序和谐稳定；从狭义上说，则主要是指社会秩序的和谐稳定。影响社会稳定的因素很多，而就业问题是影响社会稳定的一个非常重要的因素，处理不当，将会引发社会动荡。因为如果大学毕业生不能正常就业，势必会使他们的生活得不到保障，生活条件得不到改善，文化生活条件得不到丰富，进而会影响其个人发展，使之无法正常地融入社会生活之中，这必然会对社会稳定产生一定的影响。例如，2011 年 8 月英国曾接连不断地发生暴力行为，一些分析认为发生骚乱的根本原因，是英国青年失业率高达 20%左右，社会财富分配不公，许多青年人看不到自己的未来。德国联邦统计局和欧盟委员会最新公布的数据也表明，欧盟 27 国中，年龄在 24 岁以下的青年平均失业率达 20.5%，其中，西班牙青年失业率已高达 47%，希腊为 38.5%，爱尔兰及葡萄牙分别为 27%。这给欧洲社会的安全稳定敲响了警钟[26]。

大学生不能正常就业，不仅会冲击公众的教育投资与消费心理，对高等教育的可持续发展产生负面影响，而且会影响其学习与生活质量，容易使其产生心理挫伤、社会隔离感与过激行为，影响社会稳定。因此，提高大学生的就业能力，对促进社会和谐稳定具有重要的意义，它至少体现在如下几个方面。

（一）提升大学生就业能力有助于解决日益严峻的大学生就业难题

随着高等教育大众化发展及经济社会的变迁，近年来我国大学毕业生面临着前所未有的就业压力。解决大学生就业难的问题不仅需要全社会的共同努力，营造良好的就业环境，也需要大学生不断努力，提高自身的就业能力，只有如此，大学生在面对复杂多变的就业环境时，才能占得先机。因此，加强大学生就业能力建设，对解决大学生就业难问题具有非常重要的现实意义。

（二）提升大学生就业能力有利于我国高等教育的健康和谐发展

培养经济社会发展需要的、合格的高层次人才，是高等教育的重要使命。如果高等学校培养的人才面临严峻的就业问题，势必会对高等教育的健康发展产生负面影响。重庆有上万名应届高中生放弃高考的消息曾引发了不少关注。《人民日报》记者侯露露调查发现：家庭经济困难、大学毕业生就业难、学习成绩跟不上是应届高中生放弃考大学的重要原因。大学生就业难的现实，让更多贫困家庭及其子女失去了对“知识改变命运”这一信念的坚持。一些学生表示：“上大学最后还不是找不到工作？还不如直接去打工呢。”[27]这一事实表明，如果不能切实解决大学生就业难这一问题，不仅会对我国高等教育的健康发展产生严重的负面影响，而且会对我国实施人才强国战略、加强人力资源能力建设产生不利的影响。提升大学生就业能力则可以在一定程度上解决大学生就业难问题，进而促进我国高等教育的健康、和谐发展。

（三）提升大学生就业能力有利于促进社会的稳定和谐

就业是民生之本，就业问题已成为影响社会和谐发展的重要问题之一，扩大就业是我国当前和今后一段时期内重大而艰巨的任务。切实提升大学生的就业能力，促使大学生充分就业，对于促进社会稳定、构建和谐社会具有重要的意义。

五、提高大学生就业能力的政策建议

大学生就业能力的培养与提升是一个复杂的系统工程，不能单靠某一个方面的努力，需要政府部门、高校、大学生自身等各方面的协同配合和支持。为提升我国大学生就业能力，改善当前大学生就业难的不利局面，本研究着重从大学生自身、高校、政府三个层面探讨培养大学生就业能力的一些策略。

（一）大学生是提升就业能力的主体

大学生作为就业的主体，是决定其就业能力高低的关键因素之一，大学生应该主动提高自己的就业能力。本研究表明，大学生的就业能力主要包括职业道德素质、职业规划能力、自主发展能力、成就导向、求职准备、领导能力、社会适应能力、学习能力、求职技能、沟通能力、创新精神等不同维度。就大学生感知的就业能力的水平而言，在大学生就业能力的各维度上，学生的职业道德修养与沟通能力较好，自主发展能力、社会适应能力、学习能力与创业能力次之，而职业规划能力、成就导向、求职准备、领导能力、求职技能则处于一般水平。这一结果虽然表明，就整体而言大学生感知的就业能力的平均水平是比较好的，但是，求职准备、职业规划能力、求职技能等方面还有待加强。根据这一研究结果，我们认为，从个人角度看，大学生应该在如下几个方面多加着力。

1. 树立正确就业观念

就业观念是大学生关于就业理想、动机、标准和方向的根本观念和基本看法。正确的就业观念是大学生对于就业的目的和意义的明确、根本看法和态度的体现，也是其积极的世界观、人生观和价值观在现实问题上的综合反映，是大学生就业成功的前提。马克思在《青年在选择职业时的考虑》一文中曾指出："如果我们选择了最能为人类福利而劳动的职业，那么，重担就不能把我们压倒，因为这是为大家而献身；那时我们所感到的就不是可怜的、有限的乐趣，我们的事业默默地，但是发挥作用地存在下去，而面对我们的骨灰，高尚的人们将洒下热泪。"[28]马克思的这段肺腑之言为当前大学生树立正确的就业观念提供了重要的思想指引和方向。大学生树立正确的就业观念可从以下几个方面着手：①转变"以我为中心"的就业观念，树立服从社会需要的观念。社会转型不可避免地会导致人们思想观念和价值取向的重塑。对大学生而言，有些人在选择职业时，以自我为中心，不顾国家和社会发展的需要，这是非常不可取的。大学生就业既要追求自己的职业理想，更要符合经济社会发展的实际需求。因此，大学生应以理性心态充分认识当前的就业形势，服从国家与社会需要，追求长远利益。②转变狭隘的"地域、部门、行业"观念，树立"五湖四海"的就业观念。虽然我国高等教育已经进入了大众化发展阶段，但仍有部分大学生的就业观念还停留在精英教育阶段，对就业的期望值过高。大学生应根据高等教育发展阶段、就业环境等因素主动调整自己的就业观念，改变在就业时过分强调地域、部门、行业的观念，树立志在四方的抱负，到西部，到城镇、乡村，到基层，到战略新兴行业和艰苦行业寻找更大的发展空间，使自己的就业期望更加切合实际，更加符合经济社会发展需要。③转变"求职是唯一就业形式"的观念，树立"以创业带动就业"的观念。目前，我国大学生创业的氛围不浓，创业的激情和积极性不高，在一定程度上影响了大学生的就业，增加了大学生就业的难度。十七大报告提出要促进"以创业带动就业"，同时要"完善支持自主创业、自谋职业政策，加强就业观念教育，使更多劳动者成为创业者"。"以创业带动就业"应该成为大学生就业的一个新趋势。

2. 完善职业生涯规划

大学时代是一个人职业生涯规划中的黄金阶段。一方面，在校大学生具有充沛的体力和很强的学习能力，而且就业观念、职业理想、人生观、价值观等方面都具有很强的可塑性，因而有着很好的职业生涯可规划性；另一方面，大学为大学生提供了学习基本就业技能的良好条件，大学生可为自己成功的职业生涯打好基础，做好准备。科学、合理地规划自己的职业生涯是大学生迈向成功的第一步，是保证大学生获取就业能力的一个重要因素。大学生开展职业生涯规划可从以下几个方面着手：①自我评价。有效的职业生涯设计应该建立在充分而且正确地认识自身条件与相关环境的基础上，大学生要学会审视自己、认识自己、了解自己，做好自我评估，包括自己的兴趣爱好、特长、性格、技能、学识、智商、思维方式等，全面地认识自己的优势与不足，从而为确立职业生涯目标服务。②目标确立。确立目标是规划职业生涯的关键，大学生要从自身实际和社会需要出发，思考大学四年学习与今后四十年职场工作的关系，在大学期间确立职业生涯发展目标，为自己成功就业打下坚实的基础。③环境评价。在大学期间，大学生应积极通过多种渠道了解社会需求、用人单位状况、职位要求等，以确定自己是否具备相应的能力和知识要求，并进行较专业的工作分析。④职业定位。职业定位就是要为职业目标与自己的潜能以及主客观条件谋求最佳匹配。大学生在进行职业定位时，一方面要扬长避短，注意选择与自身条件相匹配的职业；另一方面要学会审时度势，根据环境及条件变化及时调整自己的就业目标。⑤策略实施。大学生在确定职业目标后，应制订实现目标的行动策略，以保证职业目标的落实。具体而言，大学生应根据职业目标有目的地选修有关课程、参加实习与职业培训、获取职业经验，以便更顺利地实现自己的职业目标。

3. 做好就业准备，提升求职技能

在双向选择的就业模式下，大学生为获得一个理想、合适的职业，实现自己的就业目标，不仅要主动根据社会需要充实和完善自己的知识、能力和素质，还要精心做好就业前的各项准备工作。在这方面，大学生可以从以下几个方面着手：①收集就业信息。就业信息是大学生实现就业的基本前提。在就业形势日益严峻的时代，就业不仅是实力的竞争，也是信息的竞争，作为新世纪的大学生，应当充分认识到就业信息的重要性，积极主动、广辟途径收集就业信息，并通过认真细致、去伪存真的分析、筛选、整理，把握职业选择的主动权，为成功就业奠定基础。②准备求职材料。内容充实而又富有个性的求职材料，将会使求职者赢得更多机会。大学生的求职材料多侧面、多角度准确全面地反映自己的专业水平、就业能力和综合素质，让用人单位可以清楚了解自己的情况，争取面试机会。③掌握面试技巧与方法。用人单位进行面试的根本目的是对应聘者参加工作后的工作能力作出可靠的预测。因此，大学生要正确对待面试，掌握一定的面试技巧与方法，自信地向用人单位展示自己的工作潜力。

（二）高校是培养和提升大学生就业能力的主阵地

高校是培养大学生就业能力的重要场所。本研究的结果表明，学校类型、学生就读专业，以及学生对高校人才培养模式、教育内容、就业指导工作、学校提供的校外实习实践活动和满意度等因素，对大学生的就业能力有一定程度的影响。应主动顺应社会主义市场经济发展的要求，采取强有力措施，积极提升大学生的就业能力，促进大学生顺利就业。

1. 创新人才培养模式，更新教育教学内容

高校要切实提高大学生的就业能力，必须创新人才培养模式，更新教育教学内容，为提高大学生的就业能力创造良好环境与条件。①主动适应市场变化。高校在培养人才时，应建立与社会协同培养机制，加强与用人单位的合作，使人才培养更接近于社会需求，并让大学生提前得到就业方面的训练，以实现毕业与就业的无缝接轨。②促进学生个性发展。高校应逐步建立以学生自主选课为基础的完全学分制，使大学生有机会根据自身情况和未来职业定位自主选择课程，促进学生的个性化。③强化人才培养特色。特色鲜明的人才培养模式有利于增强大学生就业的不可替代性，增强大学生就业的比较优势。高校应结合社会对人才多元化的要求，大力发展优势专业、特色专业，打造自身教育品牌，突出人才培养的特色。

2. 积极拓展校内外实习实践活动

校内外实习、实践教学是实现创新人才培养目标的重要途径之一，是人才培养过程中的重要环节，也是提高人才培养质量的重要手段。因此，加强实践教学环节是高校培养和提升大学生就业能力的重要渠道之一。①积极构建科学的实习、实践教学体系。高校应结合不同专业特点，确定专业核心能力与素质要求，并据此构建科学的实习、实践教学体系，以强化大学生的实践能力和创新精神培养。②加强实践教学师资队伍建设。由于种种原因，近些年来，高校实践教学师资队伍受到了较大的削弱，使实践教学的质量受到较大影响。建设一支高质量的实践教学师资队伍，是当前保证实践教学运行，提高大学生实践能力所必须解决的重要制约因素之一。③改善校内外实习、实践教学条件。高校应切实加大对校内外实践、实习基地建设和实践教学运行经费投入，以保障实践教学各环节的顺利实施。

3. 完善就业指导工作机制

高校要把毕业生就业工作摆在突出位置，建立和完善集教育、管理、指导和服务等功能于一体的毕业生就业指导和服务体系，认真落实促进毕业生就业的各项政策措施，根据不同类型、专业和生源地学生的特点和需要，为学生提供信息服务，咨询服务，指导服务，千方百计开拓就业渠道，努力增加就业岗位，提高就业质量。要达到这一目的，高校就业指导应该：①从短期指导向全程指导转变，把就业指导贯穿于大学教育的全过程。②从一元化服务向个性化服务转变。本研究结果表明，大学生的性别、政治面貌、学习成绩、有无职业技能证书、实习经历、兼职工作经历、接触工作单位数量等因素对其就业能力有一定程度上的影响；他们的来源地、父母受教育程度、父母职业、工作单位、家庭收入水平、家庭社会关系、亲朋好友的创业经历及其对创业的支持态度等家庭因素对其就业能力也有一定程度的影响。因此，开展就业指导，应该在充分了解大学生的个体因素、家庭社会经济背景因素的基础上，为其就业抉择

和毕业后的事业发展提供个性化的、有针对性的指导。③从单一化指导向多样化指导转变。通过开设就业指导课、定期举办就业专题报告会和座谈会、开展团体辅导活动、加强网络服务等多种途径和方式，满足不同类型大学生的需求，激发他们进行职业生涯规划的积极性和主动性，增强就业指导的实效性。

4. 加强大学生创业教育

党的十七大报告明确提出，要以创业带动就业。但是，目前我国高校还缺乏系统的以培育大学生的创业意识、激发大学生的创业潜能、培养大学生的创业能力为目标的创业教育，致使部分大学生消极被动地等待就业机会而不是积极主动地寻找创造就业岗位。而一些有创业意向的大学生也因得不到系统的创业培训和指导，创业知识与创业能力不足，导致他们的创业实践无法最终实现。

高校实施创业教育的关键，是要科学构建全过程、全方位、切实可行的大学生创业教育模式，建立健全创业教育机制，努力提高大学生的就业能力。为此，第一，高校应该把创业教育纳入课程体系。创业教育课程是实施创业教育的重要环节，是将创业教育理论观念转化为实践的有效途径。高校创业教育的组织模式可以分为聚焦模式和全校性模式。在聚焦模式中，所有资源都由商学院/管理学院调配，所有活动也在商学院/管理学院内部开展，其目标是培养专业化的创业人才以及培养创业教育师资和研究者；在全校性模式中，创业课程和活动针对全校的学生展开，培养不同学科背景学生的创业精神和创业意识，为学生进入就业市场做好多方面的准备。美国排名靠前的38 所大学的创业组织模式中有 10 所高校采用聚焦模式，28 所高校采用全校性模式[29]。第二，要加强创业教育师资，雄厚的师资力量是高校创业教育有效开展的保障。由于创业教育的特殊性，这需要教师不仅重视创业理论水平，也关注创业实践经验。高校可以通过吸收有创业经验又有一定学术背景的社会资深人士担任兼职教师工作，这样可以弥补部分教师实践经验不足带来的弊端。第三，要丰富创业教育教学方式、方法和内容。就创业教学内容而言，可以分为创业意识类、创业知识类、创业能力素质类和创业实务操作类等多种类型[30]；就创业教育的方式方法而言，除了传统的课堂讲授，还可以采用案例分析与讨论、创业讲座、情景模拟、计算机创业模拟、商业计划大赛等多种多样灵活的方式。第四，应该建立和完善创业实践基地，提升大学生创业素质。高校应积极构建专业化的创业实践基地，通过校内孵化与校外示范等不同形式，让大学生既能实习观摩，又能参与真实的创业过程。同时，应积极协助大学生解决创业实践过程中遇到的一些困难，提升大学生自主创业的实践水平。第五，应充分利用校园文化活动，营造创业氛围。校园文化活动对于帮助大学生树立创业意识，培养创业心理品质，形成创业知识结构，提高创业能力具有重要的作用。一要积极利用校园宣传阵地进行创业教育宣传，使大学生全面、系统地了解创业教育，形成求实创新、勇于进取，乐于创业的校园文化氛围；二要积极开展与大学生创业有关的各类比赛，使大学生直接感受和亲身体验创业教育，同时开展多种形式的创业实践活动，激发大学生的创业兴趣，提升大学生的创业能力；三要充分利用校内外教育资源，组织高质量的“创业报告”、“创业论坛”等活动，邀请社会上有经验的创业家、企业家、成功校友到学校开设讲座，给大学生传授创业经验和技能，为大学生带来生动、鲜活的创业案例，以便增强大学生创业教育的直观性、真实性和感染性，有效激发大学生的创业意愿与决心。

（三）政府是提升大学生就业能力的重要支撑力量

本研究结果表明，政府的就业和创业政策支持的方向与大学生的就业能力存在相关关系，因此，政府在培养和提升大学生就业能力、促进大学生就业方面也发挥着重要的支撑作用。温家宝总理在《政府工作报告》中明确指出："各级政府要千方百计促进就业，把促进高校毕业生就业放在突出位置"[31]。政府部门对大学生就业工作的大力支持有利于使大学生就业工作迈上一个新的台阶。如江苏省推出的"2011年百名新入学困难家庭大学生就业能力提升工程"就取得了非常好的效果，这一工程并非单纯提供现金的帮助，而是把重点放在就业能力提升的培训上，帮助这些学生把知识转化为能力、机能、素质，在真正意义上改变自己的命运，改变家庭的命运。所以，政府部门应进一步强化服务职能，加强宏观调控，完善就业政策法规，采取切实有效措施，全力引导和促进大学生就业与创业。首先，应该加强鼓励就业与创业政策的宣传。近年来，中央和地方各级政府陆续出台了一系列鼓励和促进大学生就业与创业的政策措施，如鼓励大学生到基层、到西部、到中小企业就业，以及鼓励大学生自主创业等，但有关政策的宣传还不到位。我们在调查中发现，大学生中比较了解国家鼓励毕业生就业有关政策的仅占21.4%，还有78.6%的大学生对此不了解或只是稍微有点了解；大学生中比较了解国家鼓励毕业生创业政策的仅占18.6%，还有81.4%的大学生对此不了解或仅仅稍微有点了解。加大宣传力度，是推进有关政策贯彻落实的重要手段之一。其次，应该进一步加大财政支持力度，明确财政支持领域，突出工作重点，以充分保证各项就业与创业政策的落实，保障大学生顺利实现就业或创业。

参考文献

[1] 戚新．我国高校毕业生就业问题研究［D］．长春：东北师范大学硕士学位论文，2005.

[2] 王晓娟．高校毕业生就业问题研究［D］．杨凌：西北农林科技大学硕士学位论文，2006.

[3] 张建伟．我国大学生就业问题研究［D］．郑州：郑州大学硕士学位论文，2005.

[4] 胡尊利，刘朔，程爱霞．国外大学生就业能力研究及其启示［J］．比较教育研究，2008，(8)：24-28.

[5] Thijssen J G L，Van der Heijden B I J M. Employability in the Focus of Attention［M］. Dublin：Intersource Group Limited，2003：229-239.

[6] James P，Wark V. Replacing the Ladders［J］. People Management，1997，11：28-31.

[7] CBI（Confederation of British Industry）. Making employability agenda for action［R］. London：CBI，1999.

[8] Bowers-Brown T，Norman L，Harvey L，et al. A review of the graduate apprenticeship scheme［R］. Report to Higher Education Funding Council for England by Enhancing Student Employability Co-Ordination Team (ESECT)，Bristol，2003.

[9] Harvey L. Defining and Measuring Employability［J］. Quality in Higher Education，2001，7 (2)：97-109.

[10] 郑晓明．就业能力论［J］．中国青年政治学院学报，2002，3：91-93.

[11] Robson M T. Regional variations in the competitiveness of unemployed job seekers and the rate of outflow from unemployment［J］. Oxford Bulletin of Economics and Statistics，2001，63：61-90.

[12] Hillage J, Pollard E. Employability: Developing a Framework for Policy Analysis [M]. London: Department for Education and Employment, 1998.

[13] McQuaid R W, Lindsay C. The concept of employability [J]. Urban Studies, 2005, 42 (2): 197-219.

[14] Yorke M, Knight P T. Embedding Employability into the Curriculum [M]. Heslington: The Higher Education Academy, 2004.

[15] Mitchell A G. Strategic training partnerships between the state and enterprises [R]. Geneva: International Labour Organization, March 1998.

[16] Heijde C M, Van Der Heijden B A. Competence-based and multidimensional operationalization and measurement of employability [J]. Human Resource Management, 2006, 45 (3): 449-476.

[17] 王颖. 基于高等教育影响的个人就业能力研究 [D]. 大连：大连理工大学硕士学位论文，2006.

[18] Mentkowski M, Doherty A. Abilities that last a lifetime: outcomes of the Alverno experience [J]. American Association for Higher Education Bulletin, 1984, 36: 5-14.

[19] Heijde C M, Van Der Heijden B A. Competence-based and multidimensional operationlization and measurement of employability [J]. Human Resource Management, 2006, 45 (3): 449-476.

[20] Aron. TheConference Board of Canada. Employability Skills 2000 [OL]. http: //www. conferenceboard. ca /education, 2007-11-23.

[21] Secretary's Commission on Achieving Necessary Skills. What work requires of schools: a scans report for America 2000 [R]. Washington, 2003.

[22] Athayde R. Measuring enterprise potential in young people [J]. Entrepreneurship Theory and Practice, 2009, (3): 481-500.

[23] 李黎明，张顺国. 影响高校大学生职业选择的因素分析——基于社会资本和人力资本的双重考察 [J]. 社会，2008，(2)：162-180.

[24] 文东茅. 家庭背景对我国高等教育机会及毕业生就业的影响 [J]. 北京大学教育评论，2005，(3)：58-63.

[25] 李黎明，张顺国. 影响高校大学生职业选择的因素分析——基于社会资本和人力资本的双重考察 [J]. 社会，2008，(2)：162-180.

[26] 黄霜红. 欧青年失业率居高不下成骚乱隐忧，不利安全稳定 [OL]. http: //www. chinanews. com/gj/2011/08-12/ 3252237. shtml. 2011-08-12.

[27] 侯露露. 高中生为何放弃高考——来自重庆开县的调查报告 [OL]. http: //fiunle. People. com. cn/nc/GB/146291/9229874. html，2009-05-04.

[28] 马克思. 马克思恩格斯全集（第 40 卷）[M]. 北京：人民出版社，1982：5.

[29] Streeter D H, Jaquette J P, Hovis K. University-wide Entrepreneurship Education: Alternative Models and Current Trends [D]. Working Paper 2002-02, Department of Applied Economics and Management, Cornell University. 2002.

[30] 李时椿，常建坤. 略论美国创业教育实践与对我国的启示 [OL]. http: //news. jschina. com. cn. 2007-07-19.

[31] 温家宝. 十一届全国人大二次会议《政府工作报告》[OL]. http: //www. gov. cn/2009h/cotent-1259471. htm 2009-03-14.

中国大学生创业就业分析与对策*

孙　卫　梅　红　王彩华　张伟绒

内容提要

近年来，大学生创业就业问题已成为中国社会目前急需着力解决的难点问题。在更加严峻的就业压力和日益复杂多变的国际经济发展环境下，进一步谋求大学生创业比率与创业成功率的较快增长，促进中国经济社会的发展将是2012年大学生创业就业的主要任务。

本文首先对近年来中国大学生创业就业状况进行回顾，分析其基本特征，主要表现在以下几个方面：中央政府创业就业政策支持，大学生就业形势相对好转；地方政府积极响应，配套支持大学生创业就业力度加大；创业环境和服务进一步改善，高校毕业生自主创业热情不断高涨；留学回国人员创业活动频繁，创业成功率较高；创新创业教育模式逐渐形成，创新创业教育成为高校发展的重点。

然而，中国大学生创业就业也面临严峻的挑战，主要有：大学生整体自主创业率与创业成功率仍处低位；创业生态系统尚未有效建成；地方政府职能在大学生创业扶持体系中的隐形缺失；高校创业教育起步晚，流于形式；大学生创业意识相对滞后，机会型创业环境尚未形成。

结合中国大学生创业就业的现状，本文提出以下政策建议：发挥政府主导作用，因地制宜构建创业生态系统；设立创业示范工程，完善大学生创业孵化机制；提升创新创业教育的地位与水平，倡导和培育创业型大学；创建引导公众创业舆论的有利环境，进一步提升大学生创业素质和创业意识。

一、引　　言

“十一五”期间，中国大学应届毕业生人数由2006年的447万人攀高至2010年的630万人，2011年大学应届毕业生人数还将继续攀升，达到660万人；2008年爆发的国际金融危机对我国就业产生的不利影响还没有消除，大学生就业问题依然严峻。尽管我国大学生创业热情不断高涨，创业活动更加频繁，但是我国大学生创业率和创业成功率，与美国等西方国家相比，存在巨大的差距。如果大学生创业就业问题不能得

* 西安交通大学基本科研业务费重大项目基金资助；西安市软科学项目资助，项目编号HJ1109（2）。

到有效解决，不但会导致高等教育资源、社会人力资源的浪费，还有可能诱发严重的社会经济问题。因此，大学生创业就业问题已成为中国社会目前急需着力解决的难点问题。

近年来，党中央、国务院高度重视大学生创业就业工作。《中共中央关于构建社会主义和谐社会若干重大问题的决定》中特别强调要“注重增强学生的实践能力、创造能力和就业能力、创业能力”。党的十七大报告提出要“提高自主创新能力，建设创新型国家”，要“实施扩大就业的发展战略，促进以创业带动就业”，把鼓励创业、支持创业摆到了更加突出的位置。胡锦涛总书记和温家宝总理也多次强调解决大学生创业就业问题的重要性，鼓励高校毕业生自主创业，促进就业。做好大学生创业工作，不仅能够进一步创造新增就业岗位，促进高校毕业生充分就业；而且能够孵化新的企业，提高国家创新能力，促进经济结构调整和产业结构升级，促进经济社会发展[1]。

一些媒体和实业界的成功人士也对大学生的就业创业问题表达了不同的看法，如担心“盖茨神话”是否会误导大学生职业决策，冲击大学教育和毕业生就业；“由于遭受就业压力而引导大学生创业”的做法是否可行?“学生老板”是否是一时冲动、盲目随潮的后果，等等。总体来看，“希望中伴随着艰难，掌声中伴随着质疑”是 2011 年中国大学生就业与创业状况的主旋律，而在更加严峻的就业压力和日益复杂多变的国际经济发展环境下，进一步谋求大学生创业比率与创业成功率的较快增长，促进中国经济社会的发展，将是 2012 年大学生创业就业的主要任务。

本报告将围绕三个方面展开：首先，对近年来中国大学生创业就业状况进行回顾，并分析其基本特征；其次，将探讨 2011 年中国大学生就业创业环境的变化以及由此带来的机遇与挑战；最后提出相关政策建议。

二、中国大学生创业就业状况回顾与特征分析

（一）中央政府创业就业政策支持，大学生就业形势相对好转

中央政府高度关注大学生创业就业问题，特别是在 2008 年美国次贷危机引发的世界金融危机对中国社会经济产生较大负面影响的时期。为了减少就业岗位流失，促进大学生创业就业，中央政府采取了积极措施，出台了一系列重要的指导和扶持政策，各部委也纷纷响应，2008～2010 年国家出台的支持大学生创业就业的主要政策如表 1 所示。

这一时期国家的创业就业政策主要涉及技能培训和鉴定政策、灵活就业政策、毕业生见习补贴政策、困难家庭毕业生援助政策、少数民族学生就业优惠政策等。通过以上政策引导大学毕业生积极投身到基层就业；鼓励高校毕业生应征入伍；实施全日制专业学位硕士研究生计划，改革研究生培养机构，增加适用人才招生名额；实行重大科研项目聘用毕业生的制度；推动服务外包、促进大学生就业等。为了进一步落实“以创业促进就业”的基本政策，各部位还联合出台了系列的创业支持举措，包括工商注册和行政事业型收费优惠举措、小额担保贷款和贷款贴息政策、税收优惠政策、创业补助政策、专项创业补助政策、网上创业和个体经营支持政策等。

2009年上半年是政策出台的密集期，通过系列政策出台与落实，2009年和2010年，在国际经济环境不佳、高校毕业生人数持续攀升的背景下，大学毕业生就业率基本保持稳步上升的态势。第三方教育质量评估机构麦可思研究院（MYCOS Institute）2011年6月9日发布的2011年就业蓝皮书认为，2010届大学毕业生就业率超过金融危机前的水平。蓝皮书指出，2009届和2010届大学毕业生半年后的就业率连续两届呈上升趋势，2010届毕业生半年后的全国总体就业率为89.6%，高于金融危机前2007届毕业生半年后就业率约2个百分点，超过金融危机前的水平。其中，本科院校2010届毕业半年后的就业率为91.2%，比2009届上升3.2个百分点；高职高专院校为88.1%，比2009届上升2.9个百分点[2]。

2011年9月7日发布的《2011年武汉地区高校毕业生就业报告白皮书》也从另一个角度较好地反映了这一趋势。白皮书引入了非失业率（即就业率、升学率、留学率之和）的概念来描述高校毕业生的总体去向状况。结果显示，2010年应届高校毕业生总体非失业率达90.7%，显著高于2009年应届高校毕业生的非失业率，就业形势相对好转[3]。

表1　2008～2010年国家出台支持大学生创业就业的主要政策

时间（年．月）	文件	颁布单位	主要内容
2007.11	关于积极做好2008年普通高等学校毕业生就业工作的通知（教学〔2007〕24号）	教育部等三部委	贯彻落实十七大关于做好毕业生就业工作的精神，提出七点基本要求，如开展高校毕业生技能培训和就业见习；推进高校就业指导课程和队伍建设；实施“高校毕业生创业行动”等
2008.2	关于做好促进就业工作的通知（国发〔2008〕5号）	国务院	要求强化政府促进就业的领导责任；实施积极的就业政策；建立职业技能培训制度；实施就业援助等
2008.4	关于做好2008年高校毕业生“三支一扶”计划实施工作的通知（人社厅发〔2008〕6号）	人力资源和社会保障部等八部委	做好高校毕业生到农村基层从事支教、支农、支医和扶贫工作，引导和鼓励高校毕业生面向基层就业
2008.4	关于选聘高校毕业生到村任职工作的意见（试行）（组通字〔2008〕18号）	中组部等四部委	为加强农村基层组织建设，培养有知识、有文化的新农村建设带头人和党政干部后备人才，引导高校毕业生转变就业观念，面向基层就业
2008.9	关于促进以创业带动就业工作的指导意见（国办发〔2008〕111号）	国务院	为落实“以创业带动就业”的总体部署，提出统一思想认识，明确目标任务；完善扶持政策，改善创业环境；强化创业培训，提高创业能力；健全服务体系，提供优质服务；加强组织领导等具体要求

续表

时间（年．月）	文件	颁布单位	主要内容
2008.10	关于促进以创业带动就业工作的指导意见（国办发〔2008〕111号）	国务院	贯彻落实党的十七大提出的“实施扩大就业的发展战略，促进以创业带动就业”的总体部署，促进以创业带动就业
2009.1	关于加强普通高等学校毕业生就业工作的通知（国办发〔2009〕3号）	国务院	拓宽就业门路，鼓励高校毕业生到城乡基层、中西部地区和中小企业就业，鼓励自主创业，鼓励骨干企业和科研项目单位吸纳和稳定高校毕业生就业
2009.1	关于实施农村义务教育阶段学校教师特设岗位计划的通知（教师〔2009〕1号）	教育部等四部委	组织实施“农村义务教育阶段学校教师特设岗位计划”，鼓励引导高校毕业生到农村学校任教
2009.2	关于做好当前经济形势下就业工作的通知（国发〔2009〕4号）	国务院	在金融危机影响进一步蔓延，新增就业难度加大的背景下，千方百计扩大就业、稳定就业岗位、鼓励多渠道就业、提升劳动者职业技能、做好就业工作
2009.3	关于开展全国女大学生创业导师行动的通知	全国妇联等四部委	发挥女企业家群体优势，促进以创业带动就业，引导女大学生树立创业精神，增强创业意识、参与创业实践、提高创业能力，推动社会关注女大学生就业问题，为她们步入就业创业提供指导
2009.4	关于做好2009年高校毕业生三支一扶计划实施工作的通知（人社部发〔2009〕39号）	中组部等八部委	落实党的十七大和十七届三中全会精神，继续做好高校毕业生到农村基层从事支教、支农、支医和扶贫工作（简称“三支一扶”计划），引导和鼓励高校毕业生面向基层就业
2009.4	关于印发“三年百万”高校毕业生就业见习计划的通知	人力资源和社会保障部等六部委	自2009年至2011年，用3年时间组织100万离校未就业高校毕业生参加就业见习，提升高校毕业生就业能力，促进大学生就业
2009.4	关于公布第一批基层社会管理和公共服务岗位目录的通知（人社部函〔2009〕135号）	人力资源社会保障部	鼓励和引导高校毕业生到农村基层和城市社区从事社会管理和公共服务工作，落实相关就业扶持政策
2009.4	关于统筹实施引导高校毕业生到农村基层服务项目工作的通知（人社部发〔2009〕42号）	中组部等五部委	促进落实中组部牵头组织的“选聘高校毕业生到村任职工作”、教育部牵头组织的“农村义务教育阶段学校教师特设岗位计划”、人力资源社会保障部组织的高校毕业生“三支一扶”计划、共青团中央组织的“大学生志愿服务西部计划”等项目

续表

时间（年．月）	文件	颁布单位	主要内容
2009.4	关于开展“困难家庭高校毕业生阳光就业行动”的通知（总工发〔2009〕20号）	中华全国总工会、教育部	应对当前国际金融危机对高校毕业生就业的影响，推动解决困难职工家庭高校毕业生就业问题
2009.5	关于进一步做好高等学校残疾人毕业生就业工作的通知	人力资源和社会保障部等四部委	在高校毕业生就业压力加大的情况下，通过落实相关优惠政策、采取各项针对性措施、加强机构合作促进高校残疾人毕业生就业
2009.6	关于开展高校毕业生就业推进行动的通知（人社部〔2009〕16号）	人力资源和社会保障部等三部委	2009年7～9月，在全国开展“高校毕业生就业推进行动”，统筹高校毕业生就业项目，推进“三年百万高校毕业生就业见习计划“等
2009.6	关于当前做好高校困难毕业生就业帮扶工作的通知（教学厅〔2009〕7号）	教育部办公厅	做好家庭经济困难和就业困难高校毕业生的就业帮扶工作
2009.7	关于印发《2009年西部计划基层青年工作专项行动方案》的通知	共青团中央办公厅	自2009年开始，每年将选派2100余名志愿者到中西部2100个左右县级团委开展为期1～3年的志愿服务工作
2009.11	关于做好2010年普通高等学校毕业生就业工作的通知（教学〔2009〕15号）	教育部	在2010年普通高校毕业生将达630余万人的规模下，积极探索新渠道，重点帮扶，促进大学生就业率基本稳定，自主创业的规模进一步扩大
2009.12	关于深化实施“中国青年创业小额贷款项目”的通知	团中央、国家开发银行	增强青年创业小额贷款普遍性、解决青年创业面临的资金瓶颈问题。贷款将重点向初次创业的、具有小额融资需求的青年倾斜
2010.10	关于加强职业培训促进就业的意见（国发〔2010〕36号）	国务院	当前的职业培训工作仍不适应社会经济发展、产业结构调整和劳动者素质提高的需要，职业培训制度需要进一步健全、工作力度需要进一步加大、针对性和有效性需要进一步增强的五条指导意见
2010.11	教育部关于做好2011年全国普通高等学校毕业生就业工作的通知	教育部	2011年毕业生规模将达到660万人，就业形势依然严峻。将进一步拓宽渠道，完善政策，引导高校毕业生到基层就业，优化创业环境，促进创业人数增长；完善高校毕业生入伍预征工作长效机制；实施“高校毕业生就业优质服务年”等政策

（二）地方政府积极响应，配套支持大学生创业就业力度加大

为了落实中央政府出台的系列促进创业就业的政策，有效解决大学生创业就业问题，地方政府纷纷结合本地实际，推出了更具操作性的大学生创业就业优惠政策，如吉林省对毕业 2 年内高校毕业生从事个体经营的，除国家限制的行业外，自工商行政管理部门登记注册之日起 3 年内免交登记类、管理类和证照类行政事业性收费；黑龙江省充分利用现有资源，建立高校毕业生创业基地，开发适合高校毕业生的创业项目；天津侧重于创业实训，认定 500 家有条件的企业为创业实训基地，安排 3200 余名有创业意愿和能力的毕业学年在校生和未就业的高校毕业生到实训基地进行 3～6 个月的创业实训。表 2 列举了部分省市的促进创业就业的支持举措。

表 2　各地方政府支持大学生创业就业的主要举措

地区	部分创业就业政策举例	备注
浙江	1. 允许高校毕业生按照法律法规规定的条件、程序和合同约定将家庭住所、租借房、临时商业用房等作为创业经营场所 2. 对应届及毕业 2 年以内的高校毕业生从事个体经营的，自其在工商部门首次注册登记之日起 3 年内，免收登记类和证照类等有关行政事业性收费 3. 毕业 2 年以内的高校毕业生自主创业自筹资金不足的，可按规定申请小额担保贷款，其中，从事微利项目的，给予 100%贴息；从事其他项目的，困难家庭高校毕业生给予 100%贴息，其他人员给予 50%贴息。对合伙经营和组织起来就业的，贷款规模可适当扩大 4. 对持《就业失业登记证》（注明“自主创业税收政策”）的毕业年度内高校毕业生从事个体经营的，在 3 年内按每户每年 8000 元为限额依次扣减其当年实际应缴纳的营业税、城市维护建设税、教育费附加和个人所得税 5. 对高校毕业生从事科技、创意、文化等现代服务业、现代农业创业的，可根据当地实际，给予一定的专项创业补助 6. 鼓励高校毕业生开展网上创业，或以个体经营等灵活方式创业。各地可根据实际，对网上或以其他灵活方式创业的，给予一定的创业补助	浙江省政府
南京	1. 提供大学生毕业见习补贴； 2. 参加相关类职业技能培训或创业培训给予补贴； 3. 单位安置困难家庭毕业生三年内给予 300 元/月岗位补贴； 4. 大学生自主创业微利项目给予财政全额贴息，非微利项目财政贴息 50%； 5. 提供创业场地租金补贴	南京市政府
长沙	1. 市本级和区县财政，每年拿出 4000 万元设立大学生创业扶持奖励资金扶持大学生自主创业； 2. 大学生在长沙自主创业，凭“三证一簿”（身份证、毕业证、毕业生就业报到证和户口簿）和工商登记证明，即可到公安部门办理落户手续； 3. 符合条件的大学生创业项目，最高可获得 20 万元无偿资助。申请财政贷款贴息的，可获得期限一般不超过 2 年、总额度最多 10 万元的年贴息； 4. 大学生创业三年内，同级财政采取先征后返的方式减免其营业税和个人所得税的地方所得部分，成长性好的项目，可继续享受二年政策优惠； 5. 对大学生开展 SIYB（“创办和改善你的企业”）培训等免费创业培训，确保每个有创业意愿的大学生参加一次以上创业培训	关于鼓励和扶持大学生自主创业的政策意见；关于促进全市普通高等学校毕业生就业的实施意见

续表

地区	部分创业就业政策举例	备注
吉林	1. 2011年起每年组织创业培训3万人以上，并逐年递增； 2. 创业培训补贴标准由原来的1000元提高到1500元； 3. 取得《创业培训合格证》人员可申请小额担保贷款，微利项目给予全额贴息； 4. 新办企业年人不到50万免收和暂停各类收费3年； 5. 大学毕业生培训后，2年内免收劳动人事代理费，自主创业可享不超3年社保补贴等	吉林省创业培训工作会议等
广东	1. 非关键性条件达不到注册条件但一年内可完善，工商部门可先核发有效期一年的营业执照，待条件完善再更正取消营业期限； 2.《临时经营场所使用证明》的有效期由1年延长为2～5年	关于进一步放宽市场准入政策的实施意见
陕西	1. 设立了5000万元的扶持大学生自主创业贷款基金； 2. 省工商局出台了鼓励创业20条，按照"非禁即入"的原则，放宽经营范围，准予关联延伸；允许注册资本金分期到位；允许创业者将家庭住所、租借房、临时商业用房等作为创业经营场所；允许微型微利非正规创业经济实体免于工商注册登记，实行备案制； 3. 鼓励自然人、企业法人和其他社会组织引进和发展创业风险投资，成立小额贷款公司，帮助解决中小企业融资难问题	陕西省人力资源和社会保障厅；陕西省工商局
山西	1. 大学生村干部小额信用贷款额度放大到8万元，从事微利项目的，可按规定享受贴息扶持； 2. 对合伙经营和组织起来创业的，贷款规模可以扩大； 3. 大学生村干部创业小额贷款可采用抵押、质押，自然人担保、法人担保等多种担保形式； 4. 鼓励金融机构发展农用生产设备、林权、水域滩涂使用权等抵押贷款，推动发展应收账款、股权、仓单等权利质押贷款	关于为大学生村干部创业富民提供金融服务支持的意见
西藏	1. 到乡镇工作5年以上的大中专毕业生，可享受国家助学贷款本息代偿政策； 2. 计划内统招区内毕业生到中小企业、非公有制企业就业，为其发放社会保险代费券，用于缴纳各项社会保险； 3. 失业登记6个月以上未就业的高校毕业生，纳入就业再就业扶持政策对象范围； 4. 企事业接受计划内统招区内生，给予奖励资金，如签订5年以上劳动合同的，给予20000元奖励； 5. 为就业困难生提供"一对一"的就业指导、服务等	西藏自治区人力资源和社会保障厅
海南	1. 自主创业自筹资金不足者，可按规定提供一般不超过5万元的小额担保贷款； 2. 零就业家庭成员、连续失业1年以上的人员等，提供社会保险补贴、公益性岗位补贴等； 3. 对持《再就业优惠证》人员从事个体经营的（国家限制的行业除外），3年内按每户每年8000元为限额依次扣减其当年实际应缴纳的营业税、城市维护建设税、教育费附加和个人所得税	关于进一步做好当前就业工作的意见

续表

地区	部分创业就业政策举例	备注
山东	1. 取消了个人经营出资限制，出资1元即可申报登记，其中，高校毕业生等不受注册资（本）金限制； 2. 放宽企业名称登记条件，新设为公司的，在名称不重，主要出资人不变，原个人独资企业、合伙企业、个体工商户办理注销登记的情况下，新公司可以保留使用原名称中的字号和行业用语； 3. 放宽企业出资管理。实行注册资本分期缴付的公司，在注册资本全部缴足前申请减少注册资本（已缴付资本符合该类公司的设立条件），但不同时减少实收资本的，不需提交验资证明	山东省工商局

（三）创业环境和服务进一步改善，高校毕业生自主创业热情不断高涨

为贯彻党的十七大提出的“扩大就业的发展战略，促进以创业带动就业”的总体部署，“以创业带动就业”成为各级政府调整就业结构、解决就业难题的重要突破口，为青年大学生创业营造了良好的政策环境和氛围。一些企业家也敏锐地看到了服务大学生创业就业的重要性，加入大学生创业服务体系建设工作中。

2011年9月6日，由华图教育集团发起、教育部全国高等学校学生信息咨询与就业指导中心监督运营的专项公益基金在京成立，用于扶助大学生自主创业。成立大学生创业基金，对于全面落实中央以创业带动就业战略，全力推动大学生创业，特别是有效化解大学生创业融资难问题具有重要意义。基金成立后，将进一步整合教育部就业指导中心现有的“全国大学生创业服务网”、“全国大学生优秀创业团队大赛”、“全国大学生创业实训系统”等资源，形成四位一体的创业服务体系，为全国大学生提供全方位、立体化的创业指导和服务。有专家指出，华图教育大学生创业基金是国内首家在教育部就业指导中心直接指导下设立的大学生创业专项基金，这一创新做法对于社会组织公益项目的创新推广和品牌形成，有着积极的示范效应。

2011年下半年，杭州市正式推出“杭州创业服务网”，联合国内外创业教育专家、银行家、企业家、热心公益人士，助推青年大学生创业，在创业路上，为他们提供一站式创业服务，网站创始人、CEO、中国青年大学生创业导师魏任斌表示，“杭州创业服务网”将坚持公益性与商业性结合的方式，一边服务，一边完善，整合社会资源，根植于杭州，面向全省，服务全国，服务广大青年创业者，推动社会创业的热潮。

2010年12月1日中国校友会网公布了“2010中国大学创业富豪榜”。其中，渡口网络总裁金津蝉联大学创业富豪榜榜首，以身家12亿的绝对优势稳坐“2010中国大学创业首富”宝座，成为80后的创业首富；金龙机电的金美欧以3.5亿财富位居第二，成为“最年轻女亿万富豪”，星漫科技的彭海涛以3亿财富列第三[4]。表3为2010年中国大学创业富豪排行榜。

2010年是中国校友会网第二次发布，前100名的上榜门槛为100万元，而2009年第一次公布上榜门槛是4万元。大学创业富豪榜单的公布不仅有利于凸显“80后”和“90后”大学生创业者的发展和财富增减情况，更重要的是有利于进一步激发大学生的

创业热情。

表 3　2010 年中国大学创业富豪排行榜

排名	姓名	财富/万元	所在地区	公司	行业	毕业或就读大学
1	金津	120 000	浙江杭州	渡口网络	网络游戏	浙江理工大学
2	金美欧	35 000	浙江温州	金龙机电	电子元器件	上海财经大学
3	彭海涛	30 000	四川成都	星漫科技	网络游戏	四川大学
4	陈曦	20 000	上海	畅网信息	互联网应用	天津大学
4	张锐	20 000	北京	万学教育	文化教育	中国人民大学
6	田宁	15 000	浙江杭州	浙江盘石	互联网应用	浙江大学
6	燕君芳	15 000	陕西咸阳	本香集团	生猪饲养及加工	西北农林科技大学、西安交通大学
6	戴志康	15 000	北京	康盛世纪	软件	哈尔滨工程大学
9	屈景春	13 000	重庆	行安电子	建筑智能化	华中科技大学
9	宋海波	13 000	海南海口	动网先锋	互联网	华中科技大学

一项名为“高校毕业生自主创业研究”的调查显示，有接近 66%的受访大学生表示支持在校期间参与创业，61%的被调查者表示如果有机会就会创业。将就业和创业放在一个天平上考虑和衡量的大学生越来越多，同时，在学校期间就通过技术研发开始创业的学生也日益增多。在 2011 年 5 月举行的第二届“中国·长春创业（就业）博览会”上，主办单位提供创业项目 1500 个，展示创业平台 50 个，并设立了“大学生创业就业服务专区”，吸引了众多高校在校生和即将毕业的大学生前来咨询，大学生投身创业的热情高涨。

（四）留学回国人员创业活动频繁，创业成功率较高

近年来，留学生选择回国发展的人数日渐增多，2006 年我国各类留学回国人员总数为 4.2 万人，至 2008 年达到 6.9 万人，而 2010 年更是达到 13.48 万人[5]。随着回国人员的增加，回国创业比例也逐年增加，以往人们常说的“出国热，回国少”的局面正在发生明显改变。

与国内一般的创业者相比，留学回国人员创办的企业，一般都是高新技术研发型企业，较多集中于信息、生物、新材料、仪器仪表、医药与医疗器械、资源与环保等高新技术产业以及咨询产业领域。其技术水平多处于国际先进行列，部分处于国际领先地位。留学回国人员在创办的企业时，其管理理念多与国际接轨，管理模式通常较为先进，这对提升我国高新产业技术，改进企业经营管理水平，提升企业国际竞争力都有积极的促进作用。据统计资料显示，1999 年以留学人员名义在国内注册创办的科技企业约有 3000 家（其中 1/3 办在留学人员创业园内），参与创业的留学人员不足 1 万人。而近年的《中国留学人员创业年鉴》中的相关数据则显示，截至 2006 年年底，仅上海市留学回国人员创办各类企业 3500 余家，截至 2008 年年底，上海市留学回国人员创办企业 4000 余家[6]。总体来看，留学回国人员创业活动更趋频繁。

针对更多的“海归”人员投身创业的行为，很多专家表示，有海外工作背景的海

归们创业成功率较高，特别是那些拥有在海外知名企业或规范跨国公司工作经验的“海归”。他们不仅熟悉东西方文化，更了解国外大公司的管理模式，在创业时能较容易引进先进的管理模式，带领企业与国际接轨。据《深圳晚报》报道，“80后”海归初次创业成功率达到22%，这一比例远高于国内大学生的创业成功率，且更接近发达国家大学生创业成功率水平。

（五）创新创业教育模式逐渐形成，创新创业教育成为高校发展的重点

创业教育的出现，如同一座“桥梁”，将创业个体与社会、经济更紧密地联系起来[7]。它通过培养人的创业意识、创业思维、创业技能等各种创业综合素质，最终使受教育者具有一定创业能力和综合素质，被联合国教科文组织称为教育的“第三本护照”。21世纪的青年除了接受传统意义上的学术教育和职业教育外，还应当拥有第三张教育通行证——创新创业教育。美国的经验显示，在表现优秀的上市公司高新技术企业老板中，86%都受过创业教育。

近年来，教育部在全国高教系统力推创新创业教育、创业基地建设和大学生自主创业工作，确立清华大学、北京航空航天大学、中国人民大学、上海交通大学、西安交通大学、复旦大学等9所院校为我国创业教育试点院校。这些院校以各种方式展开创业教育实践。目前已形成了5种典型的创新创业教育模式，即以提高学生整体能力素质、提高学生创业技能、以第二课堂的有机整合、以创建创业实践基地、综合式的创新创业教育。还建设了30多个创新创业人才培养实验区，在全国高校就业指导课程要求中把创业指导作为重点内容，开展了创业指导骨干教师培训。2010年4月，教育部召开推进高等学校创新创业教育和大学生自主创业工作视频会议，下发《关于大力推进高等学校创新创业教育和大学生自主创业工作的意见》，并专门成立“教育部高等学校创业教育指导委员会”。

在这些试点院校的带动下，我国已经形成以“创业计划竞赛”为主要内容的国家、省（市）、高校三级大学生创业活动体系。现在许多高校虽然没有明确的创新创业教育课程设置，但正在实践中逐渐渗透创新创业教育的理念。在2010年全国高校就业工作视频会议上，袁贵仁部长强调，要力争在高校毕业生自主创业工作方面取得突破性进展；各地和高等学校要着力提高学生的创新精神和创业能力，大力加强创业教育[8]。加强创新创业教育，是我国高校亟待发展的一个新领域，也是今后高等教育改革发展的重要任务之一。

三、中国大学生创业就业面临的主要问题

（一）大学生整体自主创业率与创业成功率仍处低位

尽管自2008年以来，中央和地方政府密集出台了一系列创业扶持举措，教育部门也开展了一系列激发大学生创业热情、促进大学生创业实践的活动与课程，但是各种数据结果显示，大学生自主创业率和创业成功率仍在低位徘徊。2009年年中，受教育部高校学生司委托进行的“高校毕业生自主创业研究”，在沪完成并通过专家鉴定。这

是国内第一次对大学生创业问题组织大规模研究。调查显示，虽然75.22%的高校毕业生渴望创业，但最终真正创业者仅占1.94%。报告显示，我国高校毕业生创业主要软肋为能力薄弱、缺乏实践经验，还有融资渠道不畅、缺乏创业资金，大多数地区创业项目高科技含量少，集中在社会服务业等门槛较低的行业，较难体现大学生在专业技术上的优势[9]。

麦可思咨询公司发布的《就业蓝皮书》针对2009届大学毕业生自主创业的分布与特点进行了客观分析，并为有意创业的大学生们提出了宝贵的建议。据麦可思《就业蓝皮书》调查报告显示，越是就业好的学校自主创业的学生越少。调查显示，2009届大学生自主创业占毕业生总数的1.2%，对比2008届的1.0%略有上升，而与2007届的1.2%基本持平。自主创业尚未成为应届大学毕业生就业的主要选择。从学校类型来看，越是就业好的学校，自主创业的毕业生就越少。2009届“211”院校毕业生自主创业者所占比例为0.4%、非“211”本科院校为0.8%、高职高专院校则为1.6%。其中，从2007届到2009届，高职高专自主创业比例远远高于本科。

在国家和各级政府的大力支持下，尽管我国大学生整体自主创业率有所提高，与几年前大学生创业率仅仅为0.3%相比，2008～2010年大学毕业生自主创业率介于1.0%与1.5%之间，有了显著提高。但是，美国大学生的自主创业率高达20%，甚至30%，明显高于我国，大量新创立的中小企业为美国创造了81.5%的新就业机会，我国大学生创业就业现状差异巨大[10]。

当前，大学生创业成功率亟待提高。据教育部最新统计数据显示，目前大学生自主创业成功率只有2%～3%[11]，浙江地区偏高，创业成功率达到4%，而在欧洲和美国，大学生创业成功率达到20%[12]。

中西方创业方面的差异，一方面，与我国大学生创业创新意识不足，社会长期以来更认可稳定工作的价值观念有关；另一方面，也与当前大学生创业启动资金缺乏，从事创业的经验、心理准备等不足有关。这也反映出我国相关部门对大学生创业活动扶持的力度、深度仍然不够。有管理者认为，“目前，很多想创业的大学生都流于空洞的想法，实际操作不足、经验不足、管理能力不足、技能不足、资金不到位、团队成员理念也可能有冲突”。

（二）创业生态系统尚未有效建成

创业活动是一个复杂的社会现象，创业活动在积极推进社会进步发展的同时，也受到国民经济的各领域、各层面、各主体和各种过程的强烈影响[13]。这就意味着开展创业研究，促进创业实践不能仅停留在传统的战略和经营层面，还应该综合各种组织内外部以及各方环境要素之间的联系，挖掘并获取更加系统且深刻的认知，从而促进创业活动的开展。

创业生态系统涵盖所有创业成长环境中各种组织、社会人群及其相关活动对创业过程的影响，并探讨如何有效地构建、发展与运行这一系统。所谓“创业生态系统”，总的来看，它是包含了创业企业、创业企业所需的资源、创业企业依赖的生态环境的动态平衡系统[13]。从美国的发展经验来看，创业生态系统的基本特征是以创业型大学为基础，包括了该大学的社区，是该大学与创业相关的所有资源的整合，这些资源涵盖了课程、技术、人力等方面，其基本组成和作用关系如图1所示。

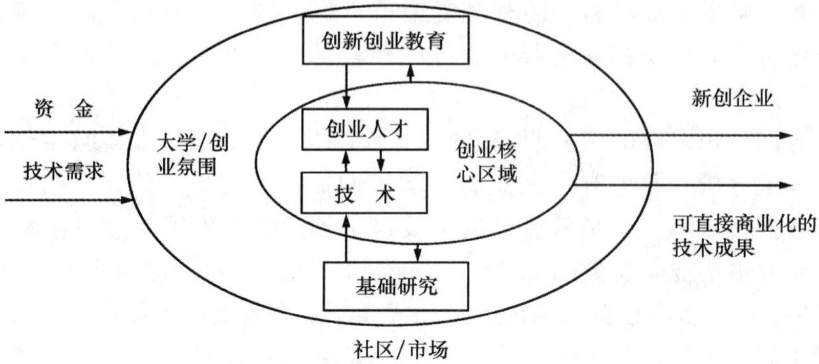

图1 创业生态系统

我国创业生态系统的建设任重而道远。林嵩等认为，一个完整的创业生态系统至少包含了创业群落、创业环境、物质价值流转渠道、消费群体、服务支持机构、产业链上下游组织等，创业生态系统的良性作用依赖于其资源汇聚机制、价值交换机制与平衡调节机制间的有效联系与平衡。但当前我国的创业支持活动还比较有局限，尚未建立起高效的资源汇聚、价值交换及平衡调节机制。李家华曾经指出，我国关于创业的培训很多，也缺少对创业活动的持续跟踪和创业资金扶持等[14]。全球创业观察的调查结果也显示，中国的创业环境处于一般水平，部分环境要素如商务环境、资金支持、教育和培训以及知识产权保护等方面都存在一定不足，成为制约创业活动开展的瓶颈因素。这些都是创业生态系统尚未有效构建和良好运作的表现[15]。因此，在创业扶持与创业管理的过程中，还亟待有针对性地加快创业生态系统的建设。

（三）地方政府职能在大学生创业扶持体系中的隐形缺失

近年来，中央和地方政府高度重视大学生创业就业问题，出台了大量鼓励大学生创业的政策和措施，但是中央政府出台的创业政策和最终能否得到有效落实，还取决于地方政府，特别是直接服务于大学生创业的各基层政府和相关组织的参与热情与贯彻程度。现实中，一些地方政府虽然在扶持大学生创业方面出台了不少的优惠政策和推动措施，但由于在执行和落实环节上没有强有力的措施和保证，导致扶持政策难以落实。洪少春在调查研究中发现，2006年财政部、劳动和社会保障部以及人民银行等下发的《关于改进和完善小额担保贷款政策的通知》中，曾明确指出大学生在创业资金不足时，可向当地经办银行申请小额担保贷款，对于从事微利项目的创业大学生，贷款利息的50%由财政负担[16]。但是在沿海乡镇银行营业厅的调查中则发现，银行多表示自己在执行该政策中存在困难，缺乏贷款积极性，甚至一些银行对此政策并不了解。不仅银行对大学生创业者提供小额贷款缺乏积极性，银行在与相关部门的合作中同样缺乏积极性，如在创业扶持中，需要团委与银行间展开跨部门合作，常常也是“团委热，银行冷”。

出现上述现象并不是偶然因素造成的。系统地回顾我国当前的创业政策可以看出，当前的大学生创业扶持政策仍有需要完善之处，特别是在地方政府层面，如何避免地方政府职能的“隐性缺失”，充分发挥地方政府的主导作用，综合考虑大学生创业过程中涉及的各个部门切实利益，与协调各方的合作关系，制定与完善能够充分激励和调动各方积极性的政策细节，是创业扶持政策能否落到实处、切实促进大学生创业的重要因素。

（四）高校创业教育起步晚，流于形式

联合国教科文组织在《21世纪的高等教育·展望与行动世界宣言》中就曾明确提出：“高等学校必须将创业技能和创业精神作为高等教育的基本目标，要使毕业生不仅成为现有机会的拥有者，而且要成为就业机会的创造者。”创业教育是指以提高创业态度和技能为目标的一系列教育过程和活动的总和，包含创业课程教育、创业实践活动等多种形式。自1967年美国百森商学院开设创业教育课程以来，创业教育已被纳入世界各地的教育体系。近10余年来，我国高等教育体系中的创业教育也日渐丰富，开设院校与课程数量都呈现出快速增长的趋势。创业教育活动的开展，有效地促进了大学生对创业活动的认知与实践，但是由于我国创业教育起步较晚，发展时间较短，当前的创业教育还存在诸多不足之处，亟待完善。KAB创业教育研究所（2009年）的调查研究也显示，目前我国的创业者普遍认为创业教育在创新精神、时间管理、成本管理、市场营销、团队精神等方面对企业经营产生影响，但同时，创业教育对上述方面的影响并不显著，也说明我国的创业教育还有待改革与完善[17]。

《高校毕业生自主创业研究成果报告》显示，有12.54%的学生认为自己学校几乎没有任何的创业教育；有8.07%的学生不了解自己学校开展教育的情况；有高达39.56%的学生认为学校创业教育“很一般”；而认为自己学校创业教育搞得好的比例仅为12.23%。对此，报告分析，首先，创业教育在很多学校中还是基本属于“业余教育”，大多是学生自愿参加的课外活动，没有给学生足够的实践机会和发展空间，其功利化色彩往往大于活动本身的意义；其次，很多创业课程也都是引自国外的教育体系，缺少针对中国文化、学校特色进行系统的研究和修订。再就是师资缺乏，虽然教育部已连续举办了几期创业教育骨干教师培训班，培训教师500多名，但这对国内1000多所高校来说无疑是“杯水车薪”。

回顾我国高校开展的创业教育可以发现，当前高校中的创业教育主要存在以下方面的问题：一是创新创业教育的学科地位相对边缘化，创新创业课程的体系化程度还有待提升；二是创新创业类课程形式单一，且实践教学环节十分薄弱，支撑教学的创新创业学术研究也有待系统化和深化；三是高校创业教育师资欠缺，目前高校从事创业教育的老师主多属于“学院派”，他们常缺乏创业的实战体验，甚至没有在企业的工作经历，对学生的教学常是从书本到书本的理论经验；四是部分高校和大学生对创业教育的意义认识不足，学校和学生以应付了事的态度对待该类课程的教学。创业教育活动不够深入，甚至部分创业教育课程形同虚设，成为当前创业实践面临的一个重要挑战，急需改革。

（五）大学生创业意识相对滞后，机会型创业环境尚未形成

当前大学生自身的创业意识相对滞后也是制约大学生创业的重要因素。我国高校曾经实施的统招统分政策，对大学生择业观的影响至今还在，不论是社会、家庭还是大学生个人都更多地倾向于毕业后进入国家企事业单位，拿“铁饭碗”，而对大学生创业普遍持有一定的怀疑态度，认为大学生创业风险大、前景窄。这种相对滞后的观念，不仅不能促进大学生创业就业发展，而且会严重影响有创业意愿的大学毕业生的创业热情。当前，我国大学生创业意识滞后主要表现为被动性、片面性和盲目性三个方面。被动性是指，大学生往往缺乏长远的创业规划与创业技能训练，相当数量的自主创业活动源自于择业压力下的被动选择。片面性指部分大学生或者认为创业活动高不可攀，或者认为自己根本不具备独具优势的高科技和高资本等独特条件，因此难以创业，也有一些大学生认为创业是走投无路的无奈之举，这类学生都对创业活动缺乏客观、全面的认识。盲目性则是指大学生对自身的创业条件缺乏深思熟虑和准确的认识，对市场和自我缺乏理性的分析和判断，在缺乏社会经验、管理经验的情况下，盲目地追赶创业潮流的做法。上述三种情况都是当前大学生创业意识滞后的常见表现。

在我国，大学生创业活动受到社会关注是与大学毕业生人数剧增、大学毕业生出现就业困难等问题同时出现的。这一时期，国家出台了《关于促进以创业带动就业工作的指导意见》，提出了“以创业带动就业”的指导思想，因此，社会各界普遍认为大学生创业活动是因为就业困难而倡导的，即存在“因为就业困难，所以不得已要去创业”的偏颇看法。事实上，在国外经济发达国家，创业与科技创新是两个紧密联系的概念，两者都源自于自我创新，同时需要依赖于灵活的市场经济机制，且受制并影响到经济市场。因此，创业水平和科技创新水平也成为体现国家竞争战略、反映国家综合实力的重要方面。例如，在美国，以寻求商业机会为特征的机会型创业活动已经成为推动国家科技创新和社会经济发展的重要形式。

四、政策建议

（一）发挥政府主导作用，因地制宜构建创业生态系统

Carroll 和 Khessina 在 2005 年首先提出了创业生态系统的概念[18]，短短几年时间，这一概念已经被世界各国广泛使用。从国内外的创业实践来看，创业生态系统的成长、发展与当地的政府措施、区域制度环境、文化教育环境、个体的参与等紧密相关，它决定了创业活动是否能够顺利“成长”、“成熟”，其中政府在这一生态系统中发挥着主导的作用。

从世界银行最新发布的“经商便利性排行榜”可以看出，卢旺达的排名由 142 名跃升至 67 名，同时，从 1995 年以来，该国的人均国内生产总值也增长了近三倍。Isenberg 在《哈佛商业评论》的最新撰文指出，这就是创业给国家带来的变化，卢旺达等国之所以成为创业沃土，正是因为它们的政府苦心营造了良好的创业生态系统[19]。

创业生态系统包含了诸多要素，各要素之间以复杂的方式组合在一起，政府作为

调动、整合各要素力量的主导者，应该因地制宜，创建符合本地自然资源、地理位置、产业集群的创业生态系统。由于各个地区可以利用的资源状况并不相同，所以不同省份和城市也应注重发展独具特色的创业生态系统。此外，政府在创业生态系统的构建过程中还应该注重发挥社会不同群体、高等院校、已经创业者的主观能动性，如完善与创业相关的法律与监管制度；利用与发展现有产业集群优势，关注并扶持高潜能的新创企业，充分发挥大学的创业教育与文化传播功能等。

（二）设立创业示范工程，完善大学生创业孵化机制

2009年全国“两会”期间，温家宝总理在《政府工作报告》中曾经提出：要加快建设一批投资少、见效快的大学生创业园或“创业孵化基地”。由此看出，加强对大学生创业活动的引导，促进大学生成功走上创业之路是当务之急。近年来，各种不同规模、不同特征的创业孵化基地相继成立，如中国移动北京邮电大学创业孵化基地、哈尔滨市创业孵化基地、宝鸡高新区创业孵化基地、镇江蒋乔平山村创业孵化基地、青海大学生创业园与青年创业孵化基地、民俗特色创业孵化基地、三峡大学创业孵化基地等。这些创业孵化基地的建立，为大学生开展自主创业提供了可供参考的创业示范和相对便捷的创业与实践平台，但也存在着一些问题，如大学生创业孵化园跟风建设，缺乏符合本地特点与实际的创业定位与目标，一些创业孵化园建设完成后，没有典型的创业示范项目，甚至孵化园空置；配套服务功能不健全，管理机制不健全，导致孵化园的服务与管理工作难以满足创业者的需求；孵化园服务对象单一，缺乏与政府职能部门、企业、社会传媒的有效互动等。

创业孵化园区的建设是建立和完善创业孵化机制的重要前提，但“护航”大学生成功创业还需要设立创业示范，完善创业孵化机制。创业示范作为成功的榜样，能够点燃其他创业者的梦想，激励更多创业者发挥潜能，实现飞跃。同时还需进一步完善大学生创业孵化机制，推进孵化园内管理机构、入驻企业以及外部相关政府、社会媒介的有效互动，包括进一步提升创业者的创业技能；开展新创企业的跟踪与辅导；加强对创业企业的支持与服务；促进创业企业利用社会资源等，使创业园、孵化园真正成为大学生创业初期的避风港。

（三）提升创新创业教育的地位与水平，倡导和培育创业型大学

我国的创业教育刚刚起步，明显滞后于欧美国家。在建设创新型国家的进程中，需要显著提高自主创新能力，以创业创新带动中国经济的增长。因此，政府更应该持续地管制和支持创业教育，探索和建立创业型大学和学校。尽管当前部分高校的创业教育已经开始影响和指导创业活动，但我国整体的创业教育发展还不均衡，创业教育产生的综合效应并未得到社会各界的充分认可，因此还需进一步优化创业教育的内外部环境，提升大学创业教育的整体水平。

具体可以考虑从以下方面进一步完善：第一，教育主管部门应该进一步明确和提升创业的学科地位，如在部分高校尝试开办创业学科，建立创业教育博士学位项目，倡导将创新创业教育与特定的专业教育有机融合。第二，要探索和完善符合我国各地

实际的创新创业教育的教学模式。各地应该根据地区发展实际探索各具特色的创新创业教育重点，开展创新创业教育的课程研讨与设计活动，以培养学生创新精神、提高学生创新能力、促进学生综合素养为原则，搭建新型实用的创新创业教育课程体系，指导创新创业教育活动的开展。第三，针对当前我国目前各校开设的创新创业课程水平、内容、效果差距较大的现状，建议教育主管部门组织相关专家，对相关课程的设置依据、课程目标、组织实施、课程效果等进行指导与评价，促进学校提高课程活动的有效性，除了建立更为有效和实用的课程体系教育外，还应包括实践、模拟、体验等非课程体系教育。这不仅需要学校投入专职教师、固定教学场所等，还需要社会联动的外部支持。第四，加强创业教育师资队伍建设，通过培训、会议、国际合作、引入海外师资、建立兼职教师团队等途径提高创业教育课程的水平与效果。通过上述努力来进一步提升我国高校的创新创业教育的地位和水平。

值得注意的是，最近 20 多年，为了响应大学内外各种重要力量的挑战，美国一些具有“企业家精神”的研究型大学正在调整其传统职能，创业型大学日渐崛起[20]。2006 年，著名的德国慕尼黑工业大学公开宣称：“面对激烈的国际知识竞争和创新竞争，决定采用创业型大学战略原则。”创业型大学大多来源于研究型大学，典型代表包括宾夕法尼亚大学、麻省理工学院、斯坦福大学、加州理工学院、哥伦比亚大学、华盛顿大学、杜克大学等。这些学校具有共同的特征，就是具有较高的科学研究能力和创业能力，利用自己的知识创新成果，引资创办高技术公司，加速原创性科技成果的转化、孵化、催生，兴办新的产业[21]。

借鉴国外发达国家创业型大学的发展经验，积极倡导和培育具有示范性和中国特色的创业型大学或创业型学院，鼓励大学的科研工作突破传统的“概念体系”研究范围，迈入产业资本领域，更有效地实现大学的社会服务功能，已成为我国的当务之急。

（四）创建引导公众创业舆论的有利环境，进一步提升大学生创业素质和创业意识

影响大学生创业成功最主要的因素就是大学生的创业素质以及创业环境。对于要创业的大学生来说，必须具备强烈的创业意识、优秀的创业品质、良好的创业心理、很强的创业能力以及扎实的创业知识。

Isenberg 在《如何开展创业革命》一文中指出，爱尔兰和智利的创业经验说明，媒体的力量常常超乎想象，政府可以在不到一代人的时间内完全改变有关创业的社会观念，波多黎各国的最大日报上，每周都用一个整版来刊登创业成功的故事，为那些投身创业与有意创业的人们摇旗呐喊，这些方式加深了公众对创业活动的关注、理解和支持，有利于创业舆论环境的改善[20]。

伴随着我国创业政策体系的逐步形成与完善，政府还需要充分发挥各种舆论媒体的作用，宣传创新创业对国家竞争、经济发展和社会就业等的积极影响，传播各类典型的创业成功案例，引导与营建积极的创业舆论环境。还应通过舆论媒体等转变当前相当一部分人认为“鼓励创业是出于就业困难”的偏颇思想，介绍美国等发达国家大学生的创业取向和创业动机现状，让大学生和社会公众充分认识他们高创业率背后的

深层原因与现实意义，学习他们“越是优秀的大学生越勇于创业”和“专注于所长”的探索精神，促进大学生创业意识的提高，促进我国整体创业活动的广泛开展和创业质量的提升。

参考文献

[1] 陈希．把大学生创业工作推进到一个新的阶段——在“2010年中国大学生创业高峰论坛”开幕式上的讲话[OL]．就业网．http：//career. zjitc. net/Index/article/id/73. 2010-06-28.

[2] 腾讯教育．麦可斯发布2011就业蓝皮书[OL]．http：//edu. qq. com/zt2011/2011jy/. 2011-06-09.

[3] 武汉市政府就业管理办公室．武汉首发高校毕业生就业白皮书，非失业率近9成[OL]．http：//www. china. com. cn/education/2011-07/05/content _ 22926977. htm. 2011-07-05.

[4] 中国排行榜网．2010年中国大学创业富豪排行榜[OL]．http：// www. phb168. com /list25/184210. htm. 2010-12-02.

[5] 中广教育．2010年出国留学、留学回国、来华留学人数三增长[OL]．http：// www. cnr. cn/jy/toutiao/201103/t20110303 _ 507743406. html. 2011-03-03.

[6] 教育部留学服务中心．2009年中国留学人员创业年鉴[R]．北京：中国致公出版社，2009.

[7] Bechard J P，Gergoire，D. Understanding teaching models in entrepreneurship for higher education [G] // Kyro P，Carrier C. The Dynamics of Learning Entrepreneurship in a Cross-cultural University Context，Faculty of Education，Tampere：University of Tampere. 2005：104-134.

[8] 中国学位教育与研究生信息网．袁贵仁部长在2010年全国普通高等学校毕业生就业工作网络视频会议上的讲话[OL]．http：//www. cdgdc. edu. cn/xwyyjsjyxx/sy/syzhxw /263382. shtml. 2009-11-23.

[9] 网易新闻．大学生创业研究报告：上海大学生以科技创业为主[OL]．http：//news. 163. com /09/0807/05/ 5G3DUFT3000120GR. html. 2009-08-07.

[10] 徐小洲，夏晓军．创业教育[M]．杭州：浙江教育出版社，2009.

[11] 庞勃．中美大学生创业教育比较[D]．长春：东北师范大学硕士学位论文，2008.

[12] 中国新闻网．大学生创业成功率仅为4% 网络创业最顺手[OL]．http：//www. chinanews. com/cj/2011/01-07/2771417. shtml. 2011-01-07.

[13] 林嵩．创业生态系统：概念发展与运行机制[J]．中央财经大学学报，2011，(4)：58-62.

[14] 李家华．创新型经济视野下的创业教育发展[J]．创业园地，2010，(S1)：52-56.

[15] 高建，姜彦福，李习保，等．全球创业观察中国报告——基于2005年数据的分析[M]．北京：清华大学出版社，2006.

[16] 洪少春．地方政府职能在大学生创业扶持体系中的隐形缺失[J]．中国农业银行武汉培训学院学报，2009，(6)：77-79.

[17] KAB创业教育（中国）研究所．创业教育中国报告（2010）[D]．中国青年政治学院校报，2010-03-31，(6)．

[18] Carroll G R，Khessina. O M，The ecology of entrepreneurship [R]．Handbook of Entrepreneurship Research，2005.

[19] Isenberg D J. The big ideas：how to start an entrepreneurial revolution [J]．Harvard Business Review，2010，88 (6)：40-50.

[20] Armbruster C. Research Universities autonomy and self-reliance after the Entrepreneurial University [J]. Policy Futures in Education，2008，(4)：372-389.

[21] 温正胞．大学创业与创业型大学的兴起[M]．杭州：浙江大学出版社，2011.

经济安全篇

世界经济贸易与中国产业安全研究

冯宗宪　李　悦　柳　春　宋玉娥　赵立伟　余林芳

内容提要

2011年，世界经济缓慢复苏，但不稳定性和不确定性加大。为了保护和发展国内产业，世界各国和地区纷纷增加各种贸易和投资壁垒，贸易保护主义再度盛行。现阶段国际贸易与投资壁垒呈现以下特征：以技术性贸易壁垒及卫生与植物卫生措施为主；贸易救济的发起者和涉案行业发生了一定的转变；各国纷纷出台新的或更为严格的法律或政策进行贸易干预；传统贸易保护措施有愈演愈烈的趋势；部分国家增加新的服务贸易和投资壁垒；发达国家对中国矿产品的限制出口政策的非议产生了贸易争端。

新一轮贸易保护给我国带来了一系列的问题和挑战，主要表现为：由于我国产业竞争力不强，维护产业安全形势不容乐观；我国自由贸易区战略有待进一步扩展；我国企业“走出去”面临境外安全风险；碳关税的征收将对我国对外贸易产生重大影响。

在此基础上，本文提出2012年全球贸易保护的发展趋势，即美欧债务危机影响严重，国内市场需求下降，出口增速继续放缓；贸易摩擦更加频繁，贸易保护涵盖的产业和领域有所扩大，发起国的范围不断扩大；贸易保护措施趋向于制度化、严格化、综合化和新型化；发达国家和发展中国家贸易壁垒增加，但侧重点有所不同；维护产业安全的相关法律法规将更加完善。

根据我国遭遇的贸易壁垒现状和面临的机遇与挑战，本文提出了我国应对贸易保护的政策建议，主要有以下几个方面：积极扩大内需，促进外贸结构的优化；优化产业结构，发展新兴产业，提高应对贸易保护主义的能力；积极开放市场，提高我国产业国际竞争力，在发展中求安全；学会应用世界贸易组织（WTO）组织规则，以法律的手段应对国外贸易保护主义，维护我国产业安全；调整出口结构、发展低碳经济、参与国际规则制定；发展低碳技术、推动企业对外直接投资。

一、前　　言

过去的2010年，世界经济逐步复苏、国际市场需求回暖，中国国内经济向好势头更加巩固，稳外需扩进口政策效应不断显现，企业竞争力进一步增强，中国对外贸易实现了恢复性快速增长，进出口已经恢复到危机前水平并再创历史新高，贸易平衡状况继续改善。2010 年我国国民生产总值增速达 10%，进出口贸易总值接近 3 万亿美元，同比增幅 21.4%，中国已成为世界第一大出口国和第二大进口国。但欧盟、美国等发达经济体经济不景气，进口需求不充足、人民币升值压力大、原材料价格进一步上涨及贸易摩擦加剧等因素对 2011 年中国的出口贸易和经济增长造成巨大压力。

进入 2011 年，世界经济缓慢复苏，但不稳定性和不确定性加大，无论发达经济体还是新兴经济体，经济增速都出现回落。包括美欧在内的西方发达国家主权债务愈演愈烈，已引起国际金融市场急剧动荡，甚至可能出现违约风险。面对世界经济增速放缓的大环境，中国经济仍然保持了较高的增长势头，2011 年一季度的中国国际收支平衡表显示，我国双顺差局面继续。受制于出口疲弱，2011 年一季度经常项目顺差 288 亿美元，同比下降 21%。其中，货物贸易顺差 208 亿美元，服务贸易逆差 87 亿美元，收益顺差 51 亿美元，经常转移顺差 116 亿美元。资本和金融项目（含净误差与遗漏）顺差 861 亿美元。一季度经常项目顺差与同期 GDP之比为 2%，比 2010 年一季度的 5.2%有大幅下降，据 35 家机构进行调查显示，预计 2011 年中国经常项目顺差占 GDP 的比重为 3.3%，因此本年中国经常项目顺差/GDP 有可能控制在 4%标准范围内。

为了保护和发展自己的国内产业，世界各国和地区纷纷增加各种贸易和投资壁垒，贸易保护主义再度盛行。相比传统的贸易保护主义，此次的贸易保护主义有措施更复杂，更隐蔽等特点。“全球贸易预警”（global trade alert）组织发布报告指出，目前全球贸易保护主义正在上升，越来越多的国家为提振本国经济，频繁采取贸易保护主义措施保护本国产业免受来自国外特别是中国的竞争。报告指出，自 2010 年 11 月 20 国集团首尔峰会以来，世界各国总共采取了 194 项贸易保护主义措施，其中 4/5 由 G20 国家发起，并且近一半直接损害中国利益。报告称各国采取贸易保护主义措施更加技巧化，隐形壁垒明显多于显性壁垒。

目前环境壁垒、技术性贸易壁垒和知识产权壁垒等成为我国企业出口贸易遭遇的新型壁垒形式。2011 年中，随着温室效应与全球气候问题的加重，低碳经济发展模式成为世界各国关注的焦点。低碳经济形势下的技术壁垒与环境壁垒呈现出严格性、综合性、多样性等特点，对发展中国家出口贸易，特别是经济发展方式粗放、资源消耗水平高的我国产生了很大影响。技术性贸易壁垒和环境壁垒已经成为制约我国外贸经济发展的一个重要因素，要促进我国外贸经济在未来的发展，就必须正确解决和处理好这些问题。

随着我国市场对外全面开放，贸易往来迅猛增加，频繁的贸易摩擦伴随而来，贸易救济成为各国保护本国贸易所采用的重要手段之一。截至 2010 年，我国连续 16 年成为全球遭受反倾销调查最多的国家，案件数量共计 804 起，同时连续 5 年成为全球遭受反补贴调查最多的国家。期间，我国贸易救济法规不断完善，对外国产品发起反倾销调查案件共计 186 起，对国外对华贸易救济产生了积极的制衡作用。

作为对外贸易替代方式，外商投资在各国经济中占据越来越重要的位置，中国实际利用外资在 2010 年突破了 1000 亿美元，稳居发展中国家首位。随着我国外企控股比例限制逐步取消和外商投资领域逐步开放，外商对华直接投资更是出现了一些新变化，外资大量以并购国内企业的形式进入我国，这不但改变了我国外商投资结构，也增加了外资进入的动力。外商投资的多样化发展及总量的增加使得外商投资对我国产业安全产生了一定的影响[1]。

随着我国签订的自由贸易协定数量的增加，特别是未来与较大经济体如澳大利亚、印度、日本、韩国等签订自由贸易协定后，中国部分弱势产业遭受区内其他成员优势产业威胁。因此，自由贸易区的建立会从生产要素、产品需求、相关产业、企业战略等方面对产业安全产生影响。

从国际 PTAs（Preferential Trade Agreement or Area）的发展趋势来看，自由贸易区的建设已经不仅仅局限于货物贸易和关税水平的降低，其成员间的合作越来越深入。与原有 FTAs（Free Trade Agreement or Area）相比，新型 PTAs（Preferential Trade Agreement or Area）的最大区别在于其要实现的目标更高，即全方位的经济合作。其调整的范围更大，具体包括货物贸易、贸易促进、服务贸易、投资措施、政府采购、知识产权保护、竞争政策、劳工标准、环境标准、互认与自然人移动、经济合作领域扩展和争端解决机制等。在上述广泛的调整范围中，许多新领域是原有 FTAs 所不能涵盖的。投资措施在各国的差异化、竞争政策对待国内外厂商的公平一致性、美国等发达国家与发展中国家的劳工标准不一致问题和环境标准问题、知识产权保护问题等都会对国家产业安全带来新的挑战[2]。

二、2011 年国际贸易与投资壁垒现状分析

截至 2011 年 8 月初，总共有 21 个国家和地区设置了贸易与投资壁垒，它们分别是加拿大、俄罗斯、印度尼西亚、美国、巴基斯坦、德国、巴西、欧盟、伊朗、日本、新加坡、阿根廷、马来西亚、圭亚那、越南、南非、印度、埃及、韩国、澳大利亚和法国，新增加的贸易与投资壁垒主要有以下几个方面的特点。

（一）以技术性贸易壁垒及卫生与植物卫生措施为主

从各国增加的贸易与投资壁垒数量来看，以技术性贸易壁垒及卫生与植物卫生措施增加最为明显，21 个国家中有 14 个国家增加了技术性贸易壁垒及卫生与植物卫生措施，主要以发达国家为主，其中美国和欧盟同时增加了两种壁垒，且增加的数量最多。另外，巴西、越南、南非等发展中国家也有增加这类非关税壁垒的趋势。新的壁垒覆盖的产品范围广，主要是食品、木制品、家用电器、儿童玩具和电子产品等，如表 1 所示。

表 1　技术性贸易壁垒及卫生与植物卫生壁垒

国家	技术性贸易壁垒	卫生与植物卫生措施
加拿大	《消费者产品安全法案》	
俄罗斯	加强来自中国的蔬菜和海产品的放射性检测	

续表

国家	技术性贸易壁垒	卫生与植物卫生措施
美国	1. 提高木制品甲醛检测标准； 2. 2011.9.14起投放美国的儿童产品需测试铅含量； 3. 2011.11.25以后投放美国的ATV需进行第三方测试和认证； 4. 公布儿童产品铅含量新标准； 5. 发布新的电光源产品标签要求，要求在标签中标示更多信息	1. 对来自中国的食品进行更严格的检查； 2.《食品安全法案》增加了食品检测程序、密度及复杂程度； 3. 评估人工食用色素对儿童健康的影响
德国	1. 要求对来自中国的玩具增强透明度，使消费者知道玩具产地； 2. 我国40个产品进入其危险产品“黑名单”	
巴西		1. 对进口种子提出植物检疫要求； 2. 禁止部分食品使用的营养标签； 3. 拟规定水果种植中苯扎氯铵的使用标准
欧盟	1. REACH法规对欧盟贸易进入监管期； 2. 提高空调和电热风扇能耗标准； 3. 拟完善肥料市场法规，规定肥料重金属含量的最高水平； 4. REACH法规时限逼近，出口企业面临申报压力； 5. 实施排放新标准； 6.《原产国标签法》使得我国家具出口欧盟困难； 7. 对玩具标准更严； 8. 禁止在珠宝、塑料及合金焊料中使用镉； 9. 出台新版能源效率指令； 10. 实施电动机节能标准； 11. 提交碳关税征收方案； 12. 欧盟化学品管理署出台新审查措施，6月末推出全新的在线监管通道	1. 评估食品辐照的安全性； 2. 通过新食品标示规定，扩大要注明原产国的肉类范围，并对标签标示做出一些新要求
日本		1. 对我国黑木耳及其简单加工品实施毒死蜱检查； 2. 对我国的牛蒡及其加工品加强监视检查
越南	拟采用技术性贸易壁垒抑制贸易逆差	
南非		拟对食用油脂设置质量标准
韩国	将对台式电脑、笔记本电脑实行电磁波强制辐射强度限制	1. 禁止婴儿奶瓶使用双酚A； 2. 拟设定金属制品中镍含量安全标准； 3. 拟审查外国食品卫生检验机构；
法国	碳标签制度试运行	
墨西哥	2011年9月10日实行新的能耗标签标示法，规定在其销售的电子电气产品需进行能耗测试，并以西班牙文进行标示	

续表

国家	技术性贸易壁垒	卫生与植物卫生措施
东盟	拟统一产品质量认证	
澳大利亚		将要求无包装肉类产品标注原产国

资料来源：根据商务部各期《国外贸易投资壁垒信息月报》整理得出

技术性贸易措施涉及的内容主要包括：WTO《技术性贸易壁垒协定》（TBT 协定）中的技术法规、标准、合格评定程序（TBT 措施）与《关于实施卫生与植物卫生措施协定》（SPS 协定）中的动物卫生、植物卫生与食品安全措施（SPS 措施）[3]。

根据统计，WTO 成员方通报的技术性贸易措施从成立至今已超过 2 万项，占所有通报措施总数的 70% 以上，而截至 2011 年 8 月，已通报 1942 项。凭借在科技、经济和环保水平等方面的优势，一些发达国家（地区）相继出台了一系列系统性强、覆盖面广、要求苛刻、影响巨大的技术性贸易措施，如美国出台了：消费品安全法案、雷斯法案、北美植保组织亚洲舞毒蛾标准；欧盟出台了：化学品法规（REACH 法规）、电子电器双指令（RoHS 和 WEEE）、生态指令（EUP 指令）；日本出台的肯定列表制度等。这些措施将会渗透产业链条的各个环节，影响到我国每年上百亿美元的产品出口。

据 WTO 统计，WTO 成员通报了 TBT 措施和 SPS 措施项数，见表 2。

表 2　近几年 WTO 成员通报技术性贸易措施情况

年份	TBT 措施	SPS 措施
2006	993	1101
2007	1212	1089
2008	1533	1282
2009	1890	1012
2010	1853	1399
2011（1～8 月）	1094	848

资料来源：中国技术性贸易措施网相关资料总结，http://www.tbt-sps.gov.cn/TBTSPS/NOTIFICATION/Pages/default.aspx

通过对 2011 年 1～8 月通报的技术法规和合格评定程序所涉及的产品进行分类，可以发现，通报数量最多的是食品，其次是电气电子产品、家用商用设备和农产品等，如图 1 所示。

商务部数据显示，近年来国外技术壁垒对中国出口的影响从深度和广度上不断加大，22 大类出口产品中有 18 类遭受技术壁垒，波及的出口企业比例不断增加，给我国经济带来了严重损失。据悉，我国每年遭遇 TBT 的直接损失超过 500 多亿美元。2007 年至今，我国收到其他国家（经济体）TBT 通报 7297 条，其中美国、加拿大、欧盟、日本占多数。随着中国经济不断发展、出口规模不断扩大，外国技术壁垒和环境壁垒必将随之提高，对中国出口经济造成的损失也将持续增加。

从涉案行业统计来看，目前我国的农产品和食品、纺织品服装、化工、机械、电

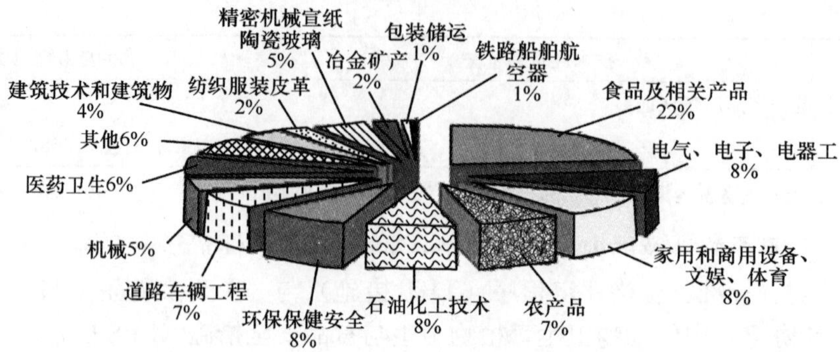

图 1　2011 年 1～8 月 TBT 通报涉及的产品类别

资料来源：中国技术性贸易措施网相关资料总结，http：//www.tbt-sps.gov.cn/TBTSPS/NOTIFICATION/Pages/default.aspx

子、运输设备等行业受技术壁垒和环境壁垒影响较大；从涉案的进口国家统计来看，以美国、欧盟、日本实施的技术壁垒和环境壁垒对中国影响最大。但近年来，涉案的进口国家有扩展到发展中经济体的迹象[4]。

通过对我国主要贸易伙伴 2011 年 1～8 月期间因技术性贸易壁垒扣留、召回产品数据的搜集，我们可以看出针对中国的技术壁垒所占比例很高，对中国产品出口影响广泛。具体内容如表 3 所示。

表 3　2011 年 1～8 月中国主要贸易伙伴产品扣留、召回情况比较

扣留召回对象	美国 CPSC 扣留产品数据	日本扣留食品数据	韩国扣留畜产品数据	加拿大扣留食品数据	加拿大召回产品数据
中国/起	76	136	150	41	80
所有国家/起	88	631	792	175	102
比例/%	86.36	21.55	18.94	23.43	78.43

资料来源：根据中国技术性贸易措施网风险预警相关资料总结，http：//www.tbt-sps.gov.cn/riskinfo/Pages/default.aspx

据国家质监总局组织的抽样调查显示，国外技术性贸易措施与环境壁垒几乎影响到我国所有种类的出口产品和相当比例的出口企业。通过对遭受壁垒的农产品业、纺织业、机电产品业等产业总结我国产业遭受技术壁垒与环境壁垒的现状特点如下[5]所述。

1. 我国产业遭遇技术性贸易壁垒与环境壁垒呈不断上升趋势

近年来，我国产业遭受的技术壁垒与环境壁垒不断上升。2011 年 1～8 月美国 CPSC 扣留中国产品数据与近几年同期数据走势图如图 2 所示。

自 2004 年以来我国遭遇美国 CPSC 扣留的产品数不断上升，2011 年数据更新问题存在一些偏差，但总体走势偏高，壁垒呈现不断上升趋势。

通过对具体产业的分析，我国出口农产品频繁遭遇国外技术性贸易壁垒，给我国造成了巨大的经济损失。根据 WTO 统计，2011 年 1～8 月，WTO 成员有关农产品的技术性贸易壁垒（TBT）和卫生与植物卫生措施（SPS）通报数量分别为 94 件和 32

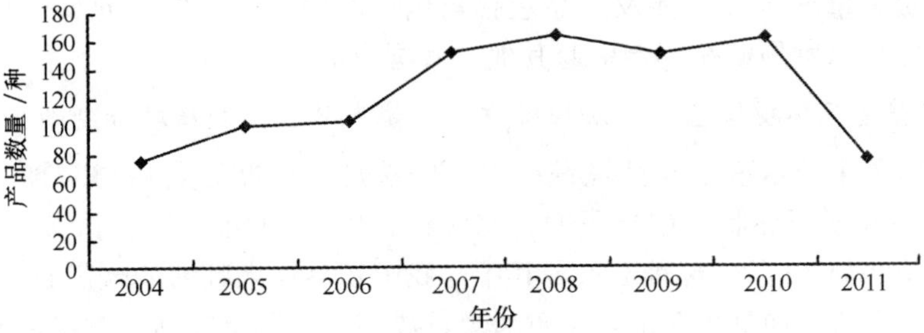

图 2 2004～2011 年 1～8 月美国 CPSC 扣留中国产品走势

资料来源：中国技术性贸易措施网风险预警相关资料总结，

http：//www. tbt-sps. gov. cn/riskinfo/Pages/default. aspx

件，其中发达国家占 40%以上。日本实施的《食品中残留农业化学品肯定列表制度》针对进口食品及农产品限量标准的数量大大增加，涉及农产品种类由 184 个增加到 264 个，化学物的品种和残留限量标准分别比原规定高出 2.8 倍和 5.6 倍，对我国农产品出口构成了严重的威胁。而纺织品方面，2011 年 1～8 月，美国纺织品服装类产品共通报 7 项，较 2010 年同期的 5 项同比增长 40%，占 CPSC 对华召回通报的 9.2%。

2. 我国遭受技术性贸易壁垒与环境壁垒影响的产业、产品范围越来越大，持续时间越来越长

以农业、农产品为例，近年来我国农产品遭受技术贸易壁垒和环境壁垒影响的范围越来越大，涵盖了我国从动物源性农产品如畜产品、禽产品、水产品等到植物产品和加工产品如蔬菜水果、茶叶花生等几乎所有出口农产品。日本、欧盟等国家（地区）多次以我国农产品存在农药残留（兽药、农药、环境污染物等）以及疫病（禽流感、口蹄疫等）为由对我国出口农产品进行封杀，并不断加强对我国出口农产品的检验检疫，相继实施新的食品安全法、农残检测标准等，大大提高了我国农产品出口的技术门槛，阻碍了我国农产品的出口。例如，日本《肯定列表制度》制定的新的农药残留标准使得我国的蔬菜水果、肉类制品、茶叶、谷物、食用菌、水产品等产品均成为日本实施《肯定列表制度》后出口风险较高的大类商品，欧盟实施的《欧盟食品与饲料安全管理法》则禁止含有 320 种农药残留的农产品在欧盟境内销售，这些使得我国受技术壁垒、环境壁垒影响的出口农产品范围不断扩大。此外，技术性贸易壁垒、环境壁垒的持续时间也越来越长，欧盟限制进口我国动物源性产品就长达三年之久。据初步统计测算，我国受影响最大的茶叶出口涉及就业 310 万人，烤鳗涉及就业 43 万人，蔬菜涉及 314 万人。

3. 设置技术性贸易壁垒的主体由发达国家逐渐扩展至中等发达国家及发展中国家

前些年对我国农产品出口设置技术性贸易壁垒的主体主要是美国、欧盟、日本，而现今已经逐渐扩展到加拿大、俄罗斯、德国、荷兰、韩国、阿拉伯联合酋长国、沙特阿拉伯等中等发达国家。美国主要是针对我国的水产品、禽肉、蜂蜜等实施较为严格的进口限制；欧盟则主要以茶叶农药残留，禽肉中含有动物疫病和农药兽药残留，水产品氯霉素超标，果汁含有乙烯利等问题为由对我国出口品进行限制；日本对我国

实施技术型贸易壁垒最多，涉及产品包括禽肉、蔬菜、蜂蜜等。此外，某个发达国家对中国设置的技术贸易壁垒还会引起其他一些国家的连锁反应。

4. 技术壁垒及环境壁垒方面法规标准名目越来越多，制度越加创新

世界各国关于技术壁垒及环境壁垒方面的法规、标准等名目越来越多，保护层面越来越细，各种创新性制度层出不穷。据统计，仅 2011 年 1～8 月，国外就新颁布了技术贸易措施法规 79 条，标准 7 条，其中与我国贸易往来频繁的欧盟颁布了 17 条、美国 8 条、日本 7 条、加拿大 5 条，颁布法规条数均处于世界前列，对我国出口贸易等极为不利。而法规规定方面也不断出现创新，如美国食品及药物管理局日前宣布，于 2012 年财政年度向进口食品到美国的进口商，以及美国食品供应链内的本土及外国食品设施开征使用费。

（二）贸易救济的发起者和涉案行业发生了一定的转变

据中国商务部统计，2010 年，中国出口产品共遭受 66 起贸易救济调查，涉案总金额约 71.4 亿美元。其中，反倾销案件 43 起、反补贴案件 6 起、保障措施案件 16 起、特保案件 1 起（图 3）。

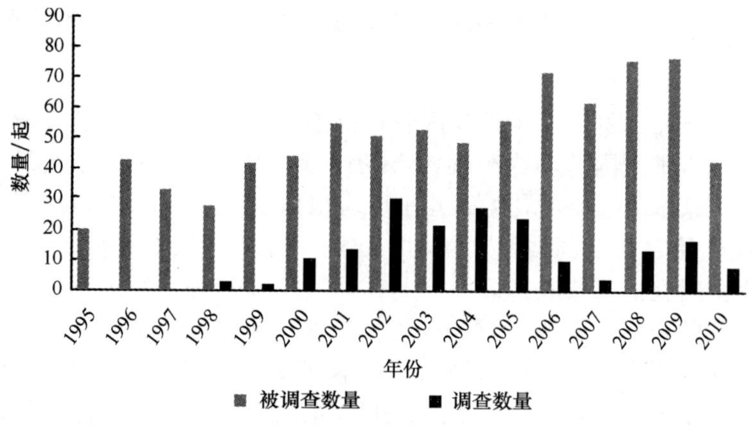

图 3　中国遭受反倾销调查与发起反倾销调查案件数（1995 年 1 月 1 日至 2010 年 12 月 30 日）
资料来源：WTO 网站，trade topics：anti-dumping

据“中国贸易救济信息网”统计，2011 年一季度，我国共遭受 7 个国家（地区）发起的 9 起贸易救济调查，比 2010 年同期减少 17 起，降幅为 65.4%。其中，反倾销 6 起，同比减少 7 起；涉华保障措施 3 起，同比减少 8 起；反补贴和特别保障措施均为 0。同期，对华反倾销调查的主要发起国（地区）对华启动反倾销调查的比重也有所下降。一季度，欧盟发起 4 起反倾销调查[6]，其中对华 1 起，占比 25%；印度发起 3 起反倾销调查，其中没有对华立案；巴基斯坦发起 3 起反倾销调查，对华 1 起，澳大利亚、美国、加拿大未对中国产品启动贸易救济调查。

1. 发展中国家和转型经济体转变为对华贸易救济调查的主要发起者

2011 年一季度，对华启动贸易救济调查的 7 个国家（地区）包括：发达国家（经济体）1 个，发展中国家（经济体）3 个，转型国家（经济体）3 个。而 9 起贸易救济

调查包括：发达国家（经济体）1 起，发展中国家（经济体）5 起，转型国家（经济体）3 起。其中，发展中国家启动的 5 起对华贸易救济调查里，土耳其启动的调查数位居首位（3 起），均为涉华保障措施调查；阿根廷和巴基斯坦各启动 1 起，均为反倾销调查。在转型经济体启动的 3 起贸易救济调查中，俄罗斯、哈萨克斯坦和白俄罗斯各 1 起，均为反倾销调查。一季度，土耳其是国外涉华保障措施的主要发起者。3 起案件均由土耳其发起，产品涉及服装、织物和聚对苯二甲酸乙二酯。

2. 国外对华贸易救济涉案行业集中在石化、冶金产品

据中国贸易救济网统计：2011 年上半年，国外共对华发起 30 起贸易救济调查，案件数居各行业首位的是石化产品，涉及案件 8 起，占比 26.7%。其中，反倾销 5 起，在上半年国外对华反倾销案件中占比 25%，居各涉案行业首位；涉华保障措施 3 起，在上半年国外涉华保障措施案件中占比 42.9%，与纺织行业并列居各涉案行业首位。另有 5 起国外对华石化产品反倾销案做出终裁，其中 4 起案件采取最终反倾销措施，1 起案件终止调查；国外涉华保障措施案件有 3 起做出最终裁决。

2011 年上半年，草酸、聚对苯二甲酸乙二酯和柠檬酸及柠檬酸盐 3 种产品在国外对华石化产品发起的贸易救济调查中多次涉案。其中，草酸、聚对苯二甲酸乙二酯已经分别在涉案国（地区）两次涉案。其中，欧盟已经两次对华草酸进行反倾销立案调查，分别是在 1987 年以及 2010 年[7]。土耳其 2004 年对我国聚对苯二甲酸乙二酯启动的反倾销调查，至今仍在实施措施。2011 年 4 月 8 日，巴西对华柠檬酸及柠檬酸盐反倾销案是该产品遭遇的第 4 起贸易救济调查案件。此前，美国曾对该产品发起过反倾销和反补贴合并调查。

2011 年上半年，涉及钢铁产品的贸易救济案件为 5 起，与机械并列第二位；同比减少 5 起降幅为 50%。5 起涉及钢铁产品的贸易救济调查均为反倾销调查。从涉案产品上看，在国外对华钢铁产品启动的 5 起反倾销调查均涉及板材，涉案产品分别为彩钢、涂镀板、冷轧卷板。

2011 年一季度，国外对华纺织工业发起的贸易救济案件 2 起，案件类型均为保障措施。分别为：①2011 年 1 月 13 日，土耳其对我国“服装及其配饰”发起的保障措施案件，该案尚未裁决；②土耳其对我国“织物”发起的保障措施案件，2011 年 3 月 24 日，土耳其对该案作出初裁：对涉案产品加征临时关税，该措施在公告发布之日起正式实施，有效期 120 日[8]。

此外，中国是全球纺织品出口“大户”，每年纺织品服装出口大约占全世界贸易量的 1/3。从 2008 年至 2011 年上半年，全球共对中国发起贸易救济调查案件 313 起，涉及纺织品的案件有 35 起，占案件总数的 11%；涉案金额达 19 亿美元，占涉案金额的 7%[9]。表 4 为中国遭受反倾销调查案件数排列前十位行业。

表 4　中国遭受反倾销调查案件数排列前十位行业（1995 年 1 月 1 日至 2010 年 12 月 30 日）

排列	涉案行业	数量
1	贱金属及金属基材	185
2	化工产品	158

续表

排列	涉案行业	数量
3	机械和机械电器；电气设备；零部件；录音机和扬声器；电视影像和声音录音机和扬声器、零件及附属品	100
4	纺织品及纺织用品	74
5	塑料及其用品；橡胶及其用品	53
6	机械制品	48
7	石、石膏、水泥、石棉、云母或类似材料制品；陶瓷制品；玻璃和玻璃器皿	46
8	鞋类、首饰、伞、太阳伞、手杖、带座手杖、鞭、马鞭及其零部件；已整理羽毛及其制品；人造花；头发制品	19
9	木浆或其他纤维素材料；回收纸（废料及碎料）或纸板；纸和纸板及其制品	18
10	车辆、航空器、船舶及有关运输设备	18

资料来源：WTO网站，trade topics：anti-dumping

（三）各国纷纷出台新的或更严格的法律或政策进行贸易干预

各国纷纷颁布新的法律或政策，通过提高标准和要求来限制贸易。加拿大于2010年12月通过了《消费者产品安全法案》并于今年春季生效，该法案将取代《有害产品法案》第Ⅰ部分，对于可能对人体健康安全产生风险的消费品的生产和进口等方面做出了更为严格的限制，并要求企业生产商或进口商在必要的时候提供相关的检测及研究报告。2011年1月美国总统奥巴马签署了《食品安全现代化法案》，将对进口食品尤其是来自于中国等国的进口食品实施更加严格的检查，该法案规定进口商必须证明他们进口到美国的食品是安全的，实质上是增加了出口商的证明责任。巴西即将实施《南方共同市场有关食品营养标签的决议草案》，该草案规定禁止在酒精饮料、食品添加剂、加工助剂、香料、醋、咖啡、未添加其他包含营养成分物质的草药类饮品的包装上使用营养标签，这使得出口商需要对出口到巴西的这些产品的标签进行调整，增加了出口成本。将与2013年生效的欧盟《原产国标签法》，要求出口到欧盟的木制品必须证明采购的木材产自合法开发的森林，我国出口欧盟的家具数量占我国家具出口量的1/3，这一法律的实施必然给我国家具出口带来很大的影响。欧盟拟定的政府采购新政策提出两种设想：一是全面关闭欧盟政府采购市场。欧盟的采购主体必须有特别原因才能采购中国产品；二是欧盟采购主体向欧委会申报，欧委会将审查获得合同的第三国对欧市场开放情况，并有权采取措施对某些国家关闭欧盟部分政府采购市场。这两种设想都将影响我国在欧盟的贸易和投资。新加坡于2011年4月生效的《2011年消费者保护条例》将对玩具等一系列产品实施更为严格的市场监督。

（四）传统贸易保护措施有越演越烈的趋势

虽然新型贸易保护措施，如技术性贸易壁垒和卫生与植物卫生措施等在不断增加，但是通过观察 2011 年各国新增加的贸易与投资壁垒，传统贸易保护措施有越演越烈趋势，其中以关税及关税措施、进出口限制、歧视性国内税费和补贴为主，这种现象主要发生在发展中国家，欧盟和日本等发达国家也增加了一定的传统贸易壁垒（表 5）。

表 5 部分国家贸易壁垒的设置

国家	关税及关税措施	进口限制	歧视性国内税费	出口限制措施	补贴
俄罗斯	提高轮胎进口关税				
巴基斯坦	可能取消进口设备免税待遇		颁布三项征税法令，征收销售税、所得税附加费和提高特别消费税	禁止石油出口	
巴西	调增玩具进口关税，同时调减玩具零部件进口关税				
伊朗				对出口的铁精砂和球团征收 50% 和 35%的重税	
日本	对普惠制进行调整，提高部分我国输日产品的关税				补贴稀土利用企业
阿根廷				出台出口限制措施，涉及产品包括冶金产品、电子产品、纺织品	
马来西亚		继续实行汽车进口许可证政策			
圭亚那				继续实行原木出口限制政策	
越南	将大幅提高二手车进口税	1. 颁布 97 种不鼓励进口商品的名目； 2. 越南钢铁协会呼吁控制进口中国和东南亚卷刚 3. 禁止进口未进行出口登记的植物，目前只有美国和澳大利亚进行了登记		1. 将进一步限制矿产资源出口； 2. 拟大幅提高木材等出口税	
南非	提高部分金属制品的进口关税				

续表

国家	关税及关税措施	进口限制	歧视性国内税费	出口限制措施	补贴
印度				对食糖出口实行登记制度	
埃及				提高大理石出口关税	
欧盟		对我国塑料餐具进口实行严格限制措施：要求我方提供含量检查报告，其指定第一入境口岸，按10%进行抽样检查			

资料来源：根据商务部各期《国外贸易投资壁垒信息月报》整理得出

（五）部分国家增加了新的服务贸易和投资壁垒

部分国家增加了服务贸易壁垒和投资壁垒，对我国发展服务贸易和对外投资带来阻碍。例如根据俄罗斯总理2010年11月签署的947号政府令，规定2011年起俄罗斯酒类产品和药品、市场和摊位、非商店式零售贸易业将禁止雇佣外国劳动力。再如印尼央行在2011年对国内银行的外资企业印尼盾账户采取限制措施，要求印尼盾账户交割额度限制为银行资本30%，目的是巩固银行业制度安全性，同时减少因外资涌入带来的负面影响。

新加坡人力资源部将从2012年起，提高外籍劳工就业准证持有人的底薪及学历要求，确保本国人在竞争中不会处于劣势。新调整将从明年起生效。这是新加坡人力部在半年内二度调高就业准证的底薪，上一次调整刚在2011年7月生效。随着门槛的提高，估计有约3万人或20%的就业准证持有人将无法更新准证。雇主可以选择本地员工进行替代，或引进更高素质的外籍员工，或申请技能水平较低的S准证。新加坡副总理兼财政部长表示，该国欢迎外来人才的宗旨不变，但外国人占本地劳动队伍的比例不会超过三分之一。

（六）中国对矿产品的限制出口政策及贸易摩擦

2009年6月23日，美国和欧盟在WTO框架内正式向中国提出贸易争端请求，称中国对铝土、焦炭、萤石、镁、锰、金属硅、碳化硅、黄磷和锌9种原材料采取出口配额、出口关税和其他价、量控制，违反了中国2001年加入WTO时的承诺，使得其他国家在钢材、铝材及其他化学制品的生产和出口中处于劣势地位。对此，欧盟指责中国不适当地使用了出口配额，对欧盟企业有所歧视，违反了WTO非歧视原则，并声称拟向WTO提出申诉。2011年7月，世界贸易组织（WTO）的一个专家小组裁定，中国对其他一些原材料（如铝土矿和锌）的出口限制违规。

欧盟和美国的有关指控是，中国对出口原材料征税、“囤积资源”，“并给其他资源出口国造成先例”。按照WTO规则，如果贸易问题通过磋商不能解决，争端将逐步升级，直到发起法律诉讼。

此次涉案的资源性产品都是重要的基础原材料，具有关联度广、增值性强，储量有限及不可再生等特点，是现代工业和高新技术产业的关键支撑材料。由于贸易政策受WTO规则的规范，容易引起贸易摩擦和争端，因此，采用贸易政策调控资源性产品的生产对我国未必是最佳的选择。而比较好的替代手段是：通过从上游限制某些产品的生产进而控制其在国际上的供应量。为避免贸易摩擦，可采取国内征收资源税的方式，将贸易政策、产业政策、国内的宏观经济政策以及转变经济发展方式结合起来考虑。

美国、欧盟下一个目标产品极有可能是稀土。中国面临欧美日多方施压，稀土问题或成G20议题。相对于欧盟与美国，中国的稀土出口对日本的影响更大，因为日本是世界上提炼稀土与加工稀土最有实力的国家。稀土作为我国重要的战略性资源，长期处于低效生产状态，对生态环境破坏严重，而且出口量大价低，严重影响了我国的国家安全、经济利益和环境。2007年以来，考虑到稀土在国际竞争和国家安全的特殊地位，中国出台了一系列措施控制出口，并限制生产。中国旨在保护资源环境的稀土配额紧缩政策一方面遭受到国际巨大压力，一方面又要面对国内产业规制的阻力和摩擦。

受2010年9月下旬中国对日出口稀土暂时停止的影响，部分利用稀土生产高科技产品零部件和材料的日本企业正在研究到中国投资建厂，以确保稳定地采购到稀土原料。为避免零部件企业转移到国外对国内高科技企业生产造成影响，导致日本产业丧失国际竞争能力，日本经济产业省已确定对稀土利用企业的国内投资提供资金支持，使其继续留在国内生产。支持的对象为使用氧化铈生产硬盘用玻璃板以及使用氧化镧生产光学镜头等企业；而对以铈和钕等17种稀土为原料的零部件和材料生产企业，对其满足一定条件的设备投资，给予总额150亿日元的补贴。据经济产业省统计，日本产硬盘用玻璃板的世界市场占有率为100%，汽车用排气催化剂等所必需的稀土零部件和材料的市场占有率也很高，这些产品支撑着日本产业的国际竞争能力。

三、新一轮贸易保护给我国带来的问题和挑战

（一）世界经济预期普遍放缓，新贸易保护主义压力重新来袭

据国际货币基金组织（IMF）预测，2011年全球经济增长4.4%。其中，发达国家经济将增长2.4%；发展中国家经济将增长6.5%，如表6所示。

经合组织于2011年8月8日公布数据显示，多数经济体增长将放慢。6月份衡量该组织34个成员经济活动的领先指标为102.2，相比5月份的102.5指标出现下降，表明全球主要经济体大多经济增速将放缓。领先指标显示，发达经济体中，加拿大、法国、德国、意大利和英国经济增速将放缓；而发展中经济体中，巴西、中国和印度的经济增长也将减速。

表6　2009～2012年世界经济增长态势　(单位:%)

项目	2009年	2010年	2011年	2012年
世界经济	−0.5	5.0	4.4	4.5
发达国家	−3.4	3.0	2.4	2.6
美国	−2.6	2.8	2.8	2.9
欧元区	−4.1	1.7	1.6	1.8
日本	−6.3	3.9	1.4	2.1
新兴市场和发展中国家	2.7	7.3	6.5	6.5
世界贸易	−10.9	12.4	7.4	6.9

资料来源：IMF,《世界经济展望》，2011年4月11日

在世界经济缓慢复苏的大背景下，加上2010年补库存效应减弱甚至消失，国际贸易难以出现较大幅度的增长。同时，许多国家更加重视通过出口缓解国内压力，自顾倾向明显，保护主义升温，世界贸易组织（WTO）多哈谈判陷入停滞，贸易摩擦形势依然严峻复杂。这都将影响到今后国际贸易的发展，并引致更多国家的贸易救济措施[10]。据WTO预计，2011年世界贸易增长率将由上年的14.5%放缓至6.5%。其中，发达经济体将增长4.5%，发展中国家和独联体将增长9.5%。

自从加入WTO以来，我国的对外贸易急剧增长，对外贸易依存度不断攀升，提高对外贸易依存度虽然可以带来推动国内产业升级、加快融入全球一体化地进程、提高就业率等积极影响，但是当遭遇大范围的贸易保护时必然会影响出口产业从而影响国内各产业的发展，进而对我国的产业安全造成威胁。

新壁垒的增加，会抑制甚至阻碍我国的产品进入一国市场，如传统的贸易壁垒关税、进口限制等壁垒的增加，其限制直接表现为出口成本的增加。而提高标准及各种检测要求等技术性贸易壁垒的增加，如果其是突然实施，我国出口企业来不及准备而无法进入其市场，就算企业提前准备，为了达到出口要求必须承担改进产品等带来的成本。无论是哪种壁垒，出口成本的增加会导致出口商寻找新的市场或者出口转内销，在贸易保护大范围增加的情况下，出口商只能选择不出口，这样国内的产品供给失衡，价格下降，从而带来失业、破产等一系列连锁反应，最终损害国内产业。

（二）国际上增加了针对我国的歧视性贸易壁垒

2011年增加的贸易及投资壁垒中，有很多国家增加了针对我国的歧视性贸易壁垒。如俄罗斯对来自我国的蔬菜和海产品加强放射性检验，印尼对来自我国的服装、轮胎、钢铁、纺织品等展开反倾销调查，美国对来自我国的食品进行更严格的检查，德国要求来自中国的玩具要增强透明度，并将来自我国的40多个产品列入危险品黑名单。7月20日，“全球贸易预警”组织发布报告指出，自2010年G20集团首尔分会以来，世界各国采取了194项贸易保护主义措施，并且近一半直接损害中国的利益。这些歧视性贸易保护措施，使得我国的出口产品在和其他国家的出口产品进行竞争时处于劣势，可能导致我国出口产品在这些国家的市场萎缩，甚至失去这些市场。

从9月底开始，缅甸渔业局称将不再允许中国熟练技术人员随缅甸渔船出海捕鱼。此前在缅甸远洋捕鱼的船只共2000多艘，其中从中国进口的有86艘，共有178名中国技术人员随船出海。

越南《经济时报》8月11日报道，为整顿农药市场秩序，越南农业与农村发展部植保局将停止注册含两种以上活性物质的农药。近年来，越南农药进口量逐年增加，市场缺乏监管，伪劣产品泛滥，许多农药含有过量的活性物质，对农业生产和环境造成不良影响。报道称，中国是越南主要农药进口来源地，约占90%的市场份额。此次措施将对我国农药出口企业产生一定影响。

（三）我国产业竞争力不强，维护产业安全形势不容乐观

第一，我国产业发展遇到了结构性冲突的问题。由于我国的新兴产业在发达国家已经成熟或者甚至成为夕阳产业，在市场竞争中处于劣势地位，而我国现有比较优势产业与发展中国家的支柱产业具有类似性，在国际市场上必将竞争激烈。例如，我国和印度同为原料药制造大国，而同类产业结构的相似性导致在原料药领域所遭受的反倾销调查案件中，印度对我国立案数占总数的一半。

第二，我国产业竞争力总体表现较弱，产业安全存在隐患。据世界经济论坛发布的《2010—2011年全球竞争力报告》，2010年我国总体竞争力排名第27位，2011年提高至第26位，但即使如此，相比多数发达国家来讲，我国总体竞争力仍然较低。

第三，我国弱势和新兴产业受到国外进口产品冲击。跨国公司实施扩张策略，对我国的新兴产业进行打压。尤其是入世后，一些外国产品利用我国市场准入全面放宽的机会，大肆进入我国市场。当我国企业尚无生产能力时，它们以极高价格在我国市场销售，获取高额垄断利润；而当我国企业具备生产能力时，他们开始大幅降价，试图以低价倾销策略挤垮我国弱势和新兴产业。我们要从中总结经验、教训，变外来压力为内在动力，不断推动我国产业升级。

在WTO成员方中，有97%的国家参加了自由贸易协定。中国在加入WTO以后，迅速调整外贸政策的战略重点，截至2011年8月，我国已经与多个国家和地区签订了自由贸易协定，详见表7。

表7 中国参加的自贸区（2011年8月）

FTA的进展	自由贸易协定
已签订/实施的FTA	1. 内地与香港CEPA（2004年1月1日生效） 2. 内地与澳门CEPA（2005年1月1日生效） 3. 亚太贸易协定（原《曼谷协定》签署于1975年；中国于2001年加入；2005年11月更名为《亚太贸易协定》；目前已启动第四轮关税减让谈判） 4. 中国—智利FTA（2006年10月1日生效） 5. 中国—巴基斯坦FTA（早期收获协定于2006年1月1日起施行；自由贸易协定2007年7月起实施；服务贸易协定2009年2月21日签署） 6. 中国—东盟FTA（2002年11月4日签署《中国—东盟全面经济合作框架协议》；2004年1月1日早期收获计划实施；《货物贸易协议》2005年7月开始实施；《服务贸易协议》2007年7月起实施） 7. 中国—新西兰FTA（2008年10月1日生效） 8. 中国—新加坡FTA（2009年1月1日生效） 9. 中国—秘鲁FTA（2010年3月1日生效） 10. 中国—哥斯达黎加FTA（2010年4月8日签署）

续表

FTA 的进展	自由贸易协定
谈判中的 FTA	1. 中国—南部非洲合作同盟 FTA（2004 年 6 月启动谈判）
	2. 中国—海湾合作委员会 FTA（2004 年 7 月启动谈判）
	3. 中国—澳大利亚 FTA（2005 年 4 月启动谈判）
	4. 中国—冰岛 FTA（2006 年 12 月启动谈判）
	5. 中国—挪威 FTA（2008 年 9 月启动谈判）
	6. 中国—瑞士 FTA（2011 年 1 月启动谈判）
可行性研究中的 FTA	1. 中国—印度 FTA
	2. 中国—韩国 FTA
	3. 中日韩 FTA

资料来源：中国自由贸易区服务网，http：//fta. mofcom. gov. cn

在世界范围内，PTAs 的建立成加速趋势，越来越多的国家加入了 PTAs。从 20 世纪 50 年代到 90 年代，生效的 PTAs 的数量逐渐增加到了 70 个，在接下来的五年中，PTAs 数量翻了一番，到 2010 年，更是达到近 300 个。（见图 4）始于 90 年代的快速发展，并不奇怪，因为越来越多的国家推行外向型经济政策，经历了一个经济快速发展的时期。

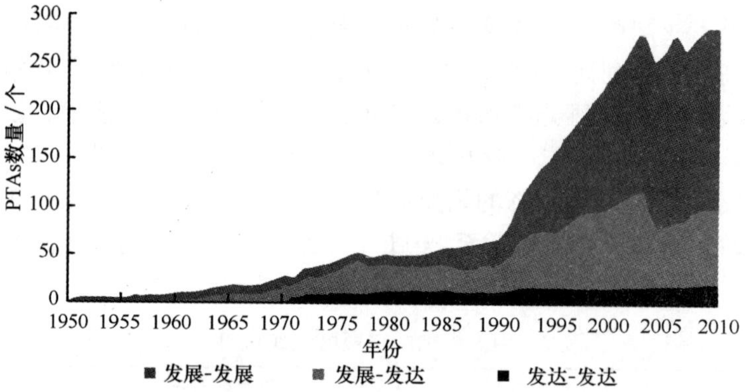

图 4　1950～2010 年累计已生效的 PTAs 数量（报告与未报告的合计）

注：只有大约 2/3 的协议已经向 WTO 报告

资料来源：WTO，World Trade Report 2011

（四）我国企业“走出去”面临境外安全风险

“十一五”期间，我国深入实施“走出去”战略，对外投资合作取得跨越式发展，已与对外贸易、利用外资相互融合、相互促进，共同构成当前我国开放型经济的重要组成部分，对国民经济和社会发展的贡献日益增大。2010 年对外直接投资流量达到 688 亿美元，同比增长 21.7%，连续九年保持增长势头，年均增速为 49.9%。根据联合国贸发会议《2011 年世界投资报告》，2010 年中国对外直接投资占全球当年流量的 5.2%，位居全球第五，首次超过日本、英国等传统对外投资大国。中国的对外投资正对许多国家的经济复苏和发展起到促进作用。

为了开拓国内外两个市场，利用好国内外两种资源，中国企业走出国门，在全球配置生产资源。到2010年年底，我国对外直接投资存量已经超过3000亿美元。经营管理好如此庞大的海外资产，对我国企业和政府来说都是一项艰巨的任务。近年来，随着“走出去”战略的加快实施，我国对外投资合作规模不断扩大，面临的国际形势日趋复杂多变，各类境外安全风险事件时有发生，不仅对我企业的境外经营造成影响，而且严重威胁我国境外人员的生命财产安全。

我国企业面临的境外安全风险主要包括：

（1）政治风险，指驻在国的政局变化、战争、武装冲突、恐怖袭击或绑架、社会动乱、民族宗教冲突、治安犯罪等。中东、非洲国家能源丰富、市场潜力大，但政治风险不容小视。例如，2011年春天以来，北非国家埃及、突尼斯特别是利比亚冲突对我国驻外企业和投资造成巨大损失，200多亿美元合同项目暂停。这些项目主要集中在基建、电信领域，涉及包括中国铁建、中国建筑、中国中冶、葛洲坝和中交集团等企业。

（2）经济风险，指经济危机、金融市场动荡、主权债务危机、通货膨胀、利率汇率变动等宏观经济形势变化。一些发展中国家实行市场经济后，相应的法律体系、公平体系尚不健全，会成为投资当地的安全隐患。

（3）政策风险，指驻在国政府的财政、货币、外汇、税收、环保、劳工、资源政策的调整和国有化征收等。例如我国企业在投资印度尼西亚的矿业领域时，必须注意环境保护和相关执照的问题，印度尼西亚的环境保护法律完善，同时矿产品出口配额限制较多，企业如果进行矿业方面的投资应签订长期合约，这有利于稳定出口。此外，在某些国家投资特别要分地区进行评估，例如菲律宾有的地区存在地方武装，必须估计这方面的威胁及其后果。

（4）自然风险，指地震、海啸、火山、飓风、洪水、泥石流等自然灾害及重大流行性疾病。

（5）境外发生的可能对我对外投资合作造成危害或形成潜在威胁的其他各类风险。中国企业日益成为国际舞台的重要角色。然而，“走出去”对中国企业来说是崭新的课题，考验和挫折皆在眼前。此前，华为被禁止在美收购企业、中铁建承包的麦加轻轨项目出现巨额亏损、中方企业承建波兰A2高速公路项目因价格问题终止合同等也备受关注。

（五）碳关税的征收将对我国对外贸易产生重大影响

2011年4月，欧盟委员会提交了碳关税征收方案，而早在2009年6月美国就通过了《美国清洁能源与安全法案》，其他如日本、韩国、德国等十几个国家，虽然没有对碳关税的征收制订方案，但是其开展了低碳产品认证，另外法国在2011年7月进行了碳标签制度试运行。显而易见，“碳关税”、“低碳订单”和“碳标签”将在很大程度上阻碍我国对外贸易的发展。我国作为全球二氧化碳排放量最大的国家之一，面临着很大的减排压力，以低碳为名的各种贸易壁垒措施将会对我国半数以上的出口产业造成严重的冲击。

四、2012贸易保护主义发展趋势

(一) 美欧债务危机影响严重，国内市场需求下降，出口增速继续放缓

《世界经济展望》预测，2012年，全球增长率将从2010年的5%以上降至4%左右，2012年中国增速将达到9.0%。随着全球经济危机后果在各国市场慢慢吸收，亚洲国家经济增长的突飞猛进及发达国家经济的逐步复苏，作为全球第二大外商投资接受国，2012年中国市场将会吸引更多外资进入。外资并购作为推动FDI增长的有效方式，及跨国公司占领我国市场攫取更多利润的有力武器，在我国吸引外资绝对量的比例中远远低于平均水平，尚有巨大潜力，因此，外资并购的迅猛发展在2012年成为必然。

外贸顺差对中国GDP的贡献已经从2007年的10%左右降到2011年的4%左右。多种原因对我国的出口贸易带来压力：首先，原材料价格持续攀升。由于国际大宗商品价格持续走高，国内生产资料价格在2011年一季度持续上涨。其中流通环节生产资料同比上涨11.2%，工业生产者购进价格同比上涨10.2%。其次，劳动力工资继续上涨。2010年30个省（区、市）上调最低工资标准，2011年以来12个省（区、市）继续上调，增幅在20%～25%，招工难以及用工成本不断增加导致当前企业经营异常困难。再次，融资成本增加。2011年以来，由于央行多次加息以及上调存款准备金率，企业流动资金紧张，融资成本普遍增加。此外，人民币升值压力较大，在一定程度上影响了企业对外接单。

欧洲作为我国第一大贸易伙伴，第一大出口市场、第一大技术引进来源地和第二大进口市场，若其债务危机持续恶化，内部消费投资进一步疲软，给我国出口带来的负面影响将不言而喻。

(二) 贸易摩擦更加频繁，贸易保护涵盖的产业和领域有所扩大，发起国的范围不断扩大

在市场流动性充沛、美元持续走低、农产品供给偏紧、大宗商品价格上涨过快、投机炒作频繁，以及中东局势动荡和日本地震等诸多因素的共同影响下，全球通胀水平不断升温，并正从新兴市场经济体逐步向发达经济体蔓延扩散。自2010年下半年以来，新兴市场国家普遍面临较大通胀压力，发达经济体通胀趋势也日益明显。从2010年10月至2011年1月，世界银行粮食价格指数上升幅度达15%，粮食价格已经逼近2008年的历史最高点。美国的量化宽松货币政策导致美元不断走低，推动国际大宗商品价格整体上涨，涨幅早已超过了2007年巅峰时期达10%以上。

此外，为应对金融危机，发达经济体推出了规模巨大的刺激性财政政策，导致政府背上了沉重的债务负担。美欧日等国家和地区的国债和财政赤字规模都达到了历史高点，欧盟更是成为主权债务危机的重灾区。主权债务问题短期内难以平息，将长期困扰发达经济体的复苏脚步。

因此，各国政府为了促使经济回升、保护国内市场、缓解就业压力，在国际市场上的竞争必将加剧，这将导致贸易保护主义势头不断加深，由于目前世界上绝大多数国家都加入了世界贸易组织，而世界贸易组织通过多轮谈判，关税大幅度降低，许多传统非关税措施被取消或被规范，关税和传统非关税措施保护国内市场的作用大大削弱，于是多数国家频繁采用反倾销、反补贴、保障措施等来保护国内市场和产业。因此，预计 2012 年对华贸易救济案件将会有所增加，反倾销调查也将继续成为其中主要措施。

一方面从原来的纺织品、服装扩展到钢铁、电子产品、食品等领域，尤其是欧美等发达国家以保护消费者健康等为由，不断提高食品、玩具等方面的检测标准和标签制度等技术性贸易壁垒及卫生及植物卫生方面的措施。另一方面，从传统的货物贸易向服务贸易、知识产权和投资方面扩展，如俄罗斯禁止其零售业雇佣外国劳动力，印尼限制外企印尼盾账户。另外，欧盟于 4 月提交了征收碳关税方案，若通过则涉及运输、建筑和农业领域，贸易保护范围进一步扩大。

现今全世界已有 2500 多种技术性贸易壁垒，且其涵盖范围日趋广泛，不仅涉及初级产品，还牵涉了所有的中间品和制成品，涵盖了产品生命周期中的研究、开发、生产、加工、包装、运输、销售、消费和处置等全部过程。发达国家强制推行的 HACCP 管理体系是最典型的例证。该管理体系的宗旨是将可能发生的食品安全危害消除在生产过程中，而不是靠事后检验来保证产品的可靠性。虽然从环境保护和人类安全角度看 HACCP 体系有其合理性，但从贸易角度看，因发展中国家经济发展水平较低，短期内很难达到日趋严格的产品生命周期各环节上的技术要求，这势必会影响其产品的出口。

虽然目前实施技术性贸易壁垒与环境贸易壁垒的主要是发达国家，但今后会有更多的国家和地区由于对人类健康的关注和对可持续发展的要求而加入到实施技术壁垒与环境壁垒的行列，其中发展中国家和新兴经济体采取贸易壁垒保护措施的比例会持续升高；壁垒实施的继发效应明显，即一旦某个国家对一种产品实施贸易壁垒，其他国家地区也很有可能会很快采取同样的措施。因此，2011 年出现的技术壁垒、环境壁垒等也有被各国各地区效仿的趋势。

当前，我国有比较优势的产业与发展中国家和转型经济体的支柱产业在很多方面具有类似性，国际市场上竞争激烈，因此，很容易相互之间引发贸易摩擦。2011 年一季度，在对华启动贸易救济调查的 7 个国家（地区）中，发达国家（经济体）1 个（欧盟），发展中国家（经济体）3 个，转型国家（经济体）3 个（俄罗斯、哈萨克斯坦、白俄罗斯）。其中，发达国家（经济体）启动 1 起贸易救济调查，发展中国家（经济体）启动 5 起，转型国家（经济体）启动 3 起。因此，2012 年发展中国家和转型经济体将会继续对华实施频繁的贸易救济调查。

金融危机过后，各国为了保护本国的市场和产业会纷纷增加贸易和投资方面的壁垒来限制来自外国的竞争，而贸易保护国也从传统的欧美、美国、加拿大等发达国家，向印尼、俄罗斯、巴西、巴基斯坦等发展中国家蔓延。

（三）贸易保护措施日渐趋向制度化、严格化、综合化和新型化

技术壁垒与环境壁垒会日趋制度化，各种壁垒相关的标准和技术法规会越来越多，要求也会越来越严格。技术发展尤其是高灵敏度检测检疫技术的快速发展，使检验检测设备、方法和手段越加先进。与此同时，发达国家利用人们对环境及人类安全等问题的关注，提出越来越严苛的进口产品要求，其技术壁垒与环境壁垒措施已从个别限量指标发展为名目繁多的限制或禁止指标体系，使得技术壁垒与环境壁垒向制度化方向发展。如今的技术壁垒与环境壁垒不同于之前的一些相互之间无关联且临时性的贸易保护政策，其已具有内容彼此关联、彼此配合，综合性，制度化强的特点，这势必会影响我国整个出口业的发展。另外，出口国为应对技术壁垒及环境壁垒，必然会提高相应产品的质量，而进口国为达到限制进口的目的，必然也会随之制定相应的更严格的标准和法规。

技术壁垒措施一般可分为自愿性措施与强制性措施。许多诸如ISO 14000、ISO 9000、有机食品认证等自愿性措施都是以生产者自愿为原则决定是否申请认证的。然而近些年来一些自愿性措施正与强制性措施相结合，目前来看，技术贸易措施向强制性方向转化的趋势正逐渐加强，发达国家强制性法规的要求也在逐渐提高，这会进一步加大我国产品出口难度。

一些发达国家会结合其国内的相关专利实行贸易壁垒措施。例如，2004年日本实施的《种苗修正案》规定，利用日本植物种源生产或者是改良后生产的农产品必须向其缴纳一定的专利费用，为此日本海关在机场、港口等有可能有相关产品进口的地方进行严格检查并对相关农产品进行认定，一旦发现有未缴纳专利费用又利用日本植物种源生产或者是改良后生产的农产品的，则立即停止进口该产品并根据法案规定对侵权者进行处罚。法人企业的罚金可能会高达1亿日元。我国许多农产品的种苗都是引进自日本或经改良后培育出来的，日本一些进口商也常会要求进口产品种源来自日本，若中国所有种源来自日本的农产品都被强加缴纳专利费用，则相应的出口到日本的产品肯定会受到巨大冲击[12]。

随着贸易救济的强化与升级，反规避调查、反吸收调查作为反倾销措施的衍生手段数量逐渐增加，截至2010年，仅欧盟共对华发起25起反规避调查；自反吸收调查1988年8月2日生效以来，迄今为止欧盟共针对中国出口品发起10件反吸收调查，占所有发起总数（共16件）的62.5%，在最终采取修正现行反倾销措施的调查案件中（共11件），针对中国出口品的案件共计7件，占总数的63.6%。

此外，反倾销反补贴合并调查（“双反”）在最近几年也频繁出现。例如，2007年7月31日，美国商务部（DOC）宣布正式对自中国进口的非公路用轮胎发起反倾销反补贴合并调查；2010年2月，欧盟对原产于中国的铜版纸进行反倾销立案调查，2010年4月，欧盟又对其进行反补贴立案调查，2011年5月14日，欧盟对原产于中国的铜版纸作出反倾销和反补贴终裁；2011年4月20日，美国商务部发布公告，决定对原产于中国和墨西哥的镀锌钢丝进行反倾销和反补贴调查；2011年5月13日，美国国际贸易委员会发布公告，对原产于中国的钢制轮毂作出反倾销和反补贴产业损害初裁，裁定

涉案产品的倾销行为和补贴行为对美国国内产业造成了实质性损害或实质性损害威胁；2011 年 5 月 31 日，美国商务部发布公告，应 Norris Cylinder Company 申请，决定对原产于中国的高压钢瓶进行反倾销和反补贴调查。

而该类贸易救济调查相比传统贸易救济措施的贸易救济效果更加显著，比如，反吸收调查不仅简单迅速，而且效果显著，一旦对涉案国产品实施反吸收措施，将可能几乎彻底破坏出口商和进口商之间的委托代理关系，从而将涉案产品完全驱出进口国市场，因此，更加值得引起我们的注意和警惕。

根据贸易救济调查的发展趋势来看，2012 年，对华“新型”贸易救济调查将会不断增加，需要引起我们的高度关注。

（四）发达国家和发展中国家壁垒增加，侧重点有所不同

从 2011 年年初到目前各国贸易及投资壁垒增加情况可以看出，目前以及在将来很长一段时间内发达国家和发展中国家在增加壁垒时会朝不同的方向发展。发达国家主要是以保护消费者健康和自然环境为由，增加极具隐蔽性的绿色壁垒等，如碳关税的征收、食品检测更为严格等。而发展中国家，由于其国内收入及技术水平的限制，其增加技术性贸易壁垒有一定的困难，所以它们一般增加传统的贸易壁垒措施，如提高关税，限制自然资源等的出口。

就目前情况看，欧美等发达国家征收碳关税是势在必行，哥本哈根会议后，法国积极推进碳关税的征收，早于 2009 年就通过了“气候—能源”税，即碳税的征收方案，并于 2011 年 7 月进行碳标签试运行，日本、韩国等国也通过低碳产品认证制度向低碳贸易靠拢。虽然目前碳关税的征收还不会立即大范围开征，但是未来实施碳关税的政策不会改变，低碳贸易的发展趋势不会改变。

（五）维护产业安全的相关法律法规将更加完善

2011 年 4 月，商务部投资促进事务局副局长顾杰称，中国将创新外商投资方式，鼓励跨国公司在华设立研发中心，切实提高利用外资的总体水平和综合效益。今年将抓紧修订外商投资产业目录，鼓励外资投向高新技术、节能环保、现代服务业等领域和中西部地区。同时，将大力发展服务外包，特别是离岸服务外包，积极发挥好国家级经济开发区和产业聚集园区的作用。而 2011 年版的《产业结构调整指导目录》包括鼓励类、限制类、淘汰类，在鼓励类项目中，新增加了新能源、城市轨道交通装备、公共安全与应急产品等产业门类，新设了现代物流业、金融服务业、科技服务业等服务业门类，使服务业鼓励类条目从此前的 33 条增加到 112 条。与此同时，对限制类的产能过剩和低水平重复建设产业做出更明确界定，并提高了准入标准。这些规制性政策都有助于推动我国外商投资有序发展，引导外商投资向西部地区，战略性新兴产业流动。

中国商务部颁布的《实施外国投资者并购境内企业安全审查制度的规定》（下简称为《规定》）于 9 月 1 日正式实施。《规定》明确细化了此前模糊的界定，及企业所应提交的材料及程序。并特别提出：对于外国投资者并购境内企业，应从交易的实质内

容和实际影响来判断并购交易是否属于并购安全审查的范围；外国投资者不得以任何方式实质规避并购安全审查，包括但不限于代持、信托、多层次再投资、租赁、贷款、协议控制、境外交易等方式（第九条规定）。

规定的出台，推动我国外商投资产业安全审查的细化和标准化，必将更加规范我国外商投资行为，促进我国产业安全的高速发展和产业结构的良性升级。

五、应对贸易保护主义的政策建议

（一）积极扩大内需，促进外贸结构的优化

改革开放以来，我国的外贸结构明显优化，完成了以初级产品出口向工业制成品出口的转变。但是，目前工业制成品的出口中，主要是以劳动密集型的产品出口优势为主，而以资本和技术密集的产品贸易基本上都处于逆差状态，这不利于我国国内产业结构升级，限制了我国进一步提高出口竞争优势，在规避新贸易保护时受到阻碍。

由于当前国内外经济形势依然复杂，因此必须把贸易救济与产业安全工作的重点放到保持对外贸易稳定增长和优化进出口结构两个方面上来。首先，保持外贸政策稳定，继续实施出口信用保险、出口退税、出口信贷等政策，充分发挥“引进来”和“走出去”对于扩大出口的积极带动作用，注重提高和改善中小外贸企业的融资条件，及时帮助相关困难企业解决实际问题，为对外贸易稳定健康发展创造良好环境。其次，加快转变外贸发展方式，实施科技兴贸、以质取胜以及市场多元化的方针，推动加工贸易尽快转型升级，鼓励企业发展研发设计、自主品牌和境外营销渠道等，积极参与国际竞争与合作，全面提升对外贸易的数量和效益。

随着新经济的发展，服务外包逐渐兴起，目前印度的服务外包产业无论是在产值还是规模上都是世界首位，发展服务贸易不仅可以推动外贸模式从劳动密集型向资本和技术密集型转变，促进经济结构的调整，还可以规避金融危机以来增加的各种贸易壁垒。

（二）优化产业结构，发展新兴产业，提高应对贸易保护主义的能力

对于各国不断增加的贸易及投资壁垒，我们应该积极主动应对，提前做好相应的准备，把损失降到最低。从政府层面考虑，首先，应积极参与贸易救济规则的多边谈判，坚决反对国际贸易保护主义，研究探索建立符合中国国情和具体行业的贸易调整援助制度及贸易救济预警机制。其次，商务部应持续关注各国贸易和投资方面的政策变化，并及时整理公告相关出口及投资企业；再次，完善技术性贸易壁垒的预警和反应机制，我国现行预警系统未建立中央到地方的统一而系统的管理机制，组织结构不够合理，以致地方政府各自为政。国家应积极推进各地预警系统联合，以完善技术壁垒的预警反应机制。第四，更加重视维护产业安全工作，强化运用国际通行规则维护产业安全的机制，深化对产业安全问题的研究，将现有救济手段和政策手段形成合力，从源头上减少贸易摩擦，形成产业政策、贸易政策、财政政策、货币政策、外交政策以及法律手段的协调机制；积极开展行业民间交流、对话和磋商，化解贸易摩擦。此

外也要合理运用贸易救济措施，各级政府主管部门和行业组织要大力普及贸易救济措施相关知识，提高企业依法维护自身合法权益的意识，并积极引导企业在产业面临进口不公平竞争损害时，运用贸易救济手段，主动申请贸易救济措施调查。

从行业层面出发考虑：首先应开展并完善行业预警机制，行业协会作为企业代表，应发挥其预警系统信息传导枢纽的作用。各行业协会应将其掌握到的可能会对本行业企业产生影响的技术壁垒信息及时汇报给相关政府部门和企业，并提供相关市场动态数据及分析报告，以为企业生产经营决策提供依据。其次应充分发挥行业协会在市场经济中的协调服务作用，积极引导企业采用国际标准，促使国内标准与国际标准接轨，推动标准体系的建设。同时行业协会还应积极了解各国相关标准与法规，加大对出口企业的法律咨询，利用法律为国内出口企业维权，并协助政府在WTO规则范围内与其他成员国协商解决各种贸易争端。

从企业层面出发考虑，首先企业应提高对国际竞争环境以及技术壁垒制度化趋势的认识，增强危机感和紧迫感，提高产品技术含量，研发具有自主知识产权的产品，努力适应国际标准，以增强产品的国际竞争力，使出口产品满足进口国要求；遭遇贸易壁垒是要增强自身的维权意识，客服“怕输、怕难、怕花钱”的心理，积极应诉，力争将损失降至最低。其次，企业需调整产品结构，由劳动密集型产品转向新兴战略型产品，改进技术、降低能耗，从根本上规避技术壁垒。目前面临发达国家的技术性贸易壁垒，企业主要需要开发多元化国际市场，要积极开发除美国、欧盟、日本等发达市场外的东盟、非洲、拉美等市场，多元化可以使企业分散风险，摆脱对特定市场的过度依赖。

（三）积极开放市场，提高我国产业国际竞争力，在发展中求安全

产业安全是动态的、相对的，外来因素对产业安全的影响不可能完全隔绝，因此，实现产业安全的最好做法就是积极加入国际经济大循环，通过增强本国的综合竞争力，在与竞争对手的博弈中实现本国经济的稳定运行。通过引进外资，吸收外资先进的管理、营销经验和核心技术，并引进竞争，以求达到“鲶鱼效应”。更要推动本国企业走出国门，对外投资，主动融入国际市场，与跨国公司竞争，增强自身能力，以提高本行业的竞争力。

（四）学会应用WTO组织规则，以法律的手段应对国外贸易保护主义，维护我国产业安全

我国是贸易大国，世界性贸易保护的兴起会对我国贸易及经济产生很大不利影响，因此我国应旗帜鲜明地反对贸易保护主义。首先，应全面深入地分析WTO组织规则，运用各种贸易救济措施，将贸易保护对我国的影响降到最低；其次，我国政府应主动积极参与到贸易谈判和合作中，利用合理的多边贸易规则约束和抵制新贸易保护主义行为。

通过对外商投资行业和领域的限制，国家可以有效地调节产业结构和投资区域的不平衡，对于我国产业结构的提高及宏观经济发展都有着重要的现实意义。2005年1

月我国调整了《外商投资产业指导目录》，重新对“限制外商进行并购的行业和领域”进行了确定，将外商投资细化：鼓励外商转向服务业，特别是服务业中相对发展薄弱但对于我国可以更有利实现积极经济效应的部门；允许外资跨国并购大部分竞争性的工业行业；限制外资企业并购存在明显规模经济的重工业行业；严格禁止涉及国家安全的国防军工企业的外资企业并购。即分为鼓励、允许、限制和禁止四类。

而2011年版的《产业结构调整指导目录》将产业项目分为鼓励类、限制类、淘汰类，在鼓励类项目中，新增加了新能源、城市轨道交通装备、公共安全与应急产品等产业门类，新设了现代物流业、金融服务业、科技服务业等服务业门类，使服务业鼓励类条目从此前的33条增加到112条。与此同时，对限制类的产能过剩和低水平重复建设产业做出更明确界定，并提高了准入标准。

这些规制性政策都会推动我国外商投资有序发展，引导外商投资向西部地区，战略性新兴产业流动。因此，在面临外资并购的时候，应该严格按照我国投资政策的要求，规范外商投资行业和领域，保证国家的经济安全免受侵害和整体经济的均衡发展。

（五）调整出口结构、发展低碳经济、参与国际规则制定

宏观层面看来，首先要调整出口产业结构，发展低碳经济。碳关税的实施必然对我国出口贸易造成一定的危害，但在美国《清洁能源安全法案》实施之前政府可以调整宏观经济，提高对新能源、减排技术的研发费用，推行扶持低碳产业发展的产业政策，制定国际认可的碳排放标准以及绿色认证制度，分步骤地促进我国出口产业的结构调整，实现以低碳产业为主的对外贸易增长方式。

其次积极参与国际规则制定，争取国际合作。我国应该积极参与国际新规则的制定，避免完全被动接受发达国家单方面制定的国际规则。

（六）发展低碳技术、推动企业对外直接投资

首先应树立低碳观念，推动低碳技术的发展。一方面，要求企业研发掌握自主核心技术，这样才能摆脱对发达国家资本与技术的依赖，降低成本，实现资源的有效配置。另一方面，出口企业应加强自主升级改造，加大研发新能源和低新技术尤其是碳技术的力度，减少对化石能源的过度依赖，增加清洁能源的合理利用，以减少温室气体的排放量，在面对碳关税壁垒时增强自身的竞争力。其次，企业应积极“走出去”，扩大对外直接投资。企业应实施“走出去”战略，将生产与销售完全置于国外。一方面，石化燃料作为国际货运交通工具的动力，依然是高碳密集型的，因此在运输过程中会产生大量的碳排放，而直接投资方式可以大大降低甚至规避运输过程中碳排放成本。另一方面，对外直接投资可以更使企业充分地利用当地的市场、技术以及相关政策等有利条件，尤其是金融危机后，欧美国家逐步放松监管，降低了企业进行海外直接投资的成本。因此，面对碳关税，出口企业应尽快调整贸易和投资策略，通过“走出去”提升企业的长期竞争力[13]。

参考文献

[1] 姜鸿，张相文. 自由贸易区下产业安全模型及中国自由贸易区战略选择 [J]. 宏观经济研究，2010，(10)：44-48.

[2] 沈木珠. 新型PTAs与WTO法律体制：动向、内涵及影响分析 [J]. 法学论坛，2008，(4)：67-73.

[3] 陈彦长，谭力文. 技术性贸易措施对出口企业影响力研究 [J]. 中国软科学，2011，(2)：154-164.

[4] 罗鹏. 浅议技术壁垒和环境壁垒对中国经济的影响 [J]. 理论研究. 2011：22-23.

[5] 郭文慧. 我国应对农产品出口技术性贸易壁垒的策略 [J]. 黑龙江对外经贸. 2011，(3)：14-15.

[6] 欧盟官网（EUROPA：OFFICIAL JOURNAL）：http：//eur-lex. europa. eu/JOIndex. do? ihmlang = en，2011. 8. 15.

[7] 商务部公平贸易局 . 贸易摩擦应对主题 [OL]. http：//gpj. mofcom. gov. cn/subject/mymcyd/index. shtml. 2011. 9. 8

[8] 商务部公平贸易局. 商务通报——贸易救济动态 [OL] . http：//gpj. mofcom. gov. cn/static/ci/d/ci. html/1. 2011. 8. 27

[9] 商务部公平贸易局. 国外贸易投资壁垒信息月报 [OL]. http：//gpj. mofcom. gov. cn/static/dd/d/dd. html/1. 2011. 9. 14

[10] 商务部公平贸易局 . 国别贸易投资环境报告 2011 [OL] . http：//gpj. mofcom. cn/aarticle/d/cw/201104/20110407504244. html，2011. 8. 19

[11] 宫占奎，于晓燕 . 国际区域经济一体化进程与中国 [J] . 东北亚论坛 . 2011，(4)：14-20.

[12] 李玉 . 我国对外贸易应对技术性壁垒措施分析 [J] . 商业研究 . 2011，(07)：138.

[13] 柯征 . 碳关税对我国出口贸易的影响及其对策研究 [J] . 现代商业 . 2010，(12)：212-213.

中国能源供应可靠性与使用安全性发展研究

郭菊娥　钱　冬

内容提要

我国目前是世界上第一大能源生产国和消费国，能源已成为我国保障社会正常运转和经济发展必不可少的基础条件，我国能源将面临尤为突出的安全问题。从储量来看，我国石油、天然气人均剩余可采储量仅有世界平均水平的7.7%和7.1%，储量比较丰富的煤炭人均剩余可采储量也仅有世界平均水平的58.6%。在能源资源不可再生性和储量有限的制约下，能源短缺不可避免。特别是石油已经严重依赖进口，还将直接威胁国家经济安全。此外，煤炭价格被人为控制在低于市场价格的水平，无法反映资源稀缺性和环境成本，从而鼓励了高耗能的经济增长方式和工业结构，导致能源的低效使用和严重的环境污染。以煤炭为例研究显示，每开采1吨煤由于环境污染破坏直接造成的经济损失就高达69.47元。如果说能源供需矛盾和高的石油对外依存度，表现的是国家经济安全短期的外部威胁，那么我国能源资源的低效利用和严重的环境污染问题，则是国家经济安全长期的内在威胁。

本文在辨析能源供需、能源进口来源变化、能源使用安全性发展态势等的基础上，提出能源供应政策建议：加强国内化石能源勘探与开发，保证能源基本储备；加强与能源生产国的贸易联系，积极参与国际能源安全合作，确保油气进口来源充足；优化能源消费结构，逐步减少对煤炭的依赖；大力扶持能源替代技术的研发和应用，促进能源供应多元化。本文同时提出我国能源使用安全的政策建议：严格控制高能耗行业的盲目扩张，利用投资政策促进产业结构向低能耗产业倾斜；采取不同的投资引导策略，推动产业结构优化升级；用好税收惩罚和优惠的约束和激励作用；扶持节能环保领域的技术研发和引进应用。

一、能源安全及其研究问题辨析

能源是一国经济发展的战略资源，牵涉国家的政治、军事利益以及经济、社会安全与稳定，能源供应短缺或是价格上涨往往造成一国经济乃至全球经济的剧烈波动或衰退。在1973年第一次石油危机中，石油价格短时间内上涨了两倍，这成为第二次世界大战后全球最严重经济危机的导火索。发达国家的经济在这场长达三年的石油危机中受到严重冲击，所有工业化国家经济增长速度都明显变慢，其中，美国和日本的工业生产总值分别下降了14%和20%。正是这次危机的严重性使发达国家对能源安全的重要性有了较为清醒的认识。1974年国际能源机构（IEA）成立，并正式提出了能源安全（energy security）概念，其核心是以合理的价格稳定供应原油[1]。1978年和1990年石油危机也都造成了英美等西方国家经济衰退。因此，各国政府均把能源安全视作国家经济安全体系的重要组成部分。

（一）能源供应可靠性与使用安全性

随着经济全球化进程的加快和各种非可再生能源的日益枯竭，当今能源安全已不仅指石油安全，而是具有了更广的涵义。1988年，Daniel Yergin将能源安全的定义总结为能源供应可靠，价格合理，并且不损害国家的主要目标和价值[2]。其中，供应可靠是指能源能够连续供应并完全满足全球经济的需要；价格合理一般意义上指能源价格以成本为基础，由市场供求关系决定；国家价值和目标包括政治、军事、技术以及经济等方面；能源安全可以分为长期安全（指无法应对能源需求不断增加的能源供应风险）与短期安全（指由于技术、极端天气或政治冲突所导致的能源供应中断风险）[3]。由于国际上对温室气体排放的重视以及我国能源使用过程中严重的浪费与环境破坏，在我国能源使用安全也被重视起来。张雷[4]指出，能源使用安全涉及环境保护领域，指能源消费不对人类自身的生存与发展环境构成任何威胁。根据能源安全定义的发展概述，能源安全的构成要素包括供应可靠、价格合理、使用安全，其中，供应可靠与价格合理共同构成供应稳定。

能源供应可靠性与使用安全性是能源安全的重要组成部分，也是我国能源安全中面临严峻挑战的两个方面。从能源供应来看，按我国目前经济发展趋势，2020年我国GDP总量将在2000年的基础上翻两番并全面实现小康社会。随着未来中国人均GDP的进一步增长，人均能耗和能源需求总量还将持续增加，能源供给问题同过去30年相比，将会更加突出、更加严峻。能源使用长期以来以煤为主的能源生产和消费结构对我国的经济运行、能源效率、生态环境和人民生活质量都产生了巨大的影响，随着我国能源需求的进一步快速增长，我国煤炭消费量和生产量也将随之增加，而由燃煤和煤炭开采造成的系列环境污染、健康危害等问题也将更加严峻，并给我国在温室气体排放上带来巨大的政治和经济压力。

根据以上概念与现实分析，本文将从供应可靠性与使用安全性两方面重点分析我国能源安全发展情况及未来态势，具体的概念含义如图1所示。

（二）研究问题及逻辑框架

根据张雷的研究[4]，能源供应可靠性的内涵是能源供需平衡，其中，石油的可靠供给是重点，能源使用安全性的内涵是生态环境改善。化石能源的稀缺性毋庸置疑，未来全球的能源争夺将越演越烈，要达到本国能源供需平衡，必须在清醒认识本国能源资源可获得性的基础上更多地加强本国的供应多元化，减少对外依赖。因此，化石能源的储量、储产比、本国生产量与净进口量都是供应多元化的基础，发展替代能源则是供应多元化的必由之路。在能源使用过程中改善生态环境则要努力提高能源利用

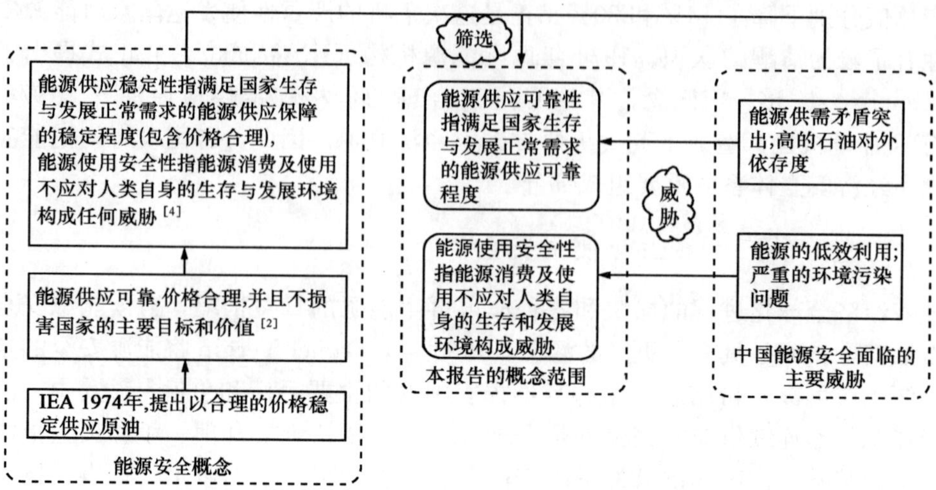

图1 能源供应可靠性与使用安全性概念

效率，减少污染物与温室气体的排放。因此，为了全面分析我国能源供应可靠性与使用安全性的现状与未来发展趋势，本文从一次能源储量、储产比、供需结构（需求、生产、对外依存度）分析我国能源供应可靠性；从节能减排（能效提高、污染物减排、二氧化碳减排）角度分析我国能源使用安全性（图2）。

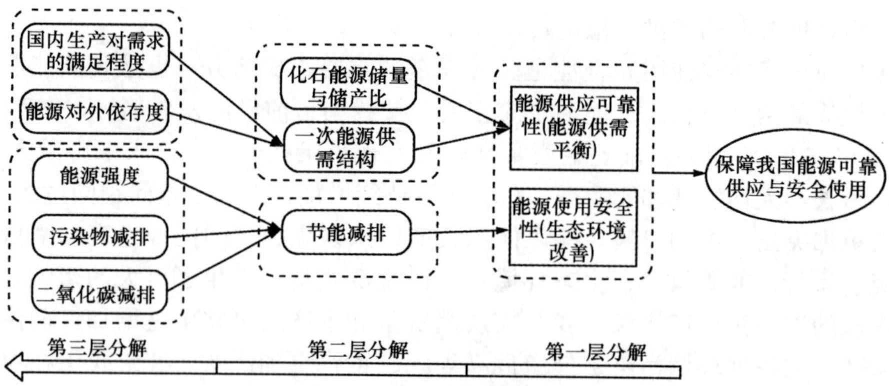

图2 研究问题分解示意图

经济全球化已经成为当今世界经济发展最显著的特征，能源安全问题必须在这样的背景下展开，因此本文在进行国际对比（主要包括美国、日本、中国、俄罗斯、印度和巴西①）的基础上，揭示我国能源供应及使用问题。研究逻辑框架如图3所示。

① 被誉为未来六大经济体，也是BP能源统计进行对比分析时主要选取的国家。

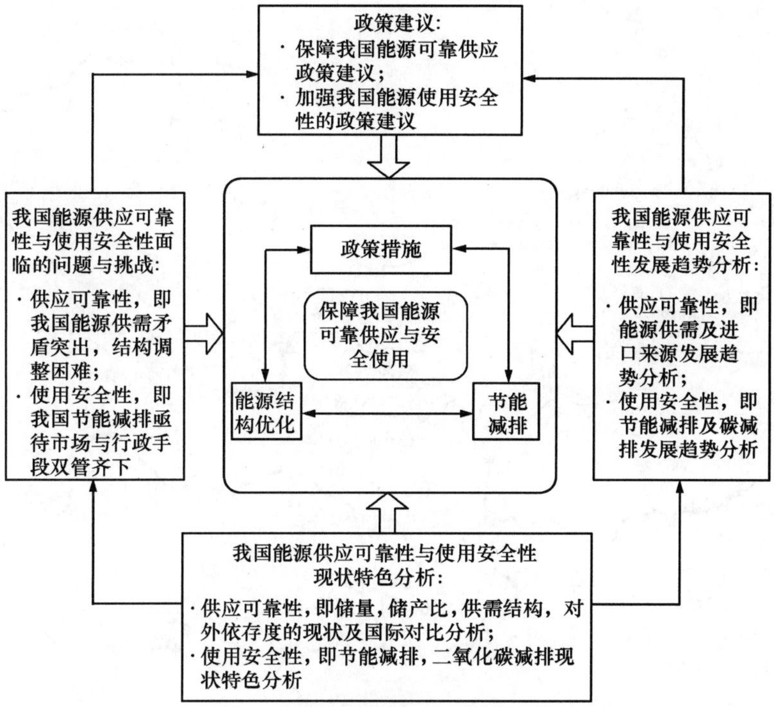

图 3 研究逻辑框架

二、我国能源供应可靠性现状特色分析

随着化石能源需求供给的增加，以及储量的逐步减少，很多国家（如南非、美国及德国等）已经深刻感受到化石能源耗尽所可能带来的危机。我国人均能源占有量不到世界平均水平的一半，2003 年开始我国石油消费量成为继美国之后的第二大石油消费国，2005 年成为第二大能源进口国。据预计到 2020 年，我国石油缺口可能加大到 2.5 亿吨以上，能源紧缺越来越成为制约我国经济发展的“瓶颈”。我国化石能源能否稳定供给将决定我国经济能否快速稳定成长以及在国际上的话语权。

（一）我国化石能源探明储量及储产比国际对比分析

从我国能源储量分布来看，主要集中在西北、华北地区，因此形成了“北煤南运”、“西煤东调”、“西电东送”、“西气东输”的能源生产与消费格局（图 4）。其中，西部能源最终可开采资源量为 711 亿吨标准煤，约占全国总量的 62%，其中煤炭、石油、天然气最终可开采资源量和水能技术可开发资源量分别为 429 亿吨、44 亿吨、8 万亿立方米和 15 678 亿千瓦时，分别占全国总量的 57.9%、33.6%、58.7% 和 70.6%，人均能源资源为全国平均水平的 2 倍。

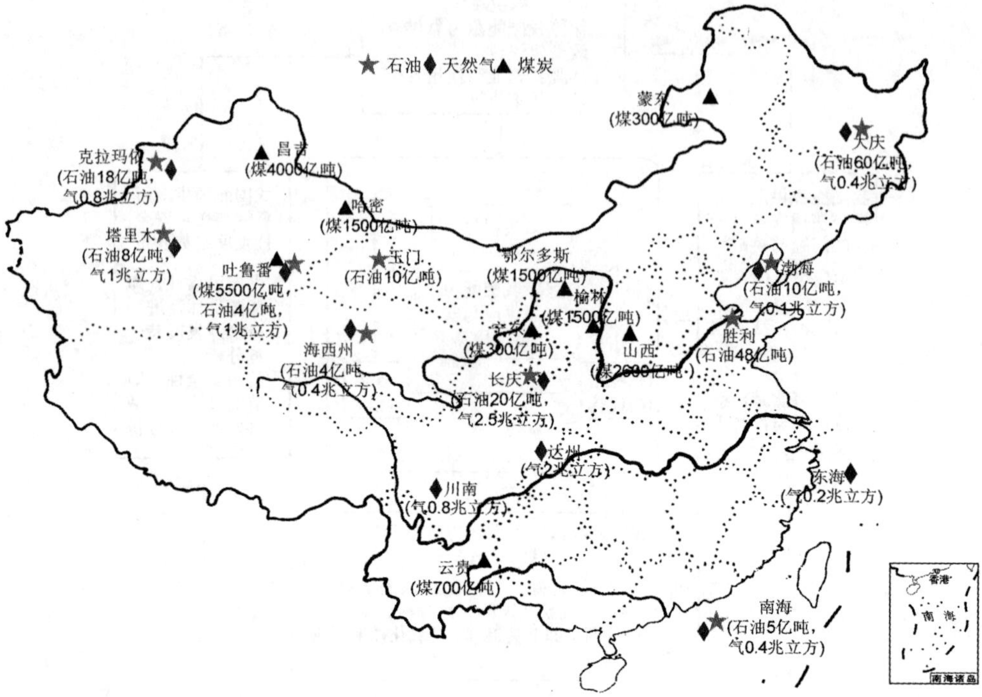

图 4　我国主要煤油气矿区及探明储量分布

资料来源：根据国家发改委、能源局等网站的不完全信息整合而成

日本的化石能源储量与产量都很少，本文主要比较分析美国、巴西、俄罗斯、印度和我国的 2010 年石油、天然气、煤炭探明储量及储产比（图 6、图 7、图 8）。图 5 为化石能源储量与产量占世界总量水平的情况比较（右侧为储量比例，左侧为产量比例）。

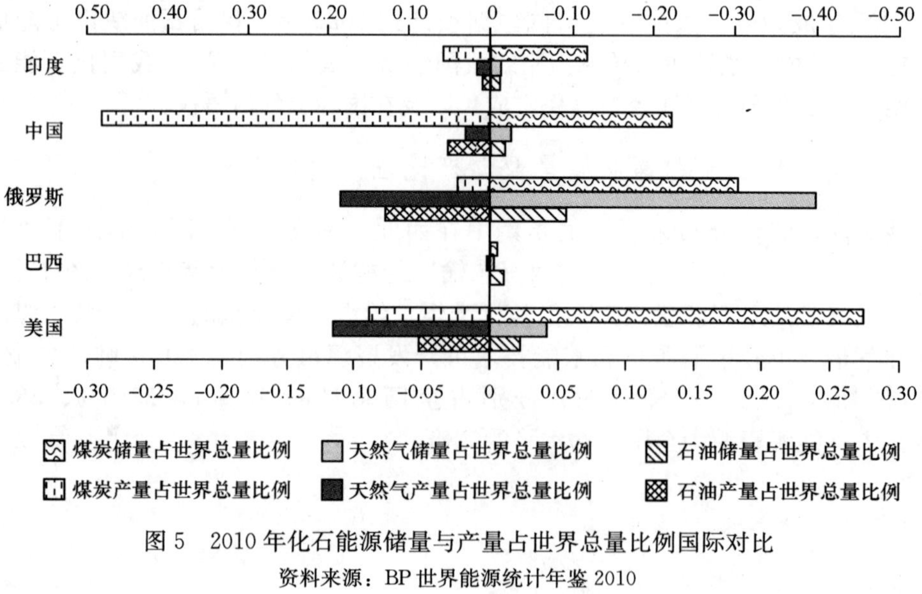

图 5　2010 年化石能源储量与产量占世界总量比例国际对比

资料来源：BP 世界能源统计年鉴 2010

（1）石油。目前，全世界石油探明储量为1888亿吨，储产比为46.1，也就是说若没有新发现的储量，按照2010年的石油生产水平，全世界46年以后将没有石油可采，而我国储量仅占世界储量的1.1%（图5），仅有10年可采，石油的紧缺将是我国能源安全中最大的威胁。石油储量最高的中东地区，储量占世界总量54.4%，储产比为81.9。从图6可以看出，美国同样面临石油短缺的威胁，巴西与印度石油产量较小，因此即使储量小于其他四国，其石油短缺威胁也小于其他四国。俄罗斯石油储量占世界储量5.6%，短期内石油短缺风险不大。

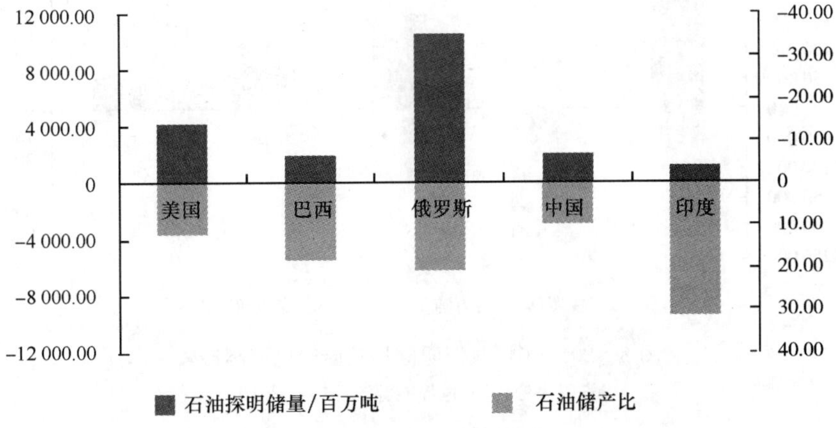

图6 2010年石油探明储量及储产比国际比较

资料来源：BP世界能源统计年鉴2010

（2）天然气。全世界天然气储产比也较小，2010年年底探明储量为186.6万亿立方米，储产比为58.6，俄罗斯是目前天然气储量最高的国家，占世界总储量的23.9%，也仅够开采76年。美国、巴西、印度和中国都不同程度面临天然气短缺的风险，我国天然气储量占世界储量仅1.5%，2040年左右将枯竭（图7）。

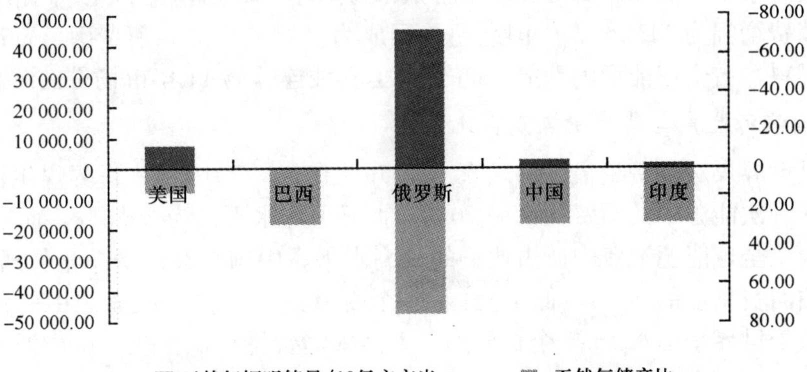

图7 2010年天然气探明储量及储产比国际比较

资料来源：BP世界能源统计年鉴2010

（3）煤炭。在我国已探明的能源储量中，煤炭占 94%、石油占 5.4%、天然气占 0.6%，具有富煤、贫油、少气的特点。煤炭也是全球化石能源储量最丰富的能源，2010 年储产比为 118。我国煤炭探明储量为 1145 亿吨，占世界总储量的 13.3%，但储产比仅为 35.3，产量占世界总量高达 48.3%（图 8）。相比之下，仅占世界储量 7%的印度，其储产比为 106.3。可见我国无论是石油、天然气、煤炭，从探明储量及其开采程度来看，都面临越来越严峻的短缺威胁。

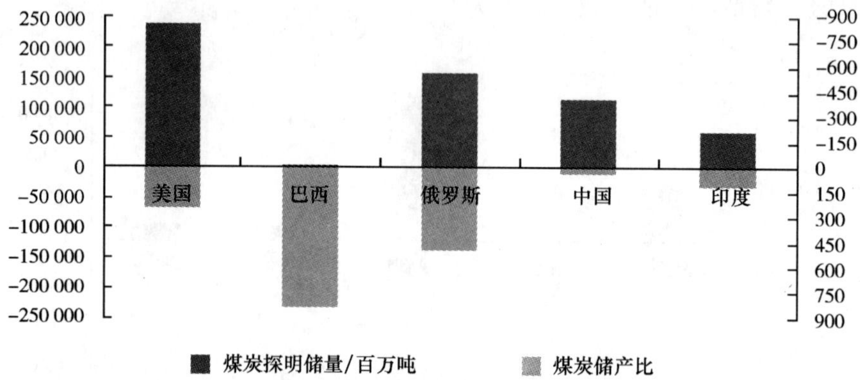

图 8　2010 年煤炭探明储量及储产比国际比较

资料来源：BP 世界能源统计年鉴 2010

（二）我国能源供需结构国际对比分析

根据 BP 统计数据，2010 年世界能源消费增长为 5.6%，达到 1973 年以来的最高涨幅，能源消费总量轻松超越了 2008 年经济衰退前所达到的峰值，并且能源消费的增幅高于经济增幅，经济活动的能源强度连续两年攀升，同时带来二氧化碳排放量的急速攀升。经济合作与发展组织（OECD）国家一次能源消费增幅为 3.5%，达到 1984 年以来的最高水平；非 OECD 国家一次能源消费增长 7.5%，比 2000 年提高 63%。中国的能源消费增幅为 11.2%，中国赶超美国成为世界最大能源消费国。石油仍然是全球主要的燃料，占全球能源消费的 33.6%，但石油连续第 11 年市场份额缩水。

1. 我国能源生产与消费中煤炭占比高

我国是世界煤炭消费量最多的国家（图 9、图 10），2010 年占世界煤炭消费总量的 48.2%，在一次能源中的消费比例为 70%，世界平均水平仅为 29.6%，而这已是 1970 年以来煤炭在全球能源消费中所占比例的最高水平；中国石油消费总量位居世界第二，占世界石油消费总量的 11%，低于美国 10 个百分点，但在一次能源中的消费比例为 18.1%，低于世界平均水 15.5 个百分点；天然气消费量较低，在一次能源消费中的比例为 4.1%，世界平均水平则为 23.8%。世界化石能源生产结构中，石油占 37.2%，天然气占 27.3%，煤炭占 35.5%，三者基本各占 1/3；我国则煤炭一支独大，占 86.1%，石油和天然气分别占 9.7%和 4.2%，显示出不平衡的状态。

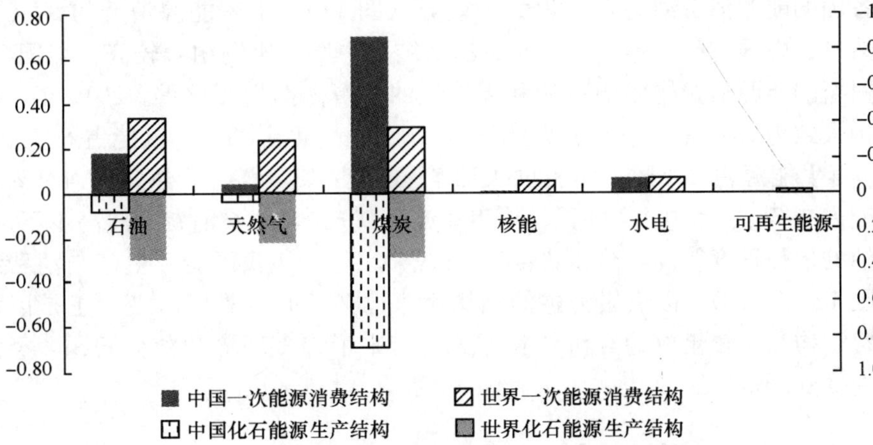

图 9　2010 年世界及我国一次能源生产消费结构对比

注：生产数据中核能、水电、可再生能源暂缺，故生产结构仅包括化石能源

资料来源：BP 世界能源统计年鉴 2010

我国能源生产和消费占世界总量的比例如图 10 所示，右侧为消费量比例，左侧为对应产量比例。煤炭产量与消费量占世界比例均超过 48%，是世界上最大的煤炭生产与消费国，石油和天然气比例则较小，这主要受到储量结构的影响。相比之下，美国是石油和天然气第一大消费国，2010 年消费量分别占世界总量 21.1%和 21.7%。但我国能源消费增速远高于美国，2010 年美国一次能源消费量增速为 3.7%，而我国则高达 11.2%。同时，我国能源产量增幅也达到历史新高，石油产量增幅为 7.1%，煤炭产量增幅为 9%，天然气产量增幅则达到 13.5%。经过 2008 年与 2009 年能源消费与生产的平缓增长后，我国在 2010 年对能源资源的依赖快速增加，说明 2010 年金融危机的影响渐消而节能减排政策的实施开始乏力，未来我国能源安全面临更严峻的挑战。

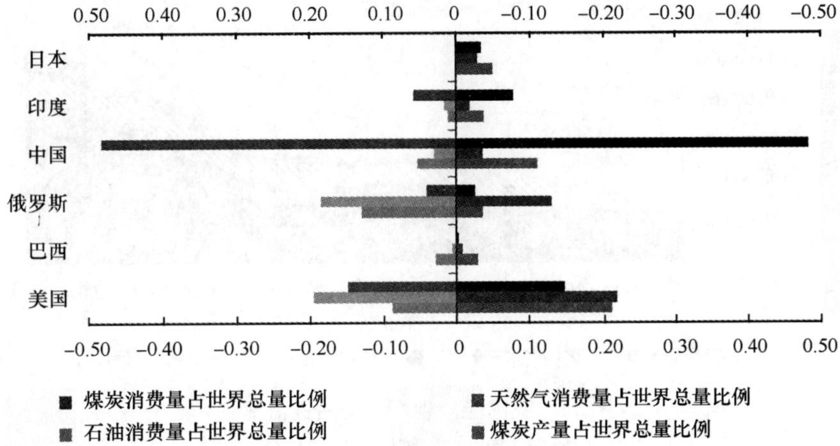

图 10　2010 年化石能源生产及消费占世界总量比例国际对比（左侧为对应产量比例）

资料来源：BP 世界能源统计年鉴 2010

世界各国的能源消费结构存在很大的差异（图11）。中东能源消费的97%左右为石油和天然气；中国、印度等煤炭在能源消费结构中所占比例相对较高；美国、巴西、日本和俄罗斯的能源消费构成中石油和天然气的消费占据主要比重。2010年，美国能源消费结构大致为石油占37.2%、天然气占27.2%、煤占23%、核能占8.4%、水电占2.6%，再生能源占1.7%。而我国大致为石油占18.1%、天然气占4.1%、煤占70%、核能占0.7%、水电占6.6%、再生能源占0.5%，煤炭消费量居高不下。巴西、日本对石油的依赖程度较高，分别占46.1%、40.2%。从我国能源生产与消费结构演进来看（图12、图13），以煤炭为主的结构由来已久，并且难以改变。正是以煤为主的能源消费结构和比较粗放的经济增长方式，带来了许多环境和社会问题，经济社会可持续发展受到严峻挑战。

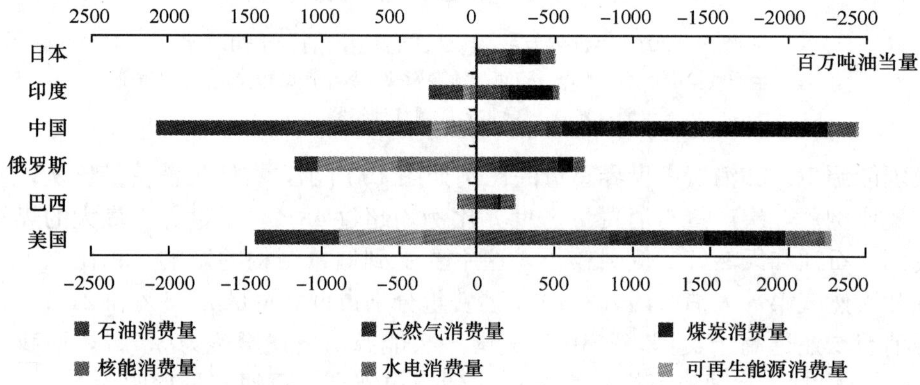

图11　2010年一次能源生产与消费总量及结构国际对比（左侧为对应产量）

注：核能、水电、可再生能源2010年产量数据暂缺

资料来源：BP世界能源统计年鉴2010

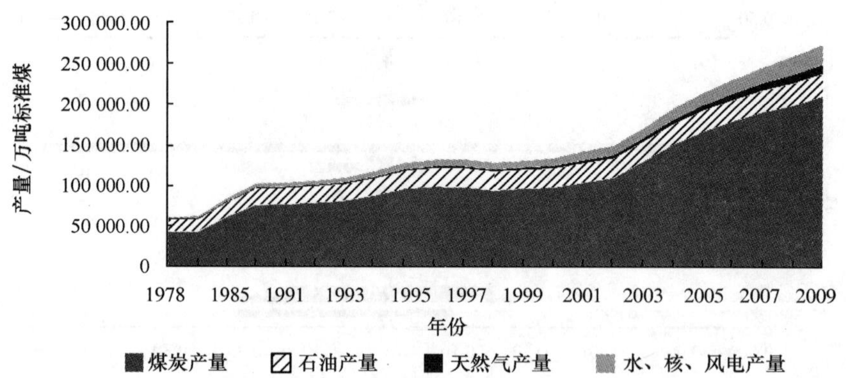

图12　我国能源生产结构演进情况

资料来源：中国统计年鉴2010

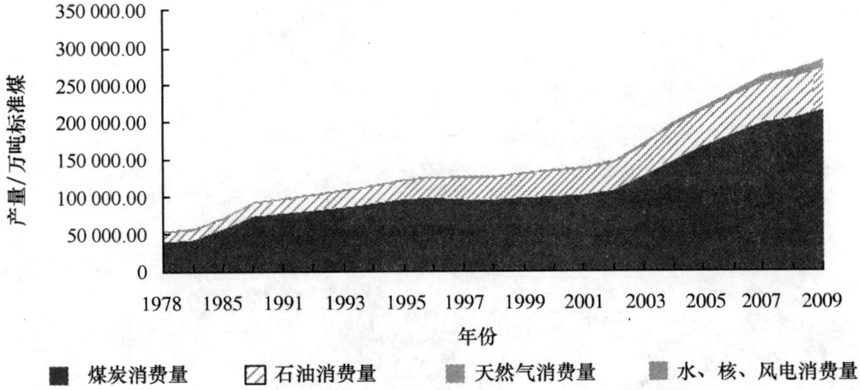

图 13 我国能源消费结构演进情况

资料来源：中国统计年鉴 2010

2. 我国油气对外依存度持续增长

(1) 世界能源贸易。2010 年石油占世界能源消费总量的 33.6%，为所有能源中最高，储产比为 46.1，为所有能源中最低。全球对能源资源尤其是石油资源的高度依赖与其日益枯竭之间的矛盾，使得能源贸易与地缘政治紧密连接，能源安全尤其是石油安全已经成为世界主要国家经济发展和国家安全的首要因素，对国际能源贸易形势影响最大的也是石油贸易。天然气对石油的高替代性，近年来消费量也急速增加，2010 年消费增速达到创纪录的 7.4%，储产比为 58.6%，也成为各国国家安全战略中重要的方面。

(2) 石油。当前全球石油生产和消费地区存在着严重的不平衡（图 14），中东、西非和俄罗斯三大石油生产中心石油输出占全球总出口的 61%；美国、欧洲、中国三大消费中心输入占全球总进口的 55.8%。全球石油进口贸易量中将近 90%依靠海运，而途经波斯湾、亚丁湾、苏伊士运河、巴拿马运河、马六甲海峡这五大咽喉要道占据其中近一半，地缘政治日趋紧张、未来潜在国际冲突和海盗袭击都对包括中国在内的进口依存度高的国家带来很大能源安全隐患。美国在新加坡和印度洋上分别设有樟宜基地和迪戈加西亚基地，其航母战斗群可以威慑几乎整个印度洋和马六甲海区，中国目前海军实力有限，无法有效控制马六甲海峡，中国的石油安全随时面临来自竞争对手的威胁。

(3) 天然气。国际贸易主要在临近区域间（图 15），分为气体与液化气。欧洲及欧亚大陆进出口量分别占世界进出口量的 44%和 45%，基本可以自给；2010 年主要出口地区为俄罗斯、非洲、加拿大，出口总量占世界出口总量 42%；主要进口地区为美国与亚太地区，进口量占世界总进口量的 32%，而亚太地区一般的进口量属于日本。天然气主要依靠管道运输的特点使邻近区域国与国之间的政治经济关系变得微妙，如对于我国来说，天然气储量很小，随着天然气需求的快速增加，需要从哈萨克斯坦等中亚国家以及俄罗斯进口大量天然气，因此与这些国家的友好邦交关系会直接影响我国天然气供应。但反过来说，正是由于周边国家丰富的天然气储量，我国可以充分利用地缘政治，建立长期友好的邦交关系，以保证天然气的可靠供应。

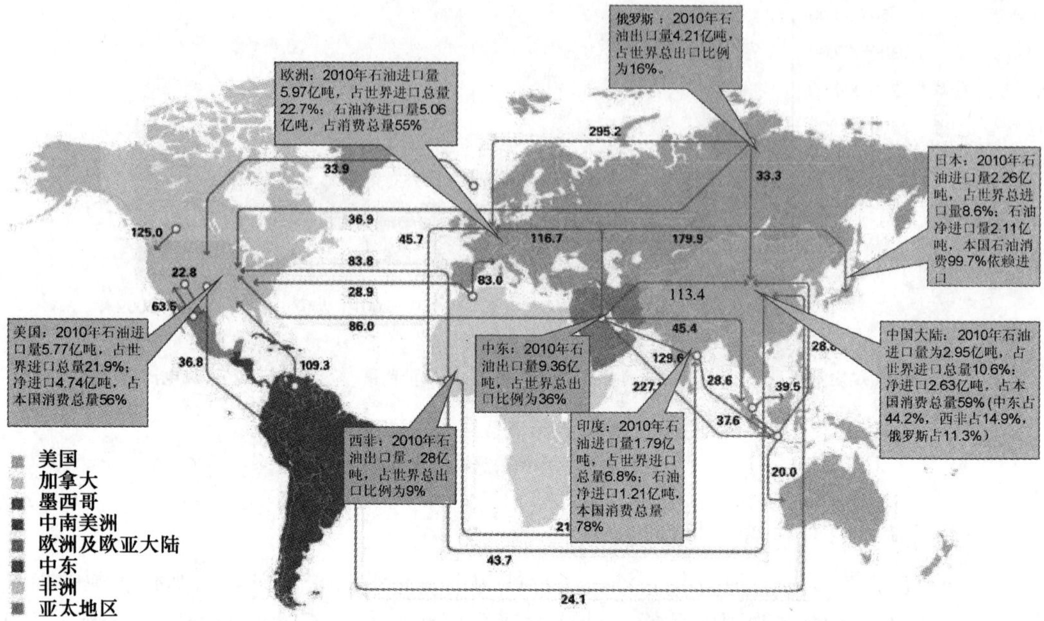

图 14　2010 年世界石油国际贸易及主要进出口地区

注：此处石油进出口包含原油及石油产品，实线箭头表示贸易流向，数字表示贸易量

资料来源：基于 BP 世界能源统计 2010 石油贸易图，BP 世界能源统计 2010

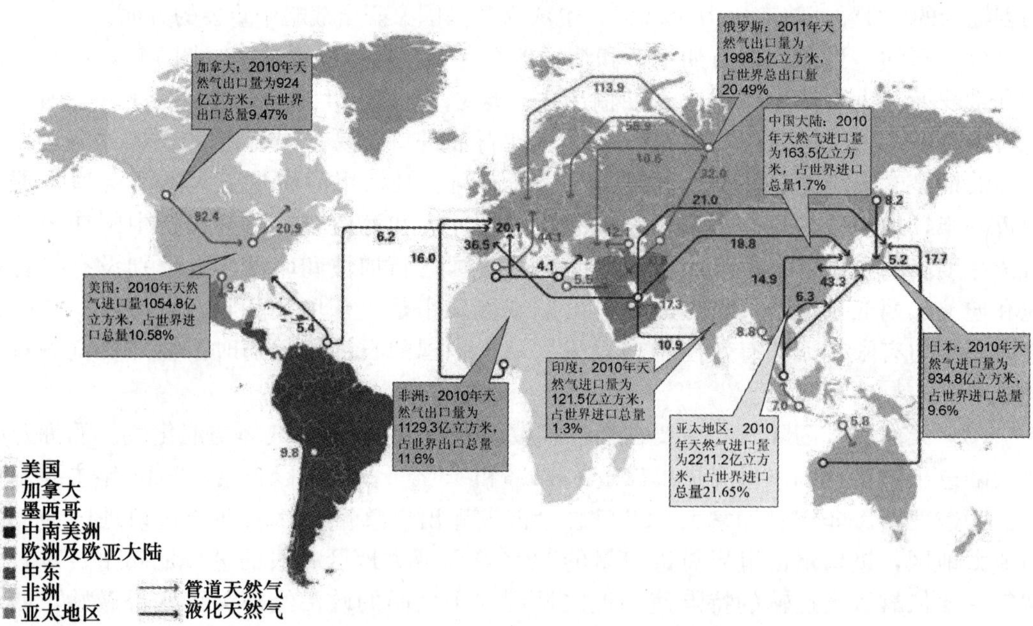

图 15　2010 年世界天然气国际贸易及主要进出口地区

注：实线箭头表示贸易流向，数字表示贸易量，单位为 10 亿立方米

资料来源：基于 BP 世界能源统计 2010 天然气贸易图，BP 世界能源统计 2010

(4) 石油进出口演变特征。随着中国能源进口量的不断增长，中国从国际市场购买能源的压力和遭受的批评也随之增大。目前最突出的是石油的国际间争夺。随着我国石油对外依存度的提高，国际原油价格的正常或非正常波动将会对我国油品以及相关生产资料的价格产生深刻影响。不仅如此，在现有的石油进口结构中，60%的石油来自海湾地区。一旦海湾地区发生战争，我国石油进口将大幅减少。更为严重的是，油价猛涨可能导致输入性通货膨胀，将深入地影响我国油品以及化工、电力、钢铁等相关生产资料的价格，进而影响居民消费价格上涨，波及我国整个价格体系。同时，还将降低就业水平、缩小贸易顺差、引发股票市场的暴跌，降低我国经济的总体竞争力。

从石油进出口量分析（图 16)，中国自 1997 年开始成为净石油进口国家。并且从 2001 年开始石油进口量快速增长而石油出口量略呈下降趋势，石油净进口量快速增长。这说明中国石油对外依存度不断增长。2008 年石油进口量占总能源进口量的 67%，2010 年中国大陆石油消费对外依存度达到创纪录的 61%[①]，原油对外依存度为 55%，超过了美国和欧洲（图 17)，成为世界第二大石油进口国，仅次于美国，进口量占世界进口量比例为 10.6%。印度和日本属于贫油国，石油对外依存度较高，但进口量占世界进口量比例也较高，分别为 6.8%和 8.6%。

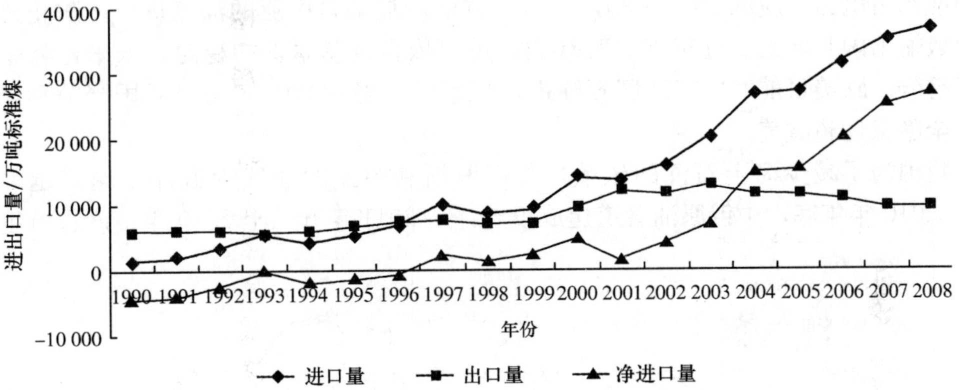

图 16 中国历年石油进出口量

资料来源：2010 年中国统计年鉴

目前我国石油进口大部分来自中东（44.2%）和西非（14.9%）（图 14)，主要依靠海上运输。美国石油进口量约 90%来自中南美（30%)、加拿大（21%)、中东（19%）和西非（18%)。美国政府通过增加从加拿大进口的石油比重和部分取消在美国近海及阿拉斯加北部海域开采石油的禁令，尽可能使石油来源多元化和自给自足，降低进口依存度，特别是对海湾地区石油进口的依赖。欧洲是全球第二大能源消费和进口地区，2010 年原油对外依存度为 55%，主要来自中东、北非、中亚和俄罗斯。为降低对进口石油和天然气的依赖，西欧各国一方面大力提升多元化，发展核能、风能和太阳能等替代能源，如法国，核电约占电力供应的 80%；德国、西班牙等国风能和

① 使用中国石油（包括石油产品）净进口量占中国大陆石油消费总量计算得到石油对外依存度为 61%，仅就原油对外依存度而言，为 55%。图 17 中的比例包括原油及石油产品，资料来源于 BP 世界能源统计年鉴 2010

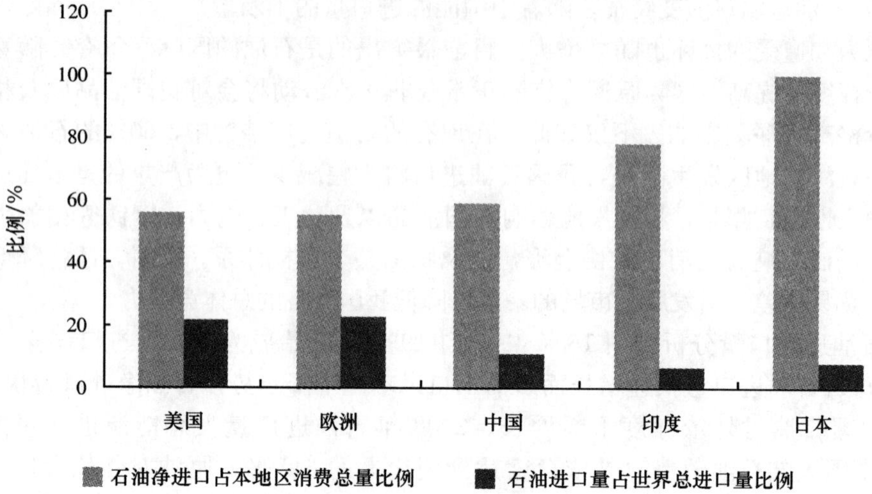

图 17　2010 年石油对外依赖程度（净进口）国际对比

资料来源：BP 世界能源统计 2010

太阳能约占电力供应的 20%～30%。另一方面增加来自中亚的油气进口，防止过度依赖少数输出国和地区。近年来，西欧能源进口依存度基本保持稳定，未来也将呈大幅下降趋势。欧美目前对中东地区石油进口依赖已下降到 20%，可见我国当前和未来能源安全隐患远超欧美。

我国为了减少海上石油的依赖，与俄罗斯和中亚的油气管道计划越来越多（图 18）。2010 年年底，中俄原油管道建成投产，从 2011 年开始至 2030 年，该管道每年将

图 18　我国油气进口来源情况

资料来源：根据国家能源局等网站资料整理

向中国输送1500万吨原油（东北地区）；2010年3月，中俄终就天然气的供应价格基本达成一致，天然气管道有望开工。中哈原油管道（2009年已投产）：进入中国新疆境内的阿拉山口，输送能力为每年2000万吨。西气东输三线2010年开工建设，年输气能力300亿立方米，预计2014年全线投产，气源来自中亚和煤制气。为了与此配套并开发我国西部能源，在国内，我国积极建成油气管道，形成了海上、东北、西南、西北四大油气战略通道，西北油气通道沟通我国西北石油生产供应基地，对降低对外依存度具有重要意义；同时，西北油气通道是未来陆上油气进口的重要通道，对保障国家能源安全有着举足轻重的作用，在未来国家能源安全布局中应该优先发展。

美国、欧盟、印度和日本也同样在这些地区与我国展开油气竞争。美国石油进口主要来自中东地区，为了减轻对欧佩克国家的石油依赖，美国康菲石油、加州联合石油公司、美国埃克森美孚、美国雪佛龙-德士古等石油跨国集团纷纷进驻俄罗斯与中亚产油国。它们几乎掌控了中亚地区75%新开发和待开发的油气区块；欧洲55%的能源需要进口，近年来，欧盟的能源政策也明显偏向俄罗斯及中亚地区，2002年、2004年、2006年、2007年分别都有大动作，计划并进行了诸多油气输送大项目，其中包括与白俄罗斯、波兰和斯洛伐克、俄远东地区、阿塞拜疆等国积极扩展能源合作；日本的石油与天然气几乎全部依赖进口，石油主要来自中东，与美国一样，为了促使进口多元化，2006年3月出台《新国家能源战略》大纲，努力加强与中东、俄罗斯、中亚、非洲及拉美等地能源供给国的关系；印度是一个贫油国，为了确保能源安全，除了与中东寻求合作外，也在积极寻求与俄罗斯及中亚国家的能源合作，努力与伊朗、俄罗斯、阿富汗、塔吉克斯坦建立海上与陆上能源通道。可见中国的油气贸易面临错综复杂的激烈竞争，中国必须平衡好竞争与合作，利用好地缘政治，以保证我国能源的安全。

三、我国能源使用安全的现状特色分析

随着世界范围内经济的进一步增长和人们物质需求的提高，人类对不可再生的化石能源服务的消耗也高速增长，直接导致了对化石能源过度开发、环境污染、气候变化等一系列负面影响和严重后果。尽管我国在经济发展的过程中将节约资源作为基本国策，在能源战略中长期坚持节约与开发并举，并把节约放在首位的战略，然而，随着我国能源消费总量的增加，能源对中国经济社会发展的制约和对资源环境的影响也越来越明显，在国际上中国受到的节能减碳压力也日益加大。因此，从“十一五”开始，我国开始将节能减排纳入发展计划，采取了一系列节能减排措施。5年过去了，节能减排工作取得了显著成果，也暴露出一些不足。

（一）我国节能减排政策效果具有时滞性

能源消耗过度、利用率较低以及环境的污染与破坏是我国长久存在并亟须解决的问题之一。20世纪80年代，我国就陆续出台了多部能源节约与污染防治的政策与法规。在环境保护方面，从1979年颁布新中国成立以来第一部综合性的环境保护基本法《环境保护法》之后，我国陆续出台了《中华人民共和国环境保护标准管理办法》、《中

华人民共和国水污染防治法》、《中华人民共和国水法》、《中华人民共和国大气污染防治法实施细则》等各项法律法规，从大气、水等各方面对污染的排放进行限制与管理；在节能方面，早在1979年，我国就发布了《关于提高我国能源利用效率的几个问题的通知》，对于我国在能源利用效率方面提出了具体规定，之后陆续发布了《关于加强节约能源工作的报告》、《节能技术政策大纲》、《节约能源管理暂行条例》、《中华人民共和国节约能源法》、《能源中长期规划纲要（草案）》等一系列法律与规定，将我国能源节约提升到法律的高度，加强了对能源消耗的管理，以及对可再生能源的发展。对我国节能减排政策实施前后的节能减排指标及其变化率进行分析，可以发现政策从制定到实施并取得一定的效果通常具有一定的时滞性。

2006年3月"十一五"规划纲要节能减排约束性目标的提出，将我国节能减排形势提升到更加重要的地位，节能减排的实施力度大大加强，节约资源与降低污染排放已成为全社会积极参与的国事（图19）。

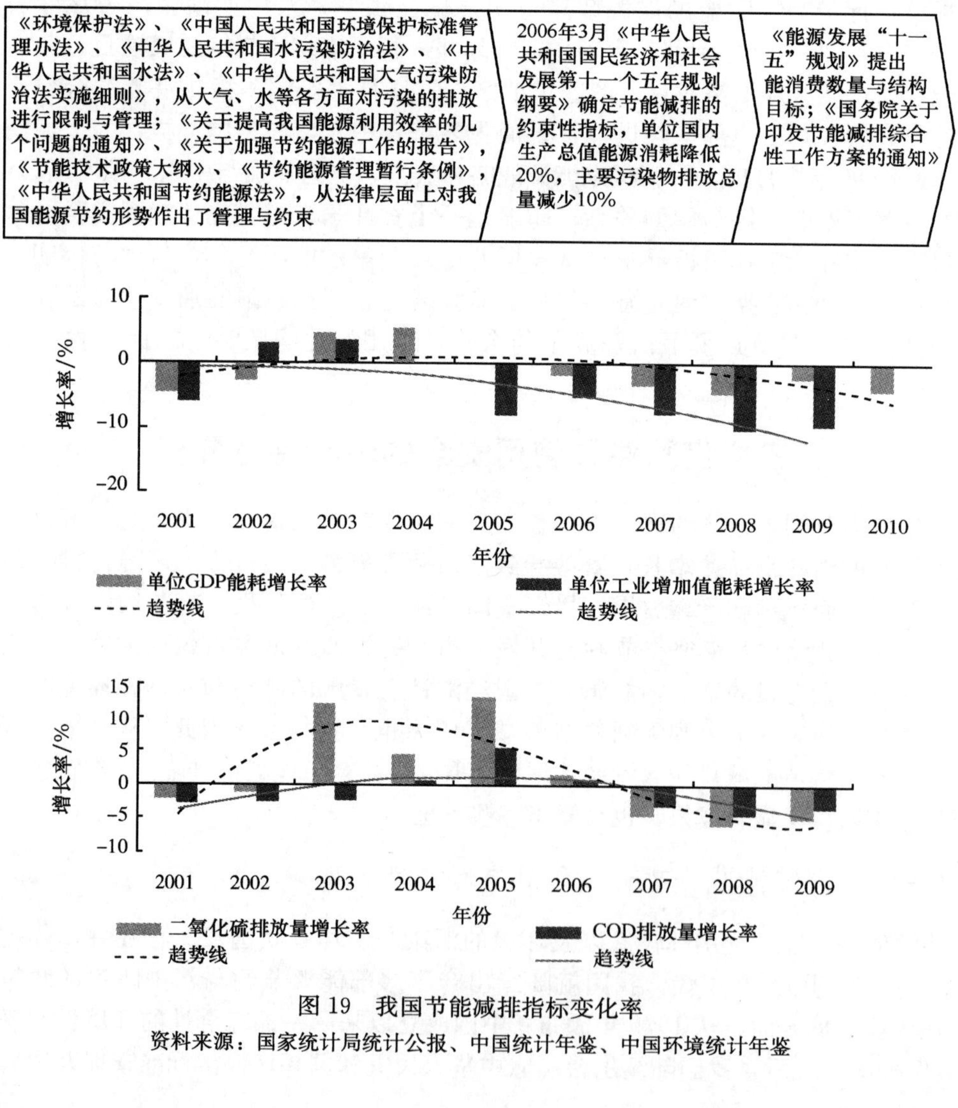

图19　我国节能减排指标变化率

资料来源：国家统计局统计公报、中国统计年鉴、中国环境统计年鉴

以2006年3月我国十一五规划明确节能减排的约束性目标为分界点，考察我国能耗以及污染排放的增长率。如图19所示，我国单位GDP能耗在2002年以前一直处于下降的趋势，2003～2005年三年我国GDP能耗出现反弹，连续三年呈现增长的趋势，2005年能耗的增长已大幅减缓。2006年初《中华人民共和国国民经济和社会发展第十一个五年规划纲要》(简称《纲要》)政策的发布，促使全国上下积极开展节能减排工作，国务院发布加强节能工作的决定，制定了促进节能减排的一系列政策措施，各地区、各部门相继做出了工作部署。我国2006年GDP能耗在连续3年增长后首次出现下降，但仍旧没有达到我国2006年GDP能耗下降4%的任务目标。至2007年单位GDP能耗的降低率才达到3.3%，两年的降低率仅为5%，距离单位国内生产总值能耗降低20%左右的目标仍存在很大的差距，之后三年的数据才显示出节能工作的效果。至2010年底，“十一五”节能指标完成度95%，累计能源强度下降19.1%。值得注意的是，无论是单位GDP能耗或是污染物减排，均在2008年达到最大降低率，这主要是受美国金融危机的影响，我国工业受到一定影响。

我国二氧化硫与COD排放量的增长率在2004年、2005年两年同时出现了增长的趋势，且增长率都有所提高，尤其是二氧化硫的排放从2003年开始就出现了高于10%的增长速度。2006年《纲要》目标提出后，我国对于高能耗、高污染的行业、企业都采取了相应的减排措施，但2006年我国二氧化硫与COD两项污染指标排放总量仍然处于上升的态势，但增幅有所减缓，到2007年才首次实现双下降，说明我国节能减排政策的实施存在一定的时滞性。

（二）我国二氧化碳减排压力大

根据政府间气候变化委员会（Intergovernmental Panel on Climate Change，IPCC）的研究，大气中75%的CO_2来自于化石燃料的燃烧，每年有60亿吨以上的碳是在燃烧化石燃料时排放到大气层，CO_2浓度已经由1958年的315微升/升上升到2003年376微升/升，而且这一趋势随着化石燃料的使用的增长正逐渐加剧[5]。

作为世界上经济规模和人口数量最大的发展中国家，中国的CO_2排放量增长迅速(图20)。由于中国能源消费以煤为主，每燃烧1吨煤炭会产生4.12吨的二氧化碳气体，比石油和天然气每吨多30%和70%。煤炭消费比重大使我国二氧化碳排放强度(单位GDP二氧化碳排放量）较高，经济增长过程中二氧化碳排放量增加迅速。2000年中国二氧化碳排放仅占世界总排放的13%，仅为同期世界最大二氧化碳排放国美国排放量的52%。而到2008年，中国的二氧化碳排放量超过美国，成为世界第一大二氧化碳排放国，虽然我国人均二氧化碳排放量仍远低于美国。到2010年，中国二氧化碳排放量已经占世界总排放量的25.1%，而美国占18.5%。

面对全球气候变化的威胁，国际社会减排二氧化碳的呼声日益强烈，这也给我国在温室气体排放上带来了巨大的政治和经济压力。虽然作为发展中国家，根据人类历史上首次以法规的形式限制温室气体排放的《京都议定书》的要求，我国并没有减少二氧化碳排放的义务。但2000～2010年，中国二氧化碳排放量的增长占世界总增长量的70%，随着我国经济进一步高速发展带来的严重污染和巨大的二氧化碳排放，我国在气候变化问题上也面对着越来越大的压力。

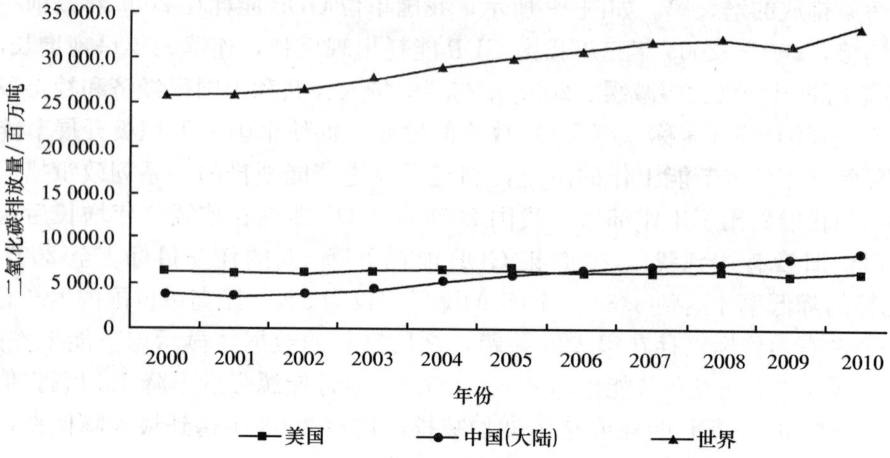

图20 中国、美国和世界二氧化碳排放量（2000～2010年）

资料来源：BP世界能源统计年鉴2010

中国是一个负责任的大国，2009年我国政府已决定到2020年单位国内生产总值二氧化碳排放比2005年下降40%～45%。利用各省区市终端能源消费量（煤炭、焦炭、汽油、柴油、煤油、燃料油、液化石油气、天然气和热能）数据及各自二氧化碳排放系数，计算得出我国各省区市二氧化碳排放总量及碳强度（单位GDP二氧化碳排放量，如图21所示）。可以看出，2005～2009年我国二氧化碳排放量普遍呈上升态势，而碳强度均有不同程度的降低，说明节能减排措施对二氧化碳的排放起到了一定抑制作用。另外，二氧化碳排放总量也呈现出很强的地域特征，西北与西南大部分地区二氧化碳排放量相对华北、华东、东南等地区要小得多，但总量小并不代表减排压力小。

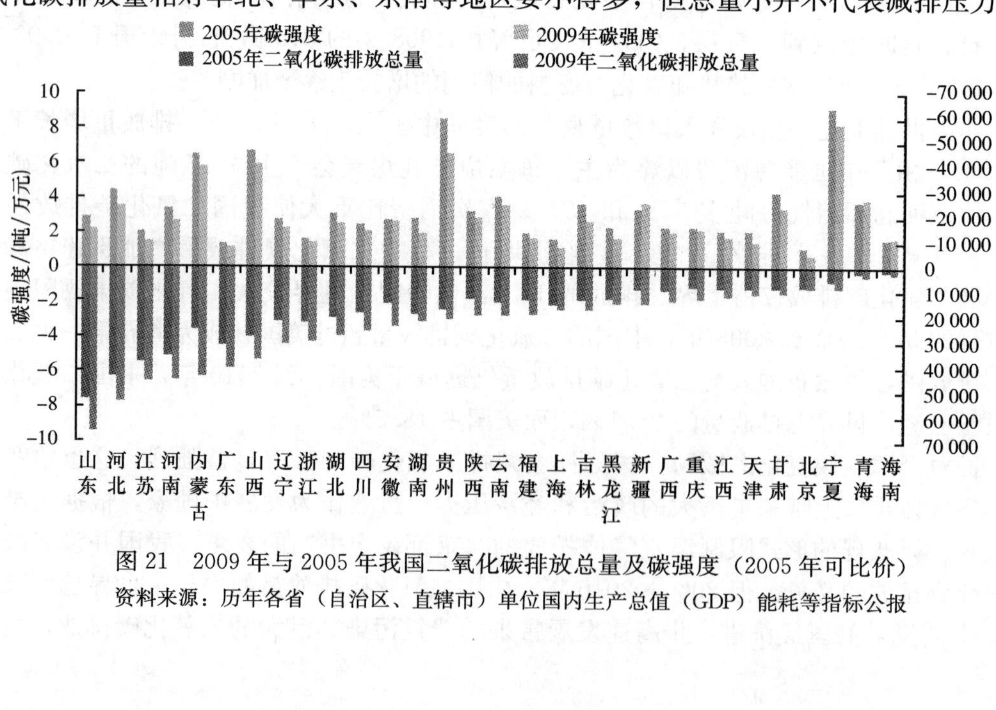

图21 2009年与2005年我国二氧化碳排放总量及碳强度（2005年可比价）

资料来源：历年各省（自治区、直辖市）单位国内生产总值（GDP）能耗等指标公报

相反，从碳强度数据可以看出，西部省市碳强度并不比其他地区低，新疆、甘肃、宁夏和青海碳强度尤其高，未来将面临较大的碳减排压力。

四、我国能源供应可靠性与使用安全性面临的挑战

我国节能减排的目标不是单纯的实现能耗的降低或污染的排放，而是要在保证经济稳步增长的前提下，实现能源的高效利用以及环境的保护与改善。因此在执行节能减排政策时必须两者兼顾，这就加大了政策实施的困难。

（一）供需矛盾突出，结构调整困难

我国自从1992年成为能源净进口国开始，能源消费量与生产量之间的差距越来越大，大部分时间消费增速大于生产增速，能源对外依存度越来越高。我国GDP按不变价格计算1980～2010年增长超过15倍，年均增长率高达10%，经济快速增长更加剧了能源紧缺（图22）。

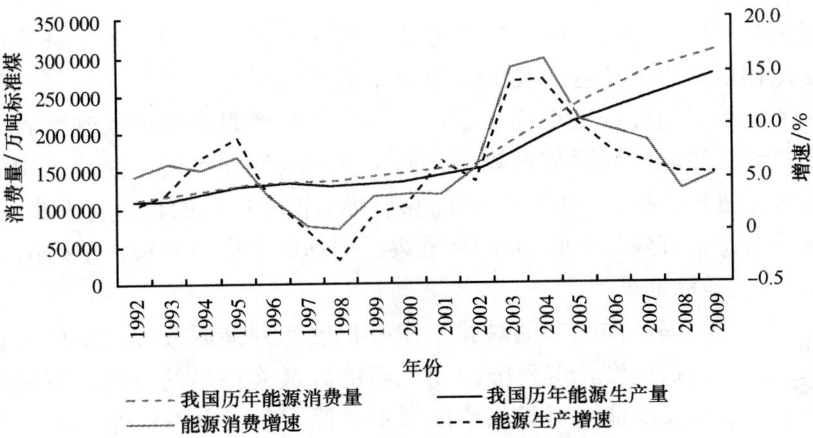

图22　我国能源需求与生产对比

资料来源：中国统计年鉴2010

我国整体技术水平相对发达国家落后，在工业化的过程中我国经济增长对能源的依赖度近年来居高不下，能源资源的消耗速度较西方发达国家更为迅速，单位GDP消耗的能源远高于发达国家，化石能源枯竭的威胁更为紧迫（图23）。俄罗斯是世界上主要的能源输出国，我国与印度能源供应量与GDP之比远高于世界平均水平以及美国和日本。尤其是我国与美国的一次能源消费量差不多的情况下（并且美国能源消费量在2008年高于中国），我国的能源供应量与GDP之比为0.81，而美国仅为0.19，世界平均水平也仅为0.3，我国能源利用效率水平之低可见一斑。我国能源平均利用率只有30%左右，每1美元GDP的耗能量是世界平均水平的2.1倍，节能潜力很大。

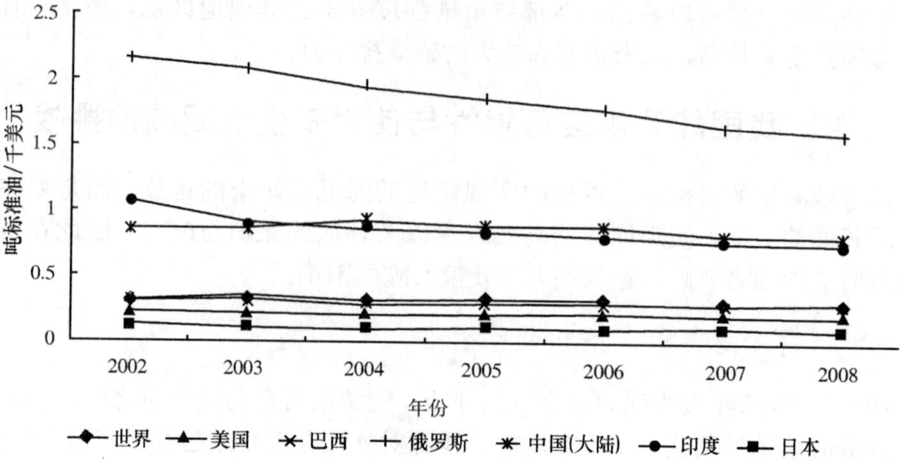

图 23　世界各国历年能源供应量/GDP（吨标准油/千美元 2000 年价格）

资料来源：中国能源统计年鉴 2010

国际能源效率比较研究表明，我国能源系统的生产与利用等各个环节存在问题较多，但能源结构以煤为主是造成我国能源效率低下的主要原因之一。能源效率低与我国以煤为主的能源结构有着密切的关系，一是以煤为燃料的中间换热装置效率低，二是以煤为燃料的终端能源利用装置效率又低于液体或气体燃料。能源结构的优质化进程对能源需求总量影响很大，据估计，能源消费结构中煤炭的比重每下降一个百分点，相应的能源需求总量可降低 2000 万吨标准煤。根据能源供应分析，结构优化方案 2020 年可少用 1.28 亿吨标准煤[6]。

化石能源日益耗竭，加强节能减排、积极扩展海外能源来源、发展化石能源深加工等措施可以延缓耗竭速度，但不能改变化石能源最终耗尽的事实，不断提高可再生能源的比重才是实现长期能源可靠供给的根本手段，我国也不例外。2007 年国家发改委发布《可再生能源中长期发展规划》，提出可再生能源消费量占整体能源消费量在 2010 年要提高到 10%，2020 年达到 15%，为达到这一目标，预计未来总投资额将达 2 万亿元。到时我国将形成以自有知识产权为主的可再生能源技术装备能力，实现有机废弃物的能源化利用，基本消除有机废弃物造成的环境污染。对我国来说，可再生能源的大力开发利用是节约能源和改善能源结构的重要手段，不仅可以通过替代作用节约大量化石能源，还可以有效减少污染和温室气体的排放，因此，我国要实现可持续发展，建设环境友好型和资源节约型社会，可再生能源将发挥极其重要的作用。

我国能源结构调整并不容易，首先，我国对煤炭的依赖由来已久，由于国内新能源产业配套政策不足，市场发育不完善，造成盲目发展，产生了结构性过剩（图 24）。与其他国家对比（图 25），我国新能源在能源消费中的比重也还有相当差距。我国水资源并不富裕，但水电发展是新能源中占比最高的，占能源消费总量的 6.6%，这主要由于水电成本低，且发电量稳定。虽然日本地震造成的核电站事故给世人带来了核恐慌，但由于其高替代性，核电依然在全世界保持强劲增长势头，只是各国都对其安全性加强了防备，核电比例我国远低于美国与日本，只有 0.7%，日本则高达 13.2%，这也与日本化石能源的匮乏有关。其他可再生能源中，巴西和美国发展较快，我国发展缓慢。

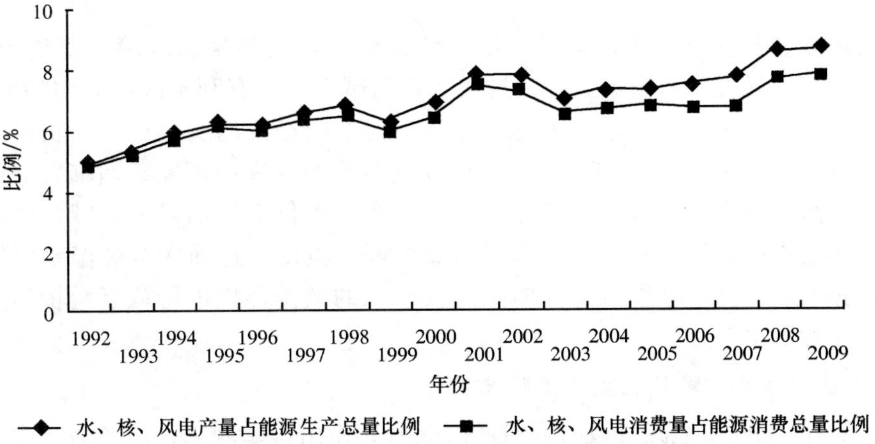

图 24 我国水、核、风电在一次能源中的比重变化情况

资料来源：中国能源统计年鉴 2010

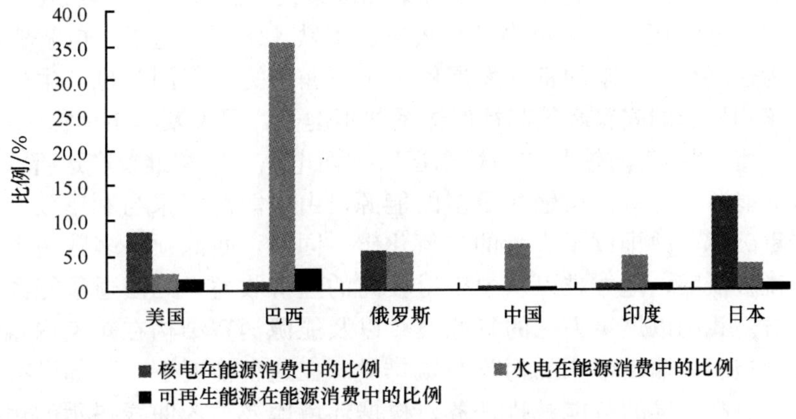

图 25 2010 年新能源在各国能源消费中的比例

资料来源：BP 世界能源统计年鉴 2010

我国可再生能源发展缓慢的主要原因[7]是：①缺乏足够的政策及激励措施。我国风电、生物质能、太阳能等能源的发展没有完整的政策扶持体系，现有政策稳定性、相互协调能力以及经济激励能力都较差，难以形成扶持可再生能源持续发展的长效机制。②市场保障机制不够完善。长期以来我国可再生能源市场的保障政策缺乏，致使市场发展缓慢，技术发展水平与可再生能源需求水平都无法保障。③技术开发能力和产业体系都较为薄弱。长期以来技术发展缓慢导致众多可再生能源技术和设备依赖进口，技术发展与国外差距较大；与之相关的技术标准、产品检测和认证体系都没有得到完善，生产与市场规范程度低；缺乏先进的人才培养体系，导致技术服务体系水平低下，也是限制我国可再生能源发展的因素之一。

综上所述，我国能源结构调整还有很长的路要走，必须不遗余力地将节约化石能源、扩展化石能源来源与发展新能源结合起来，保障我国未来能源安全。

（二）节能减排亟待市场与行政手段

实施科学合理的节能减排政策，可以节约能源，改善生态环境，调整产业结构，促进产业升级，转变经济发展方式，进而实现低碳经济，有利于改善人们的生活环境，提高生活品质，使民生和碳生产力达到平衡。但低碳经济的实现是一个长期而复杂的过程，尤其我国作为一个人均GDP只有3000美元的发展中国家，面临发展经济、消除贫困，减缓温室气体排放的多重压力。未来我国不仅继续面对节能减排的压力，民生问题也不容忽视，如何不让碳减排掣肘我国经济发展，进而在全球温室气体减排的呼声中占据有利形势，必须对以往的经验及未来的减排环境进行认真辨析研究，进而采取切实有效的措施。

1. 行政“拉闸”式节能减排威胁民生

“十一五”期间节能减排没有针对地区间差异作出科学测算，任务的完成主要是靠对落后产能的淘汰等途径。五年节能减排工作暴露的突出问题是：节能减排市场推力不足，以行政管制手段为主。具体表现如下：

（1）缺乏从全国到地区的完整实施方案和政策设计。“十一五”我国大力强制淘汰工业落后产能、上大压小，多集中于小火电、钢铁、水泥、造纸、电解铝和其他金属冶炼行业，为这些行业未来的良性发展做出了不懈努力，但同时也产生了大批下岗失业人员，由于相配套的安置政策和社保体系并不健全，居民基本生活保障堪忧。另外，区域差异被忽略。“西气东输”、“西煤东运”、“西电东送”相继投产运行，西部向全国输送了大量的能源，并将继续输送更多的能源，由于能源开采与利用效率不高，生态环境遭到严重破坏，并排放了大量的二氧化碳。同时，西部项目多数为中央企业投资运营，资源税费低廉，地方难以从中获得较高的经济收益，无法通过能源行业的大力发展造福一方。我国以煤炭为主的资源禀赋以及能源消费结构在短期内难以改变，西部还将继续承担能源输出带来的污染与碳排放。在这种情况下，西部没有能力承担与东部同样甚至更高标准的节能减排任务。根据环境库兹涅茨曲线揭示的规律，当经济发展水平较低时，能源密集型的重工业比重越大，资源的投入以及经济活动副产品废气排放量增多越快。首先，西部高能耗、高排放的重工业比重大，“十一五”已建设和规划中的煤化工项目和二氧化碳高排放项目多，导致碳排放强度较高且具有锁定效应。其次，西部以煤炭为主的资源禀赋以及能源消费结构和利用效率较低下在短期内难以改变，导致西部大规模降低碳强度形势十分严峻。

（2）前松后紧催生“拉闸”式减排，居民生活用能受到严重影响。2008年由于受到美国金融危机的影响，经济增速与能源消费增速均有所下降，再加上节能减排政策的实施，单位GDP能耗下降较为明显。但随后为了刺激经济发展，全国部分地区尤其西部地区忽视节能减排，大举投资高能耗高排放项目，使得2010年上半年单位GDP能耗不降反升。如果约束性指标无法完成，地方政府就要被问责，在时间紧、任务重的情况下，“拉闸”式减排迅速蔓延。2010下半年，江苏、浙江、河北、山西等省份先后对一些高耗能企业实施强制性拉闸限电或提高供电价格。在河北安平县，对全县98条线路实施有序限电，将全县所有企事业单位、公共设施全都包括在内，即使居民用电也要供电50小时停电22小时，限电措施持续到2010年年底。河南林州市自2011年1月5日起停止集体供暖，停暖面积达20万平方米，据称有领导指示，按照国务院节能减排要求，关闭优创电厂是死任务，不能因为供暖而耽误完成节能减排任务。地方政府这种只要“数字”不要民生的做法受到社会各界的广泛争议和谴责，也受到了国家发改委的公开批评。民众本应享受节能减排带来的美好环境，却反而因节能减排生活受到严重影响。

(3)“拉闸”减排拉涨能源与工业品价格，推升CPI，变相降低居民收入。2010年下半年大规模对钢材、水泥等高耗能行业的拉闸限电，8～9月众多厂家传出关停消息，钢材与水泥价格普涨，其中，9月初仅仅两天，唐山地区钢坯便上涨200～250元/吨，普方坯达到4100～4150元/吨，到9月5日，不少地区更出现封库现象；浙江浙南地区水泥价格8～9月，累计上涨达80元/吨，较前期相比涨幅近30%。同时，企业断电后又引发柴油发电机的销售高潮，一定程度上促使柴油荒的发生。这些都通过经济系统的联动性传递到普通居民的日常消费中，使得居民购买力下降，收入缩水。

据《2008年民生调查报告》调查数据测算，2007年西部城乡居民家庭人均年收入最高20%收入组的家庭平均收入是最低20%收入组的17.1倍。区域之间的收入差距也相当明显，东部地区的居民家庭收入平均是西部的2.03倍。在给出的18个社会问题中，从地区差异的角度看，东部地区的公众对“住房价格”、“环境污染”和“社会治安”等问题的关注度要高于中西部地区；而中部地区的居民认为“养老保障”是严重的社会问题；西部地区认为“看病难、看病贵”和“收入差距过大”等问题的严重性更高。因此，西部民生与节能减排矛盾尤为突出。

西部大开发10年的投入，大型工程建设使西部在物理形态上发生了翻天覆地的变化，生态环境总体上得到了改善。然而，这些成就并不直接贡献于民生改善，公路、照明、饮水、看病、读书这些最基本的公共服务依然是西部大部分农村地区最大的议题。以新疆为例，2009年全区生产总值达到4274亿元，比实施西部大开发的1999年增长1.6倍，年均递增10.1%；人均生产总值达到19 926元，比1999年增长1.2倍；地方财政一般预算收入达到388亿元，比1999年增长4.5倍，年均增长18.5%。然而，2009年新疆人均地区生产总值位居全国第20位，城镇人均收入居全国第30位；10年间新疆的城镇居民的人均收入不仅低于地区生产总值的增长速度，更是远远低于财政收入的增长速度。体现民生的人均收入增长不仅严重滞后于地区生产总值的增长，更与新疆在国家能源战略中的重要地位不相称，新疆老百姓未从资源大规模开发中得到应有的实惠。西部民生问题已经尤为突出，减排手段选择更需慎重。

2. 民生诉求倒逼节能减排市场化

民生诉求已成为我国节能减排重要的约束条件，不能为完成节能减排任务就无视民生保障。强制性的行政减排已不可取，因此国家应当以民生改善为基本点，将节能减排视为中长期目标，利用市场机制、经济手段，同时辅以必要的税收与扶持政策，确保到2020年碳排放强度降低目标的实现。目前，从新疆开始试行的油气资源税改革正在推广，不仅能改善资源浪费，同时也为地方政府带来可观的财政收入来改善民生。同时，碳税与环境税也正在研讨中，未来这些税收政策都将助力碳减排，并且不会对民生产生威胁。市场化节能手段目前最受关注的是节能服务与新能源产业，均被纳入“十二五”战略性新兴产业规划，它们不仅能打破锁定效应，促进产业结构与能源消费结构调整，同时能增加就业机会，促进经济增长，改善地方民生。

节能服务项目通过技术改进可以节约大量的能源，并能有效减少污染物与温室气体排放，对社会与自然环境都能产生正的外部性，在资源日益匮乏和环境污染严重的形势下，节能服务项目已成为重要的公共产品被重视。我国政府从 1995 年开始与世界银行等机构合作实施合同能源管理，项目一期成立了 3 家示范性能源管理公司，1997～2001 年，共签订 208 个节能项目合同，分享到节能效益 5.41 亿元人民币，内部收益率超过 20%。到 2009 年底，全国节能服务公司数量已有 502 家，总产值达 580 多亿元，形成了 1350 万吨标准煤的年节能能力。2010 年 4 月 2 日，国务院转发四部委《关于加快推行合同能源管理，促进节能服务产业发展的意见》指出，“加快推行合同能源管理，积极发展节能服务产业，是培育战略性新兴产业、形成新的经济增长点的迫切要求，是建设资源节约型和环境友好型社会的客观需要”[8]；《意见》对地方政府也提出了政策要求，指出各地区和各部门要制定节能服务相关扶持政策，努力创造良好的政策环境，有条件的地方要安排一定资金，支持和引导节能服务产业发展。《意见》还明确给出了税收优惠政策。根据随后发布的《合同能源管理财政奖励资金管理暂行办法》，2010 年安排中央财政资金 20 亿元，支持合同能源管理项目，每年将财政奖励资金切块分到各地，由各地节能主管部门会同财政部对符合条件的合同能源管理项目根据节能量给予奖励。虽然国家出台了一系列相关扶持政策，但节能服务企业在我国仍处于起步阶段，多为中小企业散乱发展，尚未形成产业规模，仍面临市场拓展、投融资等诸多障碍，还需市场培育和财政政策的大力支持。

新能源方面，我国提出要通过大力发展可再生能源、积极推进核电建设等行动，到 2020 年我国非化石能源占一次能源消费的比重达到 15%左右，这对新能源产业的发展是一项非常有利的政策。我国拥有丰富的可用于替代矿物燃料的可再生能源资源，主要包括太阳能、风能、地热能、小水电、生物质能和海洋能源等。西部地区幅员辽阔，人烟稀少，光照时间长，太阳辐射强烈，太阳能资源十分丰富，可大力发展太阳能光伏电站，建设新能源基地，从而支撑我国经济未来 30 年的快速发展。联合国工业发展组织国际太阳能技术促进转让中心落户兰州；甘肃成立了我国最早的太阳能研究机构——甘肃自然能源研究所；2008 年 12 月我国首座光伏并网荒漠电站在甘肃武威建成，目前我国最大的太阳能光伏并网电站工程建设已在敦煌展开。可再生能源产业发展带来的巨大经济效益，对西部地区的和谐稳定、民族政策的落实、当地居民的长治久安、环境治理和水土保持、老百姓增收致富，促进我国经济发展升级转型、增长方式的转变及能源安全问题都具有重要意义。东部地区，海上风电正在大力推广，而随着电价补贴和成本下降，我国风电上网将越来越多。

我国节能减排途径与政策选择应以科学发展观为指导，实现经济发展方式转变和节能减排目标为目的，立足我国各地区实际，综合考虑产业结构调整难度与民生改善迫切问题，修正行政手段，推广市场手段。

五、我国能源供应可靠与使用安全发展态势分析

2010 年 11 月，国际能源署（IEA）发布了《世界能源展望 2010》，报告中为未来直到 2035 年的世界能源发展设定了三种情景：一是现行政策情景，即只考虑到 2010 年中期被采用的能源政策发挥的效用；二是新政策情景，即假定至 2010 年各国宣布的各项承诺和计划（即使还没正式采用）都得到认真执行带来的结果；三是“450 情景”：即 IEA 提出的将全球平均气温上升控制在 2°C 以内的能源路径得到有效实施，要实现这一愿景，全球化石燃料需求量应在 2020 年前后达到高峰。

（一）世界及我国能源供需发展态势

1. 世界能源供需发展态势

（1）世界能源需求。人口和收入增长是能源需求的两个最强大推动因素。过去 20 年，世界人口增加了 16 亿，2011 年 1 月发布的《BP2030 世界能源展望》中，预计未来 20 年将增加 14 亿。世界的实际收入在过去 20 年增长了 87%，而未来 20 年可能还会增长 100%，并且非经合组织国家增速大于经合组织国家，由此带来的全球能源消费平均每年将增长 1.7%。经合组织国家一次能源消费增速缓慢，年均 0.3%，总共增长 6%；非经合组织一次能源消费 2030 年相对 2010 年将提高 68%，年均 3.4%，占全球能源增长的 93%。IEA 预计 2035 年非经合组织国家能源消费将占世界消费总量的 62%，经合组织则占 38%。未来 20 年世界人均能源消费年增长率预计为 0.7%，与 1970～1990 年基本一致。其中，在“450 情景”下，全球石油需求将在 2020 年前后达到峰值 8800 万桶/天，此后经合组织国家需求持续下跌，其下跌量将超过非经合组织的石油需求量，使全球石油需求量在 2035 年前后降到 8100 万桶/天。

（2）世界能源需求结构。天然气和非矿物燃料所占份额将提高，而煤和石油份额下降。目前可再生能源在一次能源中的比例总体上偏低，一方面是与不同国家的重视程度与政策有关，另一方面与可再生能源技术的成本偏高有关，尤其是技术含量较高的太阳能、生物质能、风能等。据 IEA 的预测，在未来 20 年可再生能源发电的成本将大幅下降，从而增加它的竞争力，BP 预计未来 20 年可再生能源年均增长 8.2%，所有非化石燃料对能源消费增长的总贡献率将达 36%，超过任意一种化石能源。IEA 预测（图 26），至 2035 年，核能与其他可再生能源将占一次能源消费总量的 20%。

（3）世界能源供应。IEA 预测，在新政策情景下，2035 年全球石油产量达到 9600 万桶/天，比 2010 年 8209 万桶/天多 17%。目前正在生产的油田届时将有大部分不再生产，欧佩克国家中沙特阿拉伯和伊拉克石油产量增加最多，将使欧佩克国家石油产量占世界总产量比例从 41%上升到 52%；非欧佩克国家中巴西、哈萨克斯坦和加拿大石油产量将增加较多。天然气产量最大的将是中东和亚洲非经合组织国家，分别生产 16 000 亿立方英尺（1 英尺=0.3048 米）和 9000 亿立方英尺，分别比 2010 年增长 125%和 75%。电力生产中，如图 27 所示，在现行政策情景下，2035 年煤炭仍将是主要发电来源，占 43%，比 2007 年还多 1%。新能源虽然有较为快速的发展，但在电力生产中的比例变化不大，

从32%提高到35%，其中水电与核电还有所下降。若在新政策情境下，2035年将有1/2的电力由低碳技术提供，“450情景”下这一比例将是3/4。

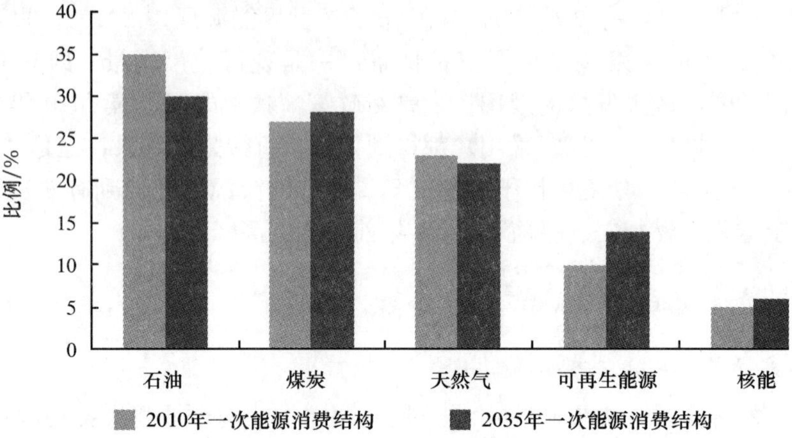

图26　2035年世界一次能源消费结构

资料来源：IEA世界能源展望2010

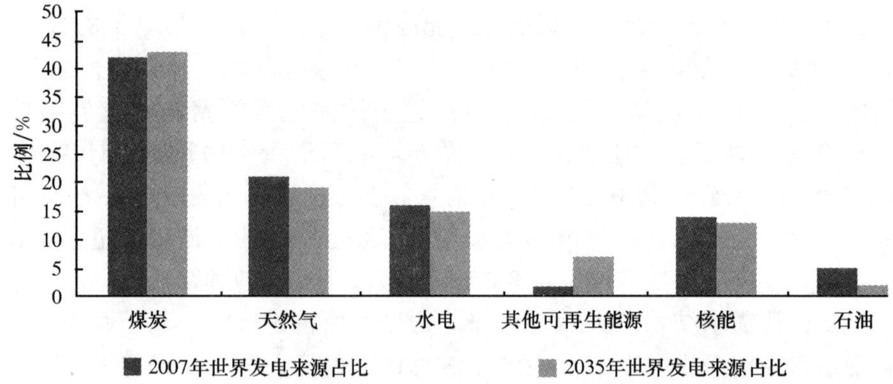

图27　现行政策情景下世界发电来源占比变化趋势

资料来源：IEA世界能源展望2010

（4）世界能源价格。石油价格仍将是各国主要关注的对象。如表1所示，现行政策、新政策、450三种情景下，2035年平均国际油价将分别为135美元/桶、113美元/桶和90美元/桶，分区域实际价格将更高。二氧化碳价格则相反，“450情景”下最贵，因为在这种情景下碳减排更为困难。

表1　三种情景下2035年二氧化碳与石油价格

方案	2035年二氧化碳价格/（美元/吨）	2035年国际油价/（美元/桶）	2035年实际石油价格/（美元/桶）
现行政策情景	欧盟：42	135	欧盟：152
新政策情景	OECD：50	113	OECD：134
“450情景”	OECD：120	90	OECD：139

(5) 能源消费国际对比。《BP2030世界能源展望》预测，中国是石油消费增长的最大来源，到2030年，中国石油消费将占全球净增长的一半，主要集中在工业和交通运输部门。预计到2030年将增长800万桶/天，达到1750万桶/天，超过美国而成为世界上最大的石油消费国，石油价格将超过其他新兴经济体。但人均石油消费增速将比其他亚洲经济体缓慢，能源需求中石油需求占比也将比其他亚洲国家小20%，这是由于日本、韩国和印度等更依赖石油，且是贫油国。但中国石油进口依存度的提高是引发政策忧虑的主要因素。通过提高国内产量和加大进口，中国天然气消费增长仍将较为迅速（年均7.6%），将和巴西（年均4.6%）、印度（年均4.7%）、俄罗斯（年均1.1%）一起占整个非经合组织国家天然气消费增量的40%。煤一直在中国快速经济增长中发挥着核心作用，但中国煤消费快速增长阶段将在2020年前后结束。目前，中国占全球煤消费量的48.3%，2030年可能上升到53%。1990～2010年，中国占世界煤需求增长的80%，预计到2030年占全球需求增长的77%。在发电对煤的需求中，IEA预测，2035年中国将新增火电容量6亿千瓦，几乎等于其他国家火电容量总和。中国已经清楚地认识到严重依赖煤炭带来的气候变化、环境污染以及煤资源成本上升问题，并正在努力节能减排，发展煤炭深加工与替代能源，但向低煤耗增长模式过渡的时间表仍无法确定。

2. 我国能源供需发展态势

(1) 我国能源消费结构变化趋势。根据我国新能源2020年占能源总量15%的目标，国家能源局规划了“十二五”期间我国要达到的能源结构，届时新能源所占比重将达到11.6%，而煤炭将下降至63%（图28）。因此，有理由相信，在我国的坚实努力和合理计划执行下，未来我国能源安全威胁将得到缓解。

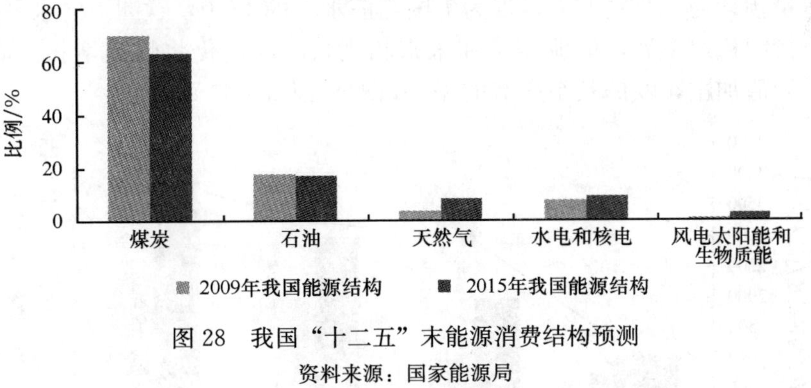

图28 我国“十二五”末能源消费结构预测

资料来源：国家能源局

(2) 我国石油供需趋势。我国能源结构呈现“富煤、贫油、少气”的特点，未来油气资源进口仍将越来越多。原油探明储量仅占全球1.1%，相应的产量也十分有限，2010年原油产量约2.03亿吨，预计到2030年仅能增加0.4亿吨，但是2020年我国原油需求量将新增2.8亿吨，这意味着2030年进口量需要增加3亿吨，相当于至少12条中哈输油管道的年运量，石油对外依存度将达到68%（图29）。虽然我国石油消费量增长如此迅速，我国2020年人均石油消费量预计约为0.4吨，仅为美国当前水平的

1/6，欧洲当前水平的1/4，未来空间仍然十分巨大。BP预测，2030年美国的石油和天然气进口份额将下降到20世纪80年代以来的最低水平，这主要是由于国内天然气和乙醇（取代石油进口）生产增加，净进口总量减少的3/4来自石油。

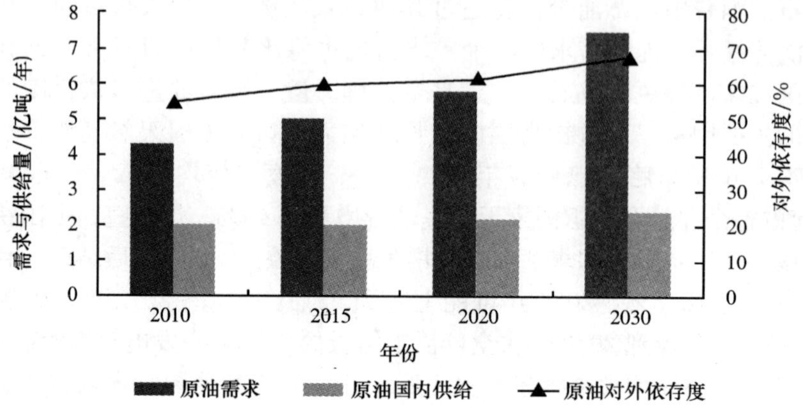

图29　我国原油生产与消费展望

图29、图30、图31资料来源：(1) 国家能源局；(2) IEA预测，BP、BCG分析；(3) 2010年全国能源工作会议；(4) 发改委能源经济与发展战略研究中心；(5) 中国石油天然气股份有限公司；(6) BP世界能源统计年鉴2010

(3) 我国天然气供需趋势。我国天然气探明储量也仅占全球1.3%，2010年产量为968亿立方米，据保守估计，我国2020年天然气生产量将达到2000亿立方米，但城市化进程和生活水平提高导致消费量将增长更快，达到3000亿立方米，需要增加进口850亿立方米，相当于3条中亚天然气管道的年运量。天然气进口依存度将从目前的14%左右提高到33%，2030年进一步提高到40%（图30）。然而，2020年我国天然气年人均消费量预计为210立方米，仅为美国当前水平的1/10，欧洲当前水平的1/4。随着我国经济持续稳定发展，能源需求在未来相当长时间内仍将快速增长。而随着国内天然气供需矛盾加剧，欧洲几乎所有的净进口增长都将来自天然气。

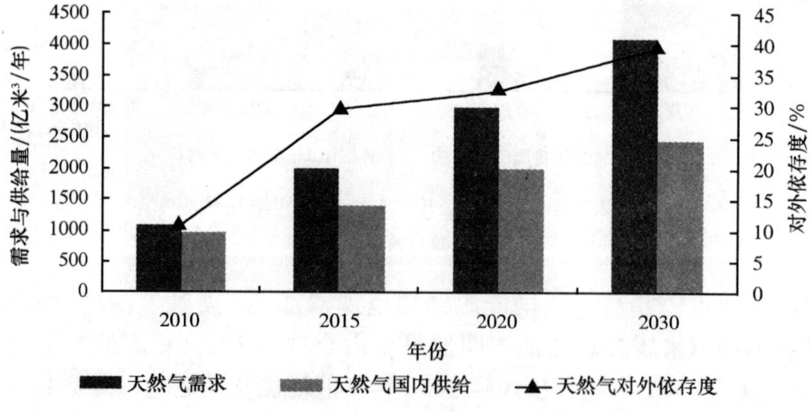

图30　我国天然气生产与消费展望

(4) 我国煤炭供需趋势。我国煤炭需求增速相比油气较慢，主要是由于我国未来将加大力度节能减排。但是我国煤炭生产增速将更慢，对外依存度开始上升（图31）。

可见，未来美国石油进口的下降会给中国石油进口的攀升带来国际舆论压力，而欧洲由于天然气进口的增加则成为中国的竞争对手，而煤炭对外依存度开始提升对我国的能源安全也会带来威胁。

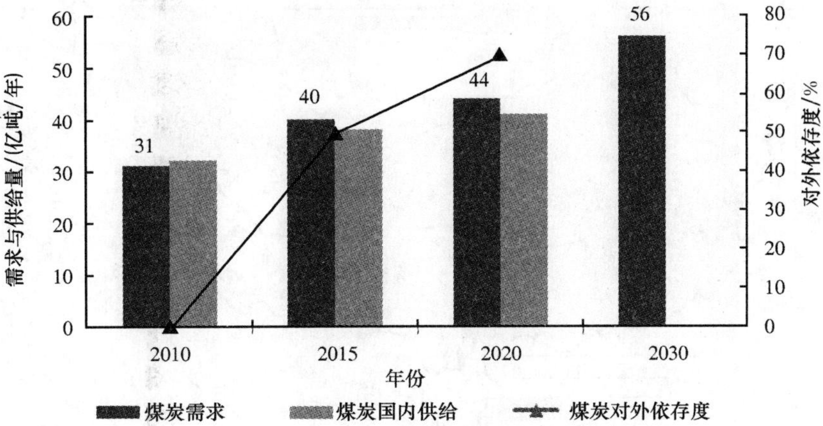

图 31 我国煤炭生产与消费展望

（5）我国低碳技术发展。为了实现能源供给多元化，我国未来在新能源中的投入将可能使中国成为低碳技术市场上的领导者，并给世界其他国家带来好处。我国 2010～2035 年核能增长将占全球累计增加量的 28%，风能和太阳能光伏增长分别达到 26%和 19%（图 32）。虽然 2011 年日本核电站事故使我国重新审视快速发展的核能，但不会改变我国整体低碳技术的快速增长。交通运输中的碳排放未来也将得到遏制，未来 25 年我国电动和混合动力车增长将占全球累计增长的 22%。

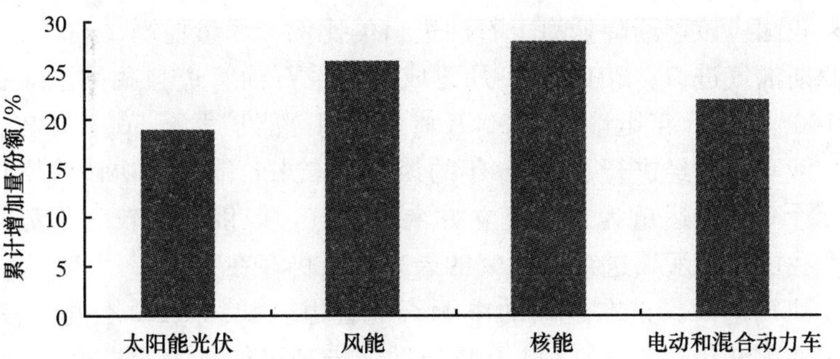

图 32 2010～2035 年中国低碳技术占全球累计增加量份额
资料来源：IEA 世界能源展望 2010

（二）我国能源进口来源变化趋势

未来我国油气进口将继续增多（图 33），并增加新的来源，有助于我国能源供给多元化。

（1）中东、非洲及东南亚油气进口。我国从这些地区主要进口石油，通过海运，经波斯湾、亚丁湾和马六甲海峡运抵我国东南沿海地区。其中，狭窄的马六甲海峡是

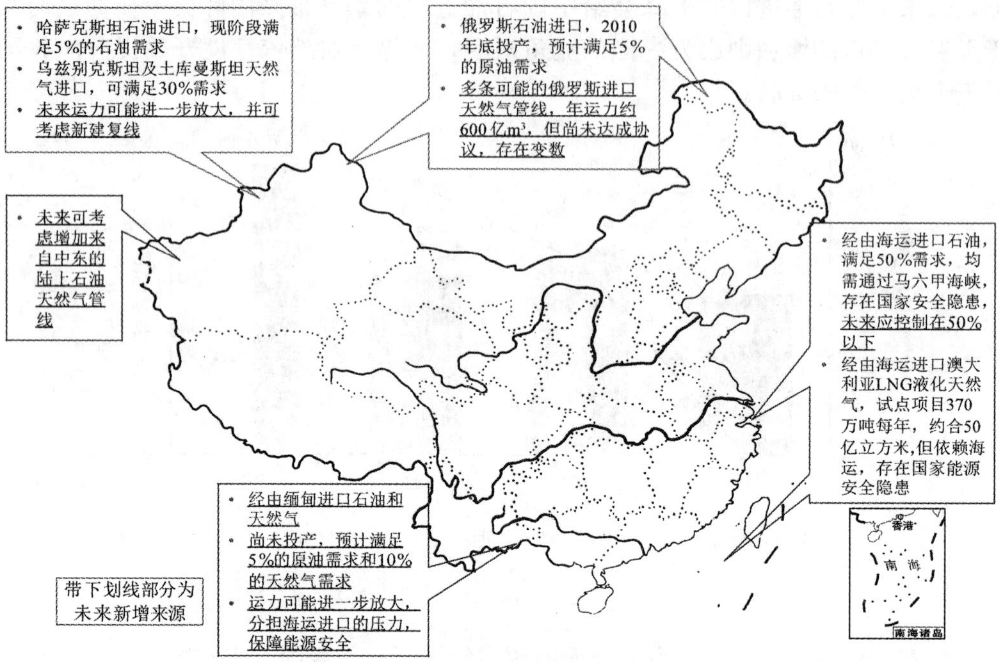

图 33　我国未来可能的石油、天然气进口源（基于图 18）

资料来源：根据国家能源局等网站资料整理

我国海上进口石油的要道，2010 年，我国从以上地区进口石油占我国石油总进口量（2.95 亿吨）的 58%，其中 80%都经过马六甲海峡运输，存在严重安全隐患。因此，考虑到我国对海上通道的依赖越来越受到地缘政治以及海盗的威胁，从国家能源安全的角度，未来我国应该逐渐降低海上石油进口的比例，尽量控制在 50%以下。

（2）俄罗斯油气进口。2011 年 1 月建成的中俄石油管道与我国东北石油管网相连接，全长约 1000 公里，年运量为 1500 万吨，远期可能扩大至 3000 万吨。天然气管道方面，我国与俄罗斯已经进行了近 15 年的谈判，未来若能达成协议将增加东西两条天然气管道，预计分别年运量为 300 亿立方米天然气，但俄罗斯较为强势，谈判迟迟没有结果，因此我国从俄罗斯进口天然气的未来扩展仍存在变数。

（3）缅甸油气进口。正在建设的中缅石油管道全长约 2400 公里，一期预计 2011 年末投产，一期预计年运量为 1200 万吨石油，未来可能扩大至 2200 万吨。另外，我国尚未从缅甸进口天然气，正在规划全长约 2800 公里，年运量 120 亿立方米的中缅天然气管道。但需要考虑的是，缅甸国内政局不太稳定，而且中缅油气管道途经波斯湾和亚丁湾，比较接近印度，存在一定的安全隐患。

（4）中亚油气进口。中哈石油管道全长约 1200 公里，年运送 2000 万吨石油，未来可通过增加复线进一步扩大运力；中亚天然气管道，从乌兹别克斯坦、土库曼斯坦等中亚国家进口天然气，全长约 1800 公里，年运送 300 亿立方米天然气，未来可通过增加复线进一步扩大运力；根据 IEA 预测，2035 年前后中东天然气产量将占世界总量 1/3，因此我国远期可考虑增设来自中东的陆上油气管道；另外随着中阿经济合作的深化，远期可考虑伊朗经土库曼斯坦、乌兹别克斯坦、塔吉克斯坦进入中国，或中东国家经海上通过巴基斯坦进入中国的油气进口通道。

除此之外，我国已开始少量煤炭进口，主要通过海上进口，未来还可考虑经过蒙古国从陆上进口，据 BP 预测，未来我国可能成为煤炭净进口国。

（三）我国能源使用安全性发展趋势

（1）能源强度。BP 预测能源强度将在全球范围内加速降低，能源价格、经济发展和能源政策在其中将发挥重要作用。未来我国经济增速将持续高于其他国家和地区，并且有推进较低能耗发展的长期战略，能源强度下降速度也将位于前列（图 34）。

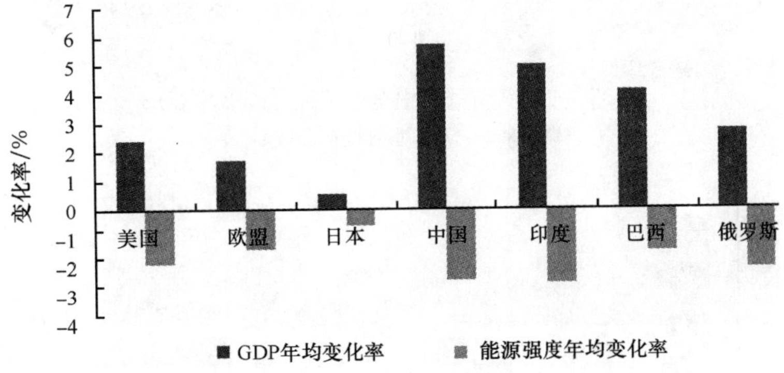

图 34 2007～2035 年各国 GDP 与能源强度变化趋势

资料来源：IEA 世界能源展望 2010

（2）碳强度。非经合组织国家能源消费，特别是煤炭消费强劲增长，导致全球二氧化碳排放持续增长。根据 BP 的预测，未来 20 年，全球能源相关的二氧化碳排放平均每年将增长 1.2%。经合组织国家 2030 年排放水平仅比目前水平减少 10%。非经合组织国家的排放量年均增长 2.2%，到 2030 年将比目前增长 53%，到 2030 年，碳强度将下降 42%，年均降低 2%左右。2020～2030 年，非经合组织国家排放量年均增长仅为 1.3%（2000～2010 年为 5.2%）。这意味着实现气候变化目标能够取得一些进展，但不足以使世界走上 450ppm 的稳定轨迹。根据 IEA 的测算（图 35），2008～2020 年碳强度降低的速度要达到 1990～2008 年的 2 倍，2020～2035 年碳强度降低速度须达到 1990～2008 年的 4 倍，才能达到“450 情景”，也即将温度上升控制在 2℃ 的目标。

（3）碳减排。根据“450 情景”的要求，与现行政策情景相比，2035 年二者二氧化碳排放量相差 20.9Gt，分别为 21.7Gt 和 42.6Gt，中国在累计减排中的贡献须达到 33%（图 36），超过其他任何国家，可见未来中国碳减排压力巨大。现行政策情景下，中国二氧化碳排放量将达到 12.6Gt，“450 情景”下则仅能排放 5.2Gt，减排中 53%依靠能效，31%依靠新能源增长，世界减排累计份额中能效则占到 50%，新能源占 31%（图 37）。

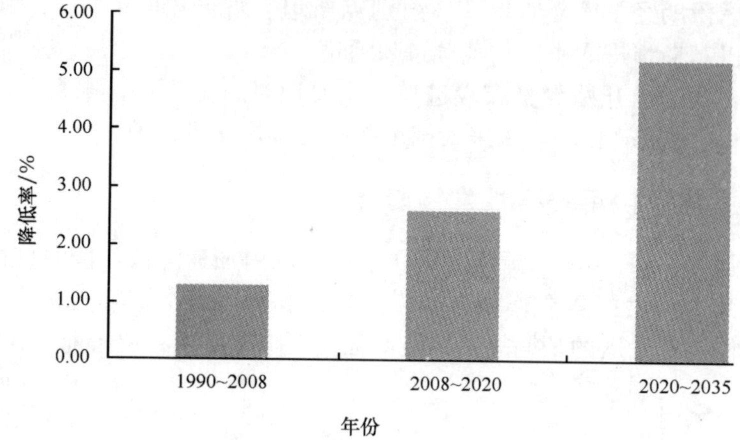

图 35　“450 情景”中全球碳强度降低率要求

资料来源：IEA 世界能源展望 2010

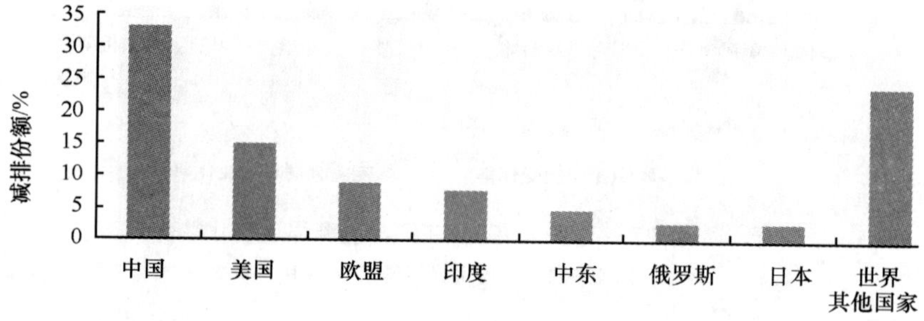

图 36　2010～2035 年碳减排各国（地区）贡献份额

资料来源：IEA 世界能源展望 2010

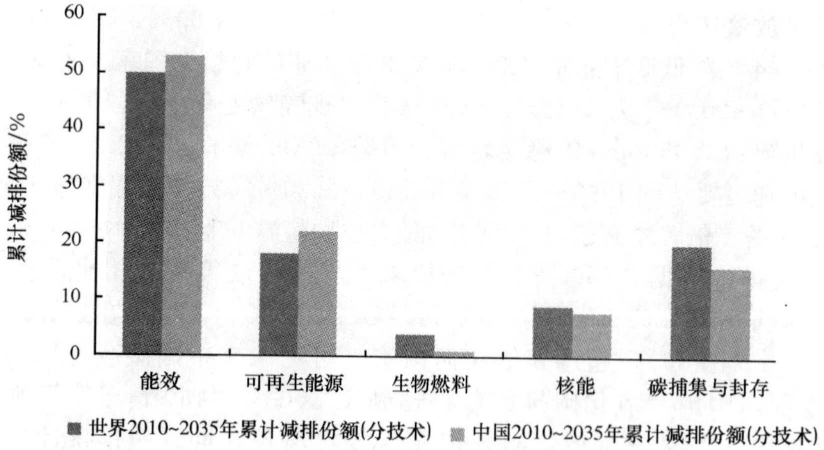

图 37　2010～2035 年中国与世界碳减排技术份额比较

资料来源：IEA 世界能源展望 2010

我国从“十一五”开始便将节能减排纳入国策，未来还将不遗余力进行节能减排，按照新政策情景，到2020年，我国将实现碳强度比2005年降低40%～45%的目标。中国在全球能源体系的作用已经日益扩大，中国的节能减排政策对全球能源发展和气候变化都将具有重要意义。

六、保障我国能源可靠供应与安全使用的政策建议

保障我国能源可靠供应，一方面应当加强化石能源的勘探开采，保证其基本供应；另一方面应重点发展清洁能源和高效能源，优化能源消费结构，特别是发展天然气、核电和水电，减少对煤和石油的依赖。加强我国能源使用安全性，一方面应当从投资引导为主，促进产业结构调整与升级；另一方面要利用好税收与投资政策，促进市场化节能减排。以下针对各方面提出具体政策建议。

（一）保障我国能源可靠供应的政策建议

1. 加强国内化石能源勘探与开发，保证能源基本储备

我国虽然是石油进口大国，但国内陆地和海洋均蕴含丰富的油气资源，煤炭资源的丰富自不必说，因此，我国首先应当立足国内陆地和海洋能源的勘探和开发，确保国内生产。油气资源方面，一方面大庆、胜利、辽河等老油田经过长期开采资源已日益枯竭；另一方面新疆、渤海、东海和南海等区域油气资源开发都处在初期，必须加强在这些地区和海洋区域的油气资源勘探和开发。煤炭资源方面，西部则是重要的勘探开发地区。具体来说，应当制定财政政策鼓励我国能源企业大力勘探和开发能源资源；积极引进国外先进勘探开发技术或与之合作，勘探我国陆地与海洋能源资源；加强海域法律法规的完善工作，避免与他国在海洋能源勘探与开发中产生冲突，也保护我国拥有的能源；制定企业勘探与开发的相关准则，如勘探区域、勘探时间、开发时间、勘探投资比例、勘探与开发能源如实上报等条件，确保新勘探的能源得到合理的统筹安排，保障国内能源的长期供应。

2. 加强与能源生产国的贸易联系，积极参与国际能源安全合作，确保油气进口来源充足

我国石油的对外依存度在未来还将有所上升，并在很长时期内难以下降，同时天然气进口也在逐年增加，因此我国必须加强与能源生产国的贸易合作，并积极参与能源消费国之间的能源安全合作，以确保我国能源进口来源的充足。具体来说，要继续加强与中东的石油贸易，并积极拓展俄罗斯、中亚、非洲以及东南亚的油气进口来源，以形成多元的油气进口；在以往积极参与多边能源合作机制、国际能源论坛、清洁排放贸易以及气候伙伴计划等基础上，继续积极拓展能源与节能的国际合作，承担世界能源安全相关的责任，并形成国际友好的能源合作关系；通过加快石油管网建设和增加运输方式以加强海上石油运输的安全性；加强石油战略储备基地的建设，建立健全能源安全的应急预警机制。

3. 优化能源消费结构，逐步减少对煤炭的依赖

第一，严格限制“两高一资”产品投资、生产、消费和出口，大大提高高能耗产业的准入标准，调整能源消费结构。第二，为低能耗产业和节能服务的发展创造良好的政策环境，加大对节能减排技术的政策支持，并提高节能服务的税收减免与补贴；根据节能服务项目收益风险大的特点和融资难的实际，逐步开展节能产品金融市场，为其提供融资平台；对投资能效提高的设备购置提供贷款担保和各种形式的低息贷款，对投资低能耗产业和节能服务的企业或公司给予各种补贴，促进投资向低能耗产业倾斜。第三，对高能耗行业加强技术投资，引导能源转化利用效率的提高与能源生产产业链的延伸；对环保行业加大投资力度，发展环保产业链促进环保产业经济效益的提高；加大力度促进新农村建设，提高农业各个环节的经济与环保附加值。

4. 大力扶持能源替代技术的研发和应用，促进能源供应多元化

美国把发展新能源作为应对金融危机的重要战略，以造就一个达数十万亿美元的新型产业，大量增加国内就业需求，拉动美国经济再次崛起，使美国再次占领全球经济的制高点。可以预见的是，一旦美国、欧盟等发达国家经济复苏，必将通过技术壁垒推行贸易保护主义，实施碳关税严重打击中国的外贸出口。这些因素将对我国经济和能源工业形成的新的挑战与机遇，都应有更深入的思考。我国应当密切跟踪世界新一轮新能源发展方向，加强新能源技术研发，增加对新能源产业发展投资，促进新能源与可再生能源产业发展。

我国应加大投资和政策扶持力度，开发利用太阳能、风能、地热能、生物质能等新能源和可再生能源；依靠技术进步不断降低利用成本，切实解决新能源发电上网难题；加快研发先进技术和设备，推进第四代核能技术研发和产业化；多途径利用可再生能源，逐步提高其在能源中的比例，使之成为满足未来能源需求的重要补充，成为控制温室气体排放、保障能源安全的重要措施。从中央财政到各地方财政，都应当按照《可再生能源法》的相关要求，设立扶持可再生能源发展的专项基金，并根据各种可再生能源发展的需要和国家地方的财政情况安排财政资金尽量支持可再生能源的发展。在税收政策方面，国家和地方应当给予可再生能源企业相应的税收优惠。

围绕能源、资源、环境等领域，建设和完善若干国家工程中心、国家工程实验室和国家重点实验室。加大新技术、新产品产业化的实施力度，推动电动汽车产业化，做好“金太阳”太阳能发电、有机废水循环利用等技术的规模化推广应用。推进浅层地热能开发利用。加快风能资源的评估与开发。广泛开展节能减排国际合作，切实加强双边、区域和多边在节能、新能源和低碳技术研发等方面的交流，并着重引进国外先进的技术以及管理经验，在此基础上努力改进和再创新，形成自主创新能力，促进我国尽快建成具有自主创新能力的可再生能源产业链。

（二）加强我国能源使用安全的政策建议

1. 严格控制高能耗行业的盲目扩张，利用投资政策促进产业结构向低能耗产业倾斜

具体来说，一是严格执行国家产业政策和项目管理规定，强化用地审查、节能评估、环境影响评价，从严控制“两高”行业低水平重复建设，控制“两高一资”产品投资、生产、消费和出口，提高高能耗产业的准入标准。2009 年，国家电监会、国家发展改革委、国家能源局联合印发《关于完善电力用户与发电企业直接交易试点工作有关问题的通知》，通知强调了自主协商的交易原则，即由大用户与发电企业直接协商形成电量和电价，要求各地政府必须按照市场的、自愿的原则指导这项工作，不能强行规定电量和电价。然而用电大户主要是我国的第二产业，包括冶金、石油、化工等高能耗产业部门，在金融危机环境下，要保证节能减排目标顺利实现，结构调整尤其是第二产业的结构调整必须放在主要的位置。为刺激经济发展，直供电优惠政策在为用电大户提供便利、提高其产能的同时也可能使能耗与污染进一步增加，阻碍节能减排的步伐。因此，针对目前用电大户与发电企业的直销合同，政府必须严格考察用电大户资格，即地区内用电量较大（用电量在本地区排列在前几名），符合国家产业政策、用电负荷相对稳定、单位产值能耗低、污染排放小的企业；严格控制直供电量，在保证用电大户用电需求与经济增长需求的基础上，控制用电大户的能源消耗与污染排放，同时还必须避免地方保护主义的产生，防止危害电网安全事故的出现。

二是为低能耗产业的发展创造良好的政策环境，加大对低能耗产业投资的相关补贴与贷款政策。对有能效投资的企业或公司给予各种补贴，或提供各种形式的低息贷款，用于能效设备购置和贷款担保等，以促进投资向低能耗产业的倾斜。

2. 采取不同的投资引导策略，推动产业结构优化升级

具体来说，在高能耗行业中，对国民经济发展中重要性较大，具有较大的带动作用和较强推动能力的行业，如黑色金属冶炼及压延加工业（钢铁），应采用激励行业企业加强技术改造创新以降低单位总产出能耗的政策，在保持国民经济稳定增长的同时实现低能耗增长；在国民经济中的重要性相对较低的行业如非金属矿物制品业（建筑材料），在促进行业企业进行技术改造创新的同时可以适当压缩对该行业的投资。在低能耗行业中，第三产业、纺织业、服装皮革羽绒及其制品制造业、机械、设备、仪表、工艺品等制造业在国民经济发展中有着较强的带动作用和推动作用，对这些行业应当制定鼓励行业发展的财政政策，加大对其投资引导，实现能用较少的能源就实现更多 GDP 增长的效果。因此，在高能耗与低能耗的不同行业部门中，也要考虑其对经济发展的作用，通过不同的投资引导策略推进产业结构的升级与优化。

3. 用好税收惩罚和优惠的约束和激励作用

对高能耗、高污染、低资源利用率的行业产品实行惩罚性的高税率税收政策，依照简化税制原则，在已有税种和税率基础上对这类企业提高税率，高出的税收用于节能环保事业。加强对新能源行业和节能环保行业的税收优惠，减免一定时期或一定量的营业税，或给予退税等税收补贴；研究支持生物质能发电、地热能、太阳能等可再

生能源开发利用的税收优惠政策。

新疆试点的原油和天然气资源税改革使原油和天然气开采成本上升，导致更多资本进入煤炭开采领域寻求最后的逐利机会，加剧了节能减排目标实现的难度。建议在考虑电力行业成本上涨、经济发展和民众承受力的情况下，从价征收煤炭资源税，理顺资源价格形成机制。一直以来我国的环保收费制度都不够完善，污水、废气排污费征收标准远低于污染治理成本，而实际征缴率则更低，如 2006 年我国工业二氧化硫排放总量为 2003 万吨，排污费应缴 140 亿，实际上征收额低于 70 亿元；而全国城市污水处理费标准为 0.5 元/平方米，处理成本则超过 0.8 元/平方米。因此，要落实污染者和使用者付费的原则，还原真实成本。因此应当研究开征碳税、环境保护税或类似的体现环境保护的绿色税制，一方面从税收政策上直接体现环境税的专款专用，另一方面也能加大对环境保护的投入力度。

4. 扶持节能环保领域的技术研发和引进应用

第一，应从三个层面制定扶持政策。在企业层面，鼓励企业以信息化和生态化为导向的技术创新，促进企业节能增效技术升级；在产业结构层面，大力扶持信息化和生态化产业，进而促进产业结构升级；在产业布局层面，建立现代化生态工业园区，实现园区物流循环利用，并促进产业间能源与信息的相互联系，从而实现整体经济效益。第二，利用政府节能目标，培育节能服务市场，加大对节能服务企业的补贴和金融支持，促进节能服务产业快速发展。

参考文献

[1] 陈忠伟．非传统安全论［M］．北京：时事出版社，2003：165.

[2] Yergin D. Energy security in the 1990s［J］. Foreign Affairs，1988，67（1）：11.

[3] Bielecki J. Energy security：is the wolf at the door?［J］. The Quarterly Review of Economics and Finance，2002，42（2）：235-250.

[4] 张雷．中国能源安全问题探讨［J］．中国软科学，2001，（4）：7-12.

[5] IPCC. Fourth Assessment Report（AR4），Working Group I，UNEP［M］. Now York：Cambridge University Press，2007.

[6] 中国能源发展战略与政策研究报告课题组．中国能源发展战略与政策研究报告（上）——能源结构调整和优化［J］．经济研究参考，2004，83：2-51.

[7] 国家发展改革委员会．国家发展改革委关于印发可再生能源中长期发展规划的通知［OL］. http：//www.sdpc.gov.cn/zcfb/zcfbtz/2007tongzhi/t20070904_157352.htm. 2011-08-12.

[8] 国务院办公厅．国务院办公厅转发发展改革委等部门关于加快推行合同能源管理促进节能服务产业发展意见的通知［OL］. http：//www.gov.cn/zwgk/2010-04/06/content_1573706.htm. 2011-08-12.

我国食品安全与质量管理现状分析与政策建议

苏　秦　杨青青　张文博　欧阳智

内容提要

食品质量安全状况是衡量一个国家经济发展水平和人民生活质量高低的重要标志，食品安全关系到人民群众的生命安危、经济社会的快速发展和社会的和谐稳定。

2011 年上半年我国食品工业总体增长持续稳定，行业规模继续扩大，实现现价工业总产值同比增长 30.2%。加工食品质量、农产品质量以及进出口食品质量稳定提高，产品合格率均有提升。食品安全法律法规更加完善，统一的食品安全标准体系也已形成。食品质量安全监管力度加大，收效良好，社会的舆论监督也在不断加强。

然而，各地相继发生了多起食品安全事件，如“瘦肉精”、“毒馒头”、“雨润问题肉”等，涉及地区、产品种类广泛，诱发因素复杂多样，暴露了我国食品行业的发展和食品质量安全的监管中仍然存在着诸多问题。首先，我国食品产业链集约式发展不足，食品企业的加工技术和管理水平较为落后，社会责任意识也比较薄弱。其次，食品安全监管存在漏洞，食品质量安全标准滞后，政府监管机制不够健全，分段管理易导致权责划分不清。再次，在社会监督中，部分新闻媒体缺乏职业素养，不能按事实说话，消费者也普遍缺乏食品安全知识，维权意识薄弱。这样，如何有效应对经济发展方式的转变、消费者消费方式的转变以及食品产业的国际化，就成为我国食品行业发展、食品质量安全监管面临的巨大挑战。

未来我国食品工业的发展目标将逐渐由产量向质量过渡，食品质量会不断提高，产业规模不断扩大，生产加工技术不断进步，国际化带来的影响将越来越大。食品安全危机仍不能彻底根除，但企业会更加重视食品的质量安全，食品安全标准和监管工作也会逐步完善。食品质量安全总体水平稳中有升，食品问题依旧会获得较高的关注度。

因此，为进一步改善食品质量安全现状，我国食品企业应开展规范化作业，提升食品产业凝聚力，促进产业规模化；提高生产加工技术和管理水平，促进行业健康快速发展；依法生产经营，加强行业自律，自觉履行应尽义务。政府也应建立健全食品安全配套法律法规体系，完善食品安全标准体系；逐步整合机构功能以集中管理，强化行政问责制以保证监管力度；科学系统地进行食品监管，采取全程监控和重点监控相结合的措施；建立完善的食品质量安全风险评估体系和应急处理体系，严格食品召回制度。新闻媒体和消费者则应配合以正确引导舆论导向，逐渐建成社会信用机制；加强行业和政策宣传，强化社会舆论监督。

总之，只有我们从提高食品行业的质量管理水平、监管部门的监管效率、社会的舆论监督三个角度出发来加强食品安全与质量管理，才能赢得转变和发展的挑战，保证食品安全生产大局的稳定和食品质量安全水平的提升。

一、前　言

食品质量安全状况是衡量一个国家经济发展水平和人民生活质量高低的重要标志。食品安全关系着人民群众的生命安危、国民经济的快速发展、社会的和谐稳定以及国家的国际形象。改革开放以来，经过政府、企业、社会和消费者们的共同努力，我国的食品安全状况有了很大的改善，呈现总体稳定并持续向好的趋势。然而，“三聚氰胺奶粉”、“瘦肉精猪”、“毒馒头”、“农残豇豆”等食品安全事件频频发生，表明我国食品安全形势仍然严峻。行业自律、政府管理、社会监督三者缺位是问题的症结所在。面对我国经济发展方式和消费方式的转变，以及经济全球化所带来的挑战，认清我国食品安全与质量管理存在的问题和发展趋势，对提高我国食品安全水平具有重要的意义。

本文评介了 2011 年上半年我国食品质量的整体状况、食品安全的监管状况和社会舆论监督状况，对近期国内媒体报道的食品安全事件进行了统计分析，并对典型事件的原因进行了深入探讨。根据我国食品安全与质量管理的现状，以及国际上发达国家的食品安全与质量管理发展历程，指出现阶段我国食品安全与质量管理存在的问题和面临的挑战，点明未来我国食品安全与质量管理的发展趋势。在此基础上，从提高食品行业的质量管理水平、监管部门的监管效率、社会的舆论监督三个角度，提出我国加强食品安全与质量管理的政策建议。

二、我国食品安全与质量管理的现状

2011 年是我国“十二五”规划的第一年，上半年食品行业取得了快速的发展，行业规模继续扩大，加工食品质量和农产品质量稳定提高。同时，政府的食品安全监管得到了进一步完善，社会的舆论监督也在不断加强。但是，上半年各地相继发生了多起食品安全事件，如“瘦肉精猪”、“毒馒头”、“雨润问题肉”等，暴露了我国食品行业的发展和食品质量安全的监管中依然存在许多问题。

（一）我国食品质量的整体状况

1. 加工食品质量

1）食品工业快速发展

2011 年以来，我国食品工业增长持续稳定。上半年我国规模以上食品企业 31 308

家，实现现价工业总产值 35 260.15 亿元，同比增长 30.2%。按食品工业总产值，东部、中部、西部、东北的比重分别为 43.9∶23.6∶19.5∶13.1。食品工业总产值前 10 名地区分别是山东、河南、四川、辽宁、广东、江苏、湖北、湖南、福建、河北。

据统计，中国消费量最大的十类食品分别为：食用油、油脂及制品，酒类（包括白酒、啤酒、葡萄酒、黄酒、其他酒等），水产制品（包括冷冻水产品、鱼糜制品及干腌水产品、鱼油制品、其他水产品），粮食加工品，饮料（包括碳酸饮料、瓶装饮用水、果菜汁饮料、含乳饮料和植物蛋白饮料、固体饮料、茶饮料及其他饮料），肉制品，乳制品，调味品（包括味精、酱油食醋及类似产品、其他调味品发酵品），淀粉及淀粉制品，食糖等。在消费量最大的十类食品工业中，除了食用油、粮食加工品和肉制品加工业的产值较大以外，各地还发展了一些重点食品工业，如山西的白酒业，内蒙古的乳制品业，辽宁、浙江、福建、山东、海南等东部沿海地区的冷冻水产品加工业，云南的食糖业等等（表 1）。

表 1 我国各省（自治区、直辖市）（消费量十大类食品行业中）**重点食品工业**

省（自治区、直辖市）	工业	省（自治区、直辖市）	工业
北京	啤酒，乳制品，肉制品	河南	粮食加工品，肉制品，食用油
天津	食用油，茶饮料，粮食加工品	湖北	粮食加工品，食用油，白酒
河北	食用油，淀粉制品，粮食加工品	湖南	粮食加工品，食用油，肉制品
山西	白酒，淀粉制品，乳制品	广西	食糖，食用油，粮食加工品
内蒙古	乳制品，肉制品，味精	海南	冷冻水产品，食糖，啤酒
辽宁	冷冻水产品，粮食加工品，肉制品	重庆	肉制品，其他调味品，白酒
吉林	淀粉，粮食加工品，食用油	四川	白酒，肉制品，粮食加工品
黑龙江	食用油，粮食加工品，乳制品	贵州	白酒，其他调味品，食用油
上海	固体饮料，食用油，碳酸饮料	云南	食糖，食用油，啤酒
江苏	食用油，粮食加工品，肉制品	西藏	啤酒，瓶装饮用水，粮食加工品
浙江	冷冻水产品，食用油，茶饮料	陕西	粮食加工品，果菜饮料，乳制品
安徽	粮食加工品，白酒，食用油	甘肃	粮食加工品，啤酒，淀粉制品
福建	冷冻水产品，食用油，粮食加工品	青海	食用油，乳制品，白酒
江西	粮食加工品，食用油，白酒	宁夏	粮食加工品，乳制品，味精
山东	冷冻水产品，食用油，粮食加工品	新疆	食用油，粮食加工品，乳制品

2）食品安全管理水平逐渐提高

截至 2011 年 9 月 11 日，我国食品工业共有 138 553 万家食品生产企业获得质量安全市场准入资格，13 294 家企业获得食品添加剂、食品相关产品生产许可证，6491 家企业获得食品安全管理体系认证，4330 家食品生产企业获得了危害分析与关键控制点（HACCP）认证（较 2007 年的 2675 家有了很大的增长）。

3）食品质量保持稳定

近年，我国食品质量安全水平保持稳定，并呈上升态势，如图 1 所示。2011 年上半年，国家监督抽查酱油、食醋、酱、碳酸饮料、茶饮料、果蔬汁饮料、植物蛋白饮料、瓶桶装饮用水、食糖、方便面等 10 类 1393 家企业生产的 1490 种食品，批次抽样合格率为 95.6%，同比提高 2.7 个百分点。

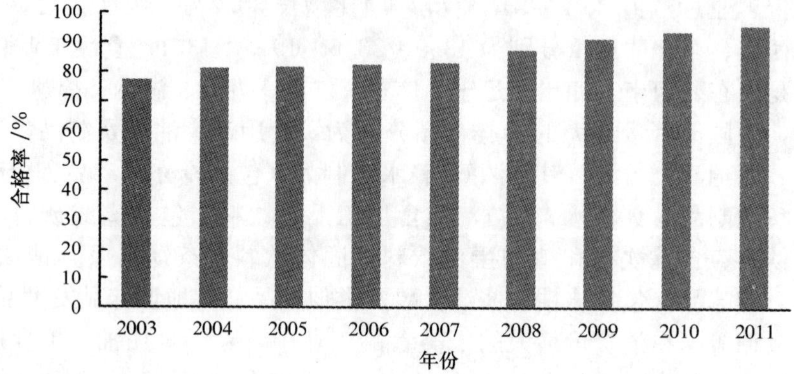

图1　2003～2011年我国食品质量抽查合格率

注：2011年数据为上半年食品抽查合格率

资料来源：华通人商用信息数据库

2. 农产品质量

1）优质农产品蓬勃发展

无公害农产品、绿色食品、有机农产品和地理标志农产品是我国安全优质农产品的主导品牌。据有关统计，我国目前已有8万多个农产品获得了“三品一标”认证，其中5.7万多个无公害农产品，1.7万多个绿色食品，接近7000个农业系统认证的有机农产品，近600个登记保护的地域特色地理标志农产品。2011年1～5月，在无公害农产品方面，有4894家企业的9645个产品通过了无公害农产品认证，年产量达3381.76万吨，其中种植业产品的数量占64.5%，畜牧业产品的数量占16.8%，渔业产品的数量占18.6%；在绿色食品方面，有601家企业的1299个产品获得了绿色食品标志使用权，其中种植业及其相关产品的数量占71.4%，畜产品的数量占6.2%，水产类产品的数量占2.3%；在有机食品方面，有365家食品生产企业的1846个农产品获得了农业系统的有机农产品认证；在地理标志农产品方面，有144个农产品地理标志通过专家评审和公示。

2）农产品质量持续上升

根据今年上半年的监测结果，蔬菜、畜禽产品和水产品合格率分别为97.0%、99.5%和97.1%，蔬菜和水产品同比分别提高0.8和0.5个百分点，畜禽产品持平。畜产品“瘦肉精”监测合格率99.5%，同比提高0.2个百分点。

另一方面，随着农资打假工作力度的不断加大，农资质量也持续好转，近年上半年农药、饲料和兽药的抽检合格率分别达到86.2%、93.9%和91.5%，比上年分别提高3.6、3和4.1个百分点。

3. 进出口食品质量

据海关统计，上半年，我国食品进出口额571亿美元，比上年同期增长28.7%。其中出口249.1亿美元，增长31.9%；进口321.9亿美元，增长26.3%。

多年来，我国出口食品合格率一直保持在99%以上。2010年我国向217个国家和地区出口食品178万批，合格率达99.95%。日本是中国最大的食品进口国，2010年

12月，日本厚生劳动省公布的日本2010年进口食品监视指导计划监视结果（中间报告）显示，中国出口到日本的食品为7.3万批，被检出的不合格食品为32批，合格率达99.96%。中国香港特别行政区的食品主要来自内地。香港特区食物环境卫生署2011年5、6月份的食品抽样检测表明，香港地区食品整体合格率分别为99.9%和99.8%。

我国的进口食品主要来自马来西亚、俄罗斯、美国、印度尼西亚、阿根廷、泰国、澳大利亚、新西兰、巴西、法国等国家和地区。多年来，我国进口食品的质量总体平稳，进口食品口岸检验检疫合格率保持在99%以上。

（二）我国食品安全的监督管理状况

1. 食品安全法律政策

我国政府一向高度重视食品质量安全问题，已经出台了一系列有关食品质量安全的法律法规，为保障食品安全、提升食品质量、规范进出口食品贸易秩序提供了最基本保证和准则，也为净化食品市场环境、打击食品违法犯罪行为、维护消费者权益提供了最有力武器。

相关法律主要有《中华人民共和国食品安全法》、《中华人民共和国产品质量法》、《中华人民共和国农产品质量安全法》、《中华人民共和国动物防疫法》、《中华人民共和国消费者权益保护法》、《中华人民共和国国境卫生检疫法》、《中华人民共和国标准化法》、《中华人民共和国进出境动植物检疫法》、《中华人民共和国刑法》和《中华人民共和国进出口商品检验法》等。2011年2月25日通过的《中华人民共和国刑法修正案（八）》中又对危害食品安全方面犯罪的规定进行了修改和细化，进一步加大了对食品安全犯罪分子的惩处力度。

相关行政法规主要有《中华人民共和国食品安全法实施条例》、《国务院关于加强食品等产品安全监督管理的特别规定》、《中华人民共和国认证认可条例》、《中华人民共和国工业产品生产许可证管理条例》、《饲料和饲料添加剂管理条例》、《生猪屠宰管理条例》、《乳品质量安全监督管理条例》、《中华人民共和国进出境动植物检疫法实施条例》、《中华人民共和国标准化法实施条例》、《农业转基因生物安全管理条例》和《中华人民共和国进出口商品检验法实施条例》等。

相关部门规章主要有《食品添加剂卫生管理办法》、《食品添加剂生产监督管理规定》、《食品生产加工企业质量安全监督管理实施细则（试行）》、《餐饮服务许可管理办法》、《食品生产许可管理办法》、《中华人民共和国工业产品生产许可证管理条例实施办法》、《食品标识管理规定》、《食品召回管理规定》、《散装食品卫生管理规范》、《流通领域食品安全管理办法》、《食品安全风险监测管理规定（试行）》、《无公害农产品管理办法》、《农产品包装和标识管理办法》和《农产品产地安全管理办法》等。

2. 食品安全标准体系

经过几十年的发展，我国食品安全标准体系建设取得了较大进展。对于食品、食品添加剂以及食品相关产品，我国目前已经有1829项国家标准，1201项地方标准，基本覆盖了全部的食品范围，涉及了自原材料到产成品中避免危害健康的各类卫生、安全指标，也指明了对食品生产过程中采购原料、生产作业、卫生控制、产品检验等各环节的卫生要求。

食品安全标准是法律规定的强制性标准，目的是确保公众身体健康。《食品安全法》规定，食品安全国家标准由国务院卫生行政部门负责制定、公布。自从《食品安全法》实施以来，我国已陆续发布了新的国家标准172项，其中有102项是食品添加剂标准，68项是乳品安全标准，另外是2项农药残留限量标准。根据相关的技术更新，国家还考察并废止了食品中有关铜、铁、锌等的限量标准。

相比发达国家，我国食品安全标准限值和国外现行的数值不尽相同，这些都一定程度上受制于我国较低的经济发展水平和研发能力，另外，检测技术的落后也影响了我国食品安全标准采用国际标准和国外先进标准[1]。不过这些限值的差异基本上都是符合我国实际情况的，是存在科学依据的。我国食品安全标准体系建设和发达国家存在的差距目前主要存在于食品标准间比较常见的如缺失、重叠、陈旧等问题。

针对这些问题，我国相关部门也着重对食品安全标准进行了清理和完善，已部署开展了202项标准的整合工作，将食品中污染物、食品添加剂、治病微生物限量等基础标准的修订列为紧要任务，并配套新颁布《食品安全国家标准管理办法》、《食品安全企业标准备案办法》和《食品安全地方标准管理办法》等法规来支撑标准建设工作的顺利进行。在食品安全基本法——《食品安全法》的要求和保障下，我国正逐步清理并完善食品安全标准，使其与国际食品法典标准接轨，以建立统一的、完备的食品安全标准体系。

3. 食品安全监督管理

我国的食品安全监督管理体制是由卫生部门、农业部门、工商部门、质量监督检验检疫局、食品药品监督管理局五个部门进行分段监管为主、品种监管为辅的监管体制，与美国的食品安全监管体制较为类似。依据《食品安全法》的相关规定，卫生部门主要负责食品安全综合协调的职责，农业部门、工商部门、质监部门和食品监管部门则依次按照食品供应链条分段对农产品生产、食品生产加工、食品流通和餐饮服务活动等进行监管。2010年2月6日，我国成立了国务院食品安全委员会，作为国务院食品安全工作的高层次议事协调机构。它的主要职责有三个：第一是分析食品安全形势，研究部署、统筹指导食品安全工作；第二是提出食品安全监管的重大政策措施；第三是督促落实食品安全监管责任。

我国各级政府的相关部门在对食品质量安全的监管中积极主动，收到了良好的社会效果。2011年3月济源双汇“瘦肉精”案件曝光后，农业部第一时间采取行动，督促和组织有关地方进行彻查，迅速部署“瘦肉精”专项整治，切实保障畜产品质量安全，维护了畜牧业正常生产秩序。4月下旬，为落实国务院电视电话会议精神，推动各地严厉打击非法添加和滥用食品添加剂行为，农业部等9部门又开展了“瘦肉精”等非法添加物专项整治联合督导。6月30日“雨润问题肉”事件曝光后，渭南市政府要求成立联合调查组，对涉案公司停产60天进行整顿，召回所有雨润“问题肉品”检验，并在全市范围内开展拉网式食品安全大检查，对涉嫌违法的相关责任人采取措施，依法查处，严肃追究。当晚8时许，渭南市食品安全委员会召开新闻发布会，向媒体通报了下午召开的问题肉品处置专题会议的5条要求。调查组立即进场调查，7月2日公布了“问题肉”中确有病变淋巴和脓包的调查结果，并按要求对事件进行了妥善处理。

对于诸如往猪肉里添加“牛肉膏”等屡次出现的食品非法添加问题，政府部门也立即出台了相关政策措施。国务院办公厅下发了《国务院办公厅关于严厉打击食品非法添加行为切实加强食品添加剂监管的通知》；卫生部、工商总局、质检总局和食品药品监管局则联合下发了《关于切实加强食品调味料和食品添加剂监督管理的紧急通知》。各地政府也纷纷行动起来，打击食品非法添加和滥用食品添加剂专项工作已取得阶段性成效。截至7月31日，各级农业、工商、质检食品药品监管等部门累计出动执法人员354万余人次，共检查食品和食品添加剂生产经营单位、餐饮服务单位等592万余户（次），取缔、关闭严重违法生产经营单位4900多家。公安机关捣毁一批非法食品生产、仓储、加工“黑窝点”，破获食品非法添加等刑事案件1200余起，抓获犯罪嫌疑人2000余名。卫生部制定了《复配食品添加剂通则》，修订了食品添加剂使用标准，公布了64种可能添加的非食用物质黑名单。

（三）我国食品安全的社会舆论监督状况

1. 新闻媒体对食品安全的报道

社会中介的主要作用是加强信息传递、信用评估、监控功能以及对各责任主体实行社会舆论监督。新闻媒体作为重要的社会中介，有着最为广泛的受众，是新闻事件的报道者。近年来，随着我国食品安全工作的开展，食品安全问题逐渐成为新闻媒体的又一聚焦点。新闻媒体对通过对食品安全法律法规以及相关政策的报道，帮助相关政府职能部门开展食品安全工作。同时，新闻媒体在社会信用监控评估方面也发挥着重要作用，通过披露劣质产品和宣传优质名牌产品和企业等方式对生产者这个第一责任人实行监督和评价。此外，新闻媒体对食品安全知识、消费理念的宣传和推广，为消费者提供了大量的风险防范常识，对消除消费盲区、培养理性科学的消费习惯起到一定的作用[2]。

对于近期发生的食品安全事件，国内新闻媒体都给予了及时报道和持续关注。据不完全统计，2011年上半年我国各大新闻媒体已报道、曝光各类食品质量安全事件500余起，在全国范围内都引起了巨大的反响。对这些事件的客观报道揭露了违法犯罪分子的行为和罪行，有效地弥补了执法行政机关人力不足、工作不到位的缺陷，也使得人民群众提高了对当前食品质量安全状况的认识，利于整个食品行业的透明化、规范化。如在今年3·15消费者权益日央视的特别行动节目中，新闻曝光了河南济源双汇公司用含瘦肉精猪肉的事实。事件曝光后引起了全国人民的高度关注，国家相关部门立即开展调查整顿和处理，并依法追究涉案人员和企业的相关法律责任。全国各地新闻媒体均对此重大食品安全事件进行了跟踪报道，向消费者第一时间传递了事件的进展，普及了正确的食品安全知识，并且对企业运营和政府工作起到了监督作用，产生了良好的社会效果。

2. 公众对食品安全的反响

2010年12月，《小康》杂志社中国全面小康研究中心联合清华大学媒介调查实验室，在全国范围内开展了“中国消费者食品安全信心”调查。结果表明，根据人们自身对目前我国食品安全形势的判断，有近七成人对中国的食品安全状况感到“没有安全感”。其中，超过半数（52.3%）的受访者心理状态是“比较不安”，另有 15.6%的人表示“特别没有安全感”。其中，消费者最不放心的位列前十的食品为：膨化及油炸食品；熟肉制品；酱腌菜；乳制品；鲜肉；罐头；速冻食品；食用植物油；方便面；蔬菜。消费者最担心的五大食品安全问题为病死牲畜肉；果蔬农药残留超标；食品中违规使用添加剂（如防腐剂等）；添加有毒有害物质（如三聚氰胺等）；非食用油（如地沟油、泔水油等）流入餐桌。此外，调查显示食品不安全的三大主因是：生产加工企业和个人在追逐利益的过程中丧失了道德底线（78.2%）、对违法分子的惩罚力度不够（51.5%），以及政府监管不到位（48.6%）。

2011 年上半年我国食品安全事件数量居高不下，媒体曝光频率也较往年有所上升，公众对食品安全的关注不断提高。然而，尽管《食品安全法》对公众参与食品安全监管做出了明确规定，很少有消费者能够参与到食品安全的监管中。公众对食品安全的高关注度和低参与度的存在巨大反差的原因：一是公众个体的文化背景、受教育程度、自身素质、政治关注度等决定了其参与意识和参与程度；二是政府的公信力较低和政府对公众参与的态度不积极影响了公众的参与程度；三是公众参与的渠道不畅，信息传递效率低下，打击了公众参与热情[3]。在食品安全日趋受到社会关注的背景下，如何充分发挥公众参与的作用，实现对食品安全长期有效的监管，是一个值得思考的问题。

（四）我国近期发生的主要食品安全事件

1. 近期报道的食品安全事件统计分析

1）各省市食品安全事件的发生频次

据统计，2011 年 1～5 月份，我国主流媒体报道的食品安全事件近 500 起。在这些食品安全事件中，超过 1/10 的事件发生在多个地方，影响范围广（图 2）。说明随着我国食品工业的快速发展，跨区域的食品企业大幅增长，在一定程度上易引发波及范围广的连锁食品安全事件，监管的难度加大。

山东、广东、重庆、北京等省市发生的食品安全事件数量居前四名，特别是山东省，由于其食品工业产值占全国食品工业总产值的份额较高，事件曝光频次也较高，约占到全国的 1/6，说明其食品工业的发展还需要进一步规范，应引起相关部门的高度重视。广东、重庆和北京都是人口密集地区，食品消费量较大，公众和媒体对食品问题关注也较高，所出现的食品安全事件也较多。

本数据源于国内各大新闻媒体报道，具有一定的代表性，但并不意味着事件频次低的省市就具有良好的食品安全状况。如四川、河南等省区，也是食品生产和消费大省，可能由于媒体聚焦不足而未对食品安全事件进行及时充分的报道。

2）食品安全事件涉及的食品种类

2011 年 1～5 月份，与肉制品相关的食品安全事件占了全部的 18.59%，这与目前食品市场上肉类产品交易量大、产品开放性高、易发生消费纠纷的特点相一致，也与消费者对肉制品安全的担忧密切相关。特别近年肉类食品价格的不断上升，更多的不

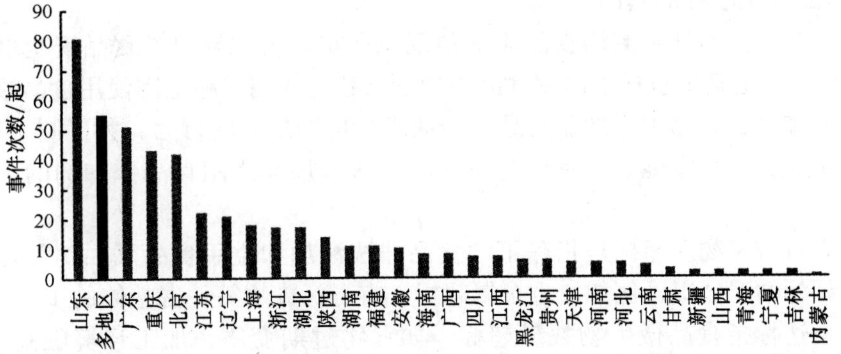

图 2　2011 年 1～5 月我国各省、自治区、直辖市食品安全事件发生频次

资料来源：掷出窗外网 http：//www.zccw.info，作者整理计算；数据不包括西藏、香港、澳门、台湾

法商贩的“鸭肉充羊肉”、“猪肉变牛肉”等一系列危害食品安全的行为，扰乱了肉类市场秩序。另外，我国大型肉类食品加工企业如双汇、雨润等爆发出的“瘦肉精”、“问题肉”事件引起了巨大的社会反响，更提高了公众对肉类食品的警惕性。

在 28 大类食品中，除肉制品的安全事故比例最大以外，粮食加工品、水产制品、调味品、糕点、饮料、乳制品、酒类、豆制品和食用油等食品出现的食品安全事件比例也较高，都在 4%之上。值得注意的是，食品相关材料如饮水桶、包装纸等引起的食品安全事件也占到了 4%以上，说明食品安全问题不仅局限在食品本身，还涉及和食品相关一系列问题，是一个复杂的跨领域问题。

结合上半年频发的食品非法添加和滥用食品添加剂的问题，图 3 中显示的占总体接近 75%的 10 类食品均有着易于添加附加物质而又检测困难的特点，特别是当这些食品在被用于餐饮服务行业中时，添加行为也更为隐蔽，更难被察觉。

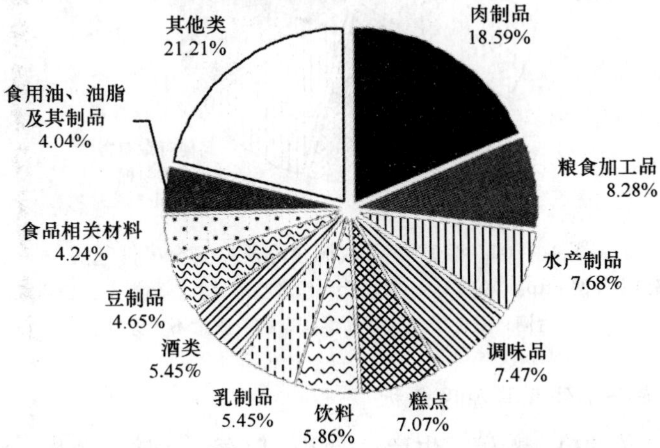

图 3　2011 年 1～5 月我国食品安全事件涉及食品种类

资料来源：掷出窗外网 http：//www.zccw.info，作者整理计算；数据不包括西藏、香港、澳门、台湾；其他类包含其他食品大类和餐饮、保健品等

3）食品安全事件的起因

我国食品非法添加和滥用食品添加剂现象严重，由此导致的食品安全事件占到整体的34.17%。这其中包括了滥用食品添加剂（超量使用或超范围使用食品添加剂）和食品非法添加（在食品中添加非食品添加剂或其他物质）的行为。为了制止这种行为，今年我国重点出台和实施了一系列有关食品非法添加和滥用食品添加剂的法律法规和专项行动。

其他有毒有害物质超标是指除了“食品非法添加和滥用食品添加剂”之外的食品有毒物质超标情况情况，例如，重金属超标、有毒污染物等，占整体的11.46%，该分类。卫生不达标指食品微生物数量超标，如食物过期变质、加工环境脏乱不卫生等，占20%的比重。这两项都是危害食品质量安全的重要因素。我国粗放的食品生产方式，大量的黑作坊、路边摊等不规范生产经营，落后的检测手段和程序都为这些食品安全事件的发生留下了隐患。近期的“地沟油”（含大量反式脂肪酸、重金属）事件，反映出这类劣质原料易提取、难检测、高危害、高利润的特点，也正说明了加强整治违规生产、检测有毒有害物质的必要性。

假冒伪劣产品仍旧是食品市场的一个顽疾，占了20.97%的比重。食品相关材料也是食品加工和食品流通过程中对食品安全产生重要影响的因素之一，有4.67%的食品质量安全事件是与之相关（图4）。

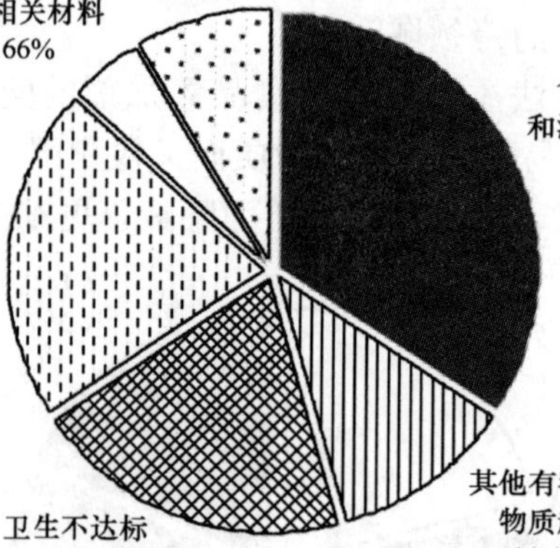

图4　2011年1～5月我国食品质量安全事件起因

资料来源：掷出窗外网 http：//www.zccw.info，作者整理计算；数据不包括西藏、香港、澳门、台湾；其他类包含食品混有杂物、质量不达标等

2. 主要食品安全事件及其原因分析

食品产业链涉及种植、养殖、生产、加工、储存、运输、销售、消费等诸多环节，每个环节都隐藏着大量的食品安全隐患，如种植养殖环节的农药兽药残留、生产加工环节的非法添加剂等。2011年上半年，我国发生的食品安全事件涉及食品产业链的各个环节，引起了社会各界的高度关注。

1）种植养殖环节的食品安全事件

在种植养殖环节，2011 年上半年我国食品安全事件偶发。其主要包括 3 月 15 日曝光的“瘦肉精”事件，3 月 29 日曝光的河南南阳“毒韭菜”事件，以及 5 月 16 日央视《消费主张》曝光的“西瓜膨大剂”事件、7 月 7 日曝光的重庆用含三聚氰胺奶粉喂猪事件，8 月 23 日曝光的安徽施 11 种农药的豆角等。这其中，引起社会广泛关注的是“瘦肉精”事件。在 2011 年 3·15 消费者权益日央视的特别行动节目中，新闻曝光了河南济源双汇公司使用含瘦肉精猪肉的事实。事件的发生直接导致了双汇公司股票跌停，市值蒸发 103 亿元。与此同时，国家相关部门立即开展调查整顿，包括查封“瘦肉精”问题养猪场，停职河南县市畜牧局长，处理“瘦肉精”事件违纪人员，各地方严查“瘦肉精”等。直到目前，根据天津网的报道，在市畜牧兽医局召开“瘦肉精”专项整治工作中期推动会上，“瘦肉精”抽检情况已得以好转，在 8 万余批次的抽检样品中，合格率达到 99％。

国际上，种植养殖环节中的食品安全事件也非少数，这其中最为典型的便是德国“毒黄瓜”事件。“毒黄瓜”是指受到肠出血性大肠杆菌（EHEC）“污染”的黄瓜。食用这种带有大肠杆菌的黄瓜可引发致命性的溶血性尿毒症，会影响到血液、肾以及中枢神经系统。毒黄瓜引起的疫病从 2011 年 5 月中旬开始在德国蔓延，并且疫情继续扩散，截止到 7 月 5 日，已导致德国 4086 例感染，共 48 人死亡。根据德国主管传染病防控的罗伯特·科赫研究所、联邦风险评估研究所、联邦消费者保护及食品安全局的联合发布公报，毒黄瓜的疫情源头很可能是从埃及进口的葫芦巴种子被大肠杆菌污染，消费者食用德国企业用这些种子培育的芽苗菜后导致感染。

2）加工流通环节的食品安全事件

加工流通环节是食品安全事件的高发领域，就 2011 年上半年，在加工流通领域发生的食品安全事件就占了相当大的比重。依照事件的源头，加工流通环节的食品安全事件可划分成三种类型：非法使用食品添加剂；采用劣质或欺骗消费者的食品原材料；食品加工过程不合国家相关规定要求。

（1）非法使用食品添加剂。目前，非法、滥用食品添加剂是我国乃至全世界食品安全危害的主要来源。截至 2011 年上半年，我国涉及非法使用添加剂的食品安全事件，网络报道事件 200 余件，其中包括上海部分鸡公煲店添加罂粟火锅底料，山东出现的掺入糖精钠的汤圆，上海多家超市销售的含有多种添加剂的染色过期馒头，北京街头出现的添加剂勾兑而成的“鲜榨果汁”，广东出现的使用二氧化硫“增色”的瓜子，上海出现的添加荧光剂的爆米花，重庆出现的掺入致癌物罗丹明 B 的豆瓣酱，辽宁部分商贩使用兽药激素催出的“化学豆芽”，甘肃黑作坊添加洗洁精洗发水制作的豆腐等。其中引起舆论广泛关注的是 4 月初《消费主张》揭露的上海市浦东区多家超市销售的“染色馒头”事件。染色馒头通过回收过期馒头再加上山梨酸甲、甜蜜素、柠檬黄等非法添加剂而做出来的，食用过多会对人体造成伤害。每天大约有 3.2 万个这样的“染色馒头”，送到上海 30 多家超市进行销售。4 月 13 日，上海市质量技术监督局吊销了生产“染色馒头”的上海盛禄食品有限公司分公司的食品生产许可证，公司法人代表等 5 名犯罪嫌疑人也被公安部门依法刑事拘留。

在国际上，台湾曝光的塑化剂事件波及世界多国。塑化剂是一种高分子材料助剂，在塑料加工中添加这种物质，可以使其柔韧性增强，但在食品和药品包装中加入，会部分融入食品之中，长期食用这样的食品，会造成免疫力及生殖力下降。事件发生之后，许多国家，包括韩国、菲律宾，都宣布禁止销售台湾的食品及饮料，在美国、加拿大、中国大陆等，已加强对台湾食品的进口抽查，并有多款台湾饮料下架。

(2) 采用劣质食品原材料。为了降低成本，一些食品企业采用劣质原料或者问题原料，包括抚州曝光的使用工业原料制造的假凉粉，北京查获的用不明来源的死鸡肉和拆解的鸭骨架生产的烤鸭，广州曝光的使用死猪肉制作的腊肉，北京曝光的用海藻粉和胶类物质制作的“人造海参”等等。其中影响范围最大的是“牛肉膏”事件。在安徽、黑龙江、吉林、山东、陕西、广州、江苏、北京等地都有所曝光的“牛肉膏”，是一种采用新鲜牛肉经过剔除脂肪、消化、过滤、浓缩而得到的一种棕黄色至棕褐色的膏状物。许多商贩利用“牛肉膏”将猪肉或鸭肉制造牛肉，做到“挂羊头，卖狗肉”，以谋私利。专家指出，过量或长期使用“牛肉膏”对人体有危害，甚至可能致癌。相关部门已对此全面检查，查处餐饮单位使用标称牛肉膏产品加工其他肉类冒充牛肉的违法行为。

国际上，也有这类采用问题食品原材料的现象。其中，最为显著的就是美国肉类加工巨头嘉吉公司（Cargill）在 2011 年 2 月 20 日至 8 月 2 日期间所生产的火鸡绞肉产品采用了受到海德堡沙门氏菌的污染的原材料。海德堡沙门氏菌，是沙门氏菌的一种变体，具有很强的耐药性。截至 8 月 18 日，根据美国疾控中心的报道，沙门氏菌感染疫情已导致 31 个州的 79 人染病，1 人死亡。此外还有 22 人因出现严重的病症而接受了入院治疗。嘉吉公司目前正计划召回受到海德堡沙门菌感染的新鲜及冷冻火鸡绞肉，涉及召回规模接近 3600 万磅（约合 1633 万公斤）。

(3) 不符合要求的食品加工过程。不符合要求的食品加工过程，主要针对各地私人黑作坊，例如江苏一些黑加工点炼制地沟油，山东的黑作坊用石灰粉泡出瓜子，温州的黑作坊制作并销售染色馒头，重庆的黑作坊制造毛血旺，广东的黑作坊使用农药浸泡腐烂猪肉来制造腊肉，陕西西安的黑作坊在厕所旁生产的米皮，甘肃的黑作坊添加洗洁精洗发水生产豆腐等。这些黑作坊一旦被发现并举报，便会被当地的相关部门查封取缔，并集中处理其生产的食品。然而，出乎意料的是中国企业 500 强的雨润集团，今年也被爆出食品安全问题。5 月 25 日，人民网曝光雨润公司使用过期火腿进行二次加工制成雨润火腿。事发后，雨润公司还试图用 1 万元“私了”。但新闻曝光之后，雨润公司立即全面召回同批次产品，对相关责任人员停职处理。

国际上，不达标的食品加工过程在食品行业也时常发生。2011 年 2 月捷克农业部食品检疫局在对捷克境内波西米亚地区的食品生产公司进行检疫时，发现有两处的卫生条件不能达到捷克法律的规定。这两处食品经营场所卫生条件非常糟糕，到处都有老鼠粪便和大量的霉菌。此外，在 2011 年 6 月 29 日，根据美国食品与药品管理局公布的调查数据显示，一些航空公司制作飞机食品的场地以及设备都没有达到应有的卫生标准。被检查对象包括了全世界最大三家飞机食品供应商“LSG 空中厨师”，“机舱美食家”和“空中食品联盟”。这其中的一些食品生产场地，其飞机食品的原材料在储存中没有达到应有的温度标准，使用了不卫生的工具，一些员工卫生也不达标，甚至出现蟑螂、苍蝇和老鼠等病菌载体，乘客一旦食用可能会带来身体不适甚至疾病。

值得注意的是，在加工流通领域中的发生的食品安全事件，其事件源头往往同时涉及加工过程不规范、采用劣质原料、非法使用添加剂等。特别是某些黑加工点，在卫生不达标的环境下，对有问题的原材料加工，并添加多种添加剂，如2011年4月22日《南方都市报》曝光的腐烂猪肉拌剧毒农药腌制腊肉事件。

3）餐饮消费环节的食品安全事件

餐饮消费环节的食品安全事件，主要是指提供餐饮服务的单位由于采用劣质原料、卫生不达标等原因所导致的食品安全事件。2011年上半年，在餐饮消费环节发生的食品安全事件，影响较大的包括5月19日济南时报曝光的饺子添加剂事件，6月16日沈阳曝光的豆浆粉精事件，6月17日深圳曝光的酒楼糕点铅超标事件，6月28日泉州曝光的牛肉羹含工业原料硼砂事件，7月25日所曝光的味千拉面“骨汤门”事件，7月28日和8月3日所曝光的肯德基和永和豆浆的“豆浆门”事件等非急性食品安全事件，以及2月18日广东阳江市一中学师生集体食物中毒事件，2月23日陕西西安市的幼儿园儿童中毒事件，6月13日云南文山市爆发的糯米饭中毒，6月23日黑龙江爆发的陈化粮中毒等几起急性食品安全事件。对于非急性事件，引起广泛关注的是相继曝光的肯德基和永和豆浆的“豆浆门”事件。7月28日，一张关于肯德基门店外堆放着几箱豆浆粉原料的图片在微博上迅速“蹿红”。肯德基相关负责人在接受记者采访时表示，除北京地区以外，肯德基的醇豆浆均是由豆浆粉调制而成。接下来，8月3日，《新闻晨报》文章曝料称，永和豆浆也非现磨，而是由豆浆粉调制的。这种用豆浆粉调兑的豆浆，不仅伤害了消费者的知情权，同时根据杭州市疾控中心营养与食品所某负责人的分析，该豆浆可能不如现磨豆浆有营养，而且如果存在超量“豆浆消泡剂”，还会威胁人体健康。对于急性事件，最严重的是广东阳江市的373名师生集体食物中毒事件，可能的原因是食用了学校食堂所提供的有问题食物，导致了373名师生患病，出现胃肠炎聚集性病例疫情。

国际上，餐饮消费领域也时常发生一些急性食品安全事件。2011年5月11日，日本“福沃斯”食品公司旗下的“惠比寿烤肉酒家”多家连锁店向顾客提供未经清洁加工的生肉产品，先后导致4人死亡，另有多人出现食物中毒症状。7月13日，根据日本共同社报道，在食用了该市太白区的餐饮店“真心鸡厨”生鸡肉和生鸡肝之后，12名就餐者中有7人食物中毒，其中一名50多岁女性因腹泻等症状而住院。同日，乌克兰卫生部新闻报道，85名俄罗斯师生在乌南部塞瓦斯托波尔市一所疗养院度假时由于疗养院供应的食品质量不合格，出现食物中毒症状，被送往医院接受救治。

4）典型食品安全事件的原因分析

（1）“瘦肉精”事件的事故链分析。2002年，我国卫生部、农业部、国家食品药品监督管理局明文规定禁止动物食用的饲料和水中添加莱克多巴胺和盐酸克仑特罗等7种“瘦肉精”。此后，在2008年，最高人民检察院则规定针对刑事案件的立案追诉标准，将使用“瘦肉精”养殖生猪和宰杀、销售此类猪肉的企业和个人，以生产、销售有毒有害食品罪，追究其刑事责任。但是今年上半年，各地相继爆发了多起“瘦肉精”事件，通过对“瘦肉精”事件的原因进行深入分析（图 5），发现“瘦肉精”事件主要是在瘦肉精一般特性的基础上，由四个因素共同引发。

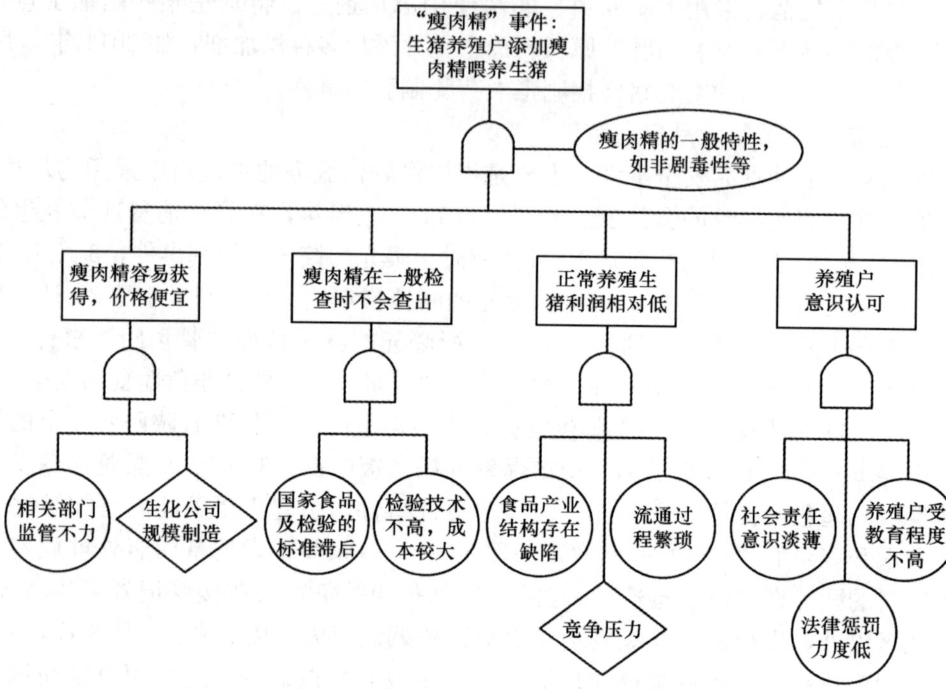

图 5　“瘦肉精”事件的事故链分析图

第一，瘦肉精相对容易获得，价格便宜。瘦肉精是一类促进瘦肉生长的药物添加剂，它们其中有一部分在美国、加拿大、新西兰等国都是合法，因此我国监管部门在之前并没有特别严苛禁止瘦肉精。另外，由于其中主要的一种盐酸克伦特罗本是一种平喘药，一些生物医药公司变打擦边球进行大量生产且在黑市上出售，这便为事件发生提供了基本原料。第二，瘦肉精在一般检查时不会查出。这主要是因为我国之前并没有特别要求对其进行检查，而这种检测也是非常昂贵的，一个瘦肉精的检测试纸 38 元，且试纸只能说明可能存在问题，最终确认需要实验室检测，而实验室的检测，每份尿样又需要 800 元，这是一个巨额费用。第三，正常养殖生猪利润相对低。根据计算发现，用瘦肉精将一头普通型猪催成一头瘦肉型猪，成本仅在 8 元，而净获利则在 30 元以上；这些大多养殖户都是个体户，面对着这样的利润和养猪行业的竞争压力，很难经得住诱惑。第四，养殖户在主观上认可瘦肉精。虽然瘦肉精在中国是禁药，但部分养殖户缺乏食品安全知识和法律意识，社会责任意识淡薄，为一己私利采用瘦肉精，另外也是因为我国对此的处罚力度过低，例如曾经一个养猪场的场长因为瘦肉精被罚，也不过是 4 个月拘役和 7000 元罚款。

（2）“染色馒头”的事故链分析。“染色馒头”事件的原因涉及两个方面：非法使用食品添加剂；采用不符合国家规定要求的食品加工过程，利用回收过期馒头进行生产（图 6）。

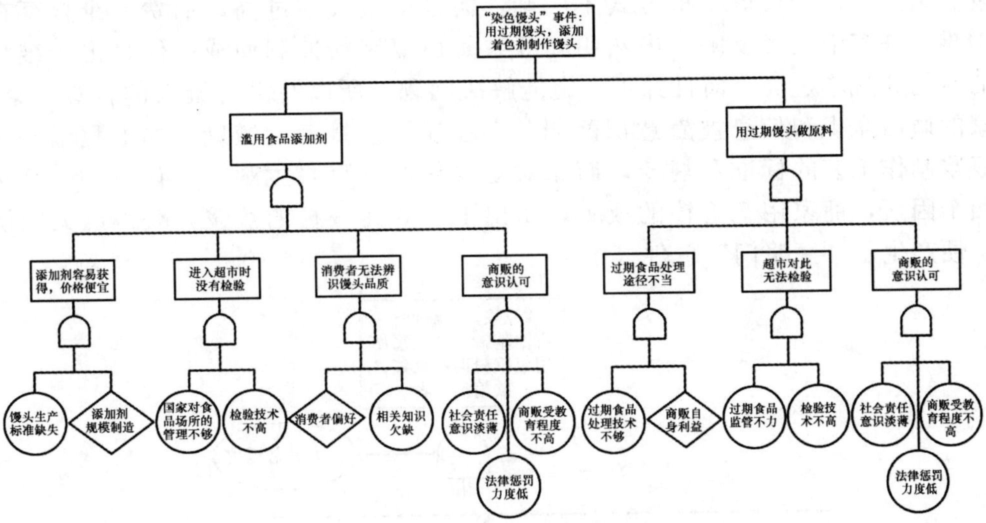

图 6 "染色馒头"事件的事故链分析图

对于非法使用添加剂行为，主要有以下几个致因因素。第一，食品添加剂比较容易获得，价格便宜。这里使用的添加剂包括防腐剂、甜蜜素都是食品工业允许使用的添加剂，只是不能用于发酵面制品中。这些添加剂非常容易获得，而且价格相对较低。第二，馒头进入超市时并没有按规定进行检验。根据记者的暗访发现，虽然规定要求对进入超市的食品进行检验，但是超市根本就没有执行。同时，所要求检验的项目仅仅包括大肠杆菌和细菌总数，对添加剂不要求进行检验，而且也不容易检验。第三，消费者无法辨识馒头的品质。随着收入的提高，消费者对食品要求提高，渴望食品的外表美观，味道较好，同时由于消费者没有相关知识，无法辨识馒头品质，这便是商贩使用添加剂以蒙蔽消费者的另一诱因。第四，商贩的社会责任意识淡薄，在主观上认可添加剂。正是这四个直接原因，促使了商贩在制作馒头过程中非法使用添加剂。

另一方面，商贩利用回收过期馒头进行食品加工，主要是由以下三个原因导致。第一，超市的过期馒头处理途径不当。由于我国目前对过期食品的处理技术不足，处理能力远远不够，增加了过期食品处理的难度和成本。出于自身利益，商贩与超市合作，将过期馒头进行回收，使得过期馒头作为"原料"重新回到食品流通过程。第二，超市对此没有进行检验，也没有预防措施；同时，相关部门对过期食品的监管不力，某种程度上助长了这种行为。第三，商贩对于这种行为在主观上是认可的，并且过期食品违法成本很低，往往只有几万块的罚款，不具有威慑力。基于这三个直接原因，商贩便可以通过采用过期馒头加上着色剂、甜蜜素等食品添加剂等方式，降低成本，谋取私利，从而引发了"染色馒头"事件。

（3）"豆浆门"事件的事故链分析。通过分析，"豆浆门"事件的发生主要由四个因素导致。第一，豆浆粉容易获得，可以在很多地方购买，而且价格也比较便宜。第二，消费者偏好于现磨豆浆，但是并不能区分现磨豆浆和豆浆粉调制的豆浆。很多商家便以现磨豆浆更加营养作为买点，用豆浆粉调制的豆浆冒充现磨豆浆。第三，由于投诉举报方式不明确，而且举报成本过高，消费者维权存在一定困难。许多消费者反映，虽然明知豆浆是由豆浆粉冲制而成，但是由于维权花费的时间和成本过高，而且并不一定能解决问题，所以并没有维权的打算。第四，商家的诚信意识和信息披露意识薄弱，存在误导消费者的嫌疑，加上我国并无现磨豆浆制作工艺的标准和规定，商家对豆浆粉调制豆浆主观上是认可的。基于以上四个因素，商家用 7 毛钱的成本，卖出了 7.5 元一杯的豆浆，获得巨大经济利益，便产生了“豆浆门”事件（图 7）。

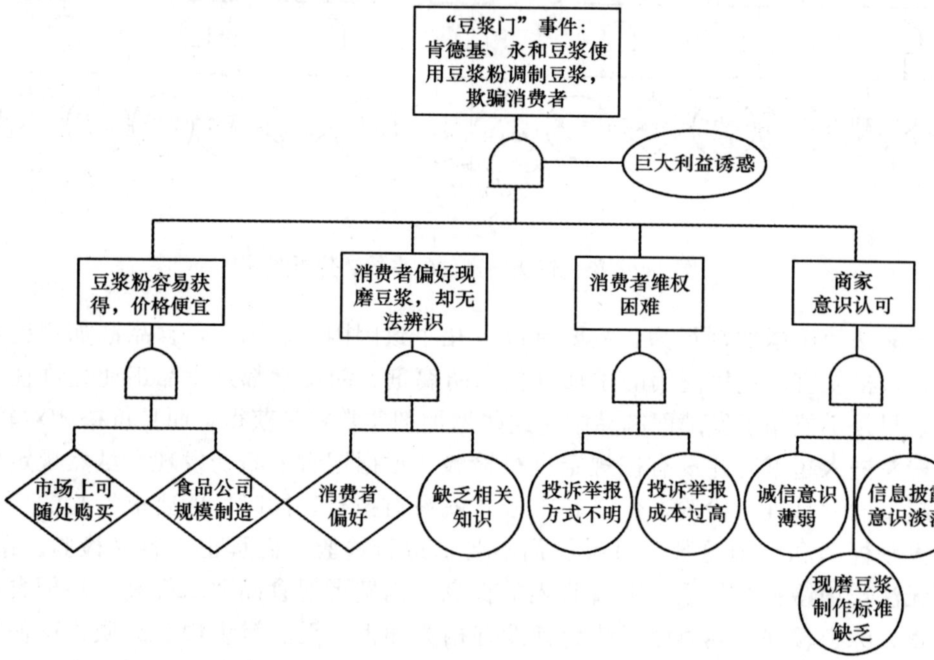

图 7　“豆浆门”事件的事故链分析图

三、我国食品安全与质量管理面临的问题与挑战

2011 年上半年度频频发生的食品安全事件，暴露了在发展快速的同时，我国食品产业依旧存在着较多问题，而且食品安全的监管工作也有着很大的不足。另外，经济发展方式和消费方式的转变、经济的全球化，为我国食品安全与质量管理带来了巨大的挑战。

（一）我国食品产业链中存在的问题

1. 食品产业的集约式发展不足

近年来，我国食品产业得到了长足的发展，但是也留下了许多问题，其中食品企业规模小、分布散、管理乱，是食品安全事件频发的一大原因。目前我国食品生产主体，包括企业和个体数量很多，在农业领域有农户 3 亿多，在加工领域有加工企业 45 万，在流通领域有商户 1300 万，小作坊、小餐饮、小摊点难以计数，而且生产加工环节 10 年以下的企业占 80%左右，监管对象数量庞大，增加了监管难度。另外，国家质检总局食品生产监管司司长郯建平也曾指出，我国 78.7%的食品生产加工企业为不足 10 人的小企业，共有 35.3 万家。这种生产集中度低的现象大多存在于某些食品生产中，例如，根据理论数据来看，我国粮油加工企业最合理的经济规模产量应该为面粉每日加工 400～600 吨，稻谷每日加工 200～400 吨，但实际上，我国 78.9%的面粉企业每日仅加工 50～100 吨，80%的稻谷加工企业每日处理少于 50 吨；啤酒产业，国内其合理经济规模为每年 20 万吨，但我国啤酒企业的平均规模却不到 4 万吨/年。同样还有浓缩苹果汁，国际上先进企业的产量平均为不低于 5 万吨/年，而我国的企业其平均规模仍不到 1 万吨/年；制糖业也是如此，国际平均 6000 吨/日，而国内仅 1500 吨/日等。

这种生产经营现状主要是由我国社会发展阶段和经济发展水平所决定。因此，随着我国经济持续的强劲增长和产业结构的调整，食品产业的小、散、乱粗放式发展将逐渐转变成规模化的集约式发展，这对于缓解食品安全问题具有重大意义。

2. 食品企业的加工技术和管理水平落后

目前，我国的食品工业的加工技术，其初级加工所占比重相对较大，而精加工、深加工则明显不足，比如世界发达国家农副产品的加工转化率为 70%～80%，而我国仅为 10%～20%，其中，面制品占面粉的 3%，米制品占大米的 1%，肉制品占肉类的 3%，如果这些农副产品都进行深加工，其增值效益非常可观，如肉类目前年产量为 6000 万吨，其中一半加工成餐食配成熟肉制品，按每公斤 2 元计，那么仅肉制品一项每年就可增值 600 亿元。同时，我国综合利用食品工业，特别在对过期食品和废弃物的综合再利用能力薄弱，与国际先进水平存在一定的差距，如“地沟油”，荷兰皇家航空公司将其加工成飞机燃油，而不是重新直接投入到食品生产销售的供应链之中。除此之外，我国食品行业的研发能力也相对较差，缺乏企业自主开发创新能力，导致大多的先进技术装备都依靠国外引进，这也与缺乏一定食品行业管理的技术基础性工作有关。

3. 食品企业的社会责任意识薄弱

我国食品安全事件频频预警的一个很重要的原因是食品企业的社会责任意识淡薄。食品生产企业作为市场经济的主体，其行为不仅关乎自身的利益，还会影响到社会和老百姓。一个有社会责任感的食品生产企业，除考虑自身利益外，还必须考虑其他利益群体及社会的利益。相反，一个缺乏社会责任感的食品生产企业，只把赚钱放在心中，不考虑对消费者、对环境和对社会的危害，结果就会影响正常的社会生产、生活秩序，影响经济持续、稳定、健康发展，破坏和谐的社会环境。我国的一些食品生产经营企业仅仅为了一己私利，不按照法律的要求落实食品安全责任，没有严格执行食品安全生产规范以及健全从业人员健康管理、产品召回、索证索票方面的制度，缺乏"第一责任人"的意识。因此，应该依靠相关执法部门、食品行业协会等自律组织，进一步发挥其在推进行业诚信建设、促进和引导食品产业健康发展方面的作用，以提高我国食品企业的社会责任感。

（二）我国食品安全监管中存在的问题

1. 我国食品质量安全标准相对滞后于国际标准

近年来，我国食品质量安全标准体系的建设取得了长足进展，但是与发达国家相比，仍存在一定的差距。根据数据显示，在 20 世纪 80 年代初，英、德、法等国家所采用国际标准的比例已经达到了 80%，而日本更是达到了 90%以上；相比之下，我国目前食品安全标准采用国际标准的比例却仅为 60%。

我国是个拥有人口最多的发展中国家，其食品质量安全标准是基于当时国情制定的。然而，随着经济的发展和社会的进步，部分食品安全标准却没有持续更新，这便留下了与国际标准之间的差异。其中，PVC 保鲜膜事件就是一个很好的例子。根据 2000 年世界包装组织理事会的资料显示，美国、新加坡、日本、韩国以及欧洲各国都已全面禁止使用 PVC 包装材料，但我国却没有禁止。更遭地是，由于针对食品级聚氯乙烯成品的国家标准是 1988 年由卫生部所颁布的，那么按照此标准，此前进入中国的由日韩等企业所生产的 PVC 保鲜膜仍然属于合格产品。可见，正是由于标准滞后，很可能会让国外已禁止的产品进入到国内，危害消费者健康。

另外，我国的国家标准、行业标准、地方标准之间存在着交叉、重复或矛盾，新技术、新能源、转基因等方面的一些重要标准短缺，这些问题都为我国食品安全与质量管理留下了隐患。

2. 我国食品安全监管机制不健全

我国目前采取的食品安全监管是实行分段管理模式。国务院卫生行政部门负责综合协调、风险评估、政策制定、信息公布、资质认定、事故查处等工作，农业部门负责食用农产品的监管，质量监督、工商行政管理、食品药品监督管理部门分别对食品生产、食品流通、餐饮服务活动实施监督管理。但是现实中很多食品质量安全事件涉及食品生产的多个环节，从劣质原材料，到非法加工，最后流通到餐饮企业等等。面对这种问题，多个部门如何无缝合作进行食品质量监管呢？就以"瘦肉精"事件为例，所涉及的部门，就包括农业部、国务院食品安全办、工信部、公安部、商务部、卫生部、工商总局、质检总局和国家食品药品监督管理局九个部门，我们很难从中看出到底哪个部门进行统筹协调。正是由于食品安全监管机制不健全，缺乏一个具有权威的能够统一指挥协调的部门，各个部门之间的职能分散交叉，权责不清，往往导致监管不力，食品安全事件频发。一旦出现食品安全重大事件，多部门甚至还会出现相互

“踢皮球”的现象，将事件推向给其他部门，以此撇清责任。

（三）我国食品安全社会监督中存在的问题

1. 新闻媒体缺乏职业素养

新闻媒体在促进我国食品质量安全工作前进的同时，也应该看到其不足之处。有部分媒体和相关人员不具备食品专项知识，为了吸引人们的眼球，强行“制造”新闻热点，不负责任地大肆炒作，随意猜测事实真相，往往以偏概全，以个别事实简单推断整体，将个别区域的个别产品问题扩大至全类产品，严重误导消费者，致使消费者对食品安全形成非理性态度及对周围食品安全环境产生不信任。

在国外特别是在发达国家，本国发生食品质量安全事件后，新闻媒体的反应普遍都较谨慎。由于食品安全事件涉及利益体众多，影响社会信任，甚至会引发政府政治危机，所以他们一般对这些事件的报道都较谨慎节制。但是对于其他国家特别是我国发生的食品安全事件，国外部分媒体刻意渲染事故的严重性，错误否定我国食品生产的整体质量和安全环境，无端将其与我国政府的执政能力和社会意识形态联系。因此，我国新闻媒体更需要认清我国食品质量安全的整体形势，向消费者传递正确、客观的食品质量安全信息，为我国食品质量安全工作创造一个良好的社会舆论氛围。

2. 消费者缺乏食品安全知识

随着生活水平的提高，消费者主观上想要购买安全的食品，但是客观上却缺乏食品安全知识，从某种程度上反映出我国当前食品安全知识的普及和宣传不到位。在购买食品的时候，消费者最为关注的就是安全性，但是许多消费者根本不了解食品认证标志。同时，我国消费者的维权意识比较薄弱，在遭遇食品安全问题时，只有很少一部分的人会找消费者协会投诉和媒体披露，巨大多数消费者采取的是消极态度。这预示着，虽然我国公众对食品安全给予了极大的关注，但是由于缺乏食品安全知识、维权意识薄弱，食品安全社会监督的作用没有得到充分发挥。

（四）我国食品质量安全面临的挑战

1. 经济发展方式的转变对我国食品行业的影响

随着我国的城市化进程的加快和经济发展方式的转变，更多的劳动力和资金向第二产业、第三产业转移。由于食品加工业和餐饮行业的门槛较低，吸引了大量从第一产业转移出来的劳动力，越来越多的进城务工者通过食品小作坊，以食品加工和食品流通谋生。然而，从保障食品质量安全的要求看这些农业生产、工业加工以及商贸流通、餐饮服务的从业人员素质，无论是品德道德诚信水平，还是安全卫生质量技术能力，都远远不够。由于对食品安全意识的淡薄，这便导致了食品掺杂使假、以假充真、伪造虚假产地、夸大食品成分功能以及“早产”等食品安全事件的发生。因此，如何协调好由于这种经济发展中的产业结构变化所产生对我国食品行业的负面影响，提高从业人员的专业技能和素质，是未来我国改善食品安全状况的巨大挑战。

2. 消费方式的转变对食品质量安全的要求提高

近年来，随着我国经济的持续发展，我国民众的消费方式也在慢慢改变。相对于过去，国民更加富裕，消费意愿有所增强，且食品支出占居民家庭支出的比例正逐步缩小。这样，消费者不仅仅像过去那样只关注价格，而增加了对食品质量、食品包装、相关附带服务等的关注。消费者不仅开始要求食品的质量安全，还要求其对环境的无公害，做到真正的绿色食品，有机食品。例如，去年，我国的有机食品年消费就接近了12亿元，并预计在未来两年以15%的年增长率提高。消费者对有机食品的需求是我国，甚至世界的食品行业发展趋势。根据统计显示，全球有机市场的销售额在2002年已超过230亿美元，于2005年达到330亿美元，2006年甚至接近400亿美元。但是，对于我国而言，国内有机食品市场还非常小，仅仅出现在生活水平较高的大中城市，而且绝大部分有机产品相对于常规产品，其差价也在10%～50%，有的甚至高达3～10倍。因此，这种消费方式决定了食品质量安全不仅仅针对食品生产、加工、食用的安全，还要能够不危害环境，同时能在广大的群众之中普及。

3. 国际化对我国食品质量安全带来巨大影响

自从三聚氰胺事件发生以后，整个中国的乳制品行业的声誉就受到了很大的打击，将市场份额拱手让给国外品牌。统计显示，三鹿事件后的2009年，我国乳制品进口由12.06万吨猛增到59.7万吨，到2010年已经达到了74.53万吨；此外，高端婴幼儿进口奶粉所占份额接近90%。这种现象目前还只集中于乳制行业，主要是因为流通渠道的匮乏。因此现在大部分国内的消费者至今仍与进口食品无缘。国内进口食品销售的渠道仅仅在上海、北京、广州等大型城市的国际超市之中（如沃尔玛、麦德龙）。然而即便如此，近5年来，中国进口食品市场总额年平均增长率仍高达15%。随着我国国民收入的提高，进口食品对国内市场必将带来冲击和影响。因此，国内本土企业若不继续加强食品质量的安全，维护食品企业的良好信誉，重拾消费者的信任，是很难赢得与国外食品企业的挑战。

四、我国食品安全与质量管理的发展趋势

随着我国经济和社会的发展以及人民生活水平的提高，食品消费已经由量的追求转向质的追求，食品安全日益成为社会关注的焦点。未来一年，我国食品安全形势总体稳定并保持向好的趋势，将会呈现以下特征。

（一）食品安全水平稳中有升

1. 食品质量不断提高

未来一年内，我国食品工业仍保持快速发展的趋势，食品工业的发展目标将逐渐由产量向质量过渡。同时，近期频繁爆发的食品安全事件为企业敲响了警钟，今后食品企业将更加重视食品质量的提高，不断改进食品生产加工技术，以适应国际化的发展。

1）食品工业继续保持快速发展

食品工业作为国民经济的支柱产业，对我国社会经济的发展具有重要的作用。“十

一五”期间，我国食品工业平均每年增长20%，预计在“十二五”期间，我国食品工业将继续保持15%～20%的年均增长速度，其在国民经济中的地位得到进一步加强。

2）食品生产加工技术不断进步

随着食品产业的不断发展，食品企业的加工技术和管理水平不断进步，未来我国食品质量必定会随之提高。未来我国食品生产加工技术将会呈现如下发展趋势。

首先，加工原料和机械创新。通过利用新技术、新工艺、新材料、新设备，我国食品加工的机械化、自动化程度将不断提高，逐步实现先进技术在食品加工领域的应用，使得加工企业的生产效率得以提升，保证产品质量稳定、统一、可靠。

其次，食品加工技术创新。未来一年，我国大型食品加工企业对研发投资进一步加大，企业研发投资占销售额的比例不断提高。同时，根据人们消费方式的改变，方便、健康和多样化的产品大量涌现。

再者，食品包装创新。未来食品包装将改变过去单纯的保护和保存作用，不仅注意美观，还会突出品牌与个性，符合环保要求，成为市场营销战略的主要手段。

最后，采购和销售渠道创新。电子商务已经成为我国重要的社会经济形式和现代流通方式，广泛深入地渗透到生产、流通、消费等各个领域，未来将有更多的食品加工企业利用因特网技术来提高采购和销售效率。

3）企业对食品质量越来越重视

企业是食品生产及市场竞争的主体，是食品安全的主要责任人。经过多年的粗放式发展，以及食品安全事件中吸取的经验教训，我国食品生产和加工企业逐步意识到质量和安全是企业市场竞争力的主要来源。未来，企业将关注原材料进厂检验、食品添加剂使用、产品标签设计、生产车间卫生环境以及产品出厂检验等方面，提高工人的职业素质和企业的管理水平，实现食品生产过程的有效控制，最终达到相关产品质量标准的要求，并满足消费者对食品质量的需求。

4）国际市场对我国食品行业的影响越来越大

我国国内巨大的消费市场，吸引了大量的外国资本进入我国食品工业。国外食品企业利用其技术和资金优势，争夺我国国内市场，对技术水平相对落后、资金实力不强的国内食品企业造成了一定的威胁。同时，有的国家通过技术法规、标准、检验检疫措施、合格评定程序等限制我国出口食品。为了能在全球竞争中赢得一席之地，我国企业将会在产品结构、产品标准、竞争规则等方面加快与国际食品行业接轨，提高食品加工的科学化和标准化，进而提高其国际竞争力。

2. 食品安全危机尚存

在食品产业不断发展的同时，仍应看到我国食品产业与美国、日本等发达国家的差距，食品安全危机在短期内尚存。

食品产业链涉及种植、养殖、生产、加工、储存、运输、销售、消费等诸多环节，某个环节上的企业生产经营行为、政府监管工作以及社会各方监督不到位，就可能引发食品质量安全事故。目前我国食品生产主体，包括企业和个体数量很多，在农业领域有农户3亿多，在加工领域有加工企业45万，在流通领域有商户1300万，普遍存在规模小、分布散、集约化程度低、自身质量安全管理能力差的基本特点。自从双汇瘦肉精事件发生后，食品行业，特别是上游养殖、屠宰等行业快速走向集中已成食品行业的趋势，但是在短期内不会发生巨大的变化。从保障食品质量安全的要求看农业生产、制造加工以及商贸流通、餐饮服务的从业人员素质、加工技术、卫生状况、检验水平、管理能力等方面，都存在较大的不足。另外，虽然我国食品安全保障体系建设取得了一定的成效，食品标准体系和食品安全法律法规体系日趋完善，但是我国现阶段实行的分段监管体制尚不健全，存在监管边界不清、监管重复和空白并存等问题，监管效果难以得到保证。此外，当前社会舆论要求食品质量安全的呼声越来越高，但目前我国食品安全的社会监督渠道和有奖举报制度尚未完善，影响了社会各方参与食品安全监督的积极性。

（二）食品安全标准和监管工作逐步完善

1. 食品安全标准逐步与国际接轨

国际社会十分重视食品质量和安全。联合国粮农组织和世界卫生组织明确指出，食品安全控制体系应包括食品法律法规，食品标准，食品控制管理，检验服务，从农田到餐桌的综合概念。随着质量管理理论与实践的发展，许多国家和企业为了保证产品质量，选择和控制供应方，纷纷制定国家标准或企业标准，对企业内部和供应方的质量活动制定质量标准体系要求。加入 WTO 后，我国食品安全标准工作逐步与国际接轨，初步建立起了一个以国家标准为主体，行业标准、地方标准、企业标准相互补充的食品安全标准体系。

另外，我国对国际标准制定的影响力也将不断增强。今年 7 月在瑞士日内瓦举行的第 34 届国际食品法典委员会会议上，我国当选下届国际食品法典委员会的亚洲区域执委，对促进我国与亚洲各国食品安全标准交流与合作、提高我国在国际食品法典委员会的影响具有积极作用。

2. 食品安全监管进一步加强

为了改变食品安全监管困局，我国于 2010 年 2 月 6 日成立了国务院食品安全委员会，负责对食品安全监管工作进行协调和指导。随后，一些省市也成立了食品安全委员会。今年 6 月，上海市成立食品安全委员会，针对上海市实际，出台了一系列措施保障食品安全。例如，针对涉及多环节、跨部门监管的 10 个领域，明确了各部门的职责，以此来实现食品安全监管的无缝衔接；明确要求食品生产经营者建立 9 项食品安全的保障制度，包括食品的源头管理和溯源制度、原料供应商的实地查验制度、食品添加剂的使用制度、变质和过期食品的销毁制度等，并且接受社会监督。

欧美发达国家在食品安全监管上取得的成就，以及国内一些地方积极探索食品安全监管模式中积累的经验，为我国食品安全监管的发展指明了方向。未来，我国的食品安全监管将进一步加强，体现在：

（1）多部门联合监管逐渐向独立监管、统一监管模式发展。近年来，为适应新的食品安全形势，各国纷纷对本国的食品安全监管体制进行了改革，食品安全监管模式出现分散到统一的趋势[4]。1930 年以来，美国的食品安全监管体系呈现“统一——分散一统一”的发展趋势。目前，我国分段监管的弊端逐步暴露，随着国务院和地方食品安全委员会的成立和工作的进一步开展，未来我国的食品安全监管将从分段监管模式逐步向统一监管模式过渡。

(2) 分段监管和品种监管的结合将更加紧密。目前，美国食品监管机构按照监管的食品品种分工，日本食品监管机构则采用分段监管和按品种监管相结合的方式[5]。根据我国国情，存在食品种类繁多、行业规模大、企业数量多的特点，这从客观上决定了我国实行分段监管和品种监管相结合的食品安全监管模式。今后，我国将针对食品安全事故多和发生范围广的领域，如生猪产品监管、乳制品监管、“地沟油”和餐厨废弃物监管等，发挥分段监管和品种监管相结合的优势，逐步理清特定领域各部门的职责界线，以实现食品安全监管无缝衔接。

(3) 从“田间到餐桌”的全过程控制管理体系和食品溯源制度逐步完善。未来，我国将以农业投入品、农产品生产、市场准入三个环节管理为切入点，食品监管工作将不断向食品产业链上游延伸，从源头上降低食品安全隐患。与此同时，以食品生产加工企业为切入点，对食品的原料采集、生产加工、运输、销售和售后等各个环节进行全方位监管，逐步构成覆盖全国的监管网络。此外，根据食品的食物链原则和可追溯性原则，建立从生产、加工到流通等各阶段的溯源制度，如果餐桌上的食品不合格，可以一直追溯到种植养殖和加工的源头。

(4) 食品安全法律的威慑力增强，食品安全违法的处罚力度加大。2009 年 6 月 1 日其执行的《食品安全法》，标志着我国食品安全问题步入法制化轨道。面对社会“违法成本低”的职责，2011 年 2 月 25 日，全国人大常委会表决通过的《刑罚修正案(八)》，加大了对食品安全犯罪刑罚力度，食品安全犯罪最低将被判处有期徒刑，罚金将没有上限。

(5) 食品安全社会舆论监督进一步加强。目前，食品安全已成为我国媒体和消费者关注的焦点。食品安全知识缺乏和有奖举报制度不健全阻碍了我国消费者参与食品安全社会监督。2011 年 5 月 8 日，国务院食品安全委员会办公室印发《食品安全宣传教育纲要（2011—2015 年）》，要求在 2015 年年底前将社会公众食品安全基本知识知晓率提高到 80%以上，将中小学生食品安全基本知识知晓率提高到 85%以上。同时，为强化社会监督，鼓励公众参与食品安全监管，国务院食品安全委员会办公室于 2011 年 7 月 28 日下发的《关于建立食品安全有奖举报制度的指导意见》，要求各地在省级政府统一领导下，抓紧制定食品安全举报奖励具体办法，合理确定奖励条件，建立健全奖励机制。这预示着，未来社会各界对食品企业生产经营和各部门监督管理进行的监督将进一步加强。

（三）食品安全的关注度越来越高

近年来频繁发生的食品安全事件大多数都涉及人民群众最基本的生活消费品，伴随着媒体对社会危害范围广泛、危害程度严重的事件的深度报道，消费者也越来越把食品质量安全作为关注重点。尤其现在互联网和手机等新型媒体日益发达，一些食品安全问题得到越来越高的关注。

五、提高我国食品安全与质量管理水平的政策建议

（一）我国食品企业加强食品质量安全保障的建议

1. 开展规范化作业，促进食品产业规模化，提升产业凝聚力

将食品产业当做我国未来经济发展战略和产业调整重大举措的重点之一，制定食品产业发展规划，促进食品产业规模化、标准化和现代化。

处于食品行业主体地位的各生产、加工、经营企业，应致力于开展规范化、标准化作业，确保食品加工过程和食品质量符合有关质量标准和质量体系要求。同时，食品企业可依靠规范化、标准化的优势带动并吸收周边散布生产者，推行规模化生产，提高食品质量，并降低生产成本。

另外，食品供应链上的主导企业，因具备一定的优势和动力，常常能够控制供应链全程质量安全。故应加快行业龙头企业建设，提升食品产业凝聚力，促进产业规模化。各领军企业可依托现有品牌、市场、技术和资金，带动产业链上下游企业，辐射相关食品企业，打造行业领先的生产集群；在规范化、标准化的基础上联合行业其他企业，遵守统一的技术、生产规则，实现产业规模化，推行集约的发展模式，从基础上防止质量标准差异，保证食品质量安全。

2. 提高生产加工技术和管理水平，促进行业健康快速发展

研发和管理能力不足，生产加工技术落后也是威胁我国食品质量安全的重要因素。随着消费者对食品质量安全的要求日益提高，食品企业要更好地满足消费者对食品产品的要求，先进的生产加工技术是根本保障。食品企业应从自身实际出发，努力提高生产加工技术水平和管理水平，从而促进生产效率和产品质量的提升。

食品企业应大力引进先进的科学理论作为生产指导，认真投入到食品科技创新和应用的大潮中，注重源头创新和技术改进。根据需要成立或者加入食品科学技术学会，通过开展食品科技研究、成果推广、科普宣传，与伙伴企业共同开发新技术、新产品，共享技术成果，提升食品行业科技水平。大力推行科学管理理念，促进标准化体系建设，对食品生产加工进行全程管理，加强质量安全相关信息收集，及时解决技术问题。如规模化养殖和有组织的养殖企业应培养自身的科学饲养能力和管理能力，加强对食品安全潜在危害以及食品改良方案的研究并尽快应用到食品生产中。建立完备的产品质量检测中心，积极参与产品信息追溯体系的建设，对自身涉及环节监督和控制，有效地避免食品质量安全风险。调整企业生产结构，大力发展绿色食品、有机食品等优质食品产品，提升企业管理水平，积极推行产品质量认证，增加综合竞争优势，促进行业健康快速发展。

此外，政府也应该充分发挥优质产品生产者的模范作用，加大对他们的扶植力度，帮助他们升级技术、完善管理，以带动食品行业整体水平的提升。

3. 依法生产经营，加强行业自律，自觉履行应尽义务

食品企业作为食品质量安全的第一责任主体，意味着以政府为主导的食品安全控

制体系必将向以企业为主导的食品安全保证体系方向发展。

食品企业应自觉遵守和拥护国家法律法规，坚决按照法律、法规和食品安全标准的规定进行食品生产经营相关活动，遵守国家食品质量安全准入制度，不生产经营过期变质食品，不掺假造假，对社会和公众负责，确保食品质量和安全，自觉维护消费者权益，并接受监管部门和社会舆论的监督，承担相应社会责任。食品企业从业者应具备基本的职业道德，塑造诚信的品质。企业也应本着诚实守信的原则，培育诚信自律的企业文化，切实履行社会责任，在生产过程中强调对人的生命价值的关注，强调对消费者、对环境、对社会的贡献。明确自己的责任与义务，提高质量风险意识，加强行业自律，坚守食品安全的底线。企业应依据法律法规建立产品追溯、召回、申投诉处理制度，对企业产品进行全程监控，做到信息透明化、规范化。配合国家建立风险评估体系和应急处理体系，依法建立安全信用档案，促进社会信用机制的形成。注重品牌信誉，致力于自身产品技术提升和品质保证，主动召回问题产品并依法处理，配合并支持食品监管部门的工作。

食品行业协会作为食品企业的自我管理组织，应当加强行业自律，引导食品生产经营者依法生产经营，推动行业诚信建设，宣传、普及食品安全知识。要始终保证公平、公正，不被成员企业左右，对协会推荐的优秀企业和产品应严格把关并定期审核，并承担相应的法律后果。

（二）我国加强食品质量安全监管的政策建议

1. 建立健全食品安全配套法律法规体系，完善食品安全标准体系

我国虽然已经颁布并实施了一整套的食品安全法律法规以及标准规范，但是面对新的食品安全形势，现行法律和标准暴露出不完备、缺乏合理性和规定陈旧等问题，相比欧美发达国家的食品立法和食品标准仍存在较大差距，如《食品安全法》以及陆续出台的《刑法修正案》等法律法规虽然均在对违法犯罪行为的处罚上增加了力度，但是仍显不足，对违法者的威慑力还不够强，而有的食品质量安全标准间还依然存在着缺失、重叠、陈旧等问题。

应依照《食品安全法》的规定和要求统一规划，及时指导，坚持急需先立、逐步完善的原则，总结和借鉴近年应对食品非法添加问题的经验教训，尽快出台一批适用性强的法规和规范性文件，健全各项配套法律法规。目前，我国食品行业“守法成本高、违法成本低”的现象还大量存在。应借鉴国外对食品质量安全事件的立法处罚经验，如德国的刑事诉讼外加巨额赔偿、韩国的制造有毒食品者10年内禁止营业、法国的卖过期食品立刻关门等，对食品质量安全违法犯罪活动，始终保持严厉打击的高压态势。严格法律约束，以期有效震慑违法犯罪分子，促进食品生产经营秩序根本好转。

完善食品质量安全标准体系，坚持鼓励公民、法人和其他组织提出食品安全国家标准立项建议的做法，科学地制定食品安全标准，保证国家标准的完备性和明确性，有计划、有条理地逐步实现与国际接轨的程序化质量管理。在制定标准时应加大政府投入，组织有公信力的业界专家等参与，过程要公开透明，杜绝食品标准掺杂企业利益的现象。按照《食品安全法》要求，加快食品安全标准清理完善工作，使各项标准

与国际食品法典标准接轨，进而建立起统一、完备的食品安全标准体系。国家应鼓励食品生产企业制定严于国家标准的企业标准和管理制度，并对这种行为进行公开表彰和认可。还要切实贯彻《标准化法实施条例》规定，根据科学技术的发展和经济建设的需要适时复审各标准。

2. 逐步整合机构功能以集中管理，强化行政问责制保证监管力度

我国的食品质量安全监管采取的是分段监管为主、品种监管为辅的方式，将食品质量安全监管分为四个环节，分别由农业、质检、工商、卫生等四个部门实施。这样的监管模式，难以组织、协调、沟通，极易出现“遇好事都想管、遇问题都推诿”的现象，监管效果差。较理想的监管模式是成立一个独立的食品安全监管机构，由政府赋予其全权负责国家的食品安全监管工作的权力，并邀请权威专家和民众代表作为观察员，提高政府部门依法办事的透明度。

按照《食品安全法》的相关规定，目前国务院层面已经设立了食品安全委员会，加强了对各地区、各有关部门的综合协调和监督指导，不过它只是一个高层次的议事协调机构，而不是实质性的安全监管机构，无法彻底改变现有的监管格局，而考虑我国的政治现实和法治化程度，却仍不失为一个修补工作漏洞、尽快改善现状的现实举措。在进一步突出各食品监管部门的职能和相关工作单元后，应由食品安全委员会统一协调各部门联合行动，明确规定各部门的监管分工和权限范围，厘清各部门的责任，做到集中管理、权责分明、失职必究。

食品监管要加大监督抽查力度，严格执行公告、整改和处罚制度，对食品小作坊、餐饮业等进行重点整治。这就同时要由执法部门有法必依、执法必严的高度责任意识和政府人力、物力、财力的足量支持来保证。一些地方片面考虑经济增长、财政收入和劳动就业等问题，存在保护主义倾向，妨碍食品安全行政执法；而食品监管部门又缺乏检验检测设备，执法人员配置不足、缺乏专业培训，这都在一定程度上导致了食品质量安全监管不力。

胡锦涛主席曾要求各级党委和政府牢记食品安全事故中的惨痛教训，并强化行政问责制，杜绝个别部门和负责人完全不顾及群众的生命安全和切身利益。他还强调各级党委和政府必须把食品安全摆到重要的日程上来，绝不能以损害人民生命健康为代价来换取企业发展和经济增长。一定要强化行政问责制，食品安全一旦出了问题，就必须严格追究相关领导及责任人的责任。所以，应该将食品质量安全监管纳入各级政府、各级监管部门的年度综合考核中去，确保监管责任落到实处。针对地方监管部门存在的执法人员数量不足、法律意识淡薄、食品质量安全知识缺乏，检验检测设备缺乏、陈旧、失效的现状，应督促地方各级政府将食品安全工作纳入本地区的经济发展计划中，从食品安全大局出发对实施食品安全法所需的经费优先考虑，根据各地区的实际情况，对经济困难地区给予重点帮助，并且在生产、检验设备的购置等方面予以照顾。

3. 科学系统地进行食品监管，全程监控和重点监控相结合

近年来，我国食品监管的力度并没有减小，而是在逐渐增大，但是监管工作缺乏

系统性，效果仍不够理想。应将食品安全监管纳入整个社会公共安全管理体系，科学系统地实行食品质量安全监管。坚持全程监控和重点监控相结合的措施，建立全过程的信息追溯体系，严抓食品生产源头管理，严格实施市场准入制度，加强重点领域监管。

加强对食品质量安全综合管理的思想，强调系统性和协调性，把质量安全过程控制理念贯穿到整个食品生产加工链条中去。认真建设动物溯源、肉类蔬菜流通追溯体系，将“可追溯”的食品信息链模式推广到其他食品类别中去，从而形成食品信息网络，建成食品质量安全溯源体系。食品监管的“可追溯性”概念始于2002年，是欧盟为了应对不断出现的食品安全危机，就以法规形式作出规定，对食品、饲料等与公众健康密切相关的产品强制实行的从生产到流通的溯源制度。后来在2006年，欧盟又推行了从“农场到餐桌”的全程控制管理，这种管理模式对食品各个生产环节提出了较之以往更具体、更明确的要求。我国也应加强食品安全的技术支撑体系的建设，对食品监管采取全程监控，从源头开始，对食品生产的原料采集、生产加工、流通销售、售后及召回等各个阶段进行全方位的监管，大力开发网络跟踪监测系统，为每份食品建立“独立档案”，将其每个环节的详细信息记录在案。完善数据编码系统，开发更成熟的电子识别技术，以少数城市大规模生产基地和大型超市为示范，将这种信息追溯体系逐步推广至全国。初期鼓励企业自主建设，逐步采取强制引入的措施，还应加强配套的消费者查询系统的建设和做好售后问题的处理。

各省市政府应考虑到本地区食品质量安全问题的高发环节以及食品重点品种，应加强对食品生产源头、食品流通领域和重点食品行业等的监控。加强农业投入产品源头控制，推进农业标准化生产，严厉打击各种制假售假行为，杜绝违禁药物的生产、销售和使用，健全农业投入品使用档案，规范管理制度。严格执行食品质量安全市场准入制度，核实生产、加工企业的资质，坚决取缔无证生产、无证加工食品的行为，保证食品质量安全的必要条件。全面严厉打击生产、销售假冒伪劣食品和不合格食品的违法犯罪活动，对批发市场等具有明显的地域集中性的场所加强监管，严防“三无”产品流入市场。深化乳制品、食用油、肉制品、保健食品、食品添加剂、酒类等重点行业领域综合治理，切实保障食品重点品种的安全。另外对无公害农产品、绿色食品、有机食品的认证和监管工作，可考虑纳入法制化、国际化的轨道，明确各类认证的法律地位和认证标准，理顺相互之间的关系，严格把关并定期审核，逐步建立统一、权威、有效的食品认证体系。

4. 建立完善的食品质量安全风险评估体系和应急处理体系，严格食品召回制度

目前，我国先进的风险评估机制和风险管理方法刚开始建立，检测技术、设施装备尚不能满足市场监管和国际贸易发展的需要，食品质量安全专业技术人才整体水平不高，需要加大对食品质量安全信息交流网络、信息统一发布平台、食品安全风险监测评估、食品安全预警机制、食品安全事故应急处置等方面的体系建设。缺乏相关的法律来应对食品安全问题引发的紧急事件，食品召回制度也需进一步严格和细化。

基于食品信息追溯体系建立食品质量安全信息交流网络，加快网络化覆盖全国，对各地食品质量安全形势进行沟通交流，并共享检测、监控数据和案件处理经验。强

调预防为主的重要性，健全食品质量安全风险评估体系，通过风险快速预警系统实现食品质量安全风险管理。在高效信息流通技术的基础上构建风险监测体系，组建国家食品安全风险评估中心，在有能力的地区建立风险评估分中心。按食品产业链环节开展风险监控，动态收集和分析食品安全信息，预防环境污染、食物加工环节污染和食品流通环节污染，充分发挥风险监测评估对食品安全监管的科学指导作用。为应对风险和突发事故，同时要构建完善的应急处理体系。应急处理系统通过快速反应机制和风险评估体系紧密衔接，做到立即报告、迅速介入、科学判断、妥善处置。从应急信息收集、应急预防准备、应急演习、损害控制处理、事后恢复等方面考虑，整个应急处理系统应包括应急计划系统、应急训练系统、应急指挥中心、应急监测系统和应急信息系统等。还要强化政务透明，努力做到快速核查处置，及时回应社会关切，解答群众疑惑。食品质量安全风险评估体系和应急处理体系均应以法律法规的形式予以规定，依法保证其独立性，提高信息搜集的客观性、准确性，保证管理决策的透明性、有效性。

辅助建立问题食品召回制度，将其纳入法制化的轨道，最大限度地避免消费者利益损害，形成规范的食品市场秩序。加紧修改完善《食品召回管理规定》，明确问题食品召回的对象、范围、责任主体和监管主体，加强后续处理工作的监督和检查。可根据问题食品危害程度将召回处理分为不同等级，就召回程序、期限分别做出明确规定，并配以相应的责任追究办法。对主动召回的生产加工企业严格监督其处理过程，而对于不履行召回义务或者由于生产者的过错而造成食品质量安全危害扩大或再度发生的，应立即责令生产者召回其产品，并给予严厉的惩罚措施。对名义上召回实际改头换面继续销售的生产经营者，应当依法从重处罚。

（三）我国加强食品质量安全社会舆论监督的建议

1. 正确引导舆论导向，逐渐建成社会信用机制

我国食品工业企业诚信体系建设，已经取得了初步进展，食品安全办公室也对加强食品行业诚信工作进行了具体安排。各食品监管部门也可开展各种信用评定活动，如坚持并丰富“质量红黑名单”，以配合整个社会信用体系的建设。

提倡诚信经营，揭露违法行为，依法进行舆论引导，培养正确的舆论氛围。大力实施奖优措施，采取行政和经济上的措施，对信誉良好、诚信为本的企业给予双重激励，并宣传推广其先进经验，引导食品企业创造诚信文化，努力营造食品安全的诚信环境，增强全社会的诚信意识。向社会曝光不良记录企业，切实震慑不法企业，敦促企业树立风险意识、责任意识、诚信意识和自律意识。建立起比较完善的食品企业诚信管理体系、诚信信息征集和披露体系、诚信评价体系。规范企业诚信信息征集和披露方式及内容，依法采集及披露企业诚信信息，逐步建立全国统一的食品企业诚信信息平台以及面向社会的食品企业诚信信息查询系统和诚信信息公示披露系统。

进一步推动食品质量安全诚信体系的运行，把食品质量安全诚信体系能够发挥的规范、引导、监督的作用落实到日常的企业生产活动中去。对各食品企业进行食品安全诚信档案的登记，并定区域进行诚信分类监管，定期进行诚信度展示，建立相应的

档案信息系统和诚信分类数据库。做到数据齐全、有效，广泛记录企业经营主体的各种完备信息，使监管有根可查，有据可依。引导和鼓励社会查询、检验企业诚信度，并发表评论和给予评价，促进企业乃至社会信用机制的建设。

2. 加强行业和政策宣传，强化社会舆论监督

我国各低级别市场特别是在广大农村和偏远地区，食品安全知识的普及和监管能力十分薄弱，有的地方近乎空白，许多假冒伪劣和城市销不掉的问题食品大量流向这些地区。加强对人民群众的食品质量安全知识的普及宣传和强化社会舆论监督就显得十分有必要。

《食品安全法》规定：国家鼓励社会团体、基层群众性自治组织开展食品安全法律、法规以及食品安全标准和知识的普及工作，倡导健康的饮食方式，增强消费者食品安全意识和自我保护能力。而对于新闻媒体，《食品安全法》规定：新闻媒体应当开展食品安全法律、法规以及食品安全标准和知识的公益宣传，并对违反本法的行为进行舆论监督。

要充分发挥新闻媒体的广覆盖、易传播的宣传优势，鼓励新闻媒体广泛开展食品安全方面的公益宣传。动员专家学者和经过合法认可的知识分子、志愿人士，做好广大消费者的动员、解释和引导工作。向他们介绍和培养食品质量安全基本知识，科学理性的消费方式，合理合法的食品生产理论以及强烈的安全意识和维权意识。比如假冒伪劣产品和不安全食品的区分，如何辨认安全食品、正确认识食品添加剂，怎样解决食品纠纷和寻求法律援助等等。

充分发挥行业协会、新闻媒体和社会民众的力量监督食品质量安全，建立健全以政府为主导，行业协会、新闻媒体和社会民众等第三方积极参与的食品安全监管体系。强化社会舆论的监督，要充分发挥新闻媒体的客观公正的特点，回应有关方面反映的食品安全问题时，用事实说话。认真听取各方意见，接受群众监督，通过指导消费者提高自身能力，使他们能自觉抵制食品行业违法犯罪行为和问题食品，及时举报并献言献策。相关部门也应及时回应相关疑问、公示相关信息和事件处理进度，解除公众疑惑和恐慌，共同维护食品市场稳定秩序。

参考文献

[1] 汪江连，苗奇龙．论CAC及其法典编纂对完善我国食品安全标准体系的借鉴［J］．北京工商大学学报（社会科学版），2010，25（3）：84-88.

[2] 王宇．食品安全事件的媒体呈现：现状、问题及对策——以《人民日报》相关报道为例［J］．现代传播，2010，(4)：32-35.

[3] 汤金宝．食品安全管制中公众参与现状的调查分析［J］．江苏科技论信息，2011，(4)：29-30.

[4] 徐楠轩．欧美食品安全监管模式的现状及借鉴［J］．法律与社会，2007，(3)：233-234.

[5] 李爱君．发达国家食品安全的政府监管及其启示［J］．南京工业大学学报（社会科学版），2009，8（1）：59-63.

互联网社会身份管理制度构建与信息安全*

马民虎　赵丽莉　黄道丽　宋美江

内容提要

20 世纪 90 年代以来，信息技术的发展和互联网络的普及使得原本独立的网络空间不断向物理社会蔓延。其中，身份的识别就成为网络时代规范社会秩序和网络社会秩序的纽带，这就急需要一个方便人们从事网络活动，又便于管理的综合性手段——电子身份管理（eIDM)。电子身份管理是对网络活动数字化的综合反映，加强电子身份管理法制建设将推动我国信息化发展战略的实施。

实践表明，已有关于网络身份管理的法律法规适用性不足，使得电子身份管理法制建设面临许多挑战，主要表现在：身份管理法律制度难以适应网络平台信息安全要求；电子身份认证法律机制不健全；隐私与数据保护法律制度缺乏体系化。

本文结合我国电子身份管理法律制度遭遇的困境，吸收国外的先进做法，提出了完善电子身份管理制度的框架性建议，主要有以下几个方面：确立一般法与特别法相结合的立法模式；构建多维度互联网电子身份管理模式；完善隐私与数据保护机制，确保电子身份管理中的信息安全；建立完善的电子身份管理信息共享机制；完善电子身份认证机制。

一、引　　言

20 世纪 90 年代以来，信息技术的发展和互联网络的普及使得原本独立的网络空间不断向物理社会蔓延。互联网在人们的社会生活中占据越来越重要的地位，我们利用网络空间去交换信息，买卖产品和服务，以及在广阔的全球范围内进行在线交易，等等。然而，我们在享受技术便利的同时，也深受网络负面效应的困扰。“虚拟社会”产生的负面影响，可能催生严重危害国家安全和社会秩序的事件，比如互联网上充斥着大量黑客、病毒、木马、钓鱼网站等不安全因素，导致网上银行账号被盗、信息资料被窃等事件层出不穷，虚假信息、商业欺诈、失信行为、低俗、黄色内容等问题也无时无刻不在网上发生，制约着电子商务、网上支付等交易类应用的发展。据统计显示：

* 基金支持：信息网络安全公安部重点实验室开放课题“网络实名管理的法律机制研究”(编号：2010LLYJGASS058)。

2011 年上半年，遇到过病毒或木马攻击的网民达到 2.17 亿，比例为 44.7%；有过账号或密码被盗经历的网民达到 1.21 亿人，占 24.9%，较 2010 年增加 3.1 个百分点；有 8%的网民在网上遇到过消费欺诈，该群体网民规模达到 3880 万[1]。因此，身份的识别就成为网络时代规范社会秩序和网络社会秩序的纽带，这就急需要一个方便人们从事网络活动，又便于管理的综合性手段——电子身份管理（electronic identity management，eIDM）了。

目前，世界上一些发达国家在推行的发展计划中积极通过签发电子身份标志（electronic identity，eID），以实现虚拟社会的真实身份管理。欧盟为推行其电子政务计划，提供跨界的公共服务，围绕欧盟 i2010 电子政务行动计划，2009 年发布欧盟电子身份管理行动的报告（Report on the state of pan-European eIDM initiatives，2009）提出欧洲电子身份证的管理倡议，倡议内容要求提高跨境身份证明和跨境身份证资源的可用性[2]。比利时在 eID 领域担任先锋角色，2004 年，政府决定开始电子身份卡的普遍使用，从 2005 年 6 月开始，卡片在所有试点市全面发行。迄今为止，电子身份卡已被当做官方身份证明和欧洲旅行证件使用，并发行有专门针对儿童的身份卡[3]。在法国，eID 集成了认证和电子签名模块。目前实施的电子身份卡具有标准化和高度安全电子签名功能，适用于整个国家的 eID[4]。该证书的使用已经不仅仅局限在交易之间[5]。大多数服务是发生在行政部门和公民、行政部门和行政部门以及行政部门和商业部门之间的。美国从 2006 年 10 月起采用了联邦雇员身份卡（个人身份认证卡），发卡总数将会达到 3000 万到 4000 万。美国"智库"国际战略研究中心（CSIS）向其提出了"针对网络安全建立完整的国家安全策略"的报告，内容重点是网络空间的身份管理，尤其针对网络基础设施（信息和通信技术、能源、政府服务）建议适用强制性要求[6]。韩国从 2009 年 7 月 27 日 eID 生效，从 2009 年 4 月开始采用的 eID 范围扩大到日访问量超过 10 万人次的 153 个网站。

在我国，国家信息化发展战略提出了技术、管理和法律层面的战略任务，为构建信息安全保障体系作出了全面的部署，而电子身份管理已经成为当前亟待解决的难题[7]。2010 年，我国实施了一系列动作以期实现对网络空间的有效管理，但在普及过程中却并没有得到公众的普遍接受与认可。纵观国外电子身份计划和行动以及取得的成效，面对中国国内网络实名的困境，在中国建立完善的电子身份管理法律制度显得尤为必要。

电子身份管理是对网络活动数字化的综合反映。物理空间人们从事活动的平台不同，因此相应的管理必然也是分类管理。但是到了网络空间，人们的活动需要依赖综合性的网络平台才能进行。eID 将为网上应用提供一个可选择的、可信的真实身份认证接口，为公安机关实施虚拟社会安全防范与管控开辟新的路径，提升公安机关打击网络犯罪的执法能力。

二、互联网社会身份管理是信息安全的必然要求

（一）电子身份管理是网络实名制的基础

从 2002 年开始，我国网络实名制就开始步步推进，但并未得到普遍认可。实践

中，电子身份管理经常与网络实名制概念相混淆，事实上这两个概念并非等同：首先，电子身份管理是网络实名制的一个必经过程。电子身份管理通过发行电子身份证，来实现对个体虚拟身份的识别和验证，是将技术手段与法律手段结合来实现“网络实名制”的一种形式。其次，实现了对网络空间的电子身份管理，网络实名制的推行才能更好地开展。

（二）信息安全对电子身份认证的需求

在现实空间中，每时每刻都发生着各种形式的身份认证，正式或非正式。国家机构通过身份认证来实现对现实社会的有效管理，维护社会秩序和保障国家安全。与物理世界相类似，网络空间同样需要通过身份认证来完成信息的传递。对于身份验证，网络空间和现实空间在理论上没有太大的区别，但在实践中却截然不同，承载身份信息的姓名在网络空间的身份认证中发挥不了作用。

固化在互联网中的 TCP/IP 协议是传递数据包的最佳方式。数据包的内容是什么、发出人有什么意图，这些都不是 TCP/IP 协议所关注的。它需要做的，仅仅是将数据包传递到终端。向用户传送网页的服务器不可能从互联网协议本身了解到有关用户自己的任何信息。以数据为主体，网络空间下的身份认证变成了 TCP/IP 协议[8]。而互联网的端对端原则造成了一个后果：仅仅依靠互联网协议，身份和验证几乎无法实现。

在现实空间中，确认他人身份的过程包含三个要素：身份、验证和信用证书。“身份”，是指你的所有信息，指关于你的一切真实情况。信息的真实与否，常常需要经过“验证”。验证过程中的一个关键工具就是信用证书。在现实世界，人是主体，信息依附人而存在。而到了网络空间，人的真实身份信息由于隐藏而无法被识别，在这里信息是主体，人依赖于信息而存在。匿名在网络空间最初的发展阶段里几乎成了最高法则。

（三）电子身份管理制度成为保障信息安全的必然

当虚拟社会安全威胁、身份盗取和滥用问题显现，安全与诚信方面的负面影响亟待解决，构建可信任的网络空间，保障信息安全已成为电子政务、电子商务和各类在线应用的基石。[9]“互联网电子身份管理（eIDM）在增加资源的更好利用、促进创新和经济增长、提升用户便利、加强信息安全、提高用户隐私保护和构建可信任的网络空间环境等方面具有明显的优势，这使得 eIDM 制度管理模式及法律保障的探索和研究成为必然。”具体而言，可信网络空间构建对电子身份管理的新需求主要包括以下方面：

（1）在政府服务方面，为电子政务服务、公众安全服务、国家安全服务等方面提供身份保证服务和能力；

（2）在商业应用方面，通过使用通用的身份管理基础设施提供身份保证功能与能力，实现各种应用和业务的连接；

（3）在最终用户服务方面，为用户提供了对个人隐私信息的控制能力，能够为个人可识别信息提供保护，防止身份的盗取与滥用。

这些新的要求使互联网身份管理将面临新的挑战，需要构建综合的互联网电子身份管理以及完善相应的法律保障。

三、互联网身份管理法制建设现状与问题分析

（一）电子身份产业化应用现状及前景

“电子身份证”是自2010年起悄然诞生的一种新的实名制应用模式。北京聚宝网络公司自2009年1月起承担中国电子身份管理相关标准的研究和起草工作，并搭建国内首家集中式身份认证管理平台。电子身份管理在技术标准、法律制度方面面临的挑战使电子身份产业化应用方面还处于起步阶段。聚宝公司2010年与国内最大的游戏交易网站5173建立电子身份合作和交易保权合作，被认为是电子身份迈向市场应用的开端。目前，通过聚宝公司搭建的电子身份管理平台主要接入网游虚拟交易平台、网游运营平台、网吧综合管理等方面。

2011年8月30日，人力资源和社会保障部（简称人保部）证实，社保卡将与居民身份证统一并将全国通行，同时，新社保卡除原有的社保功能外将加载金融功能，可以作为银行卡使用，用以借记应用，使用户同时享受社保待遇和金融服务。

按照eID的设想，将来的eID将被嵌入银行卡、社保卡、驾驶证、居民身份证等不同载体中，并能够被手机、电脑等不同终端设备读取，广泛服务于电子商务领域、电子政务领域、民生事务服务（医疗、保险、学籍报名、公积金等方面）、网络治理（实名注册登记、数字视频的安全性等）等领域。

（二）我国电子身份管理法制环境现状

电子身份计划的推行需要法律制度的保障，目前，国内与电子身份管理相关的法律主要体现在以下几个方面。

1. 身份管理方面的法律规范

目前，可以适用于电子身份管理的法律规范主要体现在（表1）：2004年的《居民身份证法》，规定了居民身份证的制作与发行情况；2005年针对电子签名和电子认证发展出台的《电子签名法》，规定了认证机构资质、确认了电子签名的法律效力；2010年7月1日实施的《侵权责任法》确定了网络隐私权的概念，并对网络侵权作出了规定。

表1 身份管理方面的法律规范表

政府部门	发布/实施时间（年．月．日）	文件名称	文件内容
全国人民代表大会常务委员会	2004.1.1	《居民身份证法》	第2条：居民身份证登记的项目包括：姓名、性别、民族、出生日期、常住户口所在地住址、公民身份号码、本人相片、证件的有效期和签发机关

续表

政府部门	发布/实施时间（年．月．日）	文件名称	文件内容
全国人民代表大会常务委员会	2005.4.1	《电子签名法》	第14条：可靠的电子签名与手写签名或者盖章具有同等的法律效力
全国人民代表大会常务委员会	2010.7.1	《侵权责任法》	第36条：网络用户、网络服务提供者利用网络侵害他人民事权益的，应当承担侵权责任 网络用户利用网络服务实施侵权行为的，被侵权人有权通知网络服务提供者采取删除、屏蔽、断开链接等必要措施。网络服务提供者接到通知后未及时采取必要措施的，对损害的扩大部分与该网络用户承担连带责任 网络服务提供者知道网络用户利用其网络服务侵害他人民事权益，未采取必要措施的，与该网络用户承担连带责任

2. 数据保护方面的主要法律规范

关于数据保护方面的法律制度主要体现在（表2）：《关于维护互联网安全的决定》、《互联网信息服务管理办法》、《互联网电子公告服务管理办法》、《计算机信息系统安全保护条例》等法律法规。

表2　数据保护方面的法律规范表

政府部门	发布/实施时间（年．月．日）	文件名称	文件内容
全国人民代表大会常务委员会	2000.12.28	《关于维护互联网安全的决定》	第2条：利用互联网侮辱他人或捏造事实诽谤特任及非法获取、篡改、删除他人的电子邮件或者其他数据资料，侵犯他人通信自由和通信秘密的，可以构成犯罪，依照刑法追究责任
国务院	1994.12.18	《计算机信息系统安全保护条例》	第7条：任何组织或个人，不得利用计算机信息系统从事危害国家利益、集体利益和公民合法利益的活动，不得危害计算机信息系统的安全
信息产业部	2000.10.8	《互联网电子公告服务管理办法》	第12条：电子公告服务提供者应当为上网用户个人信息保密，未经他人允许，不得向他人透漏
国务院	2000.9.20	《互联网信息服务管理办法》	第6条：（2）从事经营性互联网信息服务，有健全的网络与信息安全保障措施，包括网站安全保障措施、信息安全保密管理制度、用户信息安全管理制度

3. 网络实名方面的法律规范

2010年以来，国家工商总局、文化部、工信部相继颁发了“网店实名制”、“网游实名制”和“手机实名制”等相关法规文件（表3）。

表 3　网络实名方面的法律规范表

政府部门	发布/实施时间（年．月．日）	文件名称	文件内容
杭州市政府	2009.5.1	《杭州市计算机信息网络安全保护管理条例》	第 19 条：互联网信息服务提供者应当建立并落实以下安全保护制度和安全保护技术措施：提供电子公告、网络游戏和其他即时通信服务的，具有用户注册信息和发布信息审核功能，并如实登记向其申请开设上述服务的用户的有效身份证明
中国国家工商总局	2010.7.1	《网络实名交易管理暂行办法》	第 10 条第 2 款：通过网络从事商品交易及有关服务行为的自然人，应当向提供网络交易平台服务的经营者提出申请，提交其姓名和地址等真实身份信息。具备登记注册条件的，依法办理工商登记注册
文化部	2010.8.1	《网络游戏管理暂行办法》	第 21 条：网络游戏运营企业应当要求网络游戏用户使用有效身份证件进行实名注册，并保存用户注册信息
工信部	2010.9.1	手机实名制；拟出台《通信短信息服务管理规定》	申请移动业务（包括小灵通）的消费者在购买卡号时，须持本人有效身份证件，运营商对证件严格核验并复印登记。确保所用手机号码都与身份真实的个人一一对应
财政部	2010.9.26	《互联网销售彩票管理暂行办法》	第 15 条：彩票购买者利用互联网购买彩票，应当通过彩票发行机构的互联网销售彩票管理系统注册开设投注账户。投注账户仅限彩票购买者本人使用，账户信息包括彩票购买者姓名、有效身份证件号码、联系电话、交易记录、资金收付记录等

实践表明，目前关于网络身份管理的法律法规适用性不足，作用有限，如《居民身份证法》主要适用于传统身份证的管理制度而无法涵盖网络平台电子身份的应用，缺乏关于虚拟社会电子身份证的具体规定，也没有适应电子身份的具体标准；《电子签名法》主要用来解决身份证明中不可抵赖性的认证，与自然人的真实身份无关，并不能解决网络真实身份问题；隐私和数据保护方面的法律制度缺乏体系化，使得公民隐私和数据安全在电子身份推行中难以得到有效保护，面临威胁和挑战。

（三）电子身份管理法制建设问题分析

1. 身份管理法律制度难以适应网络平台信息安全要求

《居民身份证法》可以为电子身份证的推行提供可行性依据，为虚拟世界社保领域公民身份的确认提供一些法律依据，但是该法主要针对的是身份证领域，还缺乏关于虚拟社会电子身份证的规定。与传统的第二代居民身份证相比，电子身份证是网络远程证件，持卡人在网上出示的智能卡载体的种类并不影响电子身份证验证方的验证结果。只要符合电子身份证技术要求的智能卡都可以嵌入电子身份证，经过政府主管部门现场审核身份以后进行签发。电子身份证的科技含量高于第二代居民身份证，其发行方式、法定登记项目、证件基本形式、查验和使用等都将有别于现有的居民身份证。而这些内容都需要以法律形式进行规范，才能确保电子身份证的权威性和安全性。

《居民身份证法》第三条第一款规定："居民身份证登记的项目包括：姓名、性别、民族、出生日期、常住户口所在地住址、公民身份号码、本人相片、证件的有效期和签发机关。"第六条又进一步规定："居民身份证式样由国务院公安部门制定。居民身份证由公安机关统一制作、发放。居民身份证具备视读与机读两种功能，视读、机读的内容限于本法第三条第一款规定的项目。"电子身份证将广泛地应用于电子政务、电子商务和网上应用等领域。电子身份证的实践要求它除了包含上述身份证法中规定的法定登记项目外，还应包含其他数据信息，如网上银行账号、社会保险编号、医疗保险号码等，甚至是指纹、生物特征等隐私性数据。

2. 电子身份认证法律机制不健全

《电子签名法》可以解决电子签名效力问题，但是电子签名法不能解决网络真实身份问题。电子签名只提供电子签名中不可抵赖部分的证明，而不提供身份的验证。从功能而言，电子签名解决的是文件归属与身份辨别问题，即交易信息是由谁、由什么样的人发出，它主要用于数据电讯本身的安全，使之不被否认或篡改，是一种技术手段上的保证；认证解决的则是签名者的可信度问题，即交易对方是否确实就是签署的名字所代表的人，其资信是否可靠，它主要应用于交易关系的信用安全方面，是一种组织制度上的保证，它不仅需要一定的技术标准，还需要有一定的社会组织与之配套。可以说，认证是建立在电子签名这种技术保障之上的组织保障。前者解决的是表面问题，后者则针对前者解决实质问题[10]。电子身份证中将包含两个证书——电子签名和认证证书，电子签名用于识别电子身份证持有人的身份并表明持有人对其中内容的认可，电子认证则基于确认持有人身份的真实性，解决电子签名和身份的对应性。电子身份管理中的身份认证，旨在解决网络行为的匿名化带来的网络交易信用问题，即以特定的机构对电子签名及其签名者进行验证，确保行为人身份的真实性。如果签名证书被确认为是有效的，但认证证书无效也不能享受相应服务。我国的电子签名法只含有电子签名的规定而缺乏电子身份认证的规定显然不能适用电子身份证的发展。我国的《电子认证服务管理办法》主要是用于统一认证市场，加强对认证机构的监管，并没有具体的电子身份认证规定。因此，在现有电子签名法基础上修改加入电子身份认证的规定是必要的。

3. 隐私与数据保护法律制度缺乏体系化

隐私问题是所用公众对电子身份管理最大的担忧。由于互联网的自由性和开放性，自然人的隐私权在网络空间受到了前所未有的威胁和挑战。在我国，并未形成体系化的隐私与数据保护法律制度，在数字化时代，面对复杂的网络隐私侵权现象并未起到有力的防治作用。网络的自由和开放性很容易暴露网络用户的网络隐私，而且这些隐私信息由于互联网的技术性又易被他人非法地传播和利用。超时空的网络在一定程度阻碍了网络隐私权侵权案件的取证和侦破。

在我国，隐私权一直以来被作为一种名誉权予以保护。侵权责任法也只是确立了隐私权作为一种民事权利的法律地位，并未形成体系化的隐私保护法律制度。在互联网环境下，对隐私侵害的原因大多是基于经济目的，所以以名誉权为基础保护隐私权显得尤为吃力。在立法方面，我国对互联网环境下隐私权的保护更显苍白，仅在一些相关法律中涉及了这一问题，如上述《互联网电子公告服务管理规定》、《全国人大常委会关于维护互联网安全的决定》中的规定。这些规定为电子身份管理法律制度中隐私权的保护奠定了一定的法律基础，但在我国，现阶段还没有有关隐私权的比较成形的法律，仅是在一些零散条文中有所涉及，过于简单笼统，难以具体操作。

四、我国互联网身份管理法制建设的挑战及变革趋势

（一）我国互联网身份管理法制建设的挑战

新社保卡的发行计划是eID产业化应用趋势之一，随着类似社保卡业务的逐步推广和应用，电子身份管理也将面临技术标准、管理机制、隐私与数据保护、不同利益主体协调等方面的挑战。“安全可靠”是美国“网络空间中可信身份的国家战略”提出的基本指导原则之一，并因此确立了增强对身份认证生态系统的信任度和参与度的目标任务。eIDM是维护信息安全的新趋势，也是提升国家信息安全的有效途径。从各国的实践来看，eIDM制度是电子政务制度的一部分。eIDM系统（如数据采集、PKI、IT网络系统）涉及公民的个人隐私数据和政府敏感信息，属于提供社会公共服务和国家安全支撑的关键基础设施，其安全保障问题至关重要，这就需要确立完善的信息安全保障机制。

1. eID管理的互操作性和应用的综合性

物理空间人们从事活动的管理是分类管理，因为从事活动的平台不同，有海关的、户籍的、旅游的，等等，但是网络空间则是综合的平台——网络。综合平台要求互联网身份管理实现对网络活动数字化的综合反映，这需要对自然人从事网络活动的综合身份信息进行管理，这种综合身份信息既包括身份证法规定的信息，也包括其他特殊法规定的身份信息。显然，基于现实环境的身份管理模式难以适应网络平台综合管理需要，尤其针对他国自然人在中国从事网络活动的管理更为困难，互联网身份管理综合性的要求因此也成为实现虚拟社会安全防范和管控的困境之一。2010年6月美国发布的《国家网络空间可信身份国家战略》（NSTIC）中将互通互用确立为基本指导原则。对一个国家来说，构建eID管理制度需制定综合的身份认证管理战略，不能局限于以特定国家安全、隐私保护及其他社会问题为重点的身份认证管理措施，否则将导致eID管理的协调趋于复杂或形成阻力，限制公共机构和私立部门之间的协调。

2. 不同主体间的利益平衡

作为公民网络活动和真实身份管理机制，电子身份建设被认为是有效推行网络实名制的必经路径，这需要政府行政管理部门承担管理和监督的职责，面临行政管理部门与普通网民之间的利益博弈[11]。政府管理部门需要借助eID推行实现网络实名管理，

遏制违法和犯罪行为，进而解决网络安全和诚信问题，而网络用户则更关注个人隐私安全以及自由表达权利的行使。因此，eIDM管理应注意平衡网络安全、政府管理、个人、商家间的利益关系，协调公权与网民私权之间的关系就成为电子身份管理制度建设中面临的问题之一，否则可能陷入行政权滥用漩涡而给网民带来潜在危险[11]，违背eID推行实践目标。

（二）未来电子身份管理法制建设的价值目标要求

“法的价值”是指法律在发挥其社会作用的过程中能够保护和增加哪些价值[12]。人权、秩序、自由、正义和效率，在现代社会更是备受重视的基本价值。法律发挥社会作用的目的也就在于对这些有价值的事物予以保护并促进其增加，这些价值构成了法律所最追求的理想和目的。

数字经济时代，我们追求一个更为安全、高速发展和高效率的网络空间。构建电子身份管理法律制度，其价值目标体现在通过法律规范来实现对网络社会的综合治理，以保障信息安全，推进产业发展，提高社会管理和服务效率。

1. 保障信息安全

当前，互联网发展迅猛、影响日增，已经成为人们生活不可缺少的组成部分。互联网在给人们带来便捷服务和海量信息的同时，其自身的安全问题也日益凸显。网络虚拟性带来的安全问题，对国家安全和社会稳定构成严重威胁，同时也阻碍了电子商务的发展和电子政务的推广。因此，建立电子身份管理法律制度，保障信息安全是关键。在电子身份管理中，信息安全包括三个方面：网络空间安全，个人信息与隐私安全，产业发展和社会管理安全。

1）网络空间安全

随着社会生活对网络空间的依赖程度不断增强，网络空间的安全备受关注，具有与现实空间安全同等重要的地位。然而，网络空间比现实空间具有更大的开放性和自由性，且由于网络空间的身份虚拟性，使得网络空间更容易滋生各种违法犯罪活动，后果更为严重，损失更为惨烈。现如今，互联网上充斥着钓鱼网站、木马病毒、黑客、垃圾邮件，遍布信息资料被窃、网银账号被盗等安全威胁，身份欺诈、网络诽谤等违法犯罪行为无时无刻不在发生。虚拟世界的灾害事件已经波及现实世界，对社会的经济、政治与文化等领域造成了巨大影响和严重威胁，构建网络秩序实现网络空间的安全已成为互联网信息安全领域不可回避的命题。

在构建安全的网络空间中，网络安全技术与工具是网络空间安全的基础，高水平的网络安全技术队伍是网络空间安全的保证，严格的管理则是网络空间安全的关键[13]。应该认识到，任何网络安全和数据保护的防范措施都是有一定的限度，一劳永逸的网络安全体系是不存在的。网络安全需要所有个体的参与和维护，更需要制度的发力。面对网络“匿名化”带来的一系列问题，我们寄期望通过互联网真实身份管理机制——电子身份管理来解决。电子身份管理是网络空间安全的重要组成部分，通过验证身份信息的有效性，提供更高的保障，从而改善网络空间的安全性。

当然，任何一项制度的设计都无法做到完美无缺，电子身份管理亦如此。推行电子身份证，将涉及公民身份信息和隐私数据的收集和处理、电子身份管理系统的安全性等问题。公民普遍顾虑，在电子身份管理中国家出于网络安全的目的，侵犯公民隐私，进行网络监控。因此，政府将构建法律制度来规范电子身份管理。在构建电子身份管理法律制度中，保障网络空间的安全是首要目标，但同时应平衡网络安全、国家、个人、商家之间的利益关系。

2）个人信息与隐私安全

在网络时代，个人信息资料具有巨大的商业价值，传统隐私的范围得到新的扩展。信息技术的发展和普及，许多黑客通过解密的相关程序或技术就可以窃取个人网上银行的账户信息、各种论坛的用户资料、游戏账号及密码等重要的数据信息。网络的自由和开放性很容易暴露网络用户的隐私，而且这些隐私信息由于互联网的技术性又易被他人非法地传播和利用。超时空的网络在一定程度上阻碍了隐私权侵权案件的取证和侦破。现代网络科技提高了人们甄别个人信息的能力，但是互联网信息技术的进一步发展也给网络用户的隐私权保护敲响了警钟。

推行电子身份证，实现对互联网的真实身份管理，是维护信息安全的新趋势，也是提升国家信息安全的有效途径，个人信息与隐私的安全是电子身份管理中不容忽视的课题。英国电子身份证推行受阻最主要的原因就是个人信息与隐私安全问题得不到有效解决。公民普遍担心，一是个人身份信息数据库的安全性受到质疑，被收集的个人信息和隐私得不到有效保护，存在被泄露的危险，二是被收集的个人信息可能受到国家机构及其相关部门的非法使用、处理。2010 年 6 月美国发布的《国家网络空间可信身份国家战略》（NSTIC），隐私保护问题即是该法案的基本指导原则、目标任务和行动保障之一，其中重点解决的问题之一就是个人信息与隐私安全问题。

为了缓解电子身份管理与公民个人信息和隐私安全之间的矛盾，在构建电子身份管理法律制度时，必须注重对公民个人信息与隐私的保护，保证个人信息与隐私不被随意公之于众。特别是在隐私保护意识相对薄弱的中国，公民对他人隐私的尊重程度普遍不高，立法上也尚未取得突破性进展。因此，保护互联网用户的个人隐私安全显得更为重要，因为没有法律保护的权利是始终是脆弱的。这就需要加快立法，通过立法规范个人信息收集、使用以及泄露应当承担的法律责任等内容。我国所采取的法律措施应当以保障公民权利为前提，在保护国家安全和公民权利之间达到一种平衡。

3）产业发展和社会管理安全

电子商务和电子政务的安全直接涉及广大企业、网民的财产安全和切身利益，是电子商务和电子政务发展必须要迈过的一道坎。特别是当前网络诈骗、盗窃频发，电子商务和电子政务安全问题引起广大网民的普遍关注和担忧，已经成为制约电子商务和电子政务发展的一个突出问题。

在互联网环境下，电子商务和电子政务中的主体同样具有互联网主体的“虚拟”化特性。在电子商务和电子政务中，对于主体资格的确认尤为重要，这也正是互联网的实名化形态大量存在于电子商务和电子政务中的原因[14]。在电子商务、电子政务等网络应用中，交易双方都有核实对方身份的要求，如何判别商务网站是可信的、不是钓鱼网站，是非常重要的；同时，确保交易信息，如用户账号信息等，不被窃取、篡改，也是重要内容。在开放的网络环境下处理交易，如何保证传输数据的安全，是相当一部分消费者和企业不愿使用电子商务的主要顾虑。

电子身份证整合了电子签名和认证两个板块，允许公民认证并产生有效的电子签名。这样既可以使用户验证其所访问的网站是否真实可靠，也可以在用户和服务器之间实现数据信息的加密传输。认证机构在实现电子签名过程中的作用，相当于签发给使用人电子身份证件，确认电子签名人彼此之间的合法身份，因此建立权威的认证机构和确认认证机构签发的数字证书的法律效力对于保证电子签名的安全性是至关重要的[15]。同时，用法律规范确立电子身份认证的标准，运用技术和法律手段增强身份信息系统的安全性，也非常重要。只有在这样的制度设计下，才能真正实现电子商务和电子政务的安全。

2. 推进产业发展

电子商务是基于互联网、以交易双方为主体、以电子支付为手段、以客户数据为依托，建立起来的全新的商务模式。电子商务的发展，受到很多因素的影响，这些因素包括：电子商务诚信问题、网上交易的安全性问题、网上支付问题、电子合同、电子证据的相关法律问题、税务问题、标准问题等[16]。

电子身份证的推行，将有助于清除电子商务发展中的障碍，推进电子商务的发展，提高电子商务的效率，具体表现在：一是促进电子商务诚信体系的建立。在商业交往中，信任是必不可少的。缺乏诚信是阻碍电子商务发展的一个重要障碍。现实社会的社会信用体系建设还很不完善、社会信用意识差、电子商务的相关法律制度建设尚不健全、行业自律尚未形成等是电子商务中失信问题存在的影响因素。面对互联网的匿名性、虚拟性和开放性特性，网民守法意识单薄、自我约束的主观意愿不足即成为电子商务中失信的主要因素。电子身份证，能有效嫁接现实身份和虚拟身份，实现电子商务中对虚拟身份的识别，能减少商业欺诈和失信行为。此外，将信用记录存储在电子身份证中，还能督促人们形成良好的信用消费习惯。电子身份证的推广使用，将有助于电子商务诚信体系的建立。二是保障消费者安全权。保障消费者安全权的前提，就在于为电子商务构建一个安全的交易体系，通过数字签名、认证管理等技术手段来保障消费者的交易安全。对消费者安全权的保障，离不开技术和法律两个方面，技术上主要依赖于加密、交易双方当事人的身份鉴别、数据信息存取控制策略等手段，法律上一方面应尽快制定规范的电子商务交易标准，另一方面应明确交易双方当事人的法律关系和法律责任，以确保交易安全的实现。电子身份管理将电子政务和电子商务签名认证统一架构，从法律上严格规范数据信息交流，确保身份验证和识别的安全性，这是消费者安全权的有力保障。三是节约电子商务成本。追求经济效益的最大化，是经济活动的最大追求。电子身份管理中，将为电子商务提供一个可选择的、真实可靠的身份认证接口。当用户要进行身份验证时，只要输入电子身份证号，就可以接入全国联网的身份信息数据库中，而不需要企业对用户信息进行身份验证，这节约了电子商务企业的成本。四是提高电子商务效率。电子身份证的推行，减少了中间环节，确保了电子签名的安全性和身份验证的准确性和真实性，大大提高了电子商务的效率，对推动我国电子商务的发展具有重大贡献。

3. 提高社会管理与服务效率

电子政务作为电子信息技术与管理的有机结合，成为当代信息化的最重要的领域之一。所谓电子政务，就是应用现代信息和通信技术，将管理和服务通过网络技术进行集成，在互联网上实现组织结构和工作流程的优化重组，超越时间和空间及部门之间的分隔限制，向社会提供优质和全方位的、规范而透明的、符合国际水准的管理和服务。纵观国内外电子政务的发展和现状，电子政务推广的目的无外乎都是为了改善政府管理与服务方式，提高管理与服务效率。

欧盟“i2010 电子政务行动计划”，就提出“到 2010 年所有欧洲公民企业管理部门应受益电子身份证所带来的便利，提供电子身份证是会员国的责任，电子身份证在整个欧盟都受到认可”。电子身份证的推行将有助于电子政务的推广，提高社会管理与服务的效率。例如，比利时政府推行的电子身份证即能够满足身份认证和个人电子签名的需求，推动了电子政府计划的发展。

电子身份管理信息作为法律认可的可识别的唯一的真实身份信息，是信息时代社会管理的基础。电子身份证将广泛应用于电子政务，仅仅基于国家人口基本信息系统建立全国身份信息数据库是不够的，政府部门和社会服务行业建立的各类真实信息服务管理信息系统应作为执法机关的重要信息来源。而电子身份管理制度的实践将有助于实现在国家人口基本信息系统的基础上统筹社会保险参保人员信息系统、人民银行账户管理系统、民航旅客信息系统、国家法人基础信息库等信息系统，构建一个涵盖各种综合信息的全国身份信息系统。因此，电子身份管理制度的建立可促进执法机关与相关政府部门、社会单位之间建立完善的信息共享机制，实现信息共享，协助执法部门执法工作的开展，保障电子政务的开展，最终提高社会管理与服务的效率。

（三）互联网身份管理法制建设的趋势

从长远来看，电子身份管理的法律制度构建任重而道远。电子身份管理是一个比较新颖也比较复杂的法律问题，从国外的相关立法历程和我国关于实施电子身份证的探讨来看，电子身份管理的每一次立法足迹都伴随着巨大的争议。因此，过于保守或者激进的法律制度都不符合要求，也难以被社会公众接受。电子身份管理首先是一个法律问题，同时也是一个技术问题、政策问题，需要法学界、行政界和技术界的通力合作。在目前的技术条件下，电子身份证的技术难题已经解决，也在许多试点领域进行了推广。在这一技术背景之下，应该确立一个多角度、多层次的综合管理框架，综合立法、政策、技术等多种措施，推动电子身份证的全面应用。而关于我国应该采用何种认证标准何种认证技术、怎样实现互通性等问题都将是未来电子身份管理法律建设的重点。

五、完善互联网身份管理法律制度，保障信息安全的对策与建议

与其他国家相比，我国电子身份管理方面的法律制度相对滞后。电子身份管理首先是个法律问题，只有在法律的框架内实施，才能有条不紊。网络匿名化下，身份盗

用猖獗、社会诚信缺失、网络安全存在巨大威胁，仅仅依靠分散的法律条文、原则性的法律规定，以及相关部门的政策性制度是难以应对这一难题的。为此，本文结合我国电子身份管理法律制度遭遇的困境，吸收国外的先进做法，提出了完善电子身份管理制度的框架性建议。

（一）确立一般法与特别法相结合的立法模式

由于法律总是滞后于社会的发展，现有法律条文始终无法完全应对实际法律问题。但是不是说为了解决某一具体的法律问题，就需要立法者起草一部特别法来调整。如果在现有的法律框架内进行部分增删便能够解决，那么花费巨大的法律成本制定特别法是不必要的[17]。

在我国电子身份管理法律制度滞后，而电子身份管理实践的快速发展又对法律制度的构建有着迫切需要的情况下，可以考虑特别法先行，及时解决电子身份管理中的身份管理、电子身份认证、个人信息与隐私保护等问题。现在，许多国家都是在完善现有法律制度以满足电子身份管理法制化需要的同时，制定电子身份管理的专门性法律规范。例如比利时 2003 年 3 月 25 日发布的关于电子身份证（eID cards，简称 eID 卡）法律框架的皇家法令（*Royal Decree of 25 March 2003 on the Legal Framework of Electronic ID Cards*），此法令规定了关于电子身份证的基本条款，包括电子身份证的基本形式。

就我国实际情况而言，针对电子身份管理中存在的法律问题制定特别法有两个方面的优点：

第一，便于政府管理与电子身份证的应用，并及时解决应用过程中出现的法律问题。现行法律尚未针对电子身份管理进行定义与规范，仅有相关的分散的法律条文并不符合国家管理的需要和发展趋势。

第二，专门法能够更有针对性的解决实际问题。“特别法优于一般法”是世界各国普遍承认的一项基本原则。从法的效力的四个维度观来看，一般法是指在时间、空间、对象以及立法事项上作出的一般规定的法律规范，特别法则是与一般法不同的适用于特定时间、特定空间、特定主体（或对象）、特定事项（或行为）的法律规范。因此，在处理复杂的网络空间中的法律关系时，一般法与特别法相结合具有无可比拟的优势。

（二）构建多维度互联网电子身份管理模式

确立怎样的互联网电子身份管理模式成为网络实名制推行的重要前提。结合目前我国网络实名制沿革和信息安全管理体制的实际情况，构建多维度的互联网身份管理模式是我国电子身份管理制度建设的重要保证。

维度一：以我国公安机关为主管部门，建设互联网真实身份管理平台。

借助公安机关人口管控的职能和资源，公安机关可以行业单位为技术依托建设互联网真实身份管理平台。电子身份管理发展初期可选择在某一个或几个城市试点，建设区域的身份管理平台，探索管理体系建设，成功后在全国推广，形成全国统一的、权威的、最具公信力的互联网真实身份管理平台。具体可借鉴韩国的实践做法，以

“前台匿名、后台实名”为原则构建电子身份管理平台，网民通过身份验证，得到一个能在网络空间下行为的代码，然后用此代码进入网络空间，甚至可以用此代码再去注册，随意命名“昵称”。这种电子身份管理模式，建立在尊重网络空间匿名规则的前提下，通过技术和法律手段实现对互联网真实身份的识别和验证，以填补网络空间下主体缺失的法律规制漏洞，塑造安全、自由、平等、诚信、有序的网络空间。

维度二：公安机关确保网络身份认证的真实性与权威性。

eID卡可通过在我国现行的市民卡、社保卡或医保卡中嵌入eID而形成。该卡是由公安机关通过比对居民身份证等户籍信息，为公民签发的，代表公民在互联网上的唯一真实身份，供公民在网络应用时出示和使用的、类似现实社会公民身份证的互联网电子身份证。eID卡属于智能卡，包括两部分：唯一的网络标识符，即证件编号；数字证书，包含加密、验证、签名等机制。其携带的信息可分成外显式与芯片储存的内储式两类。外显式的信息如医保卡、市民卡或社保卡的图样信息和姓名、性别、民族、出生日期、常住户口所在地住址、公民身份号码、本人相片、证件的有效期和签发机关等较永久的信息。芯片储存的内储式信息可规划分成三种：第一，个人基本信息（如现有身份证的所有数据）；第二，社保、医保或市民信息（如卡号、有效期限、职业技能、就业状况、婚姻状况、养老、失业、医疗、公积金等相关信息）；第三，电子商务应用信息。为此，应由公安机关严格认定申请用户的真实身份后发放相应的eID卡，以确保网络身份认证的真实性与权威性。

维度三：对接现实社会和虚拟社会的角色。

在法律强制要求场合、电子政务和电子商务等活动中，公民通过出示个人唯一的网上身份标识（可通过读卡器将eID卡与互联网连接），由真实身份管理平台证实持卡人的真实身份并完成相关管理操作，为公民在互联网上的各类应用提供技术支撑。通过这一过程将现实社会和虚拟社会的角色一一对应和关联起来。

总体而言，这一互联网电子身份管理模式具备我国现行网络实名制无可比拟的两大优势：第一，可为完善网络诚信体系提供基础保障。这一模式通过建立统一的互联网身份认证体系，从根本上对互联网使用者的身份进行有效鉴别和判定，由公安机关保证网络身份认证的真实性与权威性。这解决了网络诚信体系建设的一个关键环节问题，可以为我国网络实名法规的贯彻落实提供技术支撑手段。第二，成为公安机关社会管理创新的有效途径。这一模式中通过建立配套管理与服务平台，可实现对虚拟社会中行为人真实身份的确认及其活动轨迹的有效感知。公安机关可将现实社会的人口管理职能进一步延伸到虚拟社会，构建现实社会与虚拟社会的统一管理体系。这一模式实现了公安机关网络与社会管理的重大创新，更有利于维护社会秩序、保障国家信息安全。

（三）完善隐私与数据保护机制，确保电子身份管理中的信息安全

电子身份认证的安全性问题已成为推行电子身份管理的障碍之一。单靠技术，无法解决电子身份管理中的个人信息与隐私保护问题。毫无疑问，技术需要法律支撑。目前，我国法律对于个人信息和隐私的保护力度还比较薄弱，没有专门的数据保护法，

隐私权保护的条款也只是散落于一般法中，缺乏体系化规定。电子身份管理的前提是要保护个人信息和隐私，如果无法解决个人信息和隐私保护问题，公众会因担忧个人信息和隐私泄露而对电子身份证不认可和不接受，电子身份管理就不具有可行性。在互联网环境下，个人信息和隐私均以数据的形式存在，作为一种权利资源，建立完善的法律制度予以保护，对于保障个人信息安全和个人信息的有序流动，对于建立互联网上的信任体系，保障互联网的健康和可持续发展具有重要的基础性意义。

立法上解决个人信息与隐私保护问题，有两个途径：一是制定专门的个人信息与隐私保护的法律，二是在电子身份管理法律制度中规定保护个人信息和隐私。鉴于我国在个人信息和隐私保护方面的传统做法和电子身份管理中个人信息和隐私保护的特殊性，第二种解决途径更值得推广。

首先，在电子身份管理法律制度中规定个人信息与隐私保护的基本原则、保护范围、个人信息和隐私主体的权利、数据控制者义务、除外条款等内容，以保护个人信息和隐私的安全。

其次，制定安全性法律规范和标准规范，从管理上保障安全。严格规范数据信息交流，确保身份验证和识别的安全性。在涉及网络安全方面的法律规范中对电子身份证管理安全风险评估和监控机制、安全监督机关、提出切实可行的解决方案。

（四）建立完善的电子身份管理信息共享机制

在电子身份管理中，应促进执法机关与相关政府部门、社会单位之间的信息共享，建立完善的信息共享机制。由于电子身份证将广泛应用于电子政务，仅仅基于国家人口基本信息系统建立全国身份信息数据库是不够的，应将政府部门和社会服务行业建立的各类真实信息服务管理信息系统作为执法机关的重要信息源，在国家人口基本信息系统的基础上统筹社会保险参保人员信息系统、人民银行账户管理系统、民航旅客信息系统、国家法人基础信息库等信息系统，构建一个涵盖各种综合信息的全国身份信息系统，以适用电子身份证的实践需要。

然而，电子身份管理中信息共享并不是单单指信息的互通，需要建立一套健全的机制来规范和促进信息共享。首先，建立信息共享管理机制，明确共享的主管机构，确定相关部门及其职责，信息共享的原则、协调内容和规范；其次，确立信息共享的业务机制，包括信息的采集、建设、组织、使用（共享和交换）、保存等生命周期的机制建设；第三，规范信息共享技术标准。健全的信息共享机制的建立，一方面能够保证电子身份管理中个人信息的真实性、可靠性和安全性，另一方面，也能节约电子政务成本，实现各政府机构之间的合作共赢。

（五）完善电子身份认证机制

电子认证是认证机构对电子签名及其签署者的真实性所作的认证，以电子签名为前提，是基于电子签名而产生的一项保证电子商务和其他电子交易安全的法律措施。第三方安全电子认证机构对电子签名等信息进行认证，从而保证了电子数据及其签名的安全性和可靠性。[18]在电子身份管理中，合理的电子身份认证机制的建立显得尤为重要。

在我国，建立电子身份认证合理机制应该努力做到以下几个方面：

首先，明确公安部门电子身份管理机关的法律地位。在我国，相较工信部、财政部、工商总局、文化部等部门，具有户政管理职能、基础设施、数据和技术支撑资源的公安部门在国内真实身份管理制度的构建上具备明显的优势。可通过法律明确其电子身份管理机关的法律地位，将身份认证管理任务的职责集中于公安部门，能从组织上确保电子身份证和身份认证的安全性。全球其他国家均由国土安全部或内政部等负责国内安全的部门承担互联网电子身份的管理工作，这些机构均类似于我国的公安部门。例如美国总务管理局（隶属于国土安全部）领导公共/私营部门以实现“网络空间中可信身份的国家战略”目标；韩国行政安全部管理电子身份证的发放，该部相当于内政部，包含下设的警察厅；法国内政部负责提交全国电子身份与安全计划等。

其次，明确电子身份认证机构的义务和法律责任。在电子身份认证中，信赖人是基于对认证机构的信任而与证书用户进行交易的，他不掌握证书用户的详细资料，处于十分不利的法律地位。因此，在电子身份管理法律制度中，应明确电子身份认证机构的义务，如核实身份信息确保信息的真实、完整和准确，对信息的收集、处理和使用规定等，以及当认证机构违反义务时应该承担的法律责任。

第三，运用法律手段规范身份认证技术和认证程序。用户在访问安全系统之前，首先经过身份认证系统识别身份，然后访问控制器根据用户的身份和授权数据库决定用户是否能够访问某个资源，这是身份认证一般流程。用法律规范电子身份认证技术和认证程序，提高了电子身份管理系统的安全保障性。

第四，将电子商务和电子政务认证统一构架。比利时电子身份管理制度显示它将电子政府管理和电子商务签名认证统一架构。比利时联邦和地方当局 2001 年的“共同建立和开发”电子宣言协议特别强调：比利时电子身份证是一种更高级、更安全的电子政务应用可行的机制，为电子政务服务目的而创建的电子身份证应注重生活经验及公民和企业的需要，作为一个能够促进电子身份认证在公共部门应用的通用和可行方案已引起同时涉及几个部门和机构的横向一体化管理的改进。我国电子身份认证合理机制的构建可借鉴这一做法。

参 考 文 献

[1] 中国互联网信息中心（CNNIC）. 第 28 次中国互联网络发展状况统计报告［R］. 中国互联网信息中心，2011-07-19.

[2] 陈兵，邹翔，周国勇. 网络身份管理发展趋势研究［J］. 信息网络安全，2011，3：6.

[3] 比利时电子身份证计划加强儿童保护［J］. 中国防伪报道，2009，4：55.

[4] European Communities. French country profile：ID interoperability for PEGS：update of country profiles study［R］. Framework contract ENTR/05/58-SECURITY，SC N°12-Country Profile. 2009.

[5] 陈兵，邹翔，周国勇. 网络身份管理发展趋势研究［J］. 信息网络安全，2011，3：6.

[6] 黄道丽，赵丽莉，金波，等. 互联网电子身份管理模式及其法律保障研究［J］. 政法学刊，2011，1：10-11.

[7] 黄道丽，赵丽莉，金波，等. 互联网电子身份管理模式及其法律保障研究［J］. 政法学刊，2011，1：13.

[8] 莱格斯 R. 代码2.0：网络空间中的法律［M］. 李旭，沈伟伟译. 北京：清华大学出版社，2009：48-50.
[9] 黄道丽，赵丽莉，金波，等. 互联网电子身份管理模式及其法律保障研究［J］. 政法学刊，2011，1：10.
[10] The White House. National Strategy for Trusted Identities in Cyberspace［J/OL］. http：//www. nstic. ideascale. com/［2010-12-10］.
[11] 王高峰. 网络实名制的必要性与可行性［J］. 传媒观察，2010，(7)：42-43.
[12] 张文显. 法理学（第二版）［M］. 北京：高等教育出版社，2005：256.
[13] 马民虎. 网络安全法律问题及对策研究［M］. 西安：陕西科技教育出版社，2007：5-11.
[14] 石磊. 网络实名制的法理探析［D］. 南京师范大学硕士学位论文，2008：48.
[15] 王立彬. 电子签名法律问题初探［D］. 吉林大学硕士学位论文，2004：17-18.
[16] 钟忠. 中国互联网治理问题研究［M］. 北京：金城出版社，2010：149.
[17] 汪全胜. "特别法"与"一般法"之关系及使用问题探讨［J］. 社会科学—西北政法学院学报. 2006，6：51.
[18] 张楚. 网络法学［M］. 北京：高等教育出版社，2003：75-90.

中国上市公司风险与内部控制体系建设研究

田高良　于忠泊　马　勇　杨　星

内容提要

上市公司是资本市场的主要参与主体之一，具有较强的影响力。2011年，上市公司风险表现出了较强的外部连锁效应，一些新的特征不断呈现出来，针对上市公司风险的内部控制的意义已远远超出了企业范畴，对宏观经济的正常运行具有显著影响力。

目前，中国上市公司主要面临金融市场风险、要素价格风险、信用风险、法律风险、来自融资的风险、来自投资的风险和操作风险等七大风险。为有效防范上市公司可能出现的风险，内部控制体系建设成为重要的管理手段。总结中国上市公司内部控制的管理现状，主要有以下特点：中国上市公司内部控制的总体水平近来有所提高，内部控制自我评价报告的外部审计比例逐步上升，控制报告披露的详细程度有所增加，但内部控制水平在行业和地区之间存在重大差异，理论界、媒体和普通投资者对上市公司风险和内部控制的关注大大增加。

在当前形势下，中国上市公司内部控制体系建设存在的问题与挑战主要表现为：媒体的介入使得上市公司风险的影响远远超出了企业本身，资本市场上内部控制对资源配置的影响日益凸显，内部控制管理水平成为制约中国公司海外扩张的主要瓶颈，外部审计师对内部控制的审计力度仍需加强。

2011年全球经济经历了美国主权债务危机、欧洲债务危机，美国经济表现出衰退的迹象，全球经济增长放缓。在这样的背景下，委托贷款风险、投资理财产品风险、风险向银行以及政府的转移、风险可能带来的连锁效应以及如何降低内部控制成本是中国上市公司应当关注的主要风险控制点。

从政府监管的角度，本文提出以下政策建议：加强对重要行业相关公司内控风险的监管，构建基于XBRL的内部控制评价体系，加强内部控制审计的国际协调，强化内部控制及其审计业务的培训与经验推广。

一、前　　言

上市公司是资本市场的主要参与主体之一，具有较强的影响力。2011年，上市公司风险表现出了较强的外部连锁效应，一些新的特征不断呈现出来，针对上市公司风险的内部控制的意义已远远超出了企业范畴，对宏观经济的正常运行具有显著影响力。财政部制定的《会计改革与发展“十二五”规划纲要》指出，内部控制体系、内部控制相关信息支持系统的构建，将成为以后工作的重点。在此背景下，相关部门监控上市公司内部控制体系，不仅能降低企业自身的经营风险，更能保证宏观经济的健康发展。

自 2008 年 5 月 22 日，财政部会同证监会、审计署、银监会、保监会等五部委（以下简称五部委）联合发布《企业内部控制基本规范》（以下简称《基本规范》）以来，内部控制成为全社会广泛关注的话题。2010 年 4 月 15 日，五部委联合发布了《企业内部控制配套指引》（以下简称《配套指引》），自 2011 年 1 月 1 日起首先在境内外同时上市的公司施行，自 2012 年 1 月 1 日起扩大到在沪、深两市主板上市的公司施行，在此基础上，择机在中小板和创业板上市公司施行。同时，鼓励非上市大中型企业提前执行。《配套指引》的制定发布，标志着中国企业内部控制规范体系基本建成。

自 2006 年沪、深两市证券交易所制定《上市公司内部控制指引》以来，经过四年多的发展，上市公司对内部控制的认识不断加深、相关制度不断健全、内部控制的执行力度和相关信息披露的质量都在不断提高。尽管如此，中国内部控制制度仍然存在着诸多亟待改进之处。2010 年、2011 年上市公司的风险表现出了诸多新的特征，风险的外部连锁效应更强。在金融危机的影响不断加深、中国企业海外扩张受阻的复杂情况下，2011 年度中国上市公司内部控制的执行情况，将对上市公司的风险控制、内部控制体系的推广产生至关重要的影响。

本文的主要目的是全面总结中国上市公司风险与内部控制的现状，分析上市公司风险管理与内部控制的发展趋势以及存在问题，并提出相应的对策建议。在内容安排上，本文首先分析了中国上市公司风险与内部控制的现状，然后探讨了中国上市公司在内部控制中存在的问题与挑战，接着剖析了中国上市公司内部控制的主要风险控制点，最后提出了相关的对策与建议。

二、中国上市公司风险与内部控制的现状分析

（一）中国上市公司面临的主要风险

上市公司是我国企业中的优秀群体，是证券市场的基石。上市公司已成为国民经济中各个产业的重要组成部分，其吸纳的就业人数逐年增加，对外贸易额在我国进出口贸易额中的比重逐渐加大，是地区经济发展的领头羊和国家税收的重要来源。一方面，上市公司资产、收入以及利润的增长都远远超过了 GDP 的增长，上市公司作为国民经济中最活跃、最具创造力和竞争力的部分，在国民经济运行中发挥了排头兵和先行者的作用；另一方面，上市公司资产规模庞大，其对国民经济的影响力和渗透力不断加大。例如，2009 年上市公司企业所得税为 3164 亿元，占全年企业所得税收入（11 536.84亿元）的 27.42%，直接吸纳 1257 万人就业[1]。

上市公司盈利情况及其抵御风险能力直接影响证券市场和我国国民经济体系的稳定和健康发展。因而，对上市公司进行风险管理就显得尤为重要。具体来说，我国上市公司面临的主要风险可以概括为以下几点。

1. 金融市场风险

随着资本市场的日益发展，越来越多的企业开始利用资本市场上的金融工具来获取收益或者控制风险。然而，由于对金融产品的不熟悉，许多企业往往只看到了潜在的收益而忽略了可能的风险。例如，在香港证券交易所上市的中信泰富，其在澳大利亚具有投资项目，面对汇率的波动风险，中信泰富从2007年开始对澳元进行对冲。2008年金融危机的出现，迫使澳洲央行改变财政、金融政策以刺激经济，造成澳元对美元汇率直线下跌。2008年10月20日傍晚，中信泰富宣布所投资的外汇产品造成约8.07亿港元的已实现亏损和147亿港元的估计亏损，至2008年10月21日，中信泰富的市值蒸发超过一半。另据媒体报道，在次贷衍生品引发的全球金融危机中，中国中铁、中国铁建等都受澳元下跌拖累，发生不同程度的损失；国航、东航、深南电等上市公司所投资的套期保值产品也损失惨重；特变电工、宝胜股份、江西铜业等上市公司涉及期货铜的套期保值投资，均在不同程度上遭受损失；参与欧元利率掉期等结构性理财产品的碧桂园、中国远洋等也都损失惨重。

2. 要素价格风险

在竞争日益激烈和生产分工日益精细的背景下，原材料成本、劳动力成本等是影响企业经营风险的重要因素，尤其是对一些处于自由竞争的下游产业而言，他们对处于垄断经营的上游企业毫无议价能力可言。下游产业面对的充分竞争的市场，只是均衡价格的接受者，盈利随成本而变化。而那些居于产业链上游的垄断企业几乎不存在有效竞争者，极容易通过抬高原材料价格来牟取暴利。以钢铁行业为例，巴西淡水河谷、澳大利亚的力拓和必和必拓三大矿山2010年分别实现净利润173亿美元、143亿美元和171亿美元，三大矿山合计总盈利高达创纪录的487亿美元。而处于产业链下游的中国钢铁行业则不可谓不凄惨，2010年中钢协统计了77家大中型钢企，共实现净利为897亿元人民币，仅仅是三家矿山盈利总额的约30%。国内钢厂的平均销售利润率仅2.91%，而作为三大矿山之一的淡水河谷，2010年的经营利润率高达47.9%。由于三大铁矿石巨头控制钢生产的原材料，因而原材料价格上扬的风险是国内钢铁行业进行风险管理的主要内容。

3. 信用风险

信用风险是指因交易对手违约而造成的财务损失的风险，主要表现为客户交易违约或债务人信用等级下降等所造成的风险。信用是扩大市场交易的重要基础，在经济高速发展、金融在经济中的作用日益凸显的状态下，信用的重要性不言而喻。对于企业而言，大量的应收账款和应付账款是商业信用，企业的负债是金融信用。同样，企业面临的信用风险也无处不在。据统计，我国企业的坏账严重，平均坏账率超过5%，接近10%，是美国（0.25%～0.5%）的20倍；平均应收账款的逾期时间长达90天，是美国（7天）的14倍；我国企业的赊销比例仅为20 %左右，而美国则高达90%以上。这些数据一方面表明企业因为信用环境差而放弃信用交易方式，进而制约了企业的扩张，另一方面也表明如果企业盲目扩大信用将面临较高的信用风险，给企业造成巨大损失。此外，随着我国经济贸易国际化程度的提高和实力的增强，来自海外市场的信用风险也日益加剧。根据官方数据统计，外贸类上市公司的海外应收账款坏账比率较高，众多企业的平均坏账水平高达5%以上，甚至部分少数企业的坏账率竟高达29%，四川长虹2004年发生的美国APEX巨额欠款案就是这方面的典型案例。

4. 法律风险

法律风险是指上市公司因未遵循法律、法规、规则和准则造成的可能遭受法律制裁、监管处罚、重大财务损失和声誉损失的风险，以及公司在业务经营过程中由于不当的法律文书、违约行为或怠于行使自身法律权利等所造成的风险。法律风险具体又包括：①因违反协议或合约而可能面临的起诉。据统计，2009年度，中国A股上市公司共有553家公司发生诉讼，占A股上市公司总数的30.35%，涉诉金额高达1606亿，占A股上市公司该年净利润（合计）的14%。[2]②因违规经营而被处罚，比如破坏环境，违反食品安全条例等。2011年8月，哈药股份因所属分公司存在环保违规事项分被处以123万元的罚款。③上市公司高管违规交易。据统计，2009年以及2010年因为违规买卖本公司股份行为，26名上市公司董事、监事或者高级管理人员被证监会通报批评，另有数名高管被采取监管关注函等措施。④偷逃税款。古井贡2002～2004年3年共计偷逃税款1.5亿元而被财政部查处。⑤财务造假和未按监管要求进行信息披露等。

5. 来自融资的风险

（1）偿债风险。企业负债率过高，无法按时偿还债务或者支付利息引发财务危机甚至导致企业破产的风险。根据国务院发展研究中心企业研究所、清华大学房地产研究所和中国指数研究院三家研究机构共同发布的“2011中国房地产上市公司TOP 10研究报告”显示，2010年末，沪、深两市上市房地产公司的资产负债率为63.19%，比2009年提高2个百分点；内地在港上市房地产公司为66.31%，比2009提高近4个百分点，彰显了房地产上市企业面临着较高偿债风险。

（2）流动性风险。企业因流动性不足即通常说的资金链断裂而引发的风险。因资金链断裂而破产倒闭的企业不胜枚举，当年红极一时的巨人集团、翻手为云覆手为雨的德隆系等，都是因为资金链断裂而导致企业破产。

6. 来自投资的风险

投资风险指企业在募集资金后将资金投入运营过程中面临的风险。通过分析上市公司年报发现，诸多的上市公司都存在证券投资以及其他一些非生产性的投资活动，主要包括盲目理财以及委托贷款等。

根据2011年上市公司半年报，沪、深两市2244家上市公司上半年净利为9969.12亿元，将近90%的上市公司实现盈利，96家公司盈利额超过10亿元。但是，上市公司业绩表面上的辉煌背后，却存在着众多的投资风险，购买理财产品、提供贷款等“不务正业”的投资公告频频出现。根据媒体报道，已披露中报的1862家公司中，有352家公司持有别的上市公司股票，参与证券投资的公司绝大多数为沪深主板的上市公司，更有甚者因主业不振，转而痴于炒股，金陵药业就被戏称为“炒股丧志”。在大盘震荡的大势下，上市公司炒股赔多赚少，本想利用闲散资金“借鸡生蛋”，却不承想

"鸡飞蛋打"，反倒拖累了主业。

与炒股丧志相比，委托贷款可能就要算是"饮鸩止渴"了。实体经济经营环境的恶化以及高收益带来的诱惑使得上市公司不断铤而走险。截至2011年8月底，共有64家A股上市公司参与发放"委托贷款"，累积发放次数为117项，累计发放金额超过169.35亿元，同比增长38.2%。委托贷款可能导致上市公司轻视自身主营业务，甚至导致主业的荒废，更为严重的是大大抬高了社会融资成本，对中小企业是致命打击。

7. 操作风险

操作风险是由于企业内部程序不完善、失灵或者人员、系统在运营过程中的错误或者疏忽而可能引起潜在损失的风险，比如操作失误、员工内外勾结、流程设计不合理、系统失灵等。操作风险无处不在，是企业最常见的风险类型，其潜在的危害性也因企业的性质不同而存在很大差异。2011年7～8月，当当网连续出现"1元阿迪鞋"、"110元三星手机"和"儿童图书促销"等价格乌龙事件，官方给出的原因只有一个：工作人员标价失误。而消费者对其解决方案并不买账，上千名消费者参与了某网站发起的集体维权活动。如果说网站摆乌龙只是影响消费者的权益和企业的信誉，那么一些工业生产企业如果发生操作失误，就不仅仅是财产损失了，其后果不堪设想。同样是2011年7～8月，中石油大连分公司因员工操作失误发生特大火灾并发生爆炸、建新股份生产车间工序操作失误导致部分料液泄漏到地面并引发火灾，对周围的环境和居民的健康都造成了伤害。而对金融证券类上市公司而言，操作风险的危害性就更大，它不仅对公司本身造成直接的损失甚至危及公司的生存，还会影响证券市场的稳定。比如2005年12月8日发生的日本瑞穗证券公司事件，由于经纪人的操作失误，引发了投资者的巨大恐慌，并导致证券类股票遭遇重挫，东京证券交易所陷入一片混乱。

实际上，操作风险不仅存在于上市公司中，还广泛存在于我们生活的各个方面。比如故宫发生的因科研人员操作失误致一级文物破损事件、技师忘带用具操作失误致使歌手齐秦发生烧伤事件等，都令整个社会惊叹不已。操作风险由于其常见性，往往不被重视。

（二）中国上市公司内部控制体系建设概况

为了防范企业的风险，1992年美国COSO委员会颁布了《内部控制整合框架》，2004年在此基础上颁布了《企业风险管理整合框架》，通过内部控制框架对企业风险进行全方位管理。相对于发达市场，我国的内部控制和风险管理起步比较晚，最近10年陆续出台了一系列企业内部控制制度。自2000年以来，中国先后出台了10多部与内部控制相关的法律法规（表1），初步形成了比较完善的内部控制规范体系。这些内部控制相关法规的发布标志着我国内部控制制度逐步走向成熟，对企业的风险管理有着至关重要的意义。

2006年之前，相关的法律规范集中于会计控制和特殊行业（如银行、证券业）的内部控制。2006年以来，随着两大交易所各自的内部控制指引的出台，内部控制建设逐渐扩展到所有上市公司。尤其是2008年金融危机爆发后，由于外部经济压力和监管层的推动，上市公司内部控制建设进入一个快速发展的阶段。2010年4月，《配套指引》的出台，标志着适应我国企业实际情况、融合国际先进经验的中国内部控制规范体系的正式建成。《配套指引》给企业内控建设明确了方向，有力地促进了企业开展内部控制建设的工作，对降低上市公司风险、实现企业可持续发展意义重大。

表 1　2000 年以来中国内部控制制度相关法规

发布部门	时间（年．月）	法规名称	内部控制的相关内容
全国人大常委	2000.7	第二次修改后的《会计法》	明确了会计监督的要求和范围等
财政部	2001.6	《内部会计控制规范——基本规范》以及后续具体规范	会计控制
证监会	2000.12	《公开发行证券公司信息披露编报规则》	证券公司应对内部控制制度的完整性、合理性和有效性作出说明
	2001.1	《证券公司内部控制指引》	内部控制的目标和原则、内部控制的基本要求、内部控制的主要内容
	2001.10	《关于做好证券公司内部控制评审工作的通知》	内部控制评审的内容包括但不限于：合规经营、公司治理、环境控制、业务控制、财务控制、资金控制以及电子信息系统控制等。内部控制评审应当侧重于风险控制的薄弱环节
	2002.9	《商业银行企业内部控制指引》	商业银行内部控制的内涵、目标、原则和要素等
	2003.12	《关于加强证券公司营业部内部控制若干措施的意见》	明确要求加强对证券营业部的人事管理、明确证券营业部的岗位设置和责任、加强客户交易结算资金的集中统一管理、建立健全证券营业部稽核制度，加大现场稽核力度
中国注册会计师协会	2002.5	《企业内部控制审核指导意见》	对内部控制审核内涵、程序以及报告进行了规定
	2004.10	《独立审计具体准则第 29 号——了解被审计单位及其环境并评估重大错报风险》	替代独立审计具体准则第 9 号、第 20 号和第 21 号的部分内容。要求注册会计师关注内部控制的五要素，并对重大错报风险做出评估
银监会	2004.8	《商业银行内部控制评价试行办法》	评价目标和原则、评价内容、评价程序和方法、评分标准和评价等级
	2004.12	《商业银行市场风险管理指引》	市场风险管理、市场风险监管
国资委	2006.6	《中央企业全面风险管理指引》	风险管理

续表

发布部门	时间（年.月）	法规名称	内部控制的相关内容
上海证券交易所	2006.6	《上市公司内部控制指引》	鼓励上市公司加强内部控制建设，并披露内部控制自我评价报告
深圳证券交易所	2006.9	《上市公司内部控制指引》	鼓励上市公司加强内部控制建设，并披露内部控制自我评价报告
财政部等五部委	2008.5	《上市公司内部控制基本规范》	要求上市公司加强内部控制建设，要求上市公司披露董事会对内部控制的自我评价报告，并要求会计师对内部控制自我评价报告进行审核，并出具审核意见
	2010.4	内部控制配套指引	包含企业内部控制应用指引、企业内部控制评价指引、企业内部控制审计指引，最具有实际指导意义，是对《企业内部控制基本规范》的详细解读和具体指导

随着《配套指引》的发布实施，中国企业的内部控制建设工作步入了实质性阶段，上市公司在内部控制体系的执行及评价等各方面都取得了显著进步。

1. 中国上市公司内部控制的总体水平有所提高

2010年，在沪深交易所2105家上市公司中，内部控制自我评价报告的披露情况如表2所示。共1618家上市公司（占总样本量的76.86%）披露了内部控制自我评价报告，相比2009年增长了14.01%。未披露内部控制自我评价报告的上市公司为总样本量的23.14%，比2009年减少了168家。在披露评价报告的上市公司中，仅有11家上市公司对自身内部控制体系的有效性未出具结论，仅2家公司认为自身的内部控制体系未得到有效实施，其余上市公司均表示自身的内部控制体系不存在重大缺陷[3]。

表2 2010内部控制自我评价报告情况分析

项目	2010年		2009年	
	企业数量/家	百分比/%	企业数量/家	百分比/%
A股上市公司总数	**2105**	**100**	**1763**	**100.00**
其中：主板上市公司	1364	64.80	1334	75.67
中小板上市公司	554	26.32	370	20.99
创业板上市公司	187	8.88	59	3.35
披露内部控制自我评价报告	**1618**	**76.86**	**1108**	**62.85**
其中：有效	1605	99.20	1100	99.28
未出具结论	11	0.68	8	0.72

续表

项目	2010年		2009年	
	企业数量/家	百分比/%	企业数量/家	百分比/%
未得到有效实施	2	0.12	0	0.00
未披露内部控制自我评价报告	**487**	**23.14**	**655**	**37.15**

根据深圳市迪博企业风险管理技术有限公司的数据，2008年以来我国上市公司内部控制总体水平逐年升高，如图1所示。2010年上市公司的内部控制整体水平平均值为26.01，比2009年（21.25）提升了22.40%，比2008年（20.23）提升了28.57%。

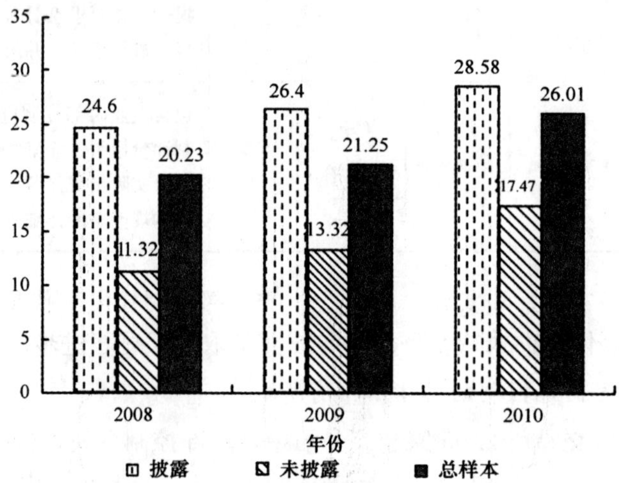

图1　上市公司内部控制总体水平状况

内部控制总体水平持续提高的主要原因是监管层相关政策法规的推动，企业内部控制建设体现出适应监管需求的特点。《配套指引》的发布对企业内控工作的开展产生了十分积极的影响，甚至可以说是带来了最具现实意义的转变。德勤公司自2007年以来，每年都通过访谈的形式调查企业内部控制建设的情况，其调查结果也表明我国上市公司在加强内部控制建设、降低企业风险等方面取得了显著成效。根据德勤的调查，2007年上市公司在内部控制建设方面存在较大的欠缺，绝大部分的上市公司缺乏完善的内部控制体系，无法完全满足监管机构的要求。而到了2008年，这一情况有了很大的改观，受访企业在内部控制体系建设方面取得了一定的发展，对监管机构的内控要求做出积极了回应，多数企业初步建立了内部控制体系，对内部控制重要性的认识程度也逐渐加深。2010年，《配套指引》的发布更是为大多数企业指明了努力的方向。受访的215家企业中，88%的企业认为《配套指引》有助于本企业防范风险、改善日常运营管理中的控制不足，79%的企业认为《配套指引》明确了公司内部控制评估和审计工作实施的程序、方式和方法[4]。

2. 内部控制自我评价报告的外部审计比例逐步提高

根据深圳迪博公司的统计数据，2010年41.57%的上市公司（共有875家）聘请会计师事务所出具了内部控制鉴证报告。在出具了内部控制审计报告的上市公司中，仅有 1 家上市公司被会计师事务出具否定意见，仅有 1 家被出具保留意见，其余均为标准的无保留意见。这与 2009 年相比，外部审计在内部控制建设中的作用有所增强（详见表 3）。[3]

表 3 内部控制审计报告情况

项目	2010 年		2009 年	
	企业数量/家	百分比/%	企业数量/家	百分比/%
A 股上市公司总数	2105	100	1763	100.00
出具内部控制审计报告	**875**	**41.57**	**627**	**35.56**
其中：无保留意见	873	99.77	627	100
保留意见	1	0.11	0	0
否定意见	1	0.11	0	0
未出具内部控制审计报告	**1230**	**58.43**	**1136**	**64.44**

3. 内部控制报告披露的详细程度有所增加

2010 年，内部控制信息披露的内容比 2008 年、2009 年也更加规范和详细。例如，2010 年 96.10%的上市公司披露设立了审计委员会，90.36%的上市公司披露设立了内部控制审计机构。[3]对比 2008 年、2009 年和 2010 三年上市公司的披露数据，可以发现上市公司审计委员会和内部审计机构设立情况逐步改善。但是，这类机构的成员以及运作状况却鲜有披露，而这才是外部投资者所关注的。

中国上市公司内部控制的总体水平较低、企业风险依然较大。虽然相关的政策法规的出台有力地促进了上市公司内部控制制度的完善，但由于历史等原因，中国上市公司目前内部控制总体水平仍然较低、内控风险依然较高。根据深圳迪博公司对企业内部控制的评判标准，我国上市公司内部控制的评级并不理想，将近 50%的上市公司内部控制得分处于较低等级。2010 年中国上市公司的内控水平各个等级的比例如图 2 所示。

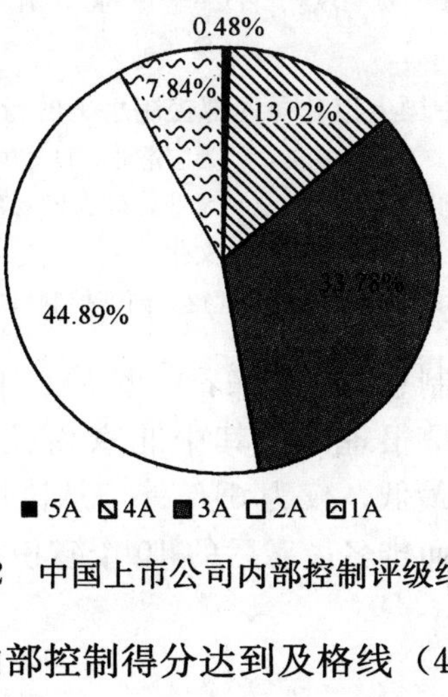

图 2 中国上市公司内部控制评级结果

仅有 13.5%的上市公司内部控制得分达到及格线（4A 以及 5A 级）以上的，而近八成的上市公司（2A和3A级）内控建设还处在比较低的水平，甚至还有7.84%的上市公司（1A）处在基本没有内部控制的状态。这与德勤2010年的调查结果基本一致：68%的参与调查上市公司认为内部控制专业人才储备不足，46%的上市公司缺乏与内部控制相关的信息系统，43%的上市公司认为公司内部控制制度不健全或设计存在缺陷，18%的上市公司认为内部控制制度形同虚设，执行程序很不规范。此外，上市公司接连出现的内部控制丑闻也从侧面印证了这一结论。仅2011年上半年，先后就出现了双汇瘦肉精事件、中石化天价酒事件、三一重工行贿事件、康芝药业尼美舒利事件、绿大地造假案件、哈药集团污染以及奢华皇宫事件、雨润集团火腿掺过期肉事件等影响较大的上市公司丑闻，而这些企业在行业中多数都处于领先地位，它们尚且如此，那么其他企业的内部控制水平可想而知。

4. 内部控制水平在行业、地区之间存在重大差异

由于中国区域经济发展不平衡，经济结构不合理等原因，内部控制水平在行业和地区之间也存在着重大的差异。从各行业内部控制整体状况来看（图3），各行业内部控制水平仍然较低，即便是最好的金融行业，也只能算是勉强达到中等水平，其他行业内控水平则普遍较低。从行业内部的差异来看（图4），每个行业都存在内控水平较高的企业，也都存在内控水平很低的情况，两极分化现象明显。以制造业为例，内控水平最高的为S上石化（600688），其内控制数达973.41，而最低为ST金顶（600678），其内控制数仅为167.21，前者是后者的近6倍。

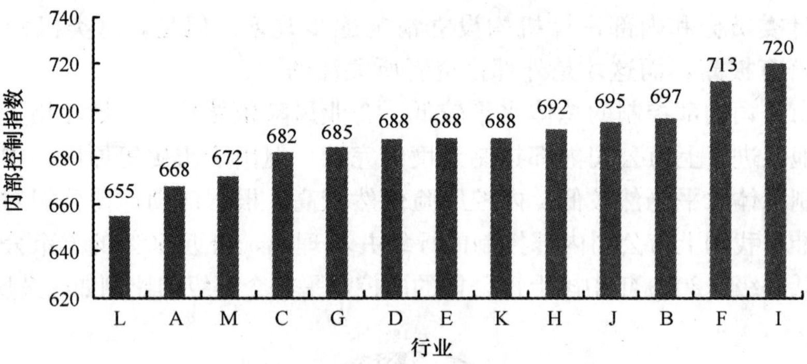

图3　中国上市公司内部控制水平的行业差异

注：(1) A为农、林、牧、渔业，B为采掘业，C为制造业，D为电力、煤气及水的生产和供应业，E为建筑业，F为交通运输、仓储业，G为信息技术业，H为批发和零售贸易，I为金融、保险业，J为房地产业，K为社会服务业，L为传播与文化产业，M为综合类；(2) 根据深圳迪博2011年8月9日发布的中国内部控制指数整理得，内部控制指数最好为1000，本小节下同

从中国各个省份的内部控制总体水平来看（图5），中国31个省、直辖市和自治区的内部控制水平总体上也不是很理想。其中北京内控指数平均值最高，但也仅有739.78，广西的内控指数平均最低，仅为616.96。从区域排名来看，内部控制水平前十的省份中有5个来自东部，而排名最靠后的10个省份中，有8个来自西部，反映出内部控制水平的区域性差异。

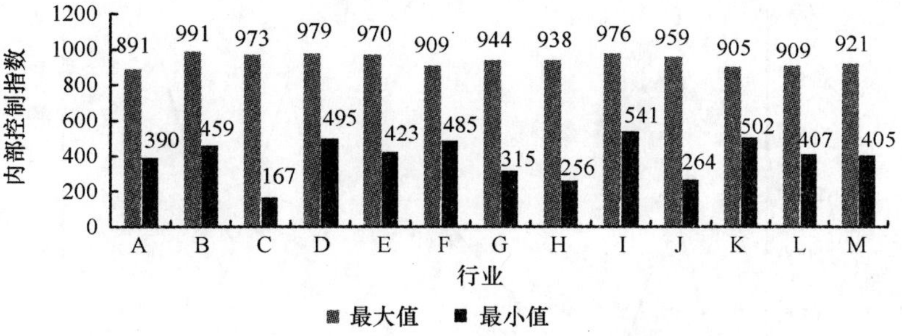

图 4　中国上市公司内部控制水平在行业内部的差距

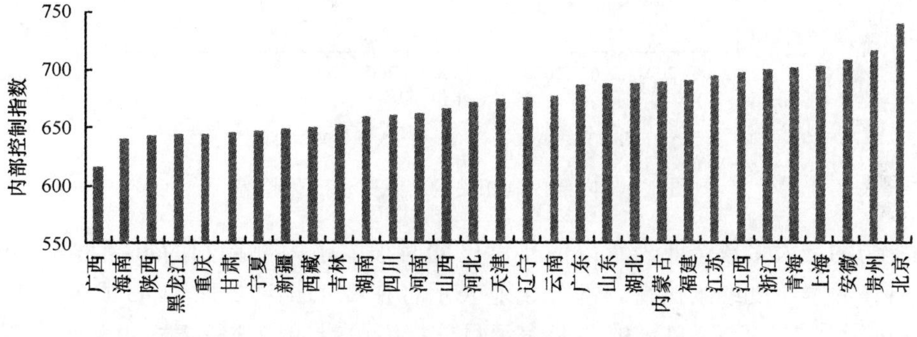

图 5　中国上市公司内部控制水平的地区差异

（三）上市公司内部控制的社会关注度分析

随着 2010 年《配套指引》的发布，2011 年成为内部控制实施与执行的元年，内部控制成为理论界、实务界、媒体以及普通投资者关注的焦点。

1. 理论界对内部控制的关注空前集中

根据对中国知网学术文献总库相关数据的检索与统计，自 2000 年以来，与内部控制相关的文献成几何级的增长，标题中包含“内部控制”的文献总数在 2010 年达到 3340 篇，较 2000 年的 216 篇增加了 14 倍之多，该领域文献总量近三年基本都保持着 20%左右的增速。此外，发表在国家自然科学基金委员会管理科学部 2006 年认定的 30 种 A 类和 B 类刊物上的文献数量较之以前年度也有了显著增加的趋势（图 6）。与此同时，国家自然科学基金委员对内部控制相关的研究项目的资助力度也不断加大。据国家自然科学基金委员会网站的数据统计，近三年国家自然科学基金一共资助与内控相关的项目达 7 项（其中 2010 年达 4 项），资助金额共计 148.5 万元（其中 2010 年达 80.5 万元）。

2. 实务界对《配套指引》的出台与实施积极响应

根据德勤 2010 的调查，受访企业普遍认为《配套指引》的发布实施是一次难得的提升全面风险管理与内部控制水平的契机，企业将借此机会，不断深化内部控制建设，将内部控制嵌入企业经营的各个环节中，将内部控制理念融入于日常工作和企业文化

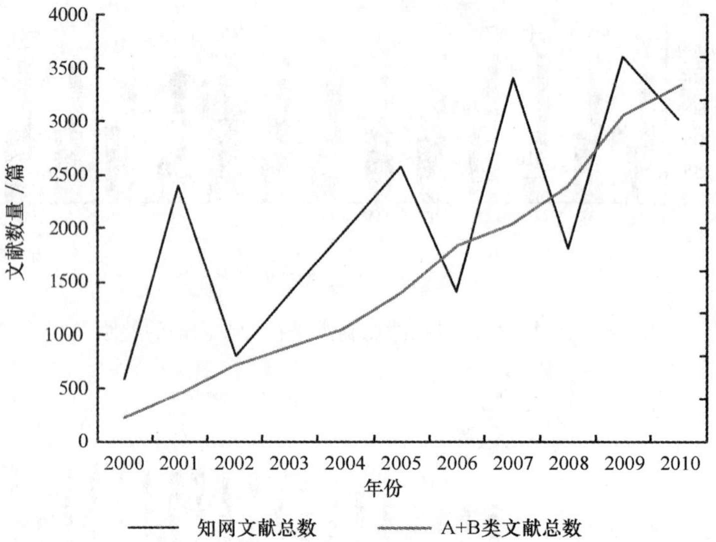

图 6　与内部控制相关的文献数量变化趋势

之中。受访的绝大多数企业表示以前年度已同时披露了内部控制的审计报告和评价报告，并将在后续年度继续执行，部分企业表示将在 2011 年 12 月 31 日或者 2012 年 12 月 31 日进行披露，仅有 11%的企业表示目前指引没有明确披露要求也暂无披露计划。此外，大部分受访企业表示通过多种方式强化内部控制建设，主要包括：①组织内部控制指引解读专题培训会，分析现有制度的差距，根据新指引的要求建立健全内部控制；②强化评价工作的考核机制和报告机制；③成立内部管控部门；④聘请外部专业机构；⑤增加内部控制自评估的频率。此外，由前文表 2 和表 3 的统计数据可以看出，上市公司根据《配套指引》的要求，在披露内部控制自我评价报告和内部控制审计报告方面的积极性都有明显增加。这反映出越来越多的上市公司对内部控制重要性的认识逐渐加深，上市公司的风险管理意识正在不断加强。

值得注意的是，无论是理论界还是实务界，许多学者和公司都一直致力于构建中国上市公司内部控制评价指数，力求对中国上市公司内部控制状况有一个客观的评价。厦门大学内部控制指数课题组和深圳迪博企业风险管理技术有限公司分别于 2010 年 6 月和 2011 年 8 月发布了各自的内部控制指数，引起了学术界和实务界的广泛关注。虽然这些指数的有效性还有待于时间的检验，但这些指数的构建与发布弥补了国内关于内部控制定量评价的空白，也标志着中国内部控制步入量化时代，是中国内部控制体系建设过程中的一项重大突破。

3. 媒体和普通投资者对内部控制的关注程度大大增加

来自学术界的相关研究表明，上市公司的内部控制信息披露能够引起投资者的市场反应。投资者能够对上市公司内部控制的水平做出评判，对于那些内部控制情况较差的公司，投资者会对其进行风险折价，即内部控制情况较差的公司，其资本成本较高，市场价值越低；反之，那些内部控制情况较好的公司，其资本成本较低，市场价值越高[5]。资本市场上发生了数起事件验证了学术界的这一研究结论。这些事件通过媒体的报道，引起了巨大的市场反应，对公司价值损害巨大。例如，2010年紫金矿业的铜矿污染事件导致其股票在2010年7月12日在A、H股同时停牌，2010年7月13日复牌的时候，其股价同时大幅下跌，最大跌幅达7%。2011年3月16日，双汇集团被曝出其肉制品中含有瘦肉精，导致双汇发展股票跌停。这些事件引起的市场反应，使得投资者更加认识到企业经营过程中内部控制的重要性，更加关注企业可能在经营中遇到的风险。这类事件通常由媒体首先曝光，主要原因在于内部控制失效导致的环境污染、食品安全等不仅影响企业自身和其投资者，还会对行业和普通民众造成很大的负面影响。

三、中国上市公司内部控制存在的问题与挑战

（一）媒体的介入使得上市公司风险的影响远远超出了企业本身

在当今网络技术迅猛发展的信息化时代背景下，上市公司风险的影响已经超出了上市公司本身，内部控制建设也不再只是上市公司所关心的，而已成为整个社会关注的焦点。以美国为例，一个安然的倒下，催生了一部法案，并在全球掀起了一场内部控制建设的革命。就中国而言，“三聚氰胺”摧毁的不只是三鹿，还有乳制品行业的形象以及国家食品免检制度。

(1) 媒体监督在内控失灵和政府相关环节监管缺失的背景下发挥了重要的监管职能。在社会上引起轰动的内控失灵案件，比如三鹿“毒奶粉”事件、紫金矿业污染案、双汇集团“瘦肉精”事件等，都是由媒体首先曝光的。究其原因在于政府相关环节监管不到位，以及企业存在的侥幸和自满心理。一方面，地方政府出于保护地方利益的目的，对企业内控失灵导致的违法违规行为通常是睁一眼闭一眼的态度，只要未被媒体曝光总是极力掩盖，而一旦媒体曝光后，又是迅速处理；另一方面，被曝出的企业大多处于行业领先地位，这类企业的内控失灵可以归结为两类：行业“潜规则”和自满心理。以三鹿“毒奶粉”事件为导火索，伊利、蒙牛、光明等几乎所有乳产品企业的产品中都发现了三聚氰胺，可见这些企业所谓的内控措施在行业“潜规则”面前只不过是摆设，在利益的驱动下的产品检验也不过是走过场而已。而对双汇集团而言，在2010年至2011年2月之间就曾发现3起瘦肉精事件，但却没有引起高层的重视，使得很容易检验出来的瘦肉精堂而皇之地出现在产品中，其主要原因是还是其自认为其内部控制制度比较完善，忽视了内部监督的执行和信息沟通，致使内控仅仅停留在规章制度上。

(2) 媒体的介入扩大了上市公司风险的影响力。伴随着网络技术和新兴媒体（比如微博）的迅速发展，信息传播的速度和影响的范围都发生了质的变化。2008年9月，三鹿“毒奶粉”事件先被新华网曝光，并迅速被各大主流媒体和门户网站报道，一时间街头巷尾谈奶色变，事件也逐步升级，由企业个体风险演变为行业危机，并导致一场席卷全国的奶粉风暴。在这一过程中，媒体的持续关注起到了十分关键的作用。此次事件不仅导致三鹿集团的破产，更是对我国乳制品行业产生了非常严重的影响，其程度超过了以往任何一次食品安全危机。首先，各大知名企业的产品随后纷纷被查出含有三聚氰胺，使得国内民众对于国内的乳制品产生了严重的不信任。国家和整个行

业需要很长的时间才能消除此次事件对于民众心理上的影响，在短期内乳制品行业都将在低迷中前行。其次，国产奶制品销量降低，使得国内很多企业都将陷入危机，进一步削弱了国产品牌的竞争力，参与国际竞争的目标更是被无限期延迟。最后，国内乳制品企业步履维艰，很多地方企业生存变得非常困难。但是对国际知名企业却是一个绝好的扩张机会，国内品牌的市场份额受到了严峻的挑战。

(3) 媒体对企业风险的关注要求上市公司积极应对内控失灵。许多企业在内部控制失灵被曝光后，一味采取掩盖事实真相力图逃避责任的做法，这样只会招致媒体的穷追猛打，使形势进一步恶化。比如，三聚氰胺问题被曝光后，三鹿集团的高管人员竟然将问题的原因归结为奶农的责任，这无疑给愤怒的媒体和民众火上浇油。因而，当企业内控失效给社会造成负面影响时，应当积极承担责任，努力减少给社会带来的危害，这样才是真正的挽救企业的唯一方法。

（二）资本市场上内部控制对资源配置的影响日益凸显

以前年度国外关于内部控制信息披露的研究表明，内部控制信息披露和信息不对称、代理成本之间存在着很强的相关关系。例如，有的学者发现，机构投资者和大股东对管理层行为信息和财务报告质量信息的需求更高，这些相对较为专业的投资者对内部控制信息的需求较为强烈，需要以此信息进行投资决策，因此上市公司的管理层会通过披露内部控制信息满足委托人的这一需求。从上市公司的角度来说，信号传递理论的研究发现，公司治理水平和会计应计质量越高的公司，披露的内部控制信息越多，披露的内部控制缺陷越少，而违规处罚和会计差错更正越多的公司越不可能披露内部控制自评报告。另外，还有学者的研究发现，内部控制信息和股价的波动性有关。以上的众多研究发现都表明，内部控制和代理成本、信息不对称之间存在着紧密的联系，专业的投资者需要此类信息进行投资决策，内部控制信息在资源的配置上具有决策有用性。

由于以前中国内部控制体系不完善，类似的研究较少，直到 2006 年沪、深交易所发布内部控制指引之后，国内学者才开始类似的探索。但是 2006～2008 年的研究结论和国外的研究发现却很不一致，国内的内部控制信息并没有决策有用性，对股价波动性、资源配置等方面的影响微弱。但是，2009 年之后的研究却发现了之前内部控制在资源配置方面的作用，尤其是 2011 年资本市场的表现更加证实了这一点，内部控制缺失导致的负面事件，总能在资本市场上引起巨大反应。

2010 年学术界的相关实证研究发现，上市公司的内部控制信息披露能够引起投资者的市场反应，控制住其他因素之后，内部控制信息会对资本市场带来额外的信息冲击。根据金融学中的有效市场假设，只有某一信息对投资者具有信息增量时，市场才会对这一信息做出反应。2010 年学术界对该问题的探讨，基本达成共识，内部控制信息的市场反应表明，投资者会根据内部控制信息进行投资决策，内部控制影响到了资本市场的资源配置。

另外，截至 2011 年 9 月 17 日，中国包括盛大科技、长江矿业等在内的 34 家在美上市公司由于各种原因被美国证券交易委员会（SEC）质疑，其中 26 家遭遇停牌或摘牌。在 34 家被美国 SEC 质疑的公司中，披露虚假信息的公司有 23 家，隐瞒可误导投资者的重要信息的公司有 10 家。发生这一事件的原因之一，在于公司存在诸多的内部控制问题，尤其是与财务报告相关的内部控制问题。内部控制对资源的配置功能，在资本市场上日益凸显。

但是，众多学者也一致认为，相关内部控制信息支持系统的缺失，限制了内部控制在资源配置方面的功能，成为我国目前内部控制面临的重要挑战之一。我国缺乏有效的内部控制评价体系和与之相关的内部控制信息系统，内部控制信息的呈现方式多种多样，投资者对内部控制信息的判断也呈现了很大的分歧。在中介服务成熟的环境中，独立的第三方鉴证（注册会计师对内部控制自评报告的审计）能提高信息披露的可靠性，这不仅因为专业的鉴证过程能辨别信息的真伪，鉴证服务的费用更能减少伪造信息的预期收益，从而降低管理层伪造信息的动机。虽然注册会计师的鉴证能够帮助投资者对内部控制信息进行判断，但是由于内部控制的审计业务在我国刚刚起步，审计质量受到广泛质疑。

（三）内部控制管理水平成为制约中国公司海外扩张的主要瓶颈

如上所述，2011 年，中国在美国上市的公司遭遇集体退市，其主要问题是披露虚假信息、缺乏有效的内部控制制度或内部控制存在重大缺陷等。中国的内控制度遭到前所未有的挑战，严重影响了中国公司在全球的形象，阻碍了企业海外融资的步伐，内部控制成为中国公司海外扩张的主要瓶颈之一。企业内部控制的表现很多，部分企业根本不存在内部控制制度；部分企业的内部控制制度设计虽然完善，但是实施执行过程却形同虚设，往往出现权力凌驾于制度之上的现象。这些公司在上市初期没有暴露出问题的原因是投资者对刚刚上市的公司情况并不了解，不利于发现公司的财务数据粉饰等情况。而经过 1～2 年的经营运作，投资者慢慢便会分辨出公司的真实价值，此时公司的财务造假问题则更容易被发现。

针对这一事件，统计发现这些问题企业中 2/3 都存在以下问题：披露虚假信息的问题；故意夸大公司的财务业绩；向投资者虚假陈述业务前景；财务报告不符合 GAAP 准则；财务报表存在严重不实；捏造客户名单；财务报表不可信赖等。2006 年，美国 SEC 起诉中国节能科技有限公司违反联邦证券法律，2010 年 12 月 20 日，美国证券交易委员会判定中国节能 2004 年和 2005 年的财务报表中，销售额、现金进出都存在欺诈，存货、银行对账单、客户数据也存在虚假。近 30%的公司有隐瞒可误导投资者重要信息的行为，包括隐瞒高管、董事大量出售公司股票的套现交易；隐瞒关联交易；隐瞒更换审计师事务所；隐瞒公司审计委员会聘用调查公司金融欺诈的外部法律事务所、法务会计师在向公司管理层和董事会汇报调查结果后辞职；隐瞒高管人员、独立审计师辞职等。德勤辞去东南融通业务的理由包括公司与银行存款和贷款余额相关的财务信息虚假，管理层某些成员故意干扰德勤的审计工作，非法扣押德勤的审计文件。

与前几年集体赴海外上市的意气风发相比，此时我们更需要冷静下来认真分析原因。结果很容易发现中国海外扩张企业失败的重要原因就是缺乏诚信、内控缺失。中国的内部控制对于那些只在海外上市的公司要求存在漏洞，不需要对国内披露，部分企业抱有侥幸心理去面对国际市场，结果可想而知。面对此次惨痛的教训，中国企业应该认识到内部控制在海外扩张中的重要性。对于部分企业来说，内部控制成为其海外扩张的主要瓶颈，制约企业做大做强的战略目标。

通过分析，我们认为中国的内控制度亟待进一步规范，决不能将相关的法律法规、规章制度视而不见。中国企业需要国际化，进一步实施“走出去”战略，内控制度的完善不可或缺，希望能在国际化舞台上站稳一席，就必须拥有诚信的态度。诚信的环境需要中国所有企业的共同努力，需要政府从制度上进行规范与制约，强有力的执行力是内控制度的必要保证。现在我们需要做的是切实有效地落实我国的内控制度，在国际上重新树立诚信形象，让披露的每一份财务报表都真实可靠，只有在这样的大环境下我国的企业才可以走得更好、更远。

（四）外部审计师对内部控制的审计力度有待加强

按照《配套指引》的要求，上市公司必须对本企业内部控制的有效性进行自我评价，并于每年度披露自我评价报告，同时聘请会计师事务所对其财务报告内部控制的有效性进行审计，出具审计报告。然而，自我评价报告的内容却不尽如人意，主要表现为报告内容流于形式、言之无物、报告之间雷同、甚至有的评价报告与配套指引中的内容几乎只字不差。有相当一部分公司完全采用内部控制五要素框架进行详细的陈述，而对投资者关心的一些重点内容往往含糊其辞，例如，内审机构的设立情况，大多数只是介绍内审机构的职能，而对于内审机构的隶属关系、配备人数等鲜有披露；对公司内部控制总体情况的评价用词出现频率最高的是“完整”、“合理”、“有效”、“健全”以及“不存在重大的内部控制缺陷”等，缺少实质性的信息含量。

根据《中国会计报》的调查，上市公司公布的自我评价报告合格数量不足1/3。究其原因，主要有两个方面：一方面，一些企业自身内部控制本身建设不完善、存在诸多问题，但为应对监管要求，不得不含糊其辞甚至刻意回避。比如，2010年4月28日，上市公司西南合成宣布了对其监事黄成进行处罚的决定，原因是其违反了关于董事、监事、高级管理人员买卖公司股票的相关规定。尽管西南合成及时采取了正确的处理办法，但是并没有出台或者公布具体完善其内部控制的举措。再比如，佛塑股份于2010年8月出现了“毒饭盒”事件，虽然遭到央视的曝光，但是在他们的公告中也没有对内部控制的缺陷提出具体的处理办法和改进措施。另一方面，大部分企业编制内部控制评价报告的基础薄弱，无法按照内部控制配套指引评价指引的要求展开工作，从而导致自我评价报告仅仅是“应付差事”。

目前，上市公司的内部控制存在管理层认识和理解、评价体系不健全、评价程序不规范、缺乏相应的内部控制人才等问题，因此对上市公司出具的内部控制自我评价报告更需提交独立中介机构进行审计。注册会计师接受企业的委托，对特定日期的内部控制的健全与运行的有效性发表审计意见，出具审计报告。参照财务报表的审计意见，内控审计意见分为四种形式：无保留意见、保留意见、无法表示意见、否定意见。

2007年、2008年、2009年这三年之内，沪、深两市主板上市公司所出具的内部控制审计报告，审计意见均为无保留意见；2010年度沪深两市共有875家上市公司出具了内部控制的审计报告，但是仅有 1 家的审计意见是保留意见，1 家是否定意见。出现这种“全票通过”的现象，一方面是存在样本自选择的问题，因为那些寻求内部控制审计的公司，内部控制体系整体比较完善；另一方面也反映出会计师事务所在审计内部控制报告时存在的一些问题。纵观内部控制报告的审计情况，会计师事务所在出具内部控制审计报告时，主要存在以下问题：

(1) 内部控制审计报告的标题不统一。目前关于内部控制审计业务的性质在审计实践中不是很清晰，从上市公司发布的内部控制报告的标题中可以略见一斑。据我们的统计，2010 年审计机构出具的审计报告，使用的报告主题有 10 余种之多，其中最广泛的是“内部控制鉴证报告”，其次是“内部控制审计报告”，其余的使用“内部控制制度报告”、“专项报告”以及“专项说明”等名称。

(2) 审计依据不统一。从目前发布的内控审计报告可以看出，有的依据《CPA 其他鉴证业务准则第 3101 号——历史财务信息审阅或审阅以外的鉴证业务》与《内部控制审核指导意见》，有的只采用上述两个法规中的一种。出现这种状况原因可能是注册会计师自身对问题认识不清，但同时也反映出审计机构在内部控制审计报告中的符合程序中把关不严。

(3) 评价标准不一致。审计师根据什么判断标准来对被审计单位内部控制的有效性发表审计意见，从已有的内控制评价报告可以看出，大多以《基本规范》为评价标准，也有以《内部控制规范—基本规范（试行）》为评价标准，也有的以《基本规范》和上交、深交所的《指引》为判断标准。

(4) 内部控制鉴证是时点还是时期。根据《内部控制审计指引》，内部控制鉴证应是时点，即企业会计年度终了——每年的 12 月 31 日。但哪种界定更具有实践合理性和可行性？根据成本效益原则，从注册会计师责任、工作重点来说，时点更合理；从内控自身的特点来说，时期概念更合理，因为不能仅仅因为内控在一个时点上有效就推断内控在一个时期也是有效的。一些学者的研究发现，上市公司在实务中更多地采用时点概念。时点概念的应用，可能导致上市公司更多的机会主义行为，内部控制的审计不能完全反映真实的内部控制状况。

(5) 注册会计师的鉴证责任没有明确规定。在对内部控制进行鉴证时，审计师要对企业内部控制的有效性及内控信息的质量发表审计意见，与此同时，审计师需对所出报告的真实性、合法性负责。从目前企业内控审计报告来看，对审计师的鉴证责任规定不是很清晰。审计责任的不清晰，无法约束审计师的行为，导致了内部控制报告审计质量低下。

(6) 鉴证范围不一致。《企业内部控制审计指引》指出：“注册会计师应当对财务报告内部控制的有效性发表审计意见，并对内部控制审计过程中注意到的非财务报告内部控制的重大缺陷，在内部控制审计报告中增加‘非财务报告内部控制重大缺陷描述’予以披露。”可以看出，《企业内部控制审计指引》规定的内控审计的范围是财务报告相关的内部控制。但是在实际的操作过程中，审计师不仅仅关注财务报告内部控制目标，还关注全面的内部控制目标，导致了鉴证业务口径的不一致。

外部审计师对企业内部控制的审计存在诸多缺陷，需要在审计实务中不断完善、修正。2012年对会计师事务所的规范、对审计师的培训将成为降低上市公司内部控制风险的主要挑战之一。

四、中国上市公司内部控制的主要风险控制点

2011年，全球经济经历了美国主权债务危机、欧洲债务危机，美国经济表现出衰退的迹象，全球经济增长放缓。经济增长前景不容乐观，各国政府纷纷采取经济、行政等诸多手段加以应对。国内方面，中国政府加大了对房地产市场的调控力度，采用紧缩的财政、金融政策应对国内出现的高通胀。2011年，受国家宏观政策调控影响，银行信贷资金紧张，许多企业开始通过资本市场进行直接融资，监管层对此也有所鼓励。因此，在楼市受到严格调控、通胀率高企的背景下，民间放贷的浪潮风起云涌，上市公司的资金投向也出现了多样化的趋势，甚至一些上市公司淡化了自身的经营主业，扮演起“金融资本”的角色。上市公司的这些行为，成为2011年内部控制的关键控制点，其风险极大地影响着政府宏观调控政策的执行效果。具体来说，对上市公司的风险，应当着重从以下几个方面加以控制。

（一）关注上市公司委托贷款风险

据公开数据统计，截至2011年8月底，共有64家A股上市公司发放117项“委托贷款”，累计贷款额度超过169.35亿元，同比增长38.2%。所谓委托贷款，是指由委托人将合法来源的资金委托业务银行根据委托人确定的贷款对象、用途、金额、期限、利率等代为发放、监督使用并协助收回的贷款业务。这个本应只在金融领域出现的名词，却频频现身于上市公司2011年的半年报中。从2011年上市公司的半年报中可以发现，尽管一些上市公司的业绩表现非常抢眼，但是在繁华的背后却存在着诸多危机，购买理财产品、提供贷款等非主营业务等活动频频出现。

根据《中华工商时报》的报道，武汉健民、香溢融通、钱江生化、京山轻机以及金陵饭店等企业源自委托贷款的利润对企业的净利润作出了重要贡献。[6]武汉健民2011年半年报显示，公司上半年实现净利润3619.62万元，而委托贷款共为企业带来1304.41万元的收益，占到了同期利润的1/3。还有被誉为“最热衷于委托贷款”的香溢融通，其在2011年多次向控股子公司或者其他公司提供委托贷款，而且贷款利率远远高于同期银行贷款利率，这也使得委托贷款的收益贡献了其大部分的利润。以其2010年报表数据为例，其新增委托贷款共带来6994万元利息收入，占到当年利润总额（1.45亿元）的48%。此外，钱江生化、京山轻机以及金陵饭店同期的委托贷款利息收入都远远超过了同期净利润。

上市公司舍弃主业，热衷于资本市场的资金放贷，一方面导致了自身主营业务的荒废，经营风险的增加，竞争力的降低；另一方面也增加了国家宏观经济政策的执行难度，削弱了经济调控的效果，也提高了社会的融资成本。此外，那些承受高利贷的企业往往是贷款难、融资难的中小型企业，这些企业承受了利率畸高的委托贷款后，沉重的利息负担往往使得这类企业挣扎在生存与死亡的边缘，从长远角度考虑，这对中小企业也是致命的打击。

（二）关注上市公司投资理财产品的风险

据《上海证券报》的数据统计分析，截至2011年9月初，已逾60家上市公司发布了投资理财公告，合计金额达200亿。[7]比如中化国际2011年半年报披露公司持有5家内外资银行发行的超过13亿元的理财产品，而海螺水泥2011年6月的公告称公司决定将总金额为40亿元的经营资金用于理财。梳理上市公司的公告可以发现，理财产品的对象也从传统的保本理财产品逐步转向非保本理财产品，而后者的风险显然大得多。上市公司热衷于理财活动折射出企业实业经营环境暗淡的同时，更凸显出上市公司在风险控制方面的薄弱、银信理财产品在泛滥中异化的风险。此外，由于缺乏相应的监管措施，上市公司对其理财的相关信息的披露也很不完善，许多都只是简单透露投资的金额，而对理财产品种类、期限、预期收益等都未做出明确披露，比如华映科技披露其持有不超过3亿元的短期理财产品、大杨创世披露其持有华信单独资金信托理财产品1亿元，均未披露理财产品的细节信息。这也就意味着上市公司在理财产品上的风险可能远远高于目前公开资料所见到的，也是最令人担忧的。

所幸上述问题已经引起了相应监管部门的充分重视。深交所2011年8月23修订了中小板信披业务备忘录第30号《风险投资》，明确表示“鼓励上市公司致力发展公司主营业务，不鼓励上市公司进行风险投资”。该修订版本除了将各项投资（既包括证券投资，也包括房地产投资、矿业权投资、信托产品投资等）纳入披露范畴外，还着重强调上市公司应当建立完善的内部控制制度来控制投资的风险。在2011年的上市公司风险控制中，投融资活动将会成为内部控制的关键风险点，监管机构应该给予上市公司充分的指引，减少上市公司的风险，降低对国民经济运行、宏观调控政策的负面效应。

（三）防范上市公司风险向银行、政府转移

上市公司作为资本市场的主要参与者，其内部控制风险不仅仅影响企业自身的经营，对资本市场甚至整个经济都有较强的负面影响，2011年资本市场上内部控制风险的负外部性主要表现在上市公司的风险向银行、政府方面的转移。

从2011年上市公司的半年报中可以发现，尽管一些上市公司的业绩表现非常抢眼，但是在繁华的背后却存在着诸多危机，购买理财产品、提供贷款等非主营业务等活动频频出现。银行优先向上市公司发放贷款的初衷是鼓励其发展实体经济，而现在它们却将从银行获得的这些贷款借贷给其他企业，这是利用了政策漏洞，上市公司的借贷风险一旦出现，将演变成公司经营性的亏损风险，最终的风险将会转移给银行、政府和广大投资者。以维科精华为例，2011年1月，该公司向绍兴某地产商放贷1.5亿元自有资金，期限为6～12个月，年利率14.4%。2011年8月2日，该地产商因严重的资金链问题，当地政府为此紧急派驻专项工作组，目前相关债权债务尚在处置过程中[7]。

2011年上市公司内部控制风险的另一个突出表现是，将大量闲置资金轻率投到相关理财产品上。针对这种状况，2011年7月份银监会发文明令禁止部分违规理财产品，

之后一直到 2011 年 9 月，仍有 28 家公司公布了理财产品投资计划。

理财投资在上市公司实际运营中，也存在很大的问题。企业在进行实业投资时，即便数额很小，都需要开董事会甚至股东大会讨论审议，并层层审批。然而，动辄上千万甚至数亿元的投资理财，却只需要在理财行为发生后发布一个公告即可，这无疑给管理层留下巨大的自由操作空间。此外，即便是事后发布的公告也往往避重就轻、语焉不详，多数企业对外披露的信息往往模糊不清，仅仅简单公告其理财产品的金额，而对其他信息则讳莫如深。

上市公司理财的风险一旦发生也可能会向银行传递。目前，商业银行普遍采用的理财业务模式是“现金池”，即银行通过发行短期理财产品吸收的资金都进入一个“现金池”，依靠不断滚动池内的资金来保证池子的容量，也就是期限错配。所谓期限错配，指将短期资金用于中长期的投资，这是银行理财业务盈利的一大法宝和重要推手，但其中的风险也是显而易见的。如果银行资金池出现萎缩，这种“以新还旧”的游戏将无法维持，后进入“现金池”的理财产品将面临巨大的风险。为此，2011 年 6 月中旬，银监会发布了《商业银行理财产品销售管理办法（征求意见稿）》对银行理财业务进行规范。上市公司闲置资金在理财产品上的投资，增加了银行的风险。

（四）防范上市公司风险出现行业、社会连锁效应

上市公司一般具有一定的规模，且业务涉及面较广，有的还是关系到国计民生的。因此，上市公司的内部控制风险将不仅会影响到老百姓的日常生活，还会影响到国家经济运行的安全以及稳健。由于上市公司具有较大的影响力，2011 年上市公司的风险，不仅影响自身企业的发展，还表现出了行业、社会的连锁效应。

上市公司的内部控制不健全或形同虚设都会造成经济后果，上市公司所属的集团及其他集团子公司也会受到牵连，单个公司的风险影响不单限于该公司，更会使其他公司承受损失，甚至能影响到一个行业的兴衰。2011 年 3 月 15 日，CCTV 曝光了关于瘦肉精流入双汇济源分公司的报道。国家曾明令禁止使用或添加瘦肉精，那么在其所称的 18 道检验工序下，又如何生产出含有瘦肉精的产品？显然，双汇集团的内部控制存在严重缺陷。该事件的曝光使广大老百姓对猪肉食品行业产生疑虑，除双汇肉质加工品外，其他猪肉加工品销量也有所下降，内部控制的缺失造成的后果不仅仅影响整个集团，也影响了行业中的其他公司。

另外，由于 2011 年中国的地方债问题严重，一些大型国有上市公司的银行违约风险开始显现，或有可能发生连锁反应。例如，非上市公司的云南省公路开发投资公司，在建设银行、国家开发行、工商银行等十几家银行贷款余额近千亿元，其于 2011 年 4 月向债权行发函，表示“即日起，只付息不还本”，这起违约事件就像揭开了地方融资平台风险的序幕，随后上海申虹投资发展有限公司等数家公司也出现了债务危机。作为上市公司的国有银行，在违约风险中承受巨大损失，也给宏观经济的运行带来了不利影响。

（五）降低上市公司内部控制成本

2011 年 9 月财政部发布了《会计改革与发展“十二五”规划纲要》，其中明确提

出了内部控制方面的重点工作内容：完善事业单位的内部控制体系建设；抓好内部控制规范体系的贯彻实施；加强内部控制经验宣传推广。由前文的论述可知，内部控制的不完善，导致我国上市公司海外扩张的受阻，影响到中国经济的海外扩张。《配套指引》于2011年率先在海内外同时上市的公司中实施，根据目前的实施情况和事先设计的路线图，2012年将会在沪市、深市所有主板上市的公司中施行。中国内部控制规范的全面实施，将会给上市公司、中介机构、监管机构以及宏观经济的运行带来重要影响。为了保证2012年内部控制的全面实施，监管机构应当关注以下两个方面：

(1) 正确引导企业全面实施内部控制制度，降低实施成本。美国SOX法案颁布实施之初，众多学者担心内部控制的实施会给美国企业带来额外负担，降低企业的竞争能力。有关美国方面的学术研究表明，内部控制规范的实施使得企业的审计费用增加幅度超过30%，美国萨班斯法案颁布的当日引起了市场的负面反应。但是，从长远范围来看，美国萨班斯法案的实施确实降低了企业经营的风险，提高了企业的长期竞争能力，有利于经济的稳定和发展。2012年中国内部控制规范的全面实施，势必也会增加上市公司的相关费用，影响上市公司的竞争力。在德勤2007～2010年的调查中，被调查的企业中仅有37%的企业认为在企业日常活动中实施内部控制、进行内部控制评价等活动有助于企业监控并降低成本和费用，大部分企业担心实施内部控制、进行内部控制评价会增加员工的工作量、提高成本。因此，相关的监管机构应当全面指导上市公司内部控制的实施，加强《配套指引》在上市公司的执行力度，最大化降低内部控制实施过程中产生的相关费用。

(2) 完善中介机构的职能、增加对审计师的培训工作。2012年内部控制制度的全面实施，需要依赖于会计师事务所等中介机构。但是，目前会计师事务所的内部控制审计业务正处于初级发展阶段，相关标准、流程很不健全。监管部门应当加强对会计师事务所的规范、增加审计师的相关培训工作，以保证内部控制审计业务的顺利进行。

五、对策与建议

(一) 加强对重要行业相关公司内控风险的监管

根据监管要求，境内所有在主板上市的公司将从2012年1月1日起全面执行内部控制基本规范。这意味着上市公司内控建设进入实质性的阶段，这也给监管层带来了巨大的挑战。一方面，上市公司数量庞大，监管任务十分繁重；另一方面，内部控制建设在行业之间差异明显，监管难度较大。为了更有效地监督企业内部控制建设与实施情况，可以从以下几个方面着手来完善对内控风险的监管。

(1) 监管重点由内控建设的完整性转向运行的有效性。随着相关政策法规的强力推动，绝大部分上市公司已经（或者即将）建立了比较完善的内部控制制度。德勤2010年的调查显示，绝大部分已经制定了企业未来三年提升内控建设水平的具体措施。因而，监管层的监管重点也应该实现从制度建设的完整性到执行的有效性的转移。否则，如果内部控制建设仅仅停留在书面化的制度，而没有真正得到落实，那么内部控制制度也就形同虚设，无法起到防范风险的作用，也违背了监管层的初衷和一片苦心。与此同时，监管层应当出台更加详细的内部控制信息披露规范以及对故意隐瞒可能误导投资者决策的重大内控缺陷的处罚制度，从而避免千篇一律的内部控制自我评价报告。比如前文曾提到，绝大多数企业的自我评价报告都披露了本企业已经设立了审计委员会、内部控制部门等的信息，但对审计委员会成员、会议召开情况，以及内控部门运作情况等信息却讳莫如深，而往往这些才是内控制度执行情况的最直接反映。此外，监管层还应当重点关注那些为了满足监管要求而应付了事的上市公司，这类企业一旦事后验证存在重大内控缺陷的，应当从重处罚。

(2) 重点监管对象应当由金融行业扩大至与国计民生息息相关的主要行业。2006年以前，监管层的重点监管对象主要是银行、保险以及证券等金融机构以及再融资的少数上市公司。然而，随着经济社会的发展，企业内部控制风险的社会影响已经远远超出企业本身，那么传统的监管思路也需要发生转变。监管层除了要关心“国计”，还应关注“民生”，既要加强对金融、能源等与国家经济安全相关的行业内部控制风险水平的监管，也要加强关系老百姓切身利益的房地产、医药、食品等重点行业内部控制风险状况的监管。这些行业的产品都直接关系到普通民众的生命安全，一旦内控出现问题，首先受到伤害的是老百姓的生命安全，进而会对企业造成致命打击，还会给整个社会造成严重的负面影响。房地产业频现“楼脆脆”与“楼歪歪”、医药行业连发贿赂案件、食品卫生安全丑闻不断等现象，都应当引起监管层的重视。

(3) 监管标准由统一标准转向行业标准。不同的行业，其内部控制风险存在很大差异，监管层在监管时也应当体现出这种差异，这样既能提高监管效率又能节约监管成本。而目前颁布的内控配套指引更多的是指导性的规范文件，各企业在具体实施时都需要根据行业特征以及自身经营特点进行细化，这也就给内控风险的监管带来一定的挑战。监管层可以考虑引导行业自律组织（如行业协会）以及行业龙头企业在内控基本配套指引的基础上，结合行业特征，制定本行业通用的、操作性强的内控指引。这样既便于企业更加目标明确地开展内控建设，也可以减轻监管层的监管压力。当然，为了保证行业指引的权威性，行业指引也应当广泛征集意见，并报监管部门审批或者备案。

（二）构建基于XBRL的内部控制评价体系

XBRL为可扩展商业报告语言（eXtensible business reporting language）的英文缩写，1998年美国注册会计师提出了XBRL的构想，到目前为止，一些主要发达国家如美国、日本、澳大利亚、加拿大、德国、新加坡、英国等均已采用XBRL技术，并将其广泛应用于包括商业报告与信息披露等信息共享领域，以及金融监管、政府监管和企业内控等监管领域。

2010年是中国会计管理领域的“XBRL年”，在该年度内，一系列的XBRL活动或者组织应运而生。2011年9月财政部发布的《会计改革与发展“十二五”规划纲要》明确表述“成立全国会计信息化标准化技术委员会，推进会计信息化领域的标准化工作，形成一套涵括 XBRL 技术规范系列国家标准、企业会计准则通用分类标准和会计工作相关业务流程的会计信息化标准体系”。

构建基于 XBRL 的内部控制评价体系，所得出的内部控制信息具有如下优点：

(1) XBRL 能够解决报表格式不统一的问题，便于内部控制信息的比较分析。投资者关注内部控制相关信息，内部控制信息影响了资本市场的资源配置，但是由于内部控制信息是一种非结构化的信息，在披露的内容、格式方面存在诸多差异，投资者对内部控制信息的理解也存在显著差异，影响了信息的传递效率。XBRL 的引入能够使内部控制的信息进一步趋向结构化，基于 XBRL 构建的内部控制评价体系，能够运用具有可比性的信息，得出的评价结论更加客观和具有可比性，增强了信息的决策有用性。投资者、监管部门据此信息做出的决策，能够最大化发挥内部控制信息的资源配置功能。

(2) 监管部门可以根据 XBRL 提供的信息加强风险监控和非现场稽核，有效把握整体风险和资源配置。监管部门通过上市公司提供的 XBRL 相关内部控制风险信息，可以快速把握相关主要风险控制点，减少因为风险控制不足而导致的宏观经济政策执行不力问题，降低国家经济风险。另外，使用 XBRL 后，监管机构共享统一的信息分类标准，共享统一的数据项目定义，避免数据的重复以及不一致。根据上市公司提供的内部控制信息，可以对各个上市公司进行个体非现场稽查，也可以对行业、板块进行整体稽查，提高了信息的处理效率和准确性。风险管理和非现场稽查手段，能够有效把握内部控制风险在资源配置中的作用。

(3) 审计师可以根据 XBRL 信息实现连续审计、时时审计的使命，严格控制相关风险点。在连续审计、时时审计驱动下产生的内部控制信息，具有更多的信息含量，更具决策有用性。

虽然 2010 年和 2011 年 XBRL 在我国得到了大力的推广，并列入了财政部的《会计改革与发展“十二五”规划》，但是在实施中仍然困难重重。XBRL 应用的最大困难就是信息分类标准的难以确认，而内部控制评价体系的最大困难在于信息结构不统一导致的评级体系适用性较差。从性质上来说，XBRL 和内部控制评价体系的结合，只需解决一个实质性的问题，即信息的分类和判定问题。因此在实际操作中，首先应该增加信息分类和判定的研究，然后在部分企业中进行推广，最终在所有上市公司中实施。

（三）加强内部控制审计的国际协调

上文提到在美上市的中国公司遭遇群体停牌或摘牌事件给中国海外上市公司的形象带来了极大的负面影响，致使我国企业海外融资陷入僵局。而究其根本原因在于这类公司存在诸多的内部控制问题，尤其是与财务报告相关的内部控制问题。美国公众公司会计监督委员会（Public Company Accounting Oversight Board，PCAOB）是安然事件之后依据萨班斯法案成立的一个机构，负责监管公众公司的审计。根据美国资本市场的监管要求，在美国上市的公司，其聘用会计师事务所均须是通过 PCAOB 注册的会计师事务所。据媒体调查，中国本土会计师事务所对中国企业海外上市接单很少，超过90%的在美上市中国企业是由国外会计师事务所负责审计的，但大多是美国一些不知名的小型审计公司，而这些公司又很可能将项目承包给中国本地公司，而由于语言、距离等原因，使得对这些公司内部控制审计的监管成为空白。PCAOB统计显示，在2009年和2010年期间，有28家未经PCAOB审查的中国会计师事务所参与了230家在美国上市公司的审计工作。鉴于对审计的敏感性考虑，目前中国还不允许PCAOB对这些中国会计师事务所进行定期检查监管。这样就导致为海外上市公司提供审计服务的会计师事务所既不受到美国的监管，也不在我国监管部门的监管范围内，形成了监管的一个“真空”。

因此，加强海外上市公司内部控制审计的国际协调显得尤为重要。中国监管部门应当借鉴国际先进经验、积极探索合适的监管合作渠道，避免出现监管空档。如果那些财务造假的企业经过任何一方的监管，都不可能成功上市。考虑到主权以及监管成本的因素，委托监管可能是一种可行的办法，即双方委托对方对上市企业的内部控制和财务报告进行审计，起到互相监管的作用，从而省去大量人力物力，也不存在泄漏国家机密的顾虑。此外，中国正推进境外企业在A股发行上市（即国际板市场），也将面对境外上市公司监管的问题。因而，加强内部控制审计的国际协调是互相的、对等的。

（四）强化内部控制及其审计业务的培训与经验推广

德勤会计师事务所的调查结果显示，大部分被访问企业认为人才的匮乏和信息系统的缺失是内控建设中存在的主要问题。内部控制的评价过程实质上是一套完整的审计程序，这对许多非审计专业的评价人员来说是一个很大的挑战。与此相对应的是，与内部控制评价相关的培训的不足。2009年仅有5.88%的企业拟组织内部控制负责人参加专业机构开办的内部控制培训班，这一比例在2010年的调查中虽然有了大幅上升（上升至32%），但是很可能这些计划还都只是停留在纸上，而没有落到实际行动中。否则，不会出现2009年的问题仍然在2010年的调查中广泛存在。未来几年中，相关部门应该采取类似新会计准则培训的方式，大力推广内部控制的培训和经验交流。

针对会计师事务所对内部控制审计业务的认识不足，在审计的范围、标准、流程等方面没有形成一致的做法这一问题，2012年上市公司的内部控制审计业务全面开展，规范会计师事务所的审计业务、加强对审计师的培训是当务之急。与此同时，应当加大对《内部控制审计指引》的培训与推广，以提高内部控制审计质量，降低上市公司的内部控制风险。

参考文献

[1] 中国证券监督管理委员会．中国上市公司年鉴（2010）[M]．中国经济出版社，2011.

[2] 北京市智维律师事务所．那些触礁沉没的上市公司（一）——一份关于退市企业的法律风险分析报告[N]．华夏时报．2010-6-12. A10版．

[3] 深圳市迪博企业风险管理技术有限公司．中国上市公司2011年内部控制白皮书[OL].

2010. www. dibcn. com.

［4］ 德勤会计师事务所 . 2010 年中国上市公司内部控制调查分析报告［OL］. 2010. www. deloitte. com.

［5］ 林斌，饶静 . 上市公司为什么自愿披露内部控制鉴证报告？—基于信号传递理论的实证研究［J］. 会计研究，2009，(2)：45-52.

［6］ 王洋. 上市公司放贷风险谁来担？［OL］. 中华工商时报 . http：//finance. eastmoney. com/news/1371，20110909162070418. html. 2011-09-09.

［7］ 覃秘，徐明徽 . 上市公司逾 200 亿闲资轻率理财藏风险［OL］. 上海证券报 . http：//finance. sina. com. cn/stock/s/20110906/003910436442. shtml. 2011-09-06.